21세기 지식 정보화 시대
대한민국의 IT 인재로 만드는 비결!

Digital **I**nformation **A**bility **T**est

스프레드시트
엑셀 2016

발 행 일 : 2022년 11월 01일(1판 1쇄)
개 정 일 : 2023년 10월 16일(1판 3쇄)
I S B N : 978-89-8455-181-7(13000)
정　　가 : 16,000원

집　　필 : KIE기획연구실
진　　행 : 김동주
본문디자인 : 앤미디어

발 행 처 : (주)아카데미소프트
발 행 인 : 유성천
주　　소 : 경기도 파주시 정문로 588번길 24
홈페이지 : www.aso.co.kr / www.asotup.co.kr

※ 이 책은 저작권법에 따라 보호를 받는 저작물이므로 무단 전재와 무단 복제를 금지하며,
　이 책 내용의 전부 또는 일부를 이용하려면 반드시 (주)아카데미소프트의 서면동의를 받아야 합니다.

CONTENTS

PART 01   DIAT 시험 안내 및 자료 사용 방법

시험안내 01	DIAT 시험 안내	04
시험안내 02	DIAT 회원 가입 및 시험 접수 안내	06
시험안내 03	DIAT 자료 사용 방법	15

PART 02   출제유형 완전정복

출제유형 01	행의 높이를 변경한 후 도형으로 제목 작성하기	20
출제유형 02	셀 서식 및 조건부 서식 지정하기	30
출제유형 03	함수식 작성하기	44
출제유형 04	데이터 정렬과 부분합	68
출제유형 05	고급 필터	78
출제유형 06	시나리오 작성	86
부　　록	매크로	90
출제유형 07	피벗 테이블	98
출제유형 08	차트 작성	110

PART 03   출제예상 모의고사

모의고사 01	제 01 회 출제예상 모의고사	126
모의고사 02	제 02 회 출제예상 모의고사	133
모의고사 03	제 03 회 출제예상 모의고사	140
모의고사 04	제 04 회 출제예상 모의고사	147
모의고사 05	제 05 회 출제예상 모의고사	154
모의고사 06	제 06 회 출제예상 모의고사	161
모의고사 07	제 07 회 출제예상 모의고사	168
모의고사 08	제 08 회 출제예상 모의고사	175
모의고사 09	제 09 회 출제예상 모의고사	182
모의고사 10	제 10 회 출제예상 모의고사	189

PART 04   최신유형 기출문제

기출문제 01	제 01 회 최신유형 기출문제	198
기출문제 02	제 02 회 최신유형 기출문제	205
기출문제 03	제 03 회 최신유형 기출문제	212
기출문제 04	제 04 회 최신유형 기출문제	219
기출문제 05	제 05 회 최신유형 기출문제	226
기출문제 06	제 06 회 최신유형 기출문제	233
기출문제 07	제 07 회 최신유형 기출문제	240
기출문제 08	제 08 회 최신유형 기출문제	247

※ **부록** : 시험직전 모의고사 3회분 수록

PART 01

DIAT 시험 안내 및 자료 사용 방법

DIAT 시험 안내

PART 01 DIAT 시험 안내 및 자료 사용 방법

- ☑ 디지털정보활용능력(DIAT) 시험 과목 및 합격 기준
- ☑ 디지털정보활용능력(DIAT) 검정 기준

1. 디지털정보활용능력(DIAT / Digital Information Ability Test)

- 컴퓨터와 인터넷을 이용한 정보가 넘쳐나고 사물과 사물 간에도 컴퓨터와 인터넷이 연결된 디지털정보 시대에 기본적인 정보통신기술, 정보처리기술의 활용분야에 대해 학습이나 사무업무를 수행할 수 있도록 종합적으로 묶어 효과적으로 구성한 자격종목
- 총6개 과목으로 구성(작업식 5개 과목, 객관식 1개 과목)되어 1개 과목만으로도 자격취득이 가능하며 합격점수에 따라 초·중·고급자격이 부여
- 과목별로 시험을 응시하며 시험 당일 한 회차에 최대 3개 과목까지 응시 가능

2. 필요성

- 사무업무에 즉시 활용 가능한 작업식 위주의 실기시험
- 정보통신·OA·멀티미디어·인터넷 등 분야별 등급화를 통한 실무능력 인증

3. 자격 종류

- 자격구분 : 공인민간자격
- 등록번호 : 2008-0265
- 공인번호 : 과학기술정보통신부 제2020-2호

4. 시험 과목

검정과목	사용프로그램	검정방법	문항수	시험시간	배점
프리젠테이션	- MS 파워포인트 2016 - 한컴오피스 한쇼 NEO	작업식	4문항	40분	200점
스프레드시트	- MS 엑셀 2016 - 한컴오피스 한셀 NEO	작업식	5문항	40분	200점
워드프로세서	- 한컴오피스 한글 NEO	작업식	2문항	40분	200점
멀티미디어제작	- 포토샵/곰믹스프로 - 이지포토/곰믹스프로	작업식	3문항	40분	200점
인터넷정보검색	- 인터넷	작업식	8문항	40분	100점
정보통신상식	- CBT 프로그램	객관식	40문항	40분	100점

합격기준
- 고급 : 해당과제의 80% ~ 100% 해결능력
- 중급 : 해당과제의 60% ~ 79% 해결능력
- 초급 : 해당과제의 40% ~ 59% 해결능력

※ 검정 수수료 및 시험 일정은 www.ihd.or.kr 홈페이지 하단의 [자격안내]에서 확인할 수 있습니다.

5. DIAT 스프레드시트 검정 기준

과목	대분류	중분류	소분류	문제수
스프레드시트		데이터 입력과 셀 선택	1-1. 데이터 입력과 셀 선택	3
			1-2. 통합문서에서 이동과 선택	
			1-3. 머리글/바닥글 1-4. 메모	
			1-5. 이름정의 1-6. 하이퍼링크	
		워크시트 데이터 편집	2-1. 데이터 편집 2-2. 데이터 찾기나 바꾸기	
			2-3. 셀과 데이터 삽입	
			2-4. 셀과 데이터 복사와 이동	
		워크시트 서식 지정	3-1. 텍스트와 셀서식 지정	
			3-2. 테두리 유형, 무늬 지정	
			3-3. 조건부 서식 지정	
			3-4. 셀과 셀내의 텍스트 위치 지정	
			3-5. 숫자, 날짜, 시간, 서식 지정	
		수식과 함수 이용	4-1. 수식 입력 4-2. 수식 편집	
			4-3. 참조 사용 4-4. 함수	
			4-5. 레이블과 이름으로 계산 작업 4-6. 계산 제어	
		차트 작성	5-1. 차트 작성 5-2. 차트내 데이터 추가와 변경	
			5-3. 차트 종류 5-4. 데이터 표식, 레이블, 서식지정	
		데이터 관리와 분석	6-1. 목록 관리	2
			6-2. 목록과 테이블에서 데이터 요약	
			6-3. 피벗테이블 보고서의 데이터의 분석	
			6-4. 시나리오	
			6-5. 해 찾기와 목표 값 찾기	
			6-6. 데이터 테이블을 이용한 값 예측	
			6-7. 매크로 사용	
합 계				5

시험안내 02

PART 01 DIAT 시험 안내 및 자료 사용 방법

DIAT 회원 가입 및 시험 접수 안내

☑ 회원 가입하기
☑ 본인인증하기(본인 명의 휴대폰이 있는 경우, 본인 명의 휴대폰이 없는 경우)
☑ 로그인하고 사진 등록하기

1. 회원 가입하기

❶ 인터넷 익스플로러를 실행한 후 주소 표시줄에 'www.ihd.or.kr'를 입력하고 Enter 키를 눌러 자격 검정 사이트에 접속합니다.

❷ 회원 가입을 하기 위해 화면 오른쪽의 [회원가입]을 클릭합니다.

❸ 회원 가입에서 [14세 미만 가입]을 클릭합니다.

※ 응시자가 14세 이상일 경우에는 [14세 이상 가입]을 눌러 가입을 진행합니다.

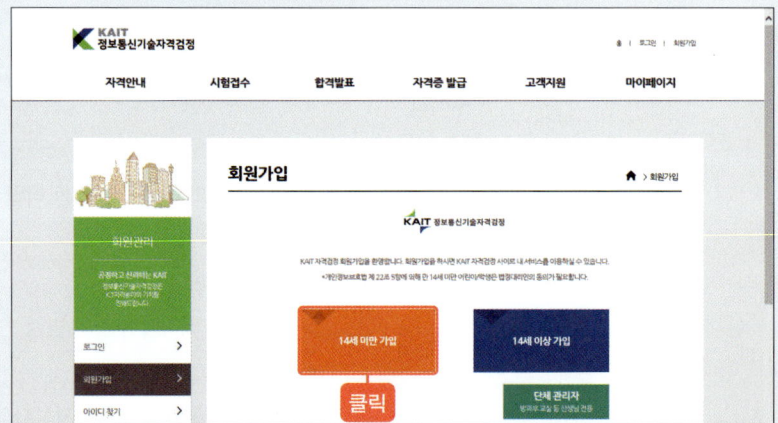

❹ [약관동의]에서 '한국정보통신진흥협회 자격검정 회원서비스 이용을 위한 필수 약관에 모두 동의합니다.' 체크 박스를 클릭합니다.

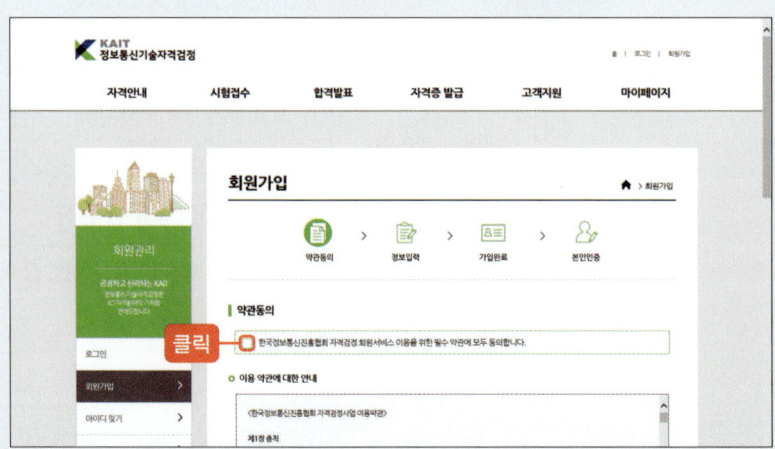

❺ [보호자(법정대리인)동의]에서 '보호자 성명'과 '생년월일', 'e-mail'을 입력합니다. '[필수] 14세미만 자녀의 회원가입에 동의합니다.' 체크 박스를 클릭하고 [약관동의]를 클릭합니다.

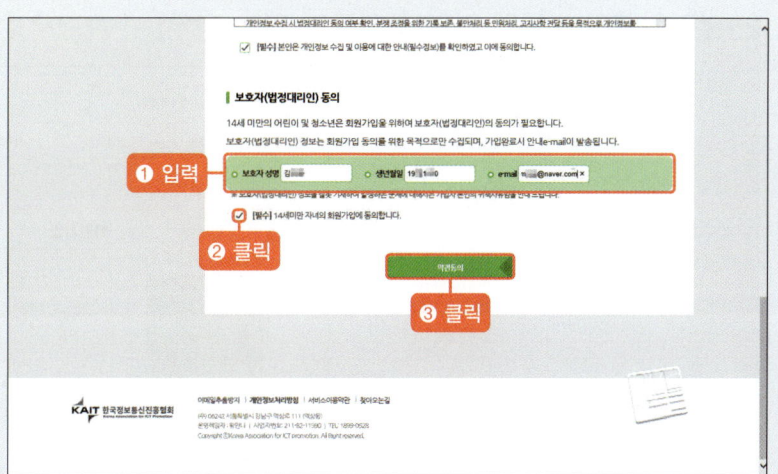

❻ [정보입력]에서 항목별로 정보를 정확하게 입력하고 [회원가입하기]를 클릭합니다.

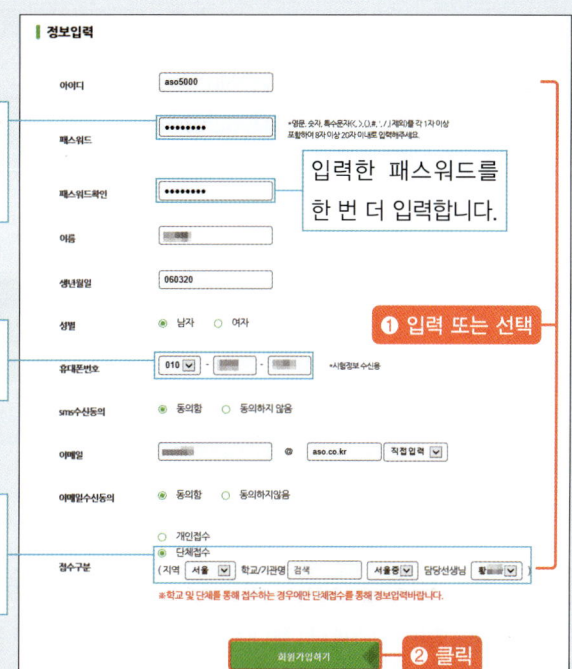

영문, 숫자, 특수문자(⟨, ⟩, (,), #, ;, / 제외)를 각 1자 이상 포함하여 8자이상 20자 이내로 입력합니다.

만약 본인의 휴대폰이 없는 경우에는 부모님 휴대폰 번호를 입력합니다.

학교 및 단체를 통해 접수하는 경우에 '단체접수'를 선택하고 차례로 '지역', '학교/기관명', '담당선생님'을 선택합니다.

❼ '저장하시겠습니까?' 메시지 창이 나타나면 〈확인〉 버튼을 클릭합니다.

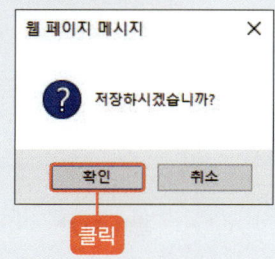

2. 본인인증하기(본인 명의 휴대폰이 있는 경우)

❶ 본인 인증하기 화면에서 [본인인증하기]를 클릭합니다.

 ※ 시험 접수 및 합격정보 확인 등을 이용하기 위해서 본인인증이 필요합니다.

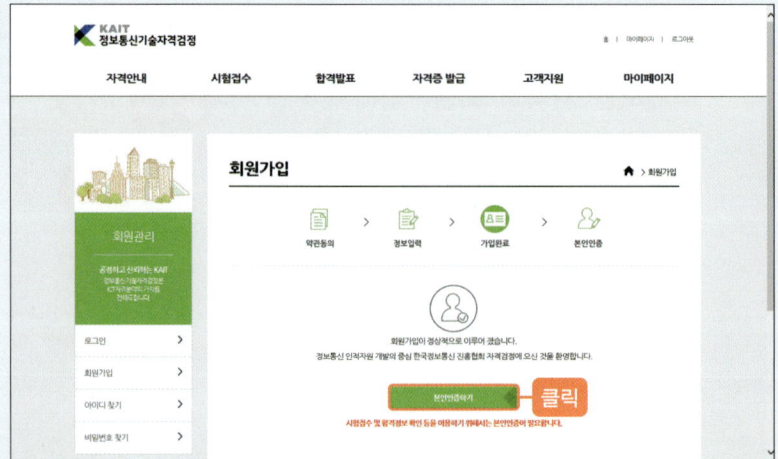

❷ 본인 인증 방법에서 [휴대폰]이 선택된 것을 확인하고 [인증하기]를 클릭합니다.

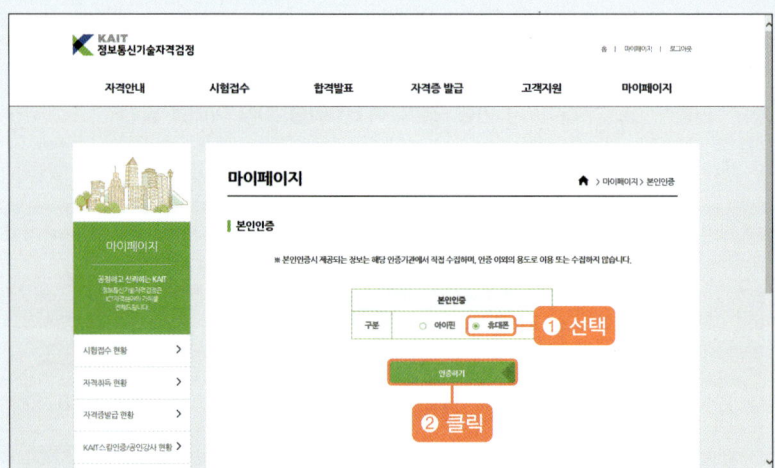

❸ '통신사 확인' 창에서 사용 중인 이동통신사를 선택합니다.
❹ '본인확인' 창에서 [휴대폰 본인 확인(문자)]를 클릭하고 개인 정보를 입력하고 〈확인〉 버튼을 클릭합니다.

 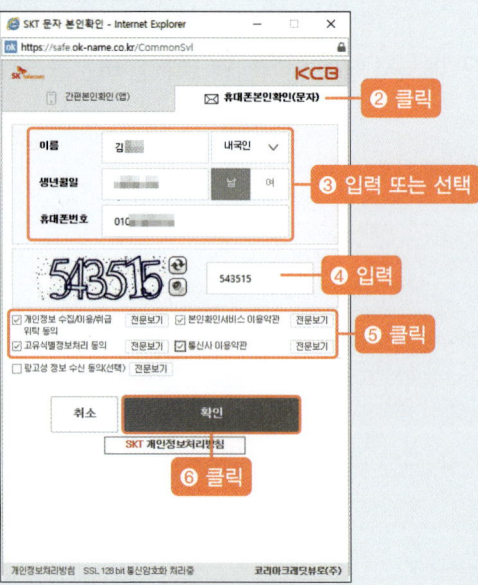

❺ 휴대폰에 수신된 본인확인인증번호를 입력하고 〈확인〉 버튼을 클릭합니다.

❻ '휴대폰본인확인완료' 메시지를 확인하고 〈완료〉 버튼을 클릭합니다.

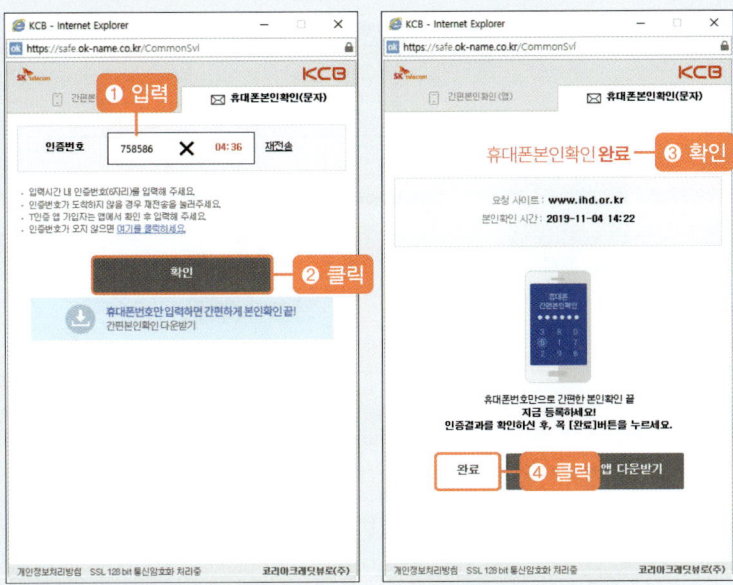

❼ '본인인증성공' 메시지 창이 나타나면 〈확인〉 버튼을 클릭합니다.

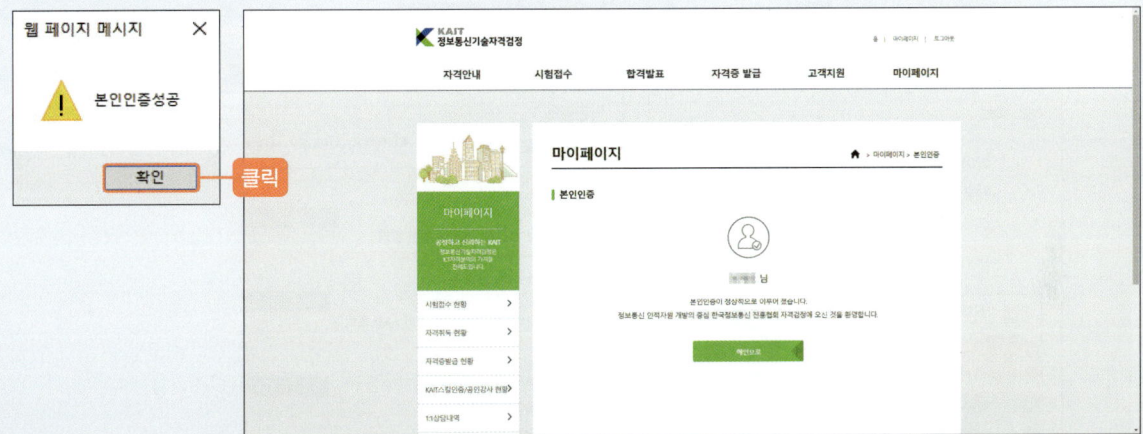

3. 본인인증하기(본인 명의 휴대폰이 없는 경우)

❶ 본인 인증 방법에서 [아이핀]을 선택한 후 [인증하기]를 클릭합니다.

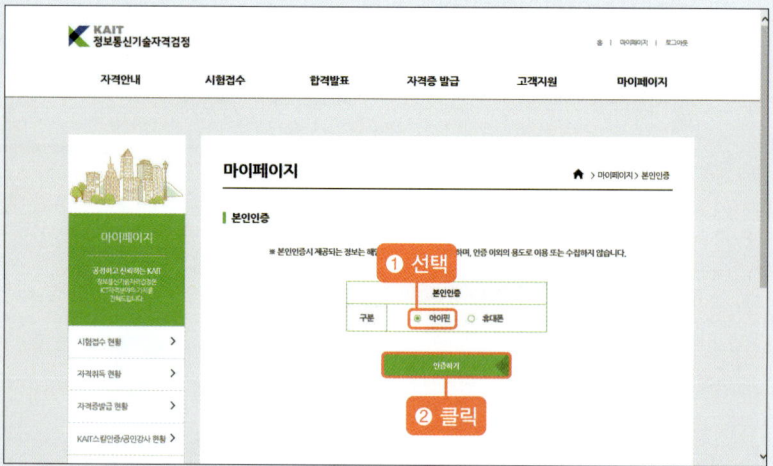

❷ '메인 화면' 창이 열리면 왼쪽 하단의 [신규발급]을 클릭합니다.

※ 만약 아이핀ID와 비밀번호가 있는 경우에는 '아이핀ID, 비밀번호, 문자입력' 내용을 입력한 후 〈확인〉 버튼을 클릭합니다.

❸ '약관 동의' 창이 나오면 약관 동의에 체크한 후 〈확인〉 버튼을 클릭합니다.

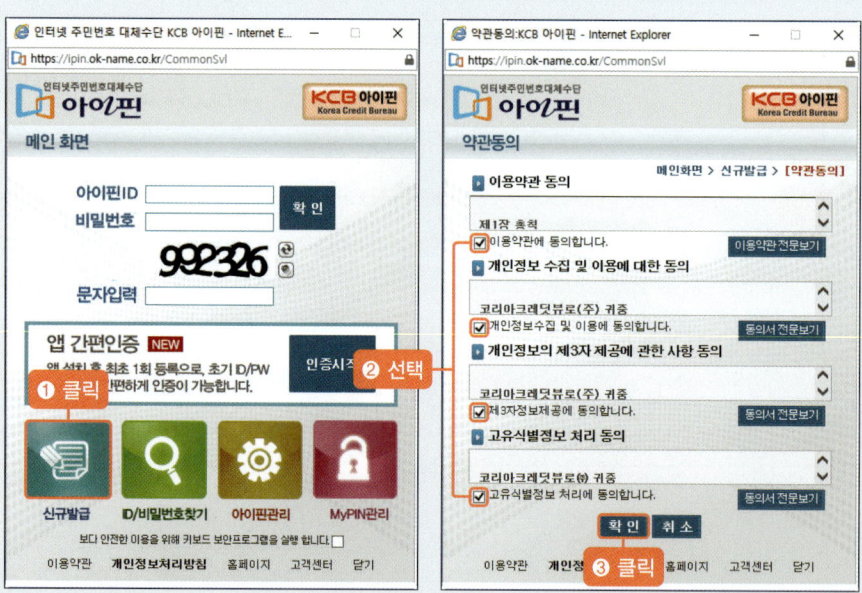

TIP 아이핀이란?

아이핀은 주민 등록 번호를 대체할 수 있는 인증방법으로 아이디와 패스워드를 이용하여 본인 확인을 하는 수단입니다. 이전에 아이핀을 가입하였다면 바로 로그인을 진행하도록 합니다.

④ '발급자 정보입력' 창에서 내용을 입력하고 아이핀 ID를 중복 확인한 후 〈발급하기〉 버튼을 클릭합니다.
⑤ '추가 인증수단 설정' 창에서 2차 비밀번호를 선택한 후 〈확인〉 버튼을 클릭합니다.
⑥ '법정대리인 동의' 창에서 법정 대리인의 정보를 입력하고, 개인정보처리 동의에 체크한 후 〈확인〉 버튼을 클릭합니다.

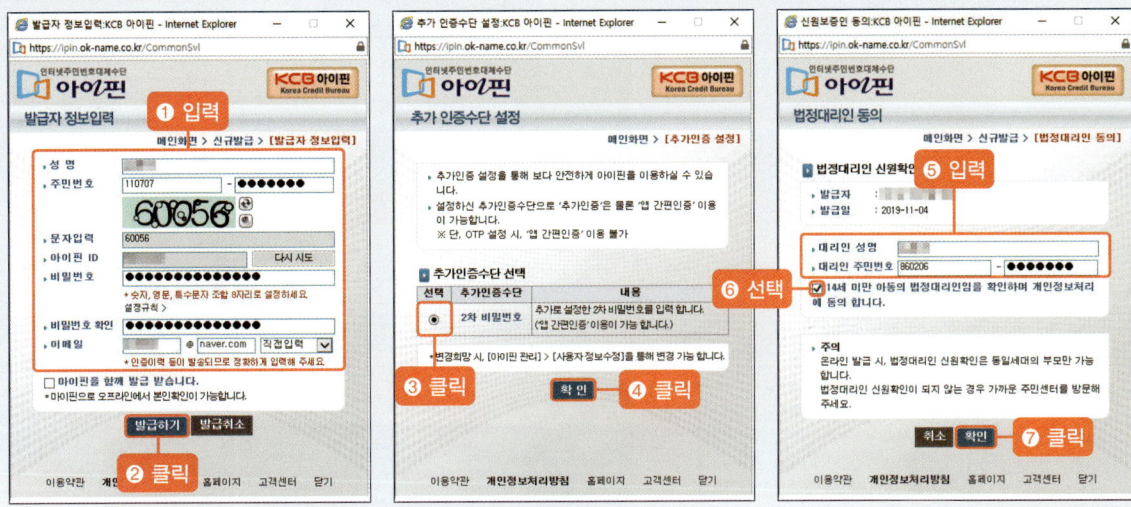

⑦ '아이핀 신원확인' 창이 나오면 법정 대리인의 휴대폰 정보를 입력한 후 〈인증번호 확인〉 버튼을 클릭합니다.

  ※ 범용 공인인증서를 이용하여도 신원확인이 가능합니다.

⑧ 휴대폰에 수신된 승인번호를 입력한 후 〈인증번호 확인〉 버튼을 클릭합니다.

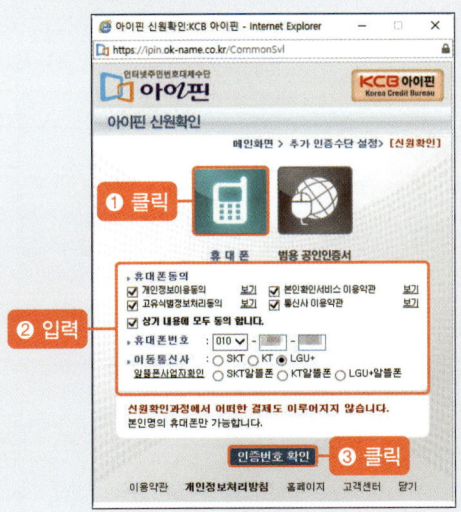
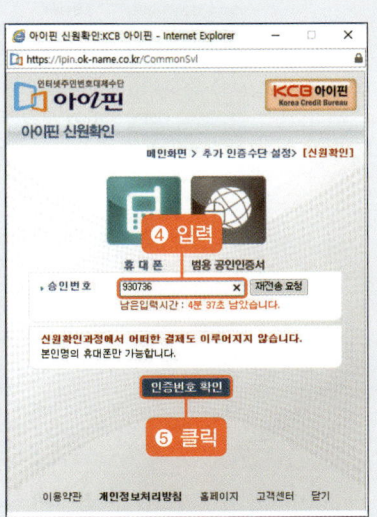

⑨ '2차 비밀번호 설정' 창이 나오면 2차 비밀번호를 입력한 후 〈확인〉 버튼을 클릭하여 아이핀 발급을 완료합니다.
⑩ '메인 화면' 창이 나오면 '아이핀 ID', '비밀번호', '문자입력' 내용을 입력한 후 〈확인〉 버튼을 클릭합니다.
⑪ '추가인증' 창에서 2차 비밀번호를 입력한 후 〈확인〉 버튼을 클릭하여 본인 확인 절차를 완료합니다.

4. 로그인하고 사진 등록하기

❶ 우측 상단의 [로그인]을 클릭합니다. 이어서, 아이디와 비밀번호를 정확하게 입력하고 [로그인]을 클릭합니다.

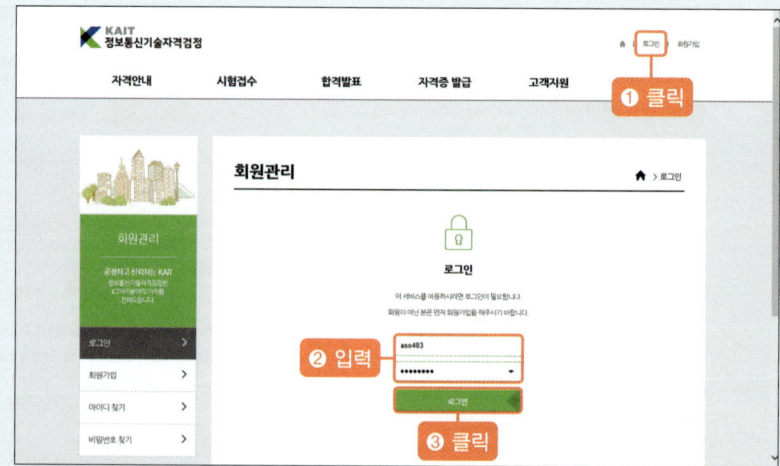

❷ [마이페이지]를 클릭합니다.

❸ 왼쪽 메뉴에서 [사진관리]를 클릭합니다.

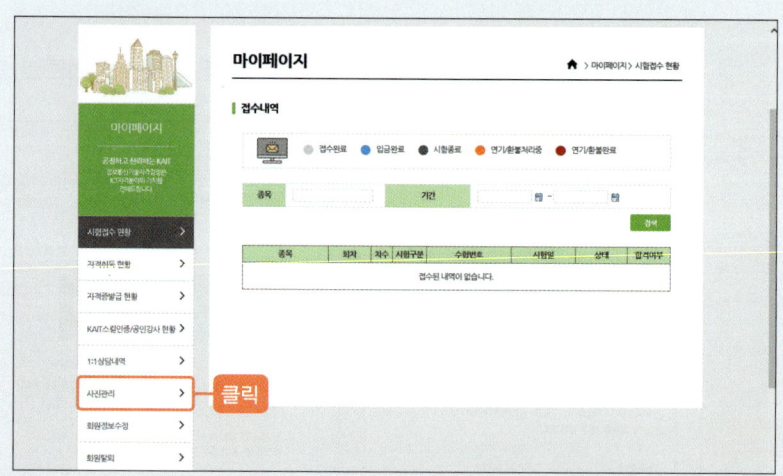

❹ [사진 선택]을 클릭합니다.

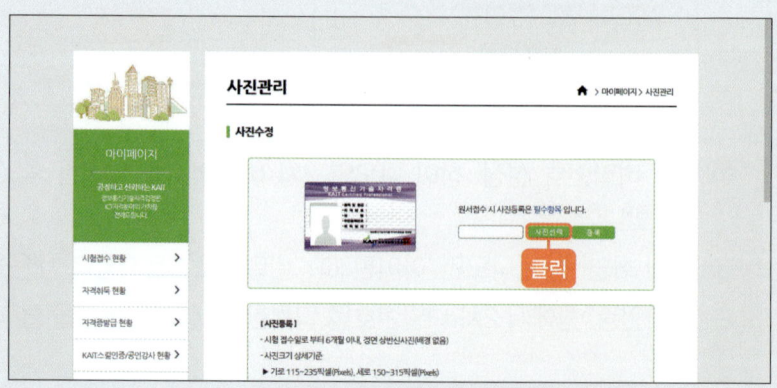

❺ [업로드할 파일 선택] 창에서 내 사진 파일을 선택하고 〈열기〉 버튼을 클릭합니다.

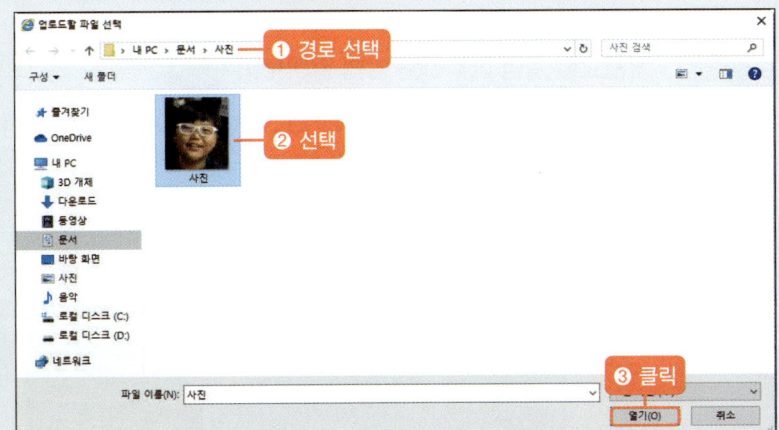

❻ [등록]을 클릭합니다.

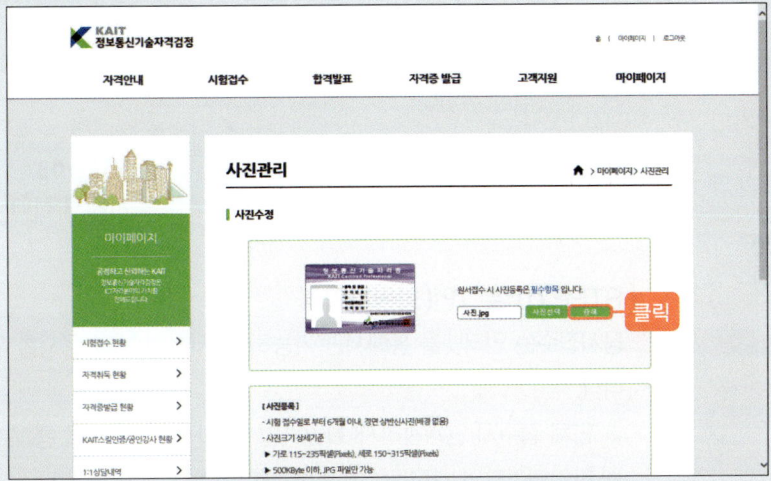

❼ '수정 하겠습니까' 메시지 창이 나타나면 〈확인〉 버튼을 클릭합니다.
❽ '저장 성공!!' 메시지 창이 나타나면 〈확인〉 버튼을 클릭합니다.

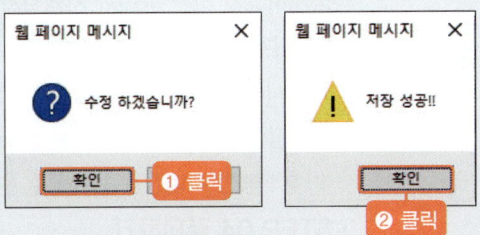

❾ 사진이 등록된 것을 확인합니다.

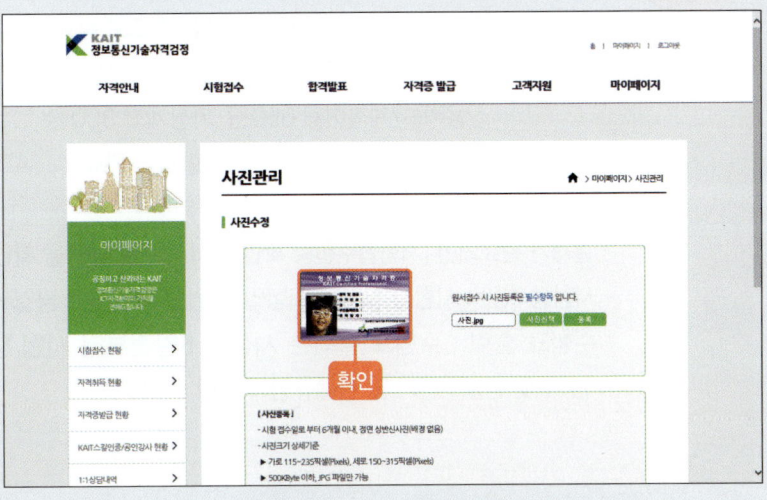

TIP 개인으로 시험 접수하는 방법 알아보기

정보통신기술자격검정(www.ihd.or.kr) 사이트에서 [시험접수]를 클릭하고 [시험접수신청]을 클릭합니다.

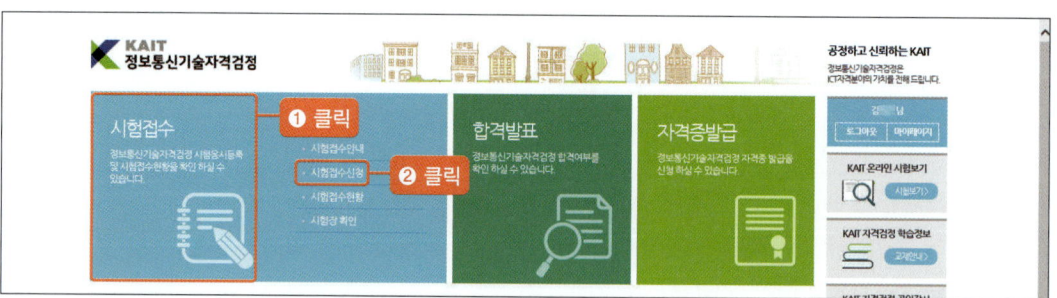

시험 접수 신청 절차 알아보기

STEP 01	STEP 02	STEP 03	STEP 04	STEP 05
로그인(회원가입)	응시종목 선택	응시지역 선택	결제하기	접수완료

- **STEP 01 로그인(회원가입)**
  응시접수는 인터넷을 통해서만 가능하며, 시험접수 및 응시를 위해서는 반드시 회원으로 가입되어야 합니다.
  ※ 단체 접수시 단체관리자(회원가입 및 회원정보수정을 통해 설정)를 통해 접수바랍니다.
  ※ 마이페이지의 사진등록 이후에 시험접수가 가능합니다.

- **STEP 02 응시종목 선택**
  응시하고자 하는 종목과 시험일자를 확인한 후 '접수하기'를 선택합니다.

- **STEP 03 응시지역 선택**
  - 응시하고자 하는 응시지역과 시험장을 선택합니다.
  - 시험장 정원이 모두 마감된 경우에는 더 이상 해당 시험장을 선택할 수 없습니다.
  ※ 추후배정 시험장은 응시접수 완료 후 10일전 시험장 확인을 통해 시험장 확인 가능

- **STEP 04 결제하기**
  - 응시료 결제가 완료되어야 응시접수가 정상적으로 완료됩니다.
  - 결제수단 : 개인-신용카드, 계좌이체 입금 중 택일, 단체-가상계좌 입금만 가능, 정보이용료 별도-
    신용카드/계좌이체 650원, 가상계좌 300원
    ※ 접수마감일 18:00까지 접수 및 입금 완료

- **STEP 05 접수완료**
  - 결제가 완료되면 [시험접수현황 확인]에서 접수한 내역을 확인할 수 있습니다.
  - 시험장 확인 : 시험장 확인은 시험일 10일전부터 시험 당일까지 확인 가능
  - 수험표 출력 : 수험표 출력은 시험일 5일전부터 시험 당일까지 확인 가능
  - 연기 및 환불 : 연기 및 환불규정에 따라 신청 가능

PART 01 DIAT 시험 안내 및 자료 사용 방법

시험안내 03
DIAT 자료 사용 방법

☑ DIAT 자료 다운로드 방법
☑ DIAT 답안 전송 프로그램 사용 방법

1. DIAT 자료 다운로드 방법

① 크롬 브라우저를 실행하여 아카데미소프트(https://aso.co.kr) 홈페이지에 접속합니다.

② 왼쪽 상단에 [컴퓨터 자격증 교재]를 클릭합니다.

③ [DIAT 자격증]-[2023 이공자 DIAT 스프레드시트 엑셀 2016(좌무선)] 교재를 클릭합니다.

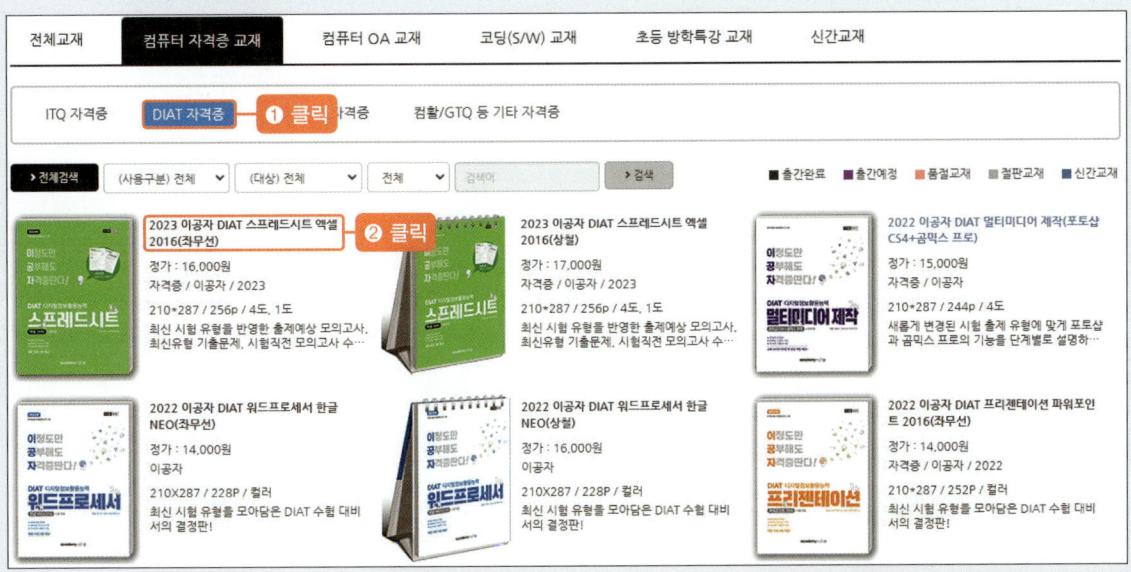

❹ 화면 아래에 [커뮤니티]-[자료실]을 클릭합니다.

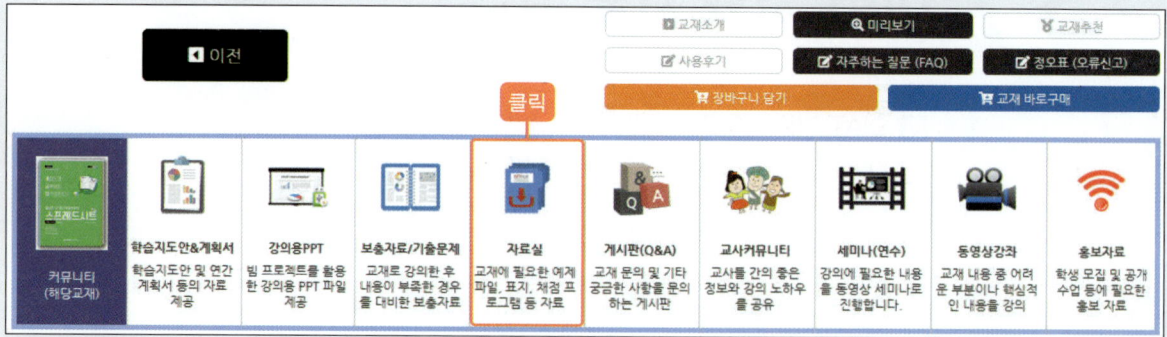

❺ [2023 이공자 DIAT 스프레드시트 엑셀 2016(좌무선)_학습 자료]를 클릭합니다.

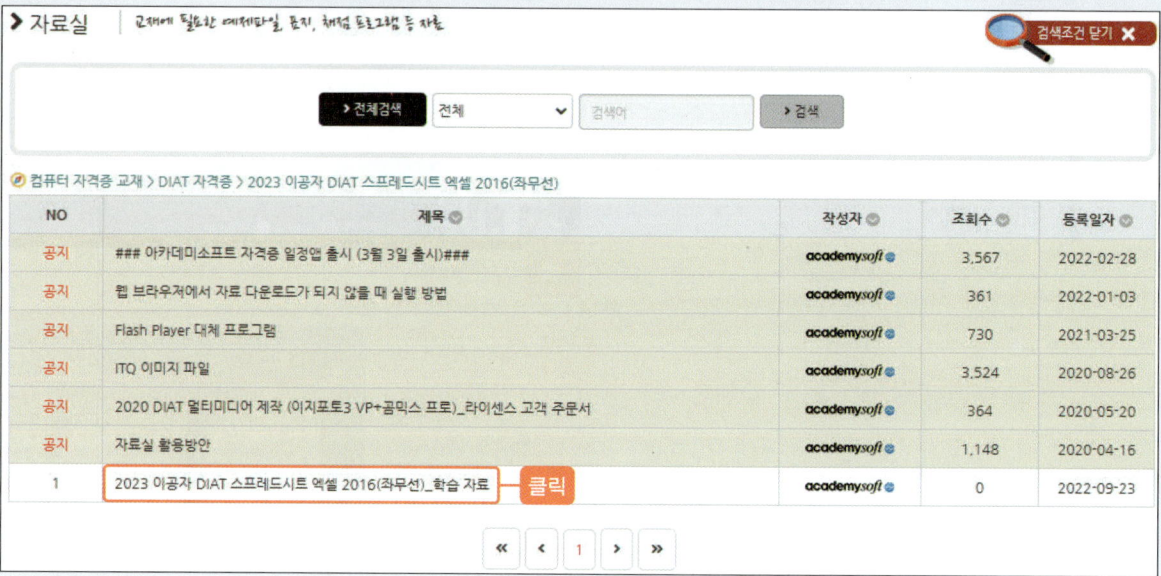

❻ 다운로드 단추를 클릭하여 자료를 다운로드 받으시면 됩니다.

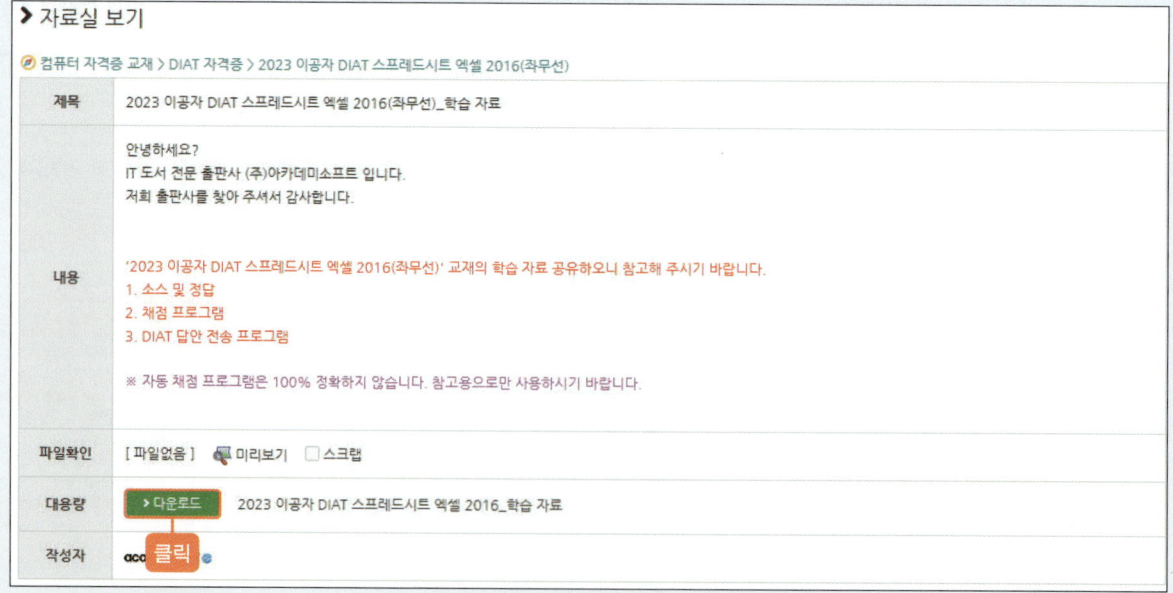

2. DIAT 답안 전송 프로그램 사용 방법

❶ 다운받은 'DIAT 답안 전송 프로그램.zip' 파일을 바탕 화면에 압축 해제한 후 [DIAT 답안 전송 프로그램] 폴더를 더블 클릭합니다. 'KAITCBT_ DEMO' 프로그램을 더블 클릭하여 실행합니다.

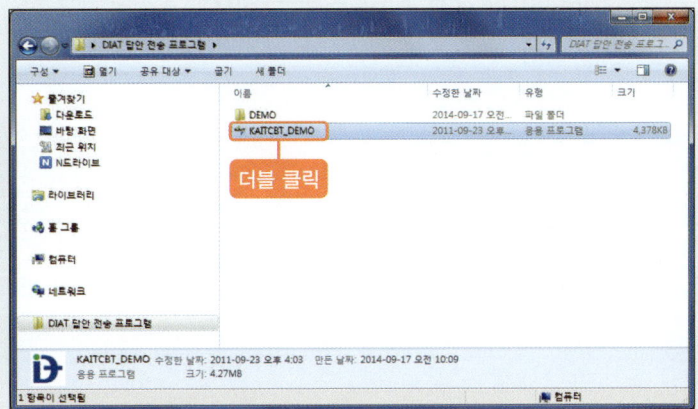

 TIP 'KAITCBT_DEMO' 프로그램

'KAITCBT_DEMO' 프로그램은 KAIT에서 배포한 데모 버전의 개인 실습용 프로그램이기 때문에 서버에서 제어가 되지는 않습니다. 실제 시험 환경을 미리 확인하는 차원에서 테스트 하시기 바랍니다.

❷ 답안 전송 프로그램이 실행되면 '수검번호'에서 목록 단추를 클릭하여 해당 과목을 선택합니다.

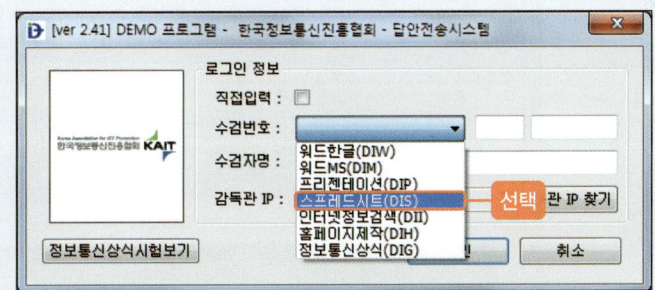

❸ 과목 선택이 끝나면 '수검번호' 및 '수검자명'을 입력한 후 〈확인〉 단추를 클릭합니다.
  ※ 데모용 연습 프로그램이기 때문에 '수검번호' 및 '수검자명'은 본인이 원하는 내용을 입력하세요.

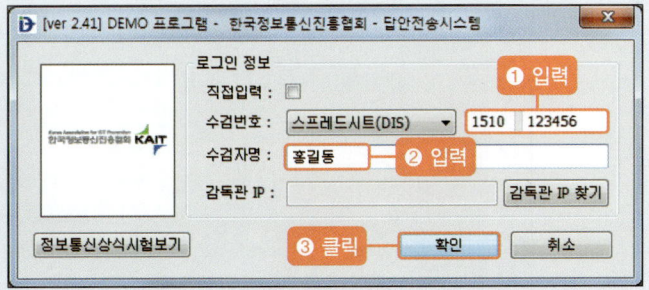

❹ 수검자 유의사항이 나오면 내용을 확인한 후 마스터 키 칸을 클릭하고 Enter 키를 누릅니다.

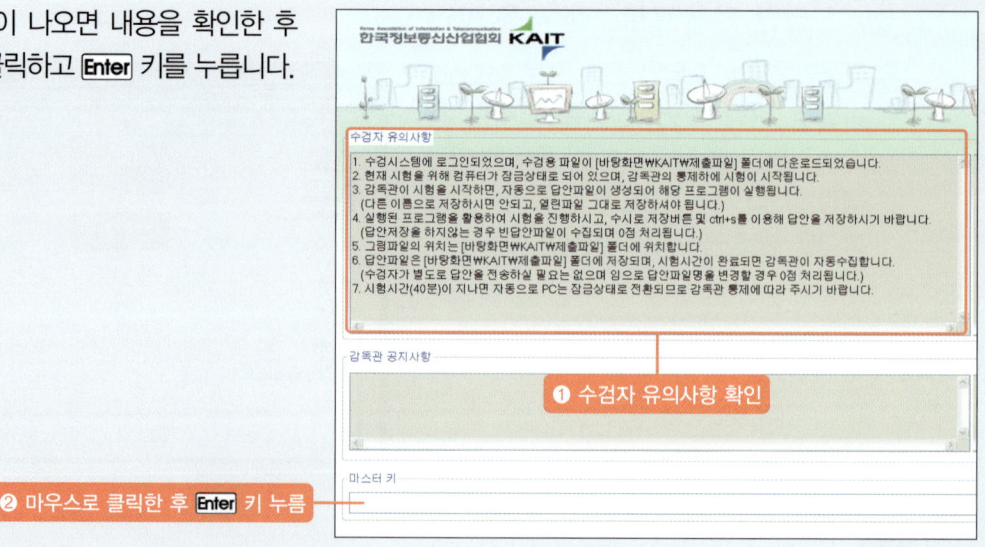

❺ 시험이 시작됨과 동시에 해당 프로그램이 자동으로 실행되면서 답안 파일이 자동으로 열립니다. 자동으로 실행된 답안 파일을 종료한 후 [소스 파일]에서 '출제예상 모의고사' 또는 '최신유형 기출문제' 파일을 불러와 남은 시간을 확인하면서 답안을 작성합니다.

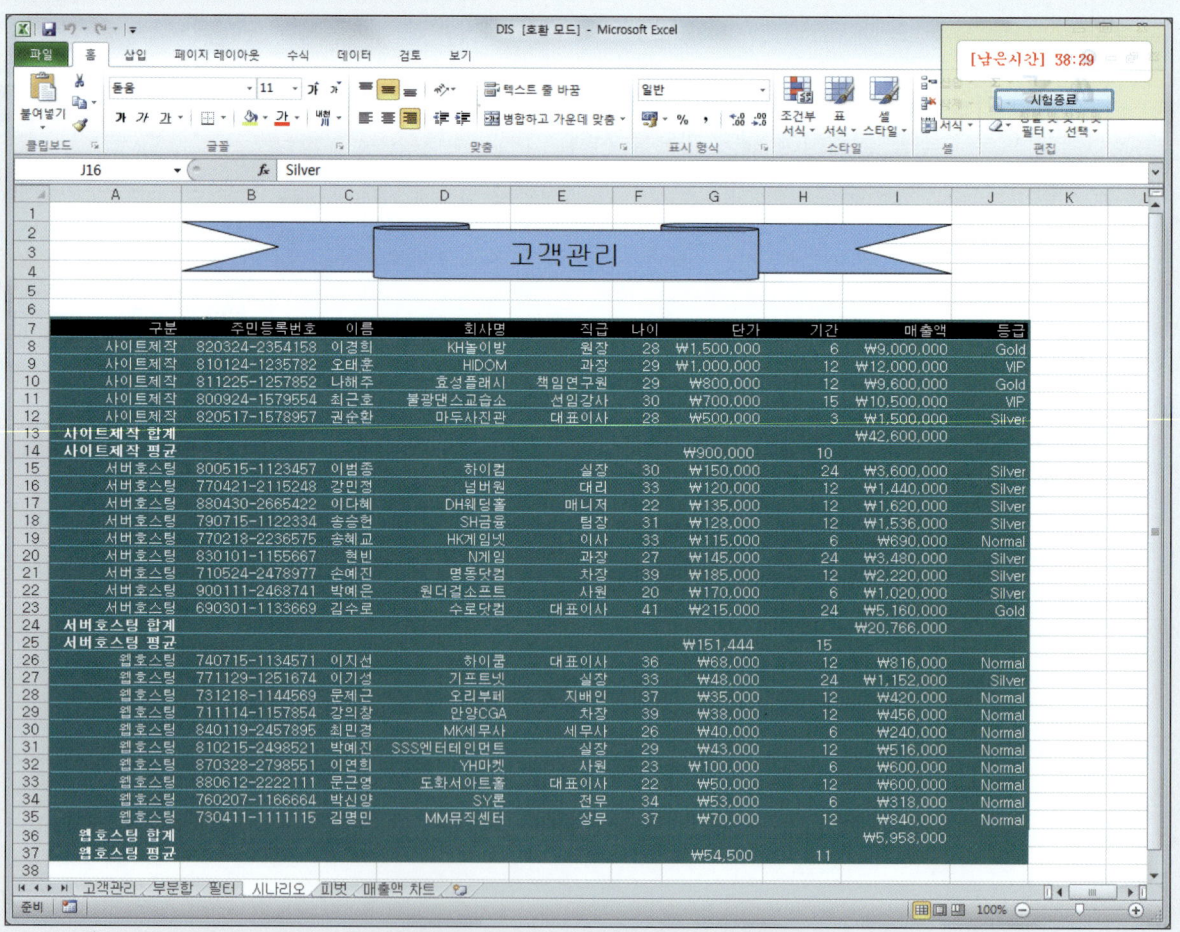

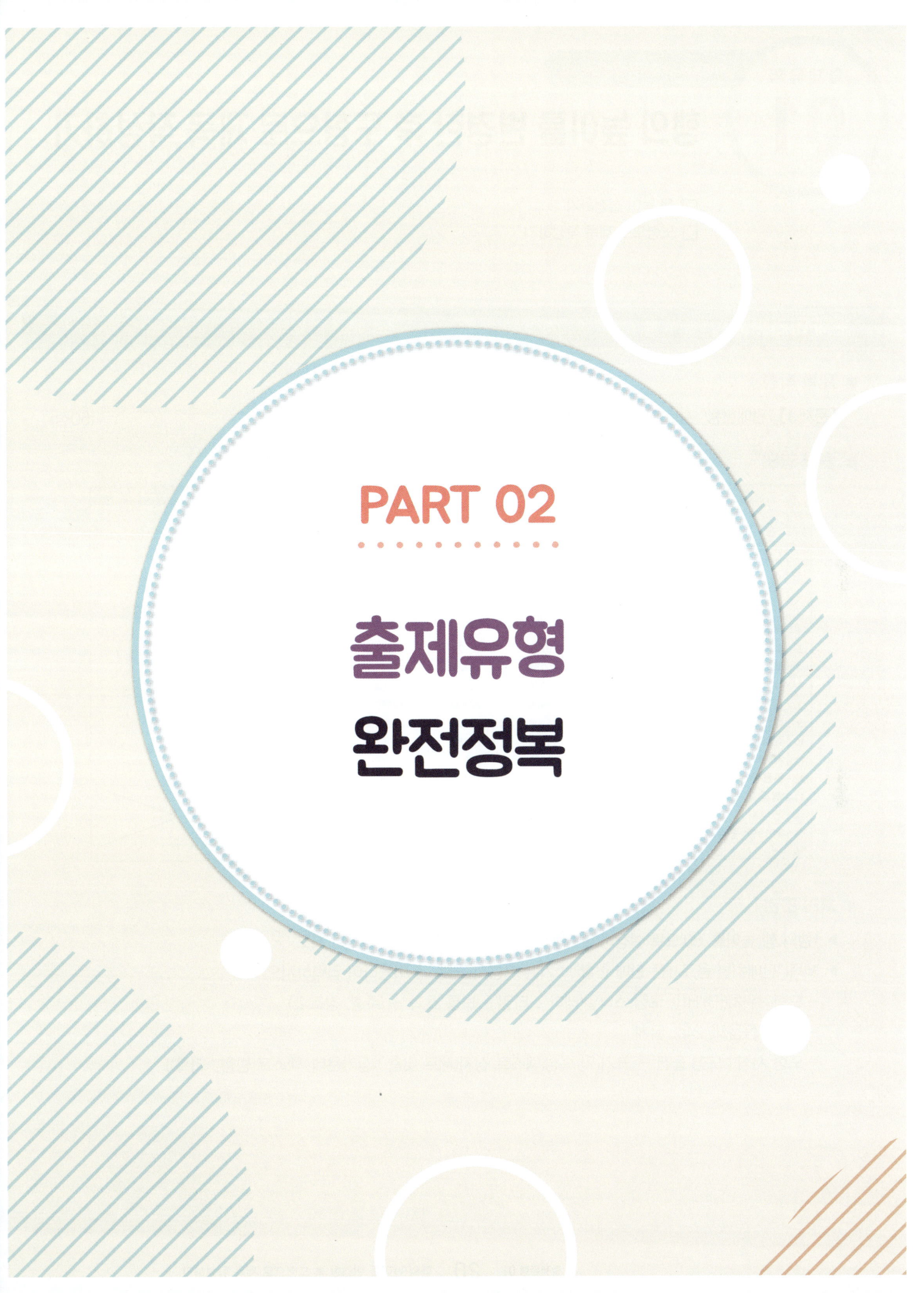

출제유형 **01**

PART 02 출제유형 완전정복

행의 높이를 변경한 후 도형으로 제목 작성하기

☑ 행 높이 설정하기
☑ 도형으로 제목 작성하기

문제 미리보기

소스 파일 : 유형01_문제.xlsx   정답 파일 : 유형01_완성.xlsx

● **제목 작성**

【문제 1】 "판매현황" 시트를 참조하여 다음 ≪처리조건≫에 맞도록 작업하시오. (50점)

● **출력 형태**

	A	B	C	D	E	F	G	H	I
1				판매처별 음료제품 판매 현황					
2	제품명	제품종류	판매처	2018년	2019년	2020년	평균	순위	비고
3	시원수	생수	할인점	15838	13363	24401	17867	①	②
4	팡팡톡	탄산음료	할인점	21670	22197	11554	18474	①	②
5	스마일자몽	과일음료	편의점	20740	14224	18939	17968	①	②
6	코코넛매니아	탄산음료	백화점	20038	22725	15911	19558	①	②
7	에티오피아	커피음료	통신판매	25976	18411	11754	18714	①	②
8	맑은생수	생수	할인점	19400	22100	14559	18686	①	②
9	천연물	생수	편의점	16204	18606	23119	19310	①	②
10	라임워터	탄산음료	편의점	13774	25788	24957	21506	①	②
11	카페타임	커피음료	통신판매	12650	12653	16377	13893	①	②
12	얼음골생수	생수	편의점	17771	15751	10501	14674	①	②
13	'평균'의 최대값-최소값 차이			③					
14	'판매처'가 "할인점"인 '2020년'의 평균			④					
15	'2019년' 중 두 번째로 큰 값			⑤					
16									

● **처리 조건**

▶ 1행의 행 높이를 '80'으로 설정하고, 2행~15행의 행 높이를 '18'로 설정하시오.
▶ 제목("판매처별 음료제품 판매 현황") : 기본 도형의 '원통'을 이용하여 입력하시오.
  - 도형 : 위치([B1:H1]), 도형 스타일(테마 스타일 – 보통 효과 – '주황, 강조 2')
  - 글꼴 : 돋움체, 24pt, 굵게
  - 도형 서식 : 도형 옵션 – 크기 및 속성(텍스트 상자(세로 맞춤 : 정가운데, 텍스트 방향 : 가로))

01 행 높이 설정하기

❶ Excel 2016을 실행한 후 [파일]-[열기]([Ctrl]+[O])를 클릭한 후, [찾아보기]를 클릭합니다. [열기] 대화상자가 나오면 '유형01_문제.xlsx' 파일을 불러와 [판매현황] 시트를 클릭합니다.

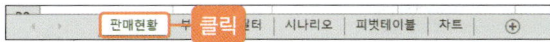

❷ 1행 머리글 위에서 마우스 오른쪽 버튼을 눌러 바로 가기 메뉴가 나오면 [행 높이]를 선택합니다.

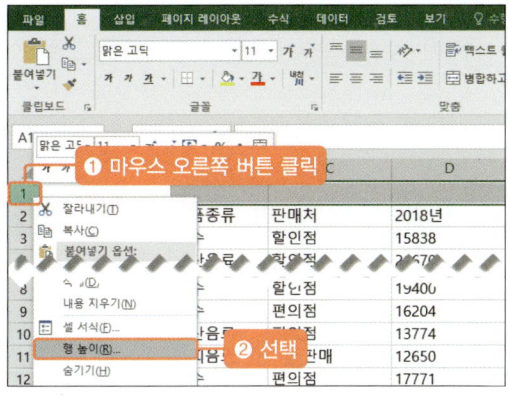

> **TIP 시험장 오피스 프로그램 환경**
> 실제 시험장에서는 시험이 시작됨과 동시에 답안 파일(엑셀 2016)이 자동으로 열립니다. 답안 파일이 자동으로 실행되면 파일명(dis_123456_홍길동.xlsx)을 확인합니다.

❸ [행 높이] 대화상자가 나오면 '80'을 입력한 후 〈확인〉 단추를 클릭합니다.

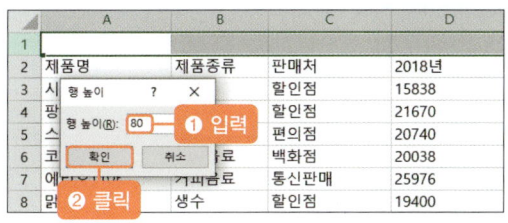
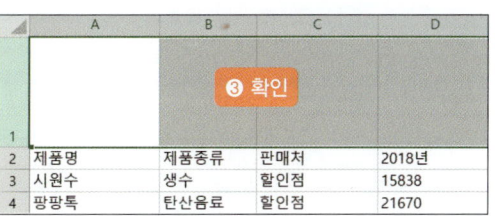

❹ 2행 머리글에서 15행 머리글(2:15행)까지 드래그하여 범위를 지정한 후 행 머리글 위에서 마우스 오른쪽 버튼을 눌러 바로 가기 메뉴가 나오면 [행 높이]를 선택합니다.

❺ [행 높이] 대화상자가 나오면 '18'을 입력한 후 〈확인〉 단추를 클릭합니다.

※ 범위 지정 후 특정 셀을 클릭하면 범위 지정이 자동으로 해제됩니다.

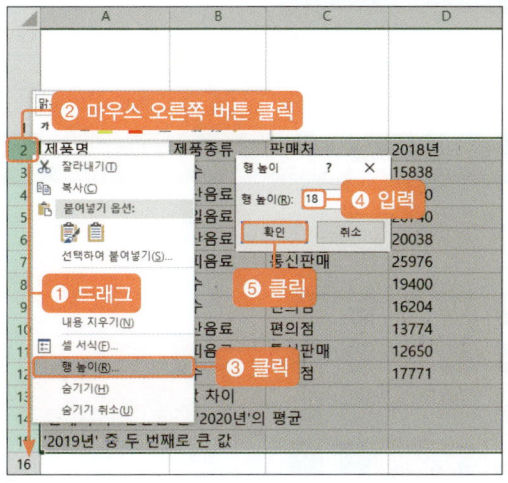
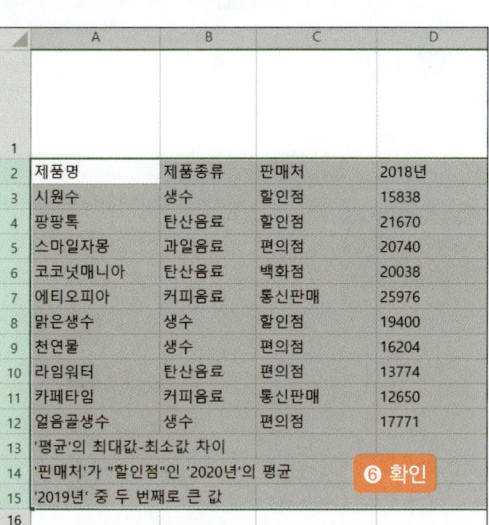

02 도형으로 제목 작성하기

❶ 도형을 삽입하기 위해 [삽입] 탭의 [일러스트레이션] 그룹에서 [도형]-'기본 도형'-'원통( )'을 클릭합니다.

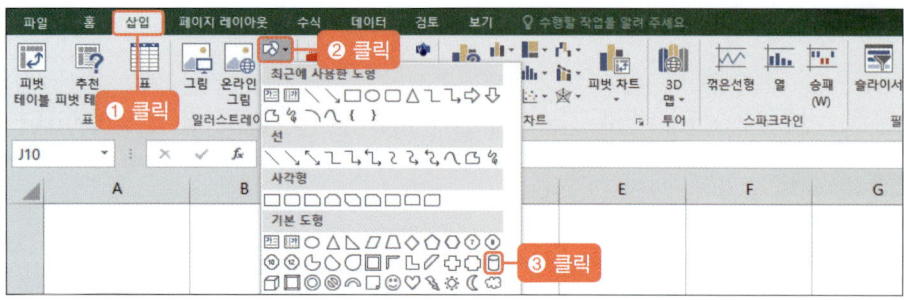

❷ [B1] 셀에서 [H1] 셀까지 드래그하여 '원통' 도형을 삽입합니다. 도형이 삽입되면 제목(**판매처별 음료제품 판매 현황**)을 입력한 후 텍스트가 없는 부분의 도형을 클릭(마우스 포인터 모양 확인)합니다.

※ 도형을 삽입한 후 《출력형태》를 참고하여 [B1:H1] 셀 범위 안에 도형이 들어가도록 테두리 조절점(,)으로 크기를 조절하고 위치를 변경합니다.

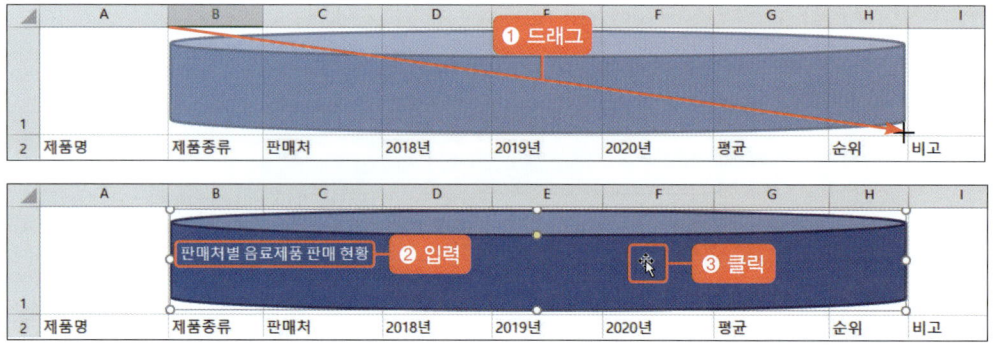

◀ 제목 입력 후 텍스트가 없는 부분을 클릭

❸ [그리기 도구]-[서식] 탭의 [도형 스타일] 그룹에서 자세히( ) 단추를 클릭합니다. 이어서, 도형 스타일 목록이 펼쳐지면 '**보통 효과 – 주황, 강조 2**( )'를 선택합니다.

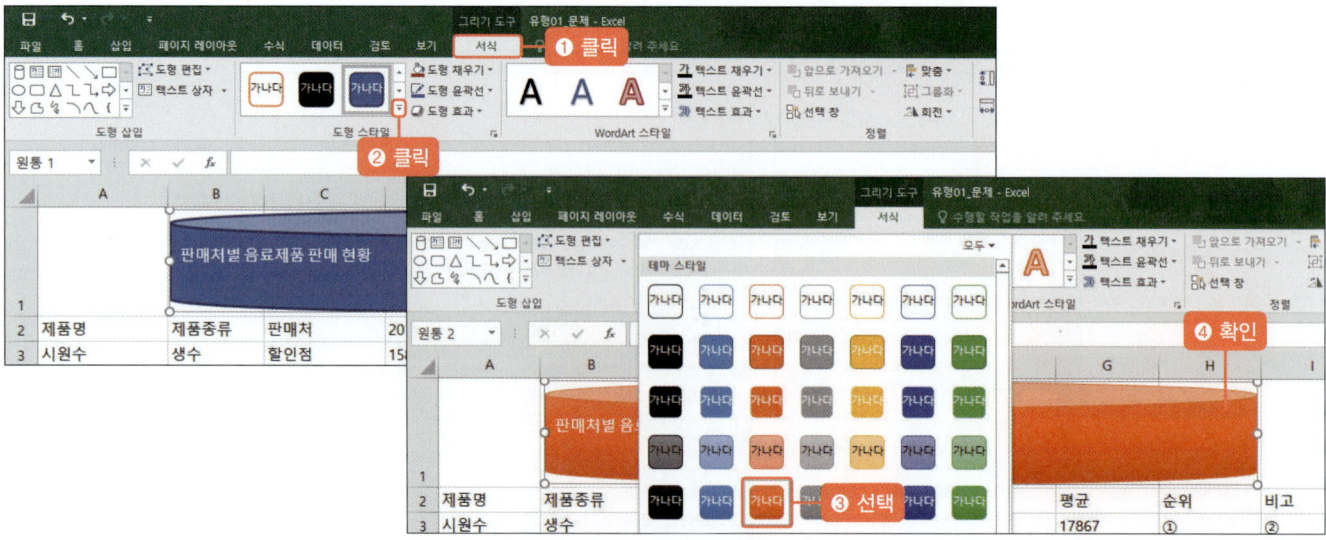

④ 글꼴 서식을 지정하기 위해 [홈] 탭의 [글꼴] 그룹에서 '글꼴(돋움체), 글꼴 크기(24), 굵게(가)'를 각각 지정합니다. 이어서, 도형 위에서 마우스 오른쪽 버튼을 눌러 바로 가기 메뉴가 나오면 [도형 서식]을 선택합니다.(도형 서식 바로 가기 키 : Ctrl + 1)

※ 글꼴 서식을 지정할 때 도형이 선택되어 있어야 합니다. 만약 도형 선택이 해제되었을 경우에는 텍스트가 없는 부분의 도형을 클릭하여 선택합니다.

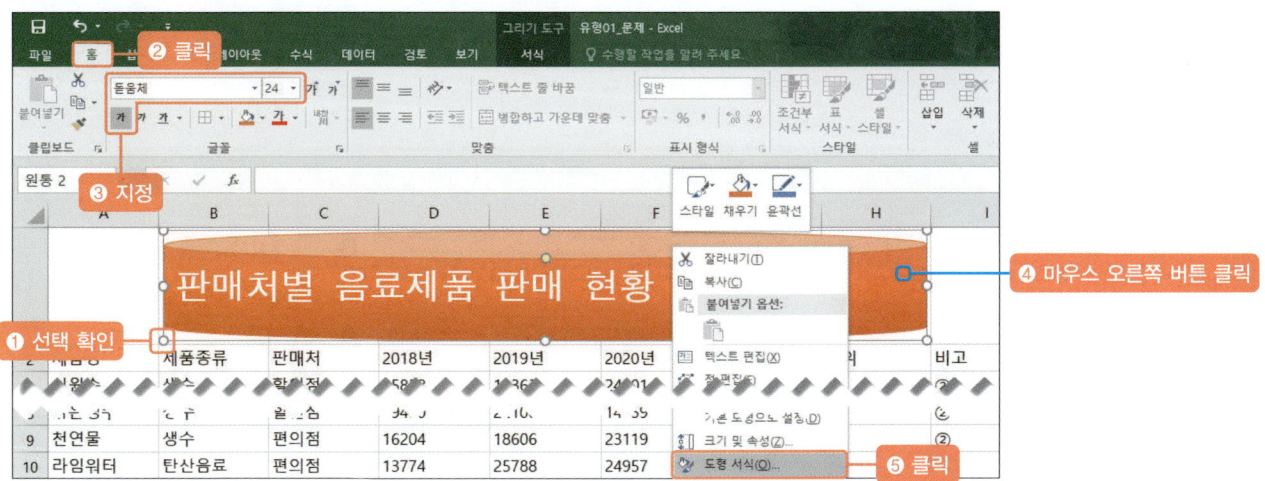

⑤ 화면 오른쪽에 [도형 서식] 작업창이 나오면 [크기 및 속성]을 클릭합니다. 이어서, '텍스트 상자'의 '세로 맞춤'을 클릭하여 '정가운데'를 선택하고, '텍스트 방향'이 '가로'로 선택된 것을 확인합니다.

⑥ 도형 서식이 지정된 제목을 확인한 후 [파일]-[저장](Ctrl + S) 또는 [빠른 실행 도구 모음]에서 '저장(🖫)'을 클릭합니다.

※ 실제 시험을 볼 때 작업 도중에 수시로(10분에 한 번 정도) 저장을 하는 것이 좋습니다.

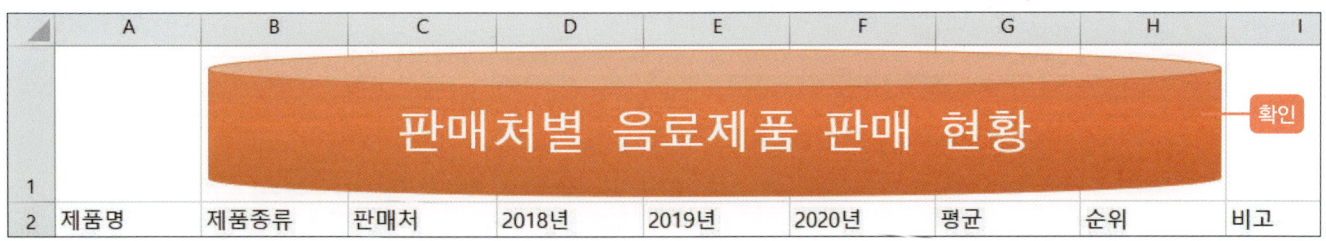

TIP WordArt로 제목 작성하기

DIAT 스프레드시트 시험에서 제목을 작성하는 방법은 크게 '도형'을 이용하는 방법과 'WordArt'를 이용하는 방법이 있습니다. 현재 대부분 도형을 이용하여 제목을 작성하는 것으로 출제되고 있지만, WordArt를 이용하여 제목을 작성하는 방식도 출제될 수 있기 때문에 작성 방법은 알아두는 것이 좋습니다.

* 소스 파일 : 유형01_워드아트_문제.xlsx   * 정답 파일 : 유형01_워드아트_완성.xlsx

❶ [삽입] 탭-[텍스트] 그룹에서 [WordArt]-'그라데이션 채우기 - 주황, 강조 2, 윤곽선 - 강조 2(A)'를 선택합니다.

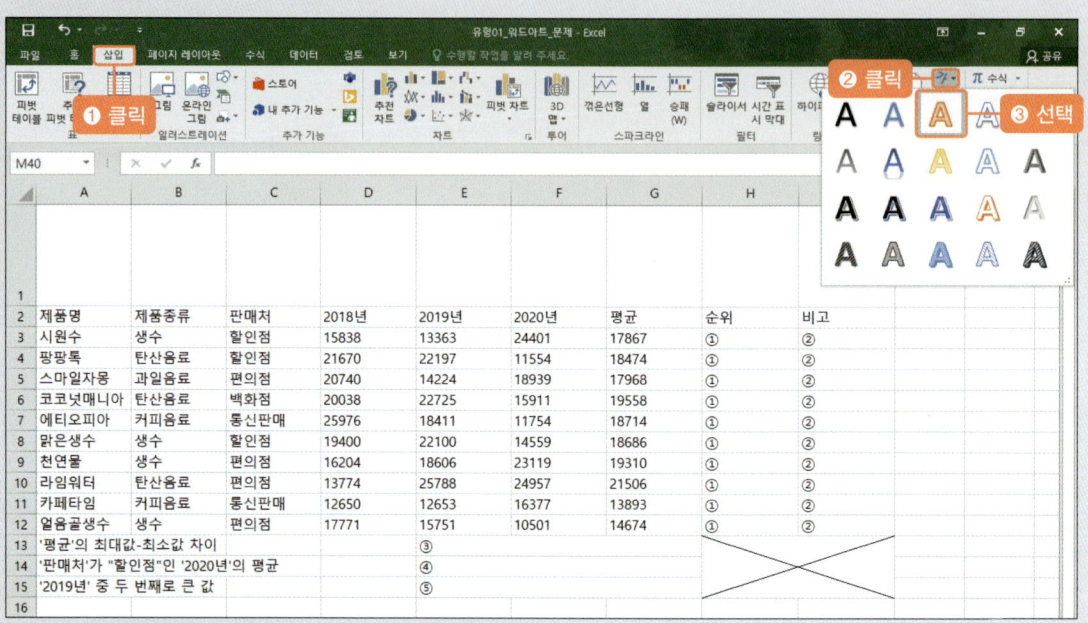

❷ 워드아트(필요한 내용을 적으십시오.)가 삽입되면 '판매처별 음료제품 판매 현황'을 입력합니다.

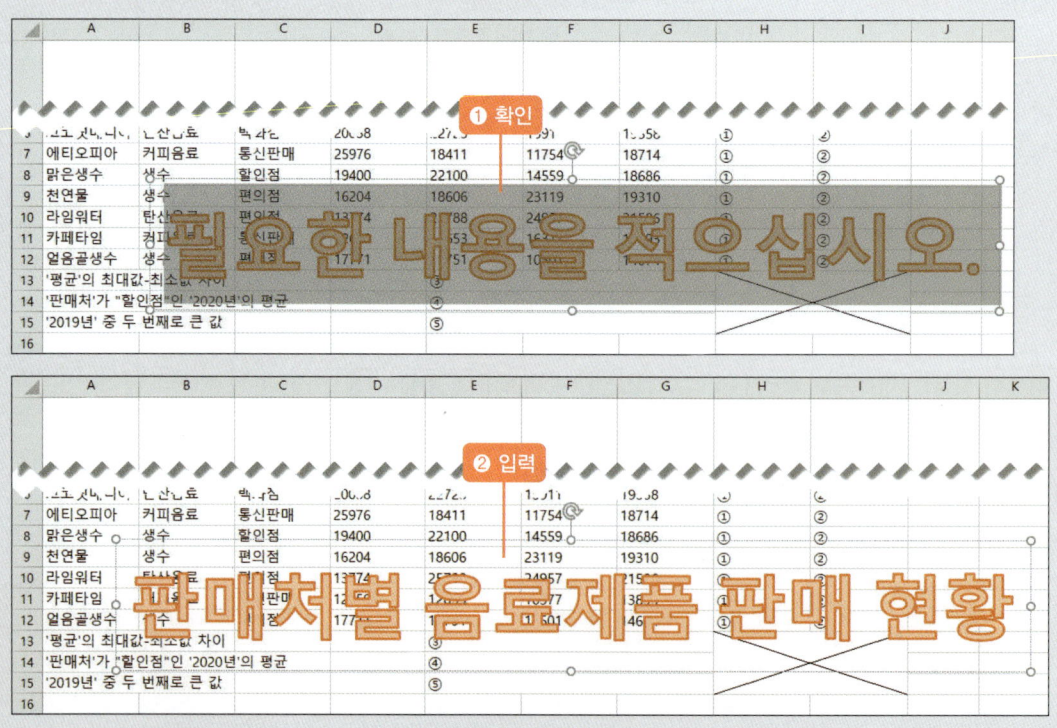

❸ 테두리 선(image)에 마우스 포인터를 위치시킨 후 [B1] 셀을 기준으로 드래그 합니다.

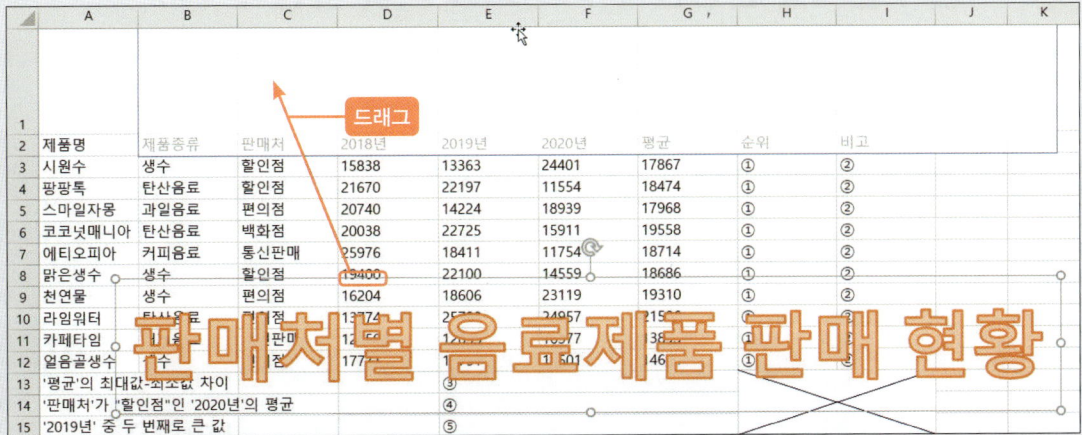

❹ [홈] 탭의 [글꼴] 그룹에서 '글꼴(HY헤드라인M), 글꼴 크기(40), 굵게(가)'를 각각 지정합니다.

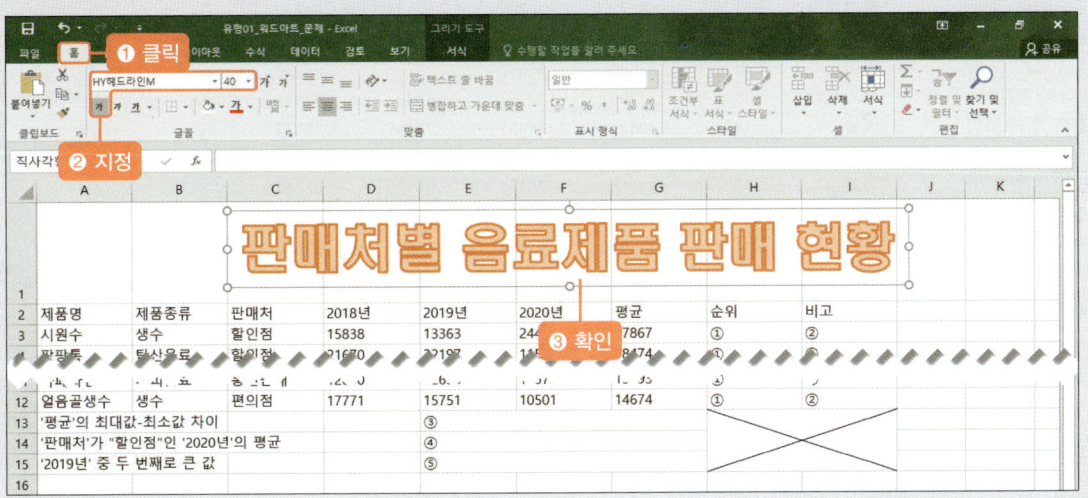

❺ 글꼴 서식이 적용되면 테두리를 드래그하여 [B1:H1] 영역에 맞게 위치를 변경합니다.

※ WordArt의 위치를 변경할 때 키보드 방향키(↑↓←→)를 이용하면 세밀하게 위치를 변경할 수 있습니다.

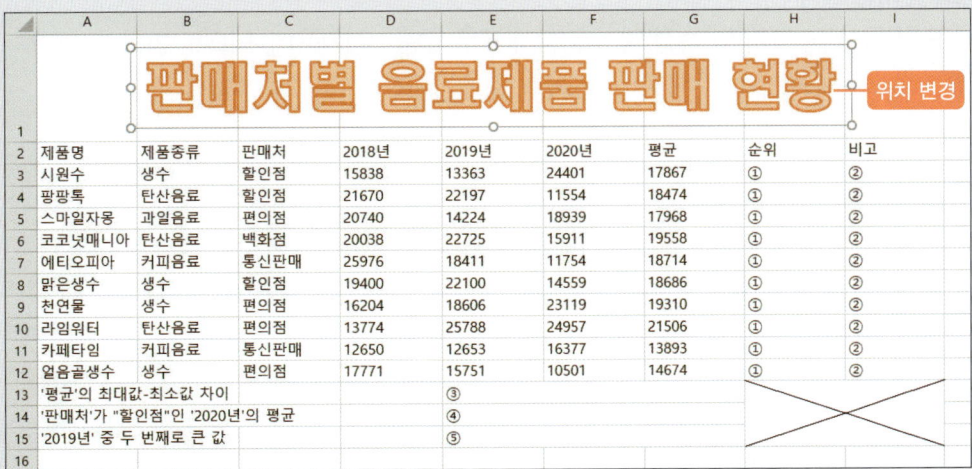

출제유형 완전정복: 행의 높이를 변경한 후 도형으로 제목 작성하기

01 "판매현황" 시트를 참조하여 다음 ≪처리조건≫에 맞도록 작업하시오. (50점)

* 소스 파일 : 정복01_문제01.xlsx　　* 정답 파일 : 정복01_완성01.xlsx

● 출력 형태

- [삽입]-[일러스트레이션]-[도형]
- [그리기 도구]-[서식]-[도형 스타일]-자세히 단추

	A	B	C	D	E	F	G	H	I
1				한국서점 하반기 판매현황					
2	도서명	장르	작가	10월	11월	12월	평균	순위	비고
3	어린이를 위한 그릿	자기계발	국내작가	58172	76209	60146	64842	①	②
4	빛나는 아이	위인	해외작가	24472	6151	3721	11448	①	②
5	91층 나무 집	동화	해외작가	47530	56657	27788	43992	①	②
6	미움받아도 괜찮아	자기계발	해외작가	37899	24153	6742	22931	①	②
7	우리 화가 우리 그림	예술	국내작가	40401	41951	23185	35179	①	②
8	빨강 연필	자기계발	국내작가	72400	76520	63905	70942	①	②
9	마당을 나온 암탉	동화	국내작가	61764	76421	61139	66441	①	②
10	78층 나무 집	동화	해외작가	38725	28888	21302	29638	①	②
11	한밤중 달빛 식당	동화	국내작가	57691	67451	53816	59653	①	②
12	세계를 빛낸 50명의 위인	위인	국내작가	56452	67424	41325	55067	①	②
13	'평균'의 최대값-최소값 차이				③				
14	'작가'가 "국내작가"인 '12월'의 합계				④				
15	'10월' 중 두 번째로 큰 값				⑤				

● 처리 조건

▶ 1행의 행 높이를 '78'로 설정하고, 2행~15행의 행 높이를 '18'로 설정하시오.
▶ 제목("한국서점 하반기 판매현황") : 기본 도형의 '십자형'을 이용하여 입력하시오.
　- 도형 : 위치([B1:H1]), 도형 스타일(테마 스타일 - 보통 효과 - '파랑, 강조 1')
　- 글꼴 : 돋움체, 24pt, 굵게
　- 도형 서식 : 도형 옵션 - 크기 및 속성(텍스트 상자(세로 맞춤 : 정가운데, 텍스트 방향 : 가로))
　　　　[도형 서식] 작업창-[도형 옵션]-[크기 및 속성]-[텍스트 상자]

행의 높이를 변경한 후 도형으로 제목 작성하기

02 "수금현황" 시트를 참조하여 다음 ≪처리조건≫에 맞도록 작업하시오. (50점)

* 소스 파일 : 정복01_문제02.xlsx * 정답 파일 : 정복01_완성02.xlsx

● 출력 형태

[삽입]-[텍스트]-[WordArt]

	A	B	C	D	E	F	G	H	I
1				광역시 지점별 수금현황					
2	광역시	지점	담당자	판매액	수금액	미수금액	수금달성율(%)	순위	비고
3	부산광역시	남구	장준문	1602300	1243400	358900	82.9	①	②
4	광주광역시	북구	이동욱	1227500	1060830	166670	90.4	①	②
5	부산광역시	동래구	윤한기	3795800	3043090	752710	82.5	①	②
6	광주광역시	광산구	김주희	2840600	2840600	0	100	①	②
7	인천광역시	연수구	윤훈	2701500	1814800	886700	72.3	①	②
8	부산광역시	사상구	강문철	956010	956010	0	100	①	②
9	대구광역시	수성구	권명준	714399	714399	0	100	①	②
10	대전광역시	대덕구	이대성	1487500	800400	687100	65.4	①	②
11	대구광역시	달서구	성기수	1342359	1202820	139539	92.4	①	②
12	인천광역시	남동구	김대철	2386050	1493000	893050	69.1	①	②
13	'광역시'가 "부산광역시"인 '수금액'의 평균				③				
14	'미수금액'의 최대값-최소값 차이				④				
15	'수금액' 중 네 번째로 작은 값				⑤				

● 처리 조건

▶ 1행의 행 높이를 '60'으로 설정하고, 2행~15행의 행 높이를 '18'로 설정하시오.
▶ 제목("광역시 지점별 수금현황") : WordArt를 이용하여 입력하시오.
  – WordArt 스타일(채우기 – 주황, 강조 2, 윤곽선 – 강조 2),
    위치([B1:H1]), 글꼴 : HY헤드라인M, 42pt, 굵게, 기울임꼴

출제유형 완전정복 — 행의 높이를 변경한 후 도형으로 제목 작성하기

03 "구매실적" 시트를 참조하여 다음 ≪처리조건≫에 맞도록 작업하시오. (50점)

* 소스 파일 : 정복01_문제03.xlsx   * 정답 파일 : 정복01_완성03.xlsx

● 출력 형태

	A	B	C	D	E	F	G	H	I
1				2020 회원별 구매실적					
2	성명	고객등급	회사	상반기	하반기	평균	총액	순위	비고
3	장민지	B등급	아소유통	1320500	1505600	1413050	2826100	①	②
4	김주희	C등급	대한상사	1676000	1284390	1480195	2960390	①	②
5	김평석	B등급	대한상사	1120640	1435230	1277935	2555870	①	②
6	이창욱	C등급	아소유통	2383130	1960800	2171965	4343930	①	②
7	안광준	B등급	대한상사	1718870	1850830	1784850	3569700	①	②
8	박지현	D등급	민국상사	987060	1276400	1131730	2263460	①	②
9	안우열	A등급	아소유통	2528430	2550600	2539515	5079030	①	②
10	최민식	D등급	민국상사	587060	748900	667980	1335960	①	②
11	박수정	C등급	대한상사	312730	784300	548515	1097030	①	②
12	이가현	A등급	민국상사	2078300	1590800	1834550	3669100	①	②
13	'고객등급'이 "B등급"인 '총액'의 평균			③					
14	'하반기'의 최대값-최소값의 차이			④					
15	'회사'가 "아소유통"인 '총액'의 합계			⑤					

● 처리 조건

▶ 1행의 행 높이를 '80'으로 설정하고, 2행~15행의 행 높이를 '18'로 설정하시오.
▶ 제목("2020 회원별 구매실적") : 기본 도형의 '배지'를 이용하여 입력하시오.
  - 도형 : 위치([B1:H1]), 도형 스타일(테마 스타일 – 강한 효과 – '황금색, 강조 4')
  - 글꼴 : 굴림체, 24pt, 굵게, 기울임꼴
  - 도형 서식 : 도형 옵션 – 크기 및 속성(텍스트 상자(세로 맞춤 : 정가운데, 텍스트 방향 : 가로))

출제유형 완전정복
행의 높이를 변경한 후 도형으로 제목 작성하기

04 "수입동향" 시트를 참조하여 다음 ≪처리조건≫에 맞도록 작업하시오. (50점)

* 소스 파일 : 정복01_문제04.xlsx * 정답 파일 : 정복01_완성04.xlsx

● 출력 형태

	A	B	C	D	E	F	G	H	I
1					건설장비 해외 수입동향				
2	수입국가	분류	구분	2018년	2019년	2020년	평균	순위	비고
3	캐나다	항공EDI	북아메리카	4659107	5754896	5211345	5208449	①	②
4	캐나다	항공EDI	북아메리카	4753634	3639741	4132177	4175184	①	②
5	필리핀	해상EDI	아시아	99473	301098	531721	310764	①	②
6	필리핀	해상EDI	아시아	115602	128554	309960	184705	①	②
7	영국	항공EDI	유럽	43523	180398	347125	190348	①	②
8	영국	항공EDI	유럽	50825	54222	61219	55422	①	②
9	인도	해상EDI	아시아	120683	563096	1154280	612686	①	②
10	인도	해상EDI	아시아	1026315	219911	84496	443574	①	②
11	이탈리아	항공EDI	유럽	120475	304539	595847	340287	①	②
12	이탈리아	항공EDI	유럽	658993	797592	9550193	3668926	①	②
13	'평균'의 최대값-최소값 차이			③					
14	'수입국가'가 "캐나다"인 '2020년'의 합계			④					
15	'구분'이 "아시아"인 개수			⑤					
16									

● 처리 조건

▶ 1행의 행 높이를 '80'으로 설정하고, 2행~15행의 행 높이를 '18'로 설정하시오.
▶ 제목("건설장비 해외 수입동향") : 순서도의 '순서도: 문서'를 이용하여 입력하시오.
   – 도형 : 위치([B1:H1]), 도형 스타일(테마 스타일 – 미세 효과 – '파랑, 강조 5')
   – 글꼴 : 궁서체, 24pt, 기울임꼴
   – 도형 서식 : 도형 옵션 – 크기 및 속성(텍스트 상자(세로 맞춤 : 정가운데, 텍스트 방향 : 가로))

출제유형 **02**

PART 02 출제유형 완전정복

셀 서식 및 조건부 서식 지정하기

☑ 테두리 지정 및 병합하고 가운데 맞춤 지정하기
☑ 셀 채우기 및 [표시 형식] 지정하기
☑ 조건부 서식 지정하기

문제 미리보기

소스 파일 : 유형02_문제.xlsx   정답 파일 : 유형02_완성.xlsx

● **셀 서식 작성**

【문제 1】 "판매현황" 시트를 참조하여 다음 ≪처리조건≫에 맞도록 작업하시오.   (50점)

● **출력 형태**

	A	B	C	D	E	F	G	H	I
1				판매처별 음료제품 판매 현황					
2	제품명	제품종류	판매처	2018년	2019년	2020년	평균	순위	비고
3	시원수	생수	할인점	15,838	13,363	24,401	17,867개	①	②
4	팡팡톡	탄산음료	할인점	21,670	22,197	11,554	18,474개	①	②
5	스마일자몽	과일음료	편의점	20,740	14,224	18,939	17,968개	①	②
6	코코넛매니아	탄산음료	백화점	20,038	22,725	15,911	19,558개	①	②
7	에티오피아	커피음료	통신판매	25,976	18,411	11,754	18,714개	①	②
8	맑은생수	생수	할인점	19,400	22,100	14,559	18,686개	①	②
9	천연물	생수	편의점	16,204	18,606	23,119	19,310개	①	②
10	라임워터	탄산음료	편의점	13,774	25,788	24,957	21,506개	①	②
11	카페타임	커피음료	통신판매	12,650	12,653	16,377	13,893개	①	②
12	얼음골생수	생수	편의점	17,771	15,751	10,501	14,674개	①	②
13	'평균'의 최대값-최소값 차이					③			
14	'판매처'가 "할인점"인 '2020년'의 평균					④			
15	'2019년' 중 두 번째로 큰 값					⑤			
16									

● **처리 조건**

▶ 셀 서식을 아래 조건에 맞게 작성하시오.

– [A2:I15] : 테두리(안쪽, 윤곽선 모두 실선, '검정, 텍스트 1'), 전체 가운데 맞춤
– [A13:D13], [A14:D14], [A15:D15] : 각각 병합하고 가운데 맞춤
– [A2:I2], [A13:D15] : 채우기 색('파랑, 강조 1, 60% 더 밝게'), 글꼴(굵게)
– [D3:F12], [E13:G15] : 셀 서식의 표시 형식-숫자를 이용하여 1000단위 구분 기호 표시
– [G3:G12] : 셀 서식의 표시 형식-사용자 지정을 이용하여 #,##0"개"자를 추가
– [H3:H12] : 셀 서식의 표시 형식-사용자 지정을 이용하여 #"위"자를 추가
– 조건부 서식[A3:I12] : '판매처'가 "할인점"인 경우 레코드 전체에 글꼴(빨강, 굵게) 적용
– 지시사항이 없는 경우는 주어진 문제 파일의 서식을 그대로 사용하시오.

01 테두리 지정하기

① [파일]-[열기](Ctrl + O)를 클릭한 후, [찾아보기]를 클릭합니다. [열기] 대화상자가 나오면 '유형 02_문제.xlsx' 파일을 불러와 [판매현황] 시트를 선택합니다.

② [A2:I15] 영역을 드래그한 후 영역으로 지정된 셀 범위 위에서 마우스 오른쪽 버튼을 눌러 바로 가기 메뉴가 나오면 [셀 서식]을 클릭합니다.(셀 서식 바로 가기 키 : Ctrl + 1)

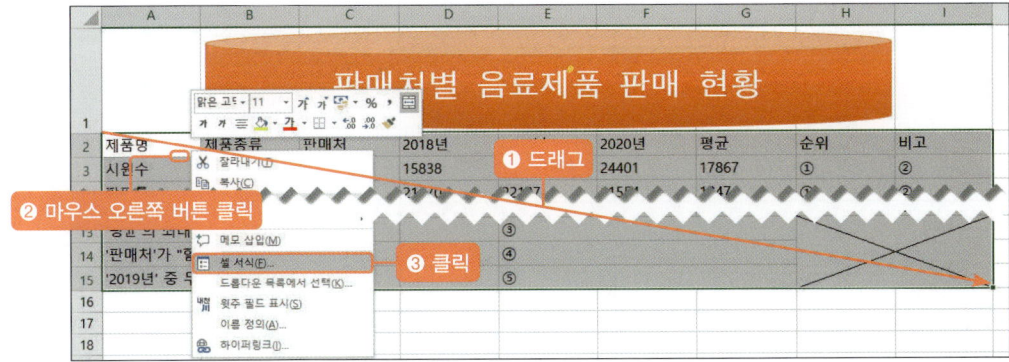

③ [셀 서식] 대화상자가 나오면 [테두리] 탭을 클릭하여 선의 '스타일(실선 —————), 색(검정, 텍스트 1 ■), 미리 설정 (윤곽선, 안쪽)'을 지정한 후 〈확인〉 단추를 클릭합니다.

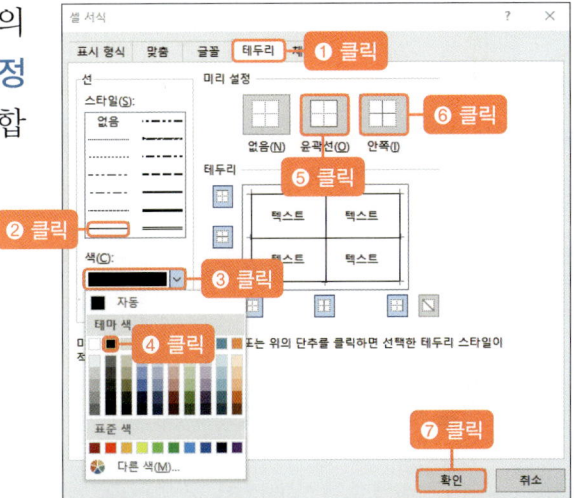

④ 전체 가운데 맞춤을 지정하기 위해 [홈] 탭의 [맞춤] 그룹에서 '가운데 맞춤(≡)'을 클릭합니다.

02 병합하고 가운데 맞춤 지정하기

❶ [A13:D13] 영역을 드래그한 후 **Ctrl** 키를 누른 상태에서 [A14:D14], [A15:D15] 영역도 드래그 합니다. 이어서, [홈] 탭의 [맞춤] 그룹에서 '병합하고 가운데 맞춤(☷)'을 클릭합니다.

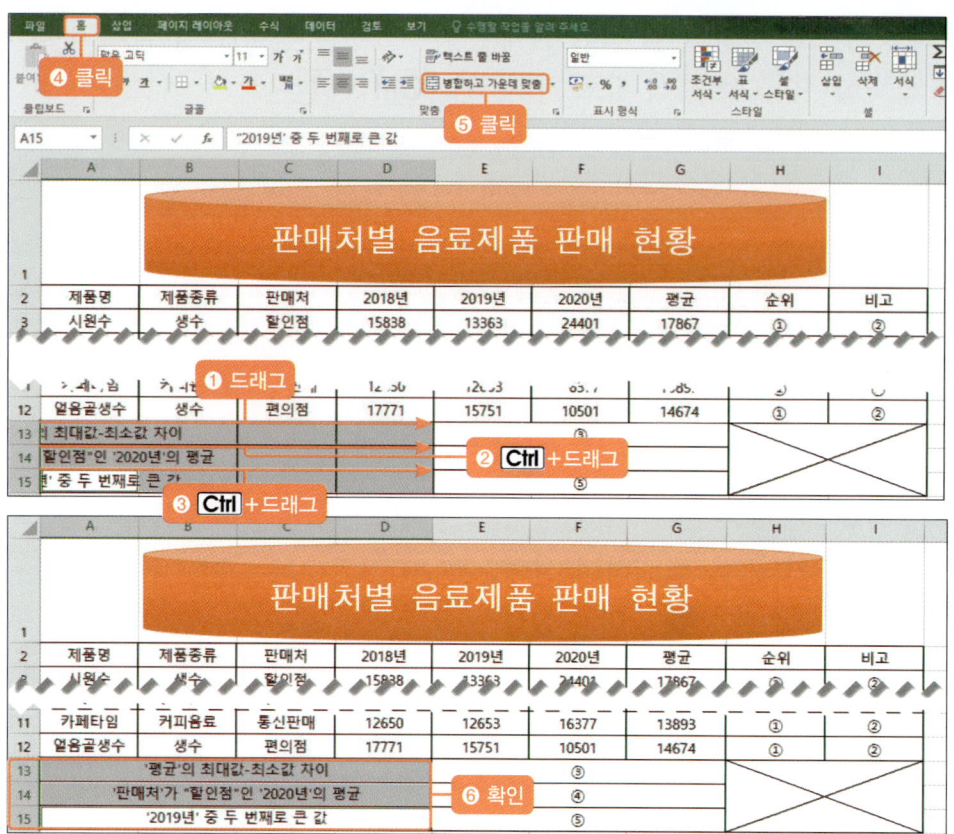

03 셀 채우기 색 지정하기

❶ [A2:I2] 영역을 드래그한 후 **Ctrl** 키를 누른 상태에서 [A13:D15] 영역도 드래그 합니다.

❷ [홈] 탭의 [글꼴] 그룹에서 '채우기 색(🎨▼)'의 목록 단추(▼)를 눌러 '파랑, 강조 1, 60% 더 밝게(▨)'를 선택한 후 '굵게(가)'를 클릭합니다.

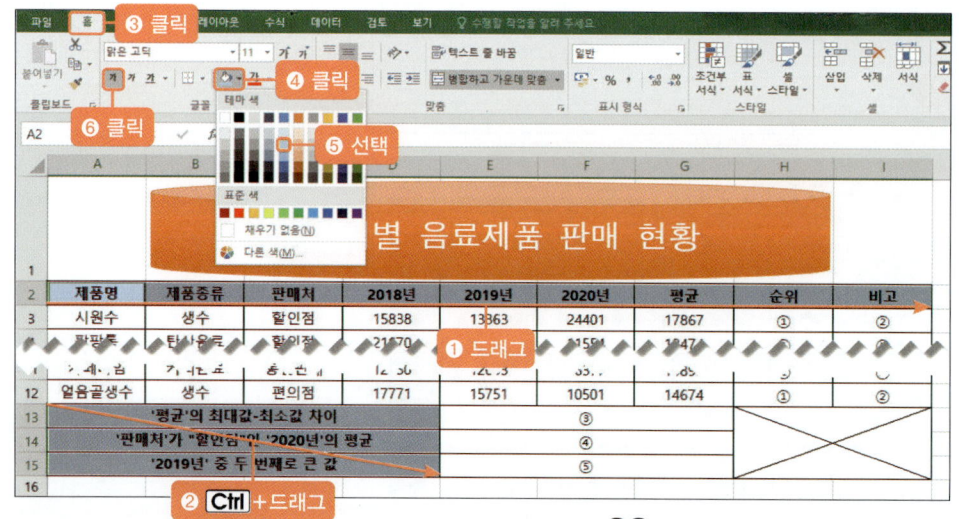

TIP 풍선 도움말 파랑, 강조 1, 60% 더 밝게

색 선택 시 마우스 포인터를 원하는 색상 위에 가져다 놓으면 풍선 도움말이 나와 해당 색상을 확인할 수 있습니다.

04 [표시 형식] - 숫자 지정하기

① [D3:F12] 영역을 드래그한 후 **Ctrl** 키를 누른 상태에서 [E13:G15] 영역도 드래그 합니다.

② 영역으로 지정된 셀 범위 위에서 마우스 오른쪽 버튼을 눌러 바로 가기 메뉴가 나오면 [셀 서식]을 클릭합니다.(셀 서식 바로 가기 키 : **Ctrl**+**1**)

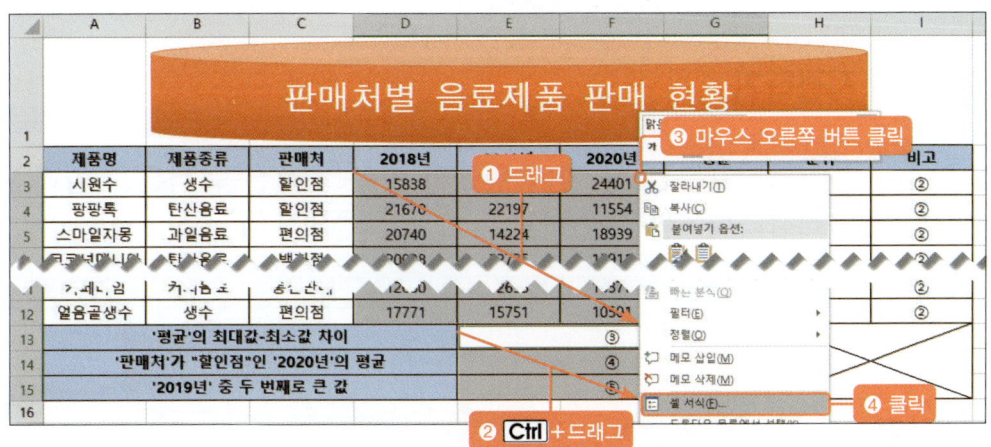

③ [셀 서식] 대화상자가 나오면 [표시 형식] 탭의 '범주'에서 '**숫자**'를 선택합니다. 이어서, '1000 단위 구분 기호(,) 사용'에 **체크 표시(✓)를 지정**한 후 〈확인〉 단추를 클릭합니다.

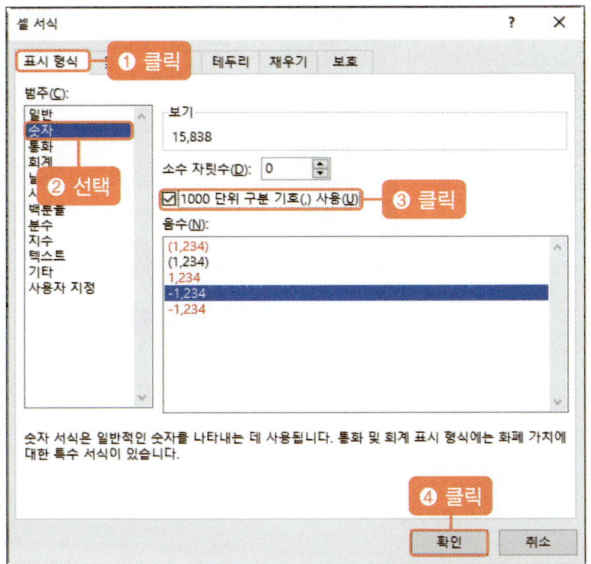

④ **[D3:F12], [E13:G15] 영역**에 '**숫자**' 형식과 '**1000 단위 구분 기호(,)**'가 표시된 것을 확인합니다.

※ 함수 계산식이 들어갈 '③④⑤'에 임의의 숫자(예 : 12345)를 입력하면 '1000 단위 구분 기호(,)'를 확인할 수 있습니다. 확인이 끝나면 **Ctrl**+**Z** 키를 눌러 이전 상태로 되돌립니다.

05 [표시 형식] - 사용자 지정 지정하기

① **[G3:G12] 영역**을 드래그한 후 영역으로 지정된 셀 범위 위에서 마우스 오른쪽 버튼을 눌러 바로 가기 메뉴가 나오면 **[셀 서식]**을 클릭합니다.(셀 서식 바로 가기 키 : **Ctrl**+**1**)

❷ [셀 서식] 대화상자가 나오면 [표시 형식] 탭의 '범주'에서 '사용자 지정'을 선택합니다. 이어서, '형식' 입력 칸에 #,##0"개"를 입력한 후 〈확인〉 단추를 클릭합니다.

※ 목록에서 '#,##0'을 선택한 후 형식 입력 칸 맨 뒤에 "개"(문자는 큰따옴표로 묶음)를 입력하면 보다 쉽게 사용자 지정 서식을 적용할 수 있습니다.

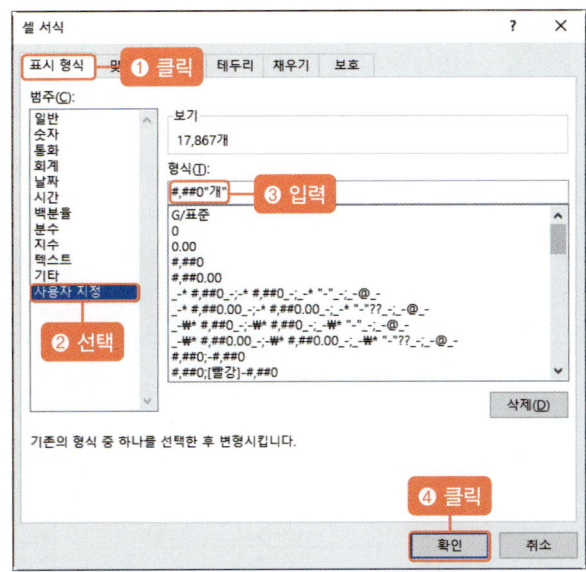

❸ [H3:H12] 영역을 드래그한 후 영역으로 지정된 셀 범위 위에서 마우스 오른쪽 버튼을 눌러 바로 가기 메뉴가 나오면 [셀 서식]을 클릭합니다.(셀 서식 바로 가기 키 : Ctrl + 1)

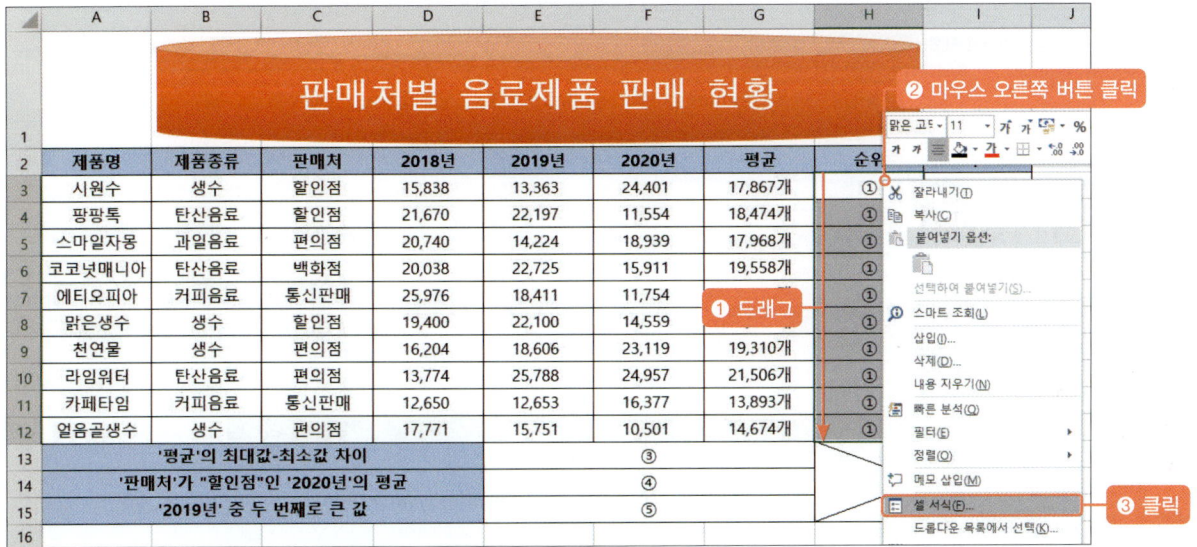

❹ [셀 서식] 대화상자가 나오면 [표시 형식] 탭의 '범주'에서 '사용자 지정'을 선택합니다. 이어서, '형식' 입력 칸에 #"위"를 입력한 후 〈확인〉 단추를 클릭합니다.

※ 사용자 지정 서식이 지정된 [H1] 셀(①)에 임의의 숫자(예 : 1)를 입력하면 적용된 서식(1위)을 확인할 수 있습니다. 확인이 끝나면 Ctrl + Z 키를 눌러 이전 상태로 되돌립니다.

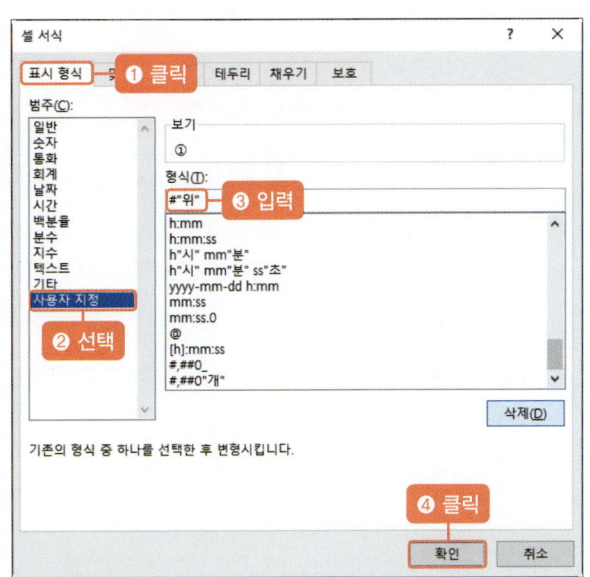

> **TIP** [표시 형식]을 이용한 각종 셀 서식 지정
>
> - **#** : 숫자를 표시하는 기본 기호로 숫자가 없는 빈자리는 공백으로 처리합니다.
>   - 입력 : 10.1 → 사용자 지정 서식 : ##.## → 결과 : 10.1
> - **0** : 숫자를 표시하는 기호로 숫자가 없는 빈자리를 0으로 채웁니다.
>   - 입력 : 10.1 → 사용자 지정 서식 : ##.#0 → 결과 : 10.10
> - **,** : 천 단위 구분 기호를 표시합니다.
> - **@** : 특정 문자를 붙여서 표기할 때 사용합니다.
> - **"텍스트"** : 사용자 지정 서식에 문자열을 추가하여 보여줄 경우 큰 따옴표로 묶어주어야 합니다.

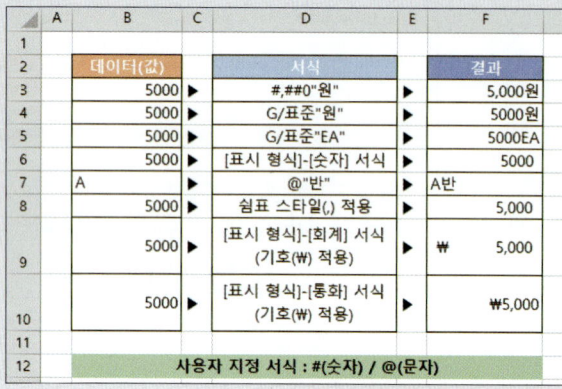

06 조건부 서식 지정하기

❶ 조건부 서식을 지정할 [A3:I12] 영역을 드래그한 후 [홈] 탭의 [스타일] 그룹에서 [조건부 서식]-'새 규칙'을 클릭합니다.

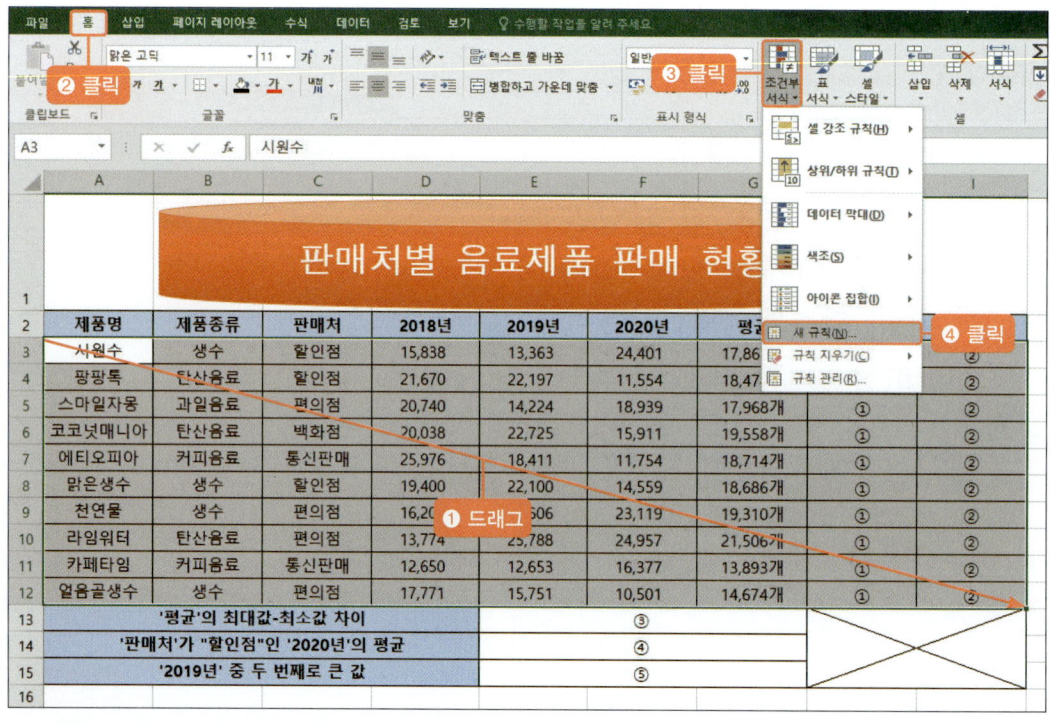

❷ [새 서식 규칙] 대화상자가 나오면 '▶ **수식을 사용하여 서식을 지정할 셀 결정**'을 선택합니다. 이어서, '다음 수식이 참인 값의 서식 지정' 입력 칸에 ≪처리조건≫을 참고('판매처'가 "할인점"인 경우)하여 **=$C3="할인점"**을 입력한 후 〈서식〉 단추를 클릭합니다.

※ 수식을 입력할 때 [C3] 셀을 클릭한 후 F4 키를 2번 누르면 열 고정 혼합 참조($C3)로 변경됩니다.

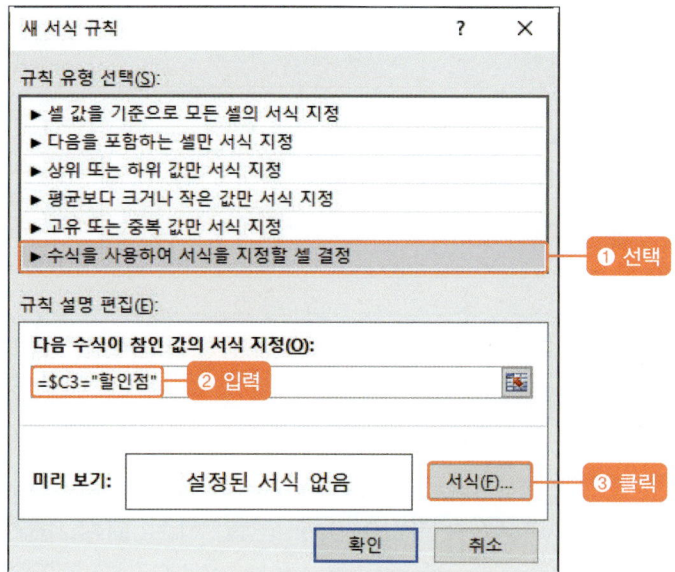

> **TIP** '수식'을 이용한 서식 지정
> - '수식(=$C3="할인점")'을 이용하여 서식을 지정할 셀(C3)을 선택 또는 입력할 경우 반드시 **열 고정 혼합 참조(예 : $C3)**로 지정합니다. 열 고정 혼합 참조로 지정되면 C열을 고정한 채 행([3:12])만 상대적으로 변경됩니다.
> - C열에 있는 값 중에서 행을 차례대로 확인하여 '할인점'이면 설정된 서식을 지정하게 됩니다.

> **TIP** 비교 연산자
> 두 값을 비교하여 결과가 '참'이면 논리값 'TRUE'를 표시하고, '거짓'이면 논리값 'FALSE'를 표시합니다.
> 예) [A1] 셀에 입력된 값 : 10
>
> | 연산자 | 기능 | 사용 예 | 결과 | 연산자 | 기능 | 사용 예 | 결과 |
> |---|---|---|---|---|---|---|---|
> | = | 같다 | =A1=10 | TRUE | 〈〉 | 다르다
(같지 않다) | =A1〈〉10 | FALSE |
> | 〉 | ~크다
(~초과) | =A1〉10 | FALSE | 〈 | ~작다
(~미만) | =A1〈10 | FALSE |
> | 〉= | ~크거나 같다
(~이상) | =A1〉=10 | TRUE | 〈= | ~작거나 같다
(~이하) | =A1〈=10 | TRUE |

❸ [셀 서식] 대화상자가 나오면 [글꼴] 탭을 클릭한 후 '글꼴 스타일(굵게), 색(빨강 ■)'을 지정한 후 〈확인〉 단추를 클릭합니다.

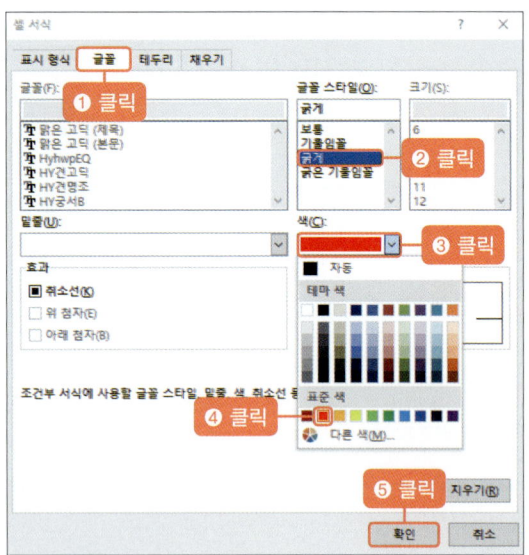

❹ 다시 [새 서식 규칙] 대화상자가 나오면 입력한 수식(=$C3="할인점")과 글꼴 서식(빨강, 굵게)을 확인한 후 〈확인〉 단추를 클릭합니다.

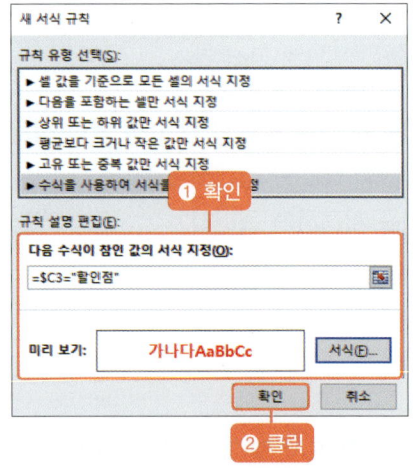

❺ 임의의 셀을 클릭하여 범위 지정을 해제한 후 조건부 서식이 지정된 결과를 확인합니다.

❻ 모든 작업이 끝나면 [파일]-[저장]([Ctrl]+[S]) 또는 [빠른 실행 도구 모음]에서 '저장()'을 클릭합니다.

※ 실제 시험을 볼 때 작업 도중에 수시로(10분에 한 번 정도) 저장을 하는 것이 좋습니다.

TIP

조건부 서식의 편집

❶ 조건부 서식이 지정된 셀을 범위로 지정합니다.

❷ [홈] 탭의 [스타일] 그룹에서 [조건부 서식]-'규칙 관리'를 클릭하면 조건부 서식의 내용을 수정할 수 있습니다.

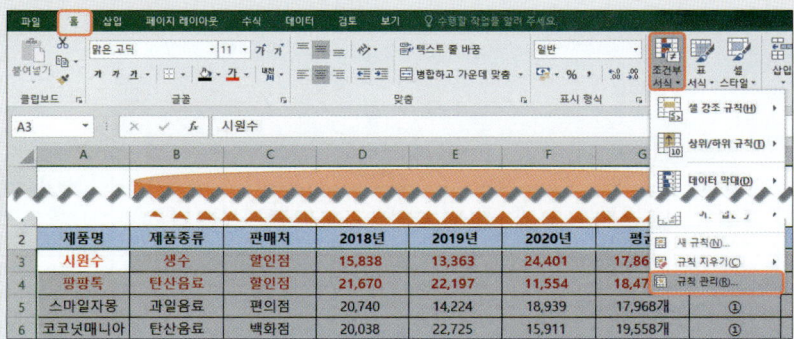

❸ [조건부 서식 규칙 관리자] 대화상자가 나오면 〈규칙 편집〉 단추를 클릭하여 조건부 서식을 편집합니다.

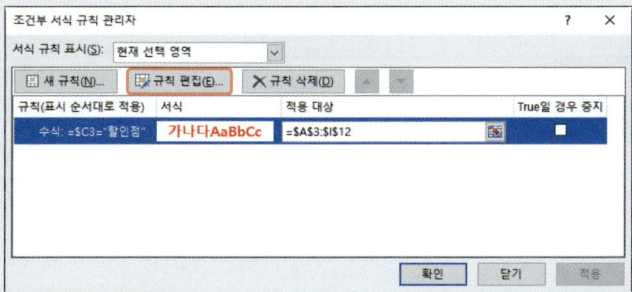

조건부 서식 지우기

[홈] 탭의 [스타일] 그룹에서 [조건부 서식]-[규칙 지우기]-'시트 전체에서 규칙 지우기'를 클릭하면 시트에 지정된 모든 조건부 서식을 해제할 수 있습니다. 만약 조건부 서식이 지정된 셀 범위를 지정하였다면 '선택한 셀의 규칙 지우기'를 이용하여 셀 범위에 지정된 조건부 서식만 지울 수 있습니다.

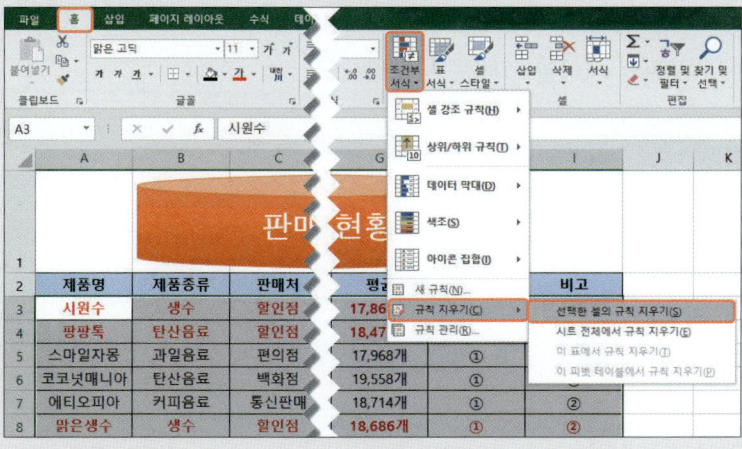

셀 서식 및 조건부 서식 지정하기

01 "판매현황" 시트를 참조하여 다음 ≪처리조건≫에 맞도록 작업하시오. (50점)

* 소스 파일 : 정복02_문제01.xlsx * 정답 파일 : 정복02_완성01.xlsx

● 출력 형태

	A	B	C	D	E	F	G	H	I
1				한국서점 하반기 판매현황					
2	도서명	장르	작가	10월	11월	12월	평균	순위	비고
3	어린이를 위한 그릿	자기계발	국내작가	58,172	76,209	60,146	64,842권	①	②
4	빛나는 아이	위인	해외작가	24,472	6,151	3,721	11,448권	①	②
5	91층 나무 집	동화	해외작가	47,530	56,657	27,788	43,992권	①	②
6	미움받아도 괜찮아	자기계발	해외작가	37,899	24,153	6,742	22,931권	①	②
7	우리 화가 우리 그림	예술	국내작가	40,401	41,951	23,185	35,179권	①	②
8	빨강 연필	자기계발	국내작가	72,400	76,520	63,905	70,942권	①	②
9	마당을 나온 암탉	동화	국내작가	61,764	76,421	61,139	66,441권	①	②
10	78층 나무 집	동화	해외작가	38,725	28,888	21,302	29,638권	①	②
11	한밤중 달빛 식당	동화	국내작가	57,691	67,451	53,816	59,653권	①	②
12	세계를 빛낸 50명의 위인	위인	국내작가	56,452	67,424	41,325	55,067권	①	②
13	'평균'의 최대값-최소값 차이					③			
14	'작가'가 "국내작가"인 '12월'의 합계					④			
15	'10월' 중 두 번째로 큰 값					⑤			

• 범위 지정 후 Ctrl+1 – [셀 서식] 대화상자–[사용자 지정]–형식 입력 칸에 서식 입력

● 처리 조건

▶ 셀 서식을 아래 조건에 맞게 작성하시오.
  – [A2:I15] : 테두리(안쪽, 윤곽선 모두 실선, '검정, 텍스트 1'), 전체 가운데 맞춤
  – [A13:D13], [A14:D14], [A15:D15] : 각각 병합하고 가운데 맞춤
  – [A2:I2], [A13:D15] : 채우기 색('파랑, 강조 1, 60% 더 밝게'), 글꼴(굵게)
  – [D3:F12], [E13:G15] : 셀 서식의 표시 형식–숫자를 이용하여 1000단위 구분 기호 표시
  – [G3:G12] : 셀 서식의 표시 형식–사용자 지정을 이용하여 #,##0"권"자를 추가
  – [H3:H12] : 셀 서식의 표시 형식–사용자 지정을 이용하여 #"위"자를 추가
  – 조건부 서식[A3:I12] : '장르'가 "동화"인 경우 레코드 전체에 글꼴(진한 파랑, 굵은 기울임꼴) 적용
  – 지시사항이 없는 경우는 주어진 문제 파일의 서식을 그대로 사용하시오.

• 범위 지정 후 Ctrl+1 – [셀 서식] 대화상자–[숫자]

• 범위 지정 후 [홈]–[스타일]–[조건부 서식]–[새 규칙]→수식을 사용하여 서식을 지정할 셀 결정
• '장르' 열을 열고정 혼합 참조($B3)로 지정하여 수식을 입력
• 장르가 동화인 경우(비교 연산자 : 같다)

셀 서식 및 조건부 서식 지정하기

02 "수금현황" 시트를 참조하여 다음 ≪처리조건≫에 맞도록 작업하시오. (50점)

* 소스 파일 : 정복02_문제02.xlsx   * 정답 파일 : 정복02_완성02.xlsx

● 출력 형태

광역시 지점별 수금현황

광역시	지점	담당자	판매액	수금액	미수금액	수금달성율(%)	순위	비고
부산광역시	남구지점	장준문	1,602,300	1,243,400	358,900	82.9	①	②
광주광역시	북구지점	이동욱	1,227,500	1,060,830	166,670	90.4	①	②
부산광역시	동래구지점	윤한기	3,795,800	3,043,090	752,710	82.5	①	②
광주광역시	광산구지점	김주희	2,840,600	2,840,600	0	100	①	②
인천광역시	연수구지점	윤훈	2,701,500	1,814,800	886,700	72.3	①	②
부산광역시	사상구지점	강문철	956,010	956,010	0	100	①	②
대구광역시	수성구지점	권명준	714,399	714,399	0	100	①	②
대전광역시	대덕구지점	이대성	1,487,500	800,400	687,100	65.4	①	②
대구광역시	달서구지점	성기수	1,342,359	1,202,820	139,539	92.4	①	②
인천광역시	남동구지점	김대철	2,386,050	1,493,000	893,050	69.1	①	②
'광역시'가 "부산광역시"인 '수금액'의 평균				③				
'미수금액'의 최대값-최소값 차이				④				
'수금액' 중 네 번째로 작은 값				⑤				

• 범위 지정 후 Ctrl+1 → [셀 서식] 대화상자 - [사용자 지정] - 형식 입력 칸에 서식 입력

● 처리 조건

▶ 셀 서식을 아래 조건에 맞게 작성하시오.
- [A2:I15] : 테두리(안쪽, 윤곽선 모두 실선, '검정, 텍스트 1'), 전체 가운데 맞춤
- [A13:D13], [A14:D14], [A15:D15] : 각각 병합하고 가운데 맞춤
- [A2:I2], [A13:D15] : 채우기 색('황금색, 강조 4, 60% 더 밝게'), 글꼴(굵게)
- [D3:F12], [E13:G15] : 셀 서식의 표시 형식-숫자를 이용하여 1000단위 구분 기호 표시
- [B3:B12] : 셀 서식의 표시 형식-사용자 지정을 이용하여 @"지점"자를 추가
- [H3:H12] : 셀 서식의 표시 형식-사용자 지정을 이용하여 #"등"자를 추가
- 조건부 서식[A3:I12] : '수금액'이 1500000 이상인 경우 레코드 전체에 글꼴(진한 빨강, 굵게) 적용
- 지시사항이 없는 경우는 주어진 문제 파일의 서식을 그대로 사용하시오.

• 범위 지정 후 [홈]-[스타일]-[조건부 서식]-[새 규칙] → 수식을 사용하여 서식을 지정할 셀 결정
• '수금액' 열을 열고정 혼합 참조로 지정하여 수식을 입력
• 수금액이 1500000 이상인 경우(비교 연산자 : 이상)

출제유형 완전정복 — 셀 서식 및 조건부 서식 지정하기

03 "구매실적" 시트를 참조하여 다음 ≪처리조건≫에 맞도록 작업하시오. (50점)

* 소스 파일 : 정복02_문제03.xlsx   * 정답 파일 : 정복02_완성03.xlsx

● 출력 형태

	A	B	C	D	E	F	G	H	I
1				2020 회원별 구매실적					
2	성명	고객등급	회사	상반기	하반기	평균	총액	순위	비고
3	장민지	B등급	아소유통	1,320,500	1,505,600	1,413,050	2,826,100원	①	②
4	김주희	C등급	대한상사	1,676,000	1,284,390	1,480,195	2,960,390원	①	②
5	김평석	B등급	대한상사	1,120,640	1,435,230	1,277,935	2,555,870원	①	②
6	이창욱	C등급	아소유통	2,383,130	1,960,800	2,171,965	4,343,930원	①	②
7	안광준	B등급	대한상사	1,718,870	1,850,830	1,784,850	3,569,700원	①	②
8	박지현	D등급	민국상사	987,060	1,276,400	1,131,730	2,263,460원	①	②
9	안우열	A등급	아소유통	2,528,430	2,550,600	2,539,515	5,079,030원	①	②
10	최민식	D등급	민국상사	587,060	748,900	667,980	1,335,960원	①	②
11	박수정	C등급	대한상사	312,730	784,300	548,515	1,097,030원	①	②
12	이가현	A등급	민국상사	2,078,300	1,590,800	1,834,550	3,669,100원	①	②
13	'고객등급'이 "B등급"인 '총액'의 평균				③				
14	'하반기'의 최대값-최소값의 차이				④				
15	'회사'가 "아소유통"인 '총액'의 합계				⑤				

● 처리 조건

▶ 셀 서식을 아래 조건에 맞게 작성하시오.
- [A2:I15] : 테두리(안쪽, 윤곽선 모두 실선, '검정, 텍스트 1'), 전체 가운데 맞춤
- [A13:D13], [A14:D14], [A15:D15] : 각각 병합하고 가운데 맞춤
- [A2:I2], [A13:D15] : 채우기 색('주황, 강조 2, 60% 더 밝게'), 글꼴(굵게)
- [D3:F12], [E13:G15] : 셀 서식의 표시 형식-숫자를 이용하여 1000단위 구분 기호 표시
- [G3:G12] : 셀 서식의 표시 형식-사용자 지정을 이용하여 #,##0"원"자를 추가
- [H3:H12] : 셀 서식의 표시 형식-사용자 지정을 이용하여 #"등"자를 추가
- 조건부 서식[A3:I12] : '회사'가 "대한상사"인 경우 레코드 전체에 글꼴(빨강, 굵게) 적용
- 지시사항이 없는 경우는 주어진 문제 파일의 서식을 그대로 사용하시오.

  • '회사' 열을 열고정 혼합 참조로 지정하여 수식을 입력
  • 회사가 대한상사인 경우(비교 연산자 : 같다)

셀 서식 및 조건부 서식 지정하기

04 "수입동향" 시트를 참조하여 다음 《처리조건》에 맞도록 작업하시오. (50점)

* 소스 파일 : 정복02_문제04.xlsx * 정답 파일 : 정복02_완성04.xlsx

● 출력 형태

	A	B	C	D	E	F	G	H	I
1			건설장비 해외 수입동향						
2	수입국가	분류	구분	2018년	2019년	2020년	평균	순위	비고
3	캐나다	항공EDI	북아메리카	4,659,107	5,754,896	5,211,345	5,208,449	①	②
4	캐나다	항공EDI	북아메리카	4,753,634	3,639,741	4,132,177	4,175,184	①	②
5	필리핀	해상EDI	아시아	99,473	301,098	531,721	310,764	①	②
6	필리핀	해상EDI	아시아	115,602	128,554	309,960	184,705	①	②
7	영국	항공EDI	유럽	43,523	180,398	347,125	190,348	①	②
8	영국	항공EDI	유럽	50,825	54,222	61,219	55,422	①	②
9	인도	해상EDI	아시아	120,683	563,096	1,154,280	612,686	①	②
10	인도	해상EDI	아시아	1,026,315	219,911	84,496	443,574	①	②
11	이탈리아	항공EDI	유럽	120,475	304,539	595,847	340,287	①	②
12	이탈리아	항공EDI	유럽	658,993	797,592	9,550,193	3,668,926	①	②
13	'평균'의 최대값-최소값 차이				③				
14	'수입국가'가 "캐나다"인 '2020년'의 합계				④				
15	'구분'이 "아시아"인 개수				⑤				
16									

● 처리 조건

▶ 셀 서식을 아래 조건에 맞게 작성하시오.
- [A2:I15] : 테두리(안쪽, 윤곽선 모두 실선, '검정, 텍스트 1'), 전체 가운데 맞춤
- [A13:D13], [A14:D14], [A15:D15] : 각각 병합하고 가운데 맞춤
- [A2:I2], [A13:D15] : 채우기 색('청회색, 텍스트 2, 60% 더 밝게'), 글꼴(굵게)
- [D3:G12], [E13:G14] : 셀 서식의 표시 형식-숫자를 이용하여 1000단위 구분 기호 표시
- [E15:G15] : 셀 서식의 표시 형식-사용자 지정을 이용하여 #"개"자를 추가
- [H3:H12] : 셀 서식의 표시 형식-사용자 지정을 이용하여 #"위"자를 추가
- 조건부 서식[A3:I12] : '구분'이 "유럽"인 경우 레코드 전체에 글꼴(청회색, 텍스트 2, 굵은 기울임꼴) 적용
  • '구분' 열을 열고정 혼합 참조로 지정하여 수식을 입력
  • 구분이 유럽인 경우(비교 연산자 : 같다)
- 지시사항이 없는 경우는 주어진 문제 파일의 서식을 그대로 사용하시오.

출제유형 03 함수식 작성하기

- 함수 기본 다지기(함수 입력 방법, 셀 참조 등)
- 시험에 자주 출제되는 함수 알아보기

문제 미리보기

소스 파일 : 유형03_문제.xlsx   정답 파일 : 유형03_완성.xlsx

● 함수식 작성

【문제 1】 "판매현황" 시트를 참조하여 다음 《처리조건》에 맞도록 작업하시오. (50점)

● 출력 형태

제품명	제품종류	판매처	2018년	2019년	2020년	평균	순위	비고
시원수	생수	할인점	15,838	13,363	24,401	17,867개	8위	인기음료
팡팡톡	탄산음료	할인점	21,670	22,197	11,554	18,474개	6위	
스마일자몽	과일음료	편의점	20,740	14,224	18,939	17,968개	7위	
코코넛매니아	탄산음료	백화점	20,038	22,725	15,911	19,558개	2위	
에티오피아	커피음료	통신판매	25,976	18,411	11,754	18,714개	4위	
맑은생수	생수	할인점	19,400	22,100	14,559	18,686개	5위	
천연물	생수	편의점	16,204	18,606	23,119	19,310개	3위	인기음료
라임워터	탄산음료	편의점	13,774	25,788	24,957	21,506개	1위	인기음료
카페타임	커피음료	통신판매	12,650	12,653	16,377	13,893개	10위	
얼음골생수	생수	편의점	17,771	15,751	10,501	14,674개	9위	
'평균'의 최대값-최소값 차이					7,613			
'판매처'가 "할인점"인 '2020년'의 평균					16,838			
'2019년' 중 두 번째로 큰 값					22,725			

● 처리 조건

▶ ① 순위[H3:H12] : '평균'을 기준으로 큰 순으로 순위를 구하시오. (RANK.EQ 함수)

▶ ② 비고[I3:I12] : '2020년'이 20000 이상이면 "인기음료", 그렇지 않으면 공백으로 구하시오. (IF 함수)

▶ ③ 최대값-최소값[E13:G13] : '평균'의 최대값과 최소값의 차이를 구하시오. (MAX, MIN 함수)

▶ ④ 평균[E14:G14] : '판매처'가 "할인점"인 '2020년'의 평균을 구하시오. (DAVERAGE 함수)

▶ ⑤ 순위[E15:G15] : '2019년' 중, 두 번째로 큰 값을 구하시오. (LARGE 함수)

01 함수 기본 다지기 - 함수 입력 방법

❶ **'함수'**는 미리 정의되어 있는 수식으로 특정 값(인수)이 입력되면 일련의 규칙에 의해 그에 대응하는 값을 산출해 줍니다.

❷ 함수를 이용한 수식 계산은 **'등호, 함수이름, 왼쪽 괄호, 인수, 오른쪽 괄호'** 순으로 작성됩니다.

❸ 각각의 인수는 **쉼표(,)**로 구분하고 인수의 범위를 나타낼 경우에는 **콜론(:)**을 이용합니다.

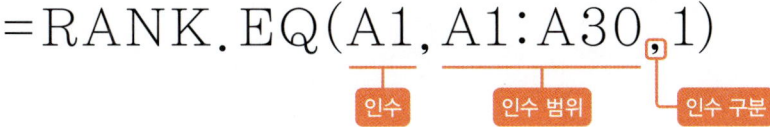

❹ 문자열을 인수로 사용할 경우에는 **큰 따옴표(" ")**로 묶어줍니다.

=IF(B2>=70,"합격","불합격")

❺ 간단한 수식으로 처리가 가능한 함수는 셀에 직접 입력하고, 복잡한 함수나 함수식을 정확하게 모를 경우에는 [**수식**] 탭의 [**함수 라이브러리**] 그룹에서 '**함수 삽입(fx)**'을 클릭하여 [함수 마법사]를 이용합니다.

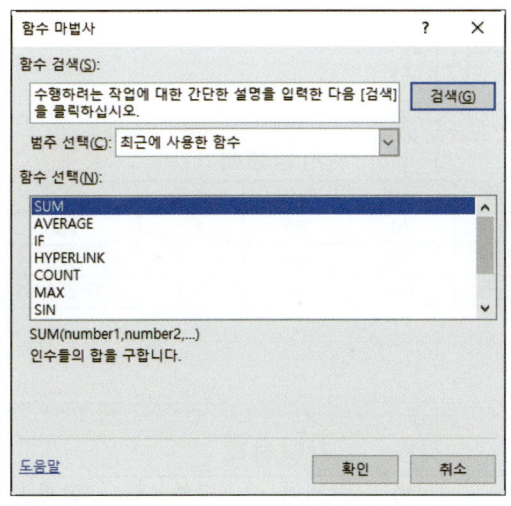
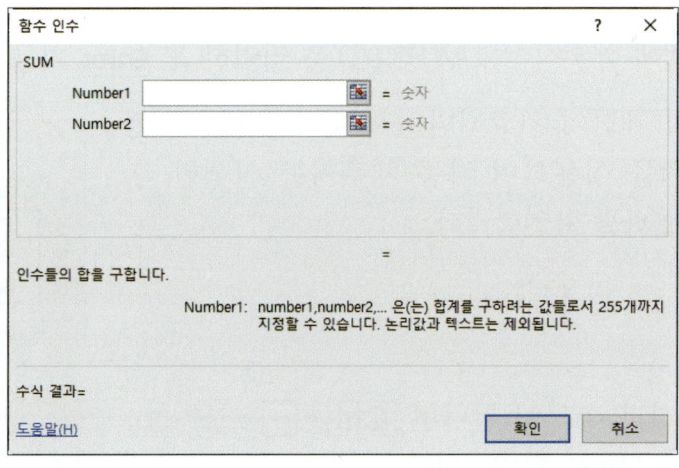

> **TIP** 인수 및 상수
> - 인수 : 내장 함수의 구성 요소로 SUM 함수를 이용하여 A1, A2 셀의 값을 더할 때 A1, A2를 '인수'라고 합니다.
> =SUM(A1:A2)
> - 상수 : 사용자가 입력하는 고정된 숫자, 문자, 날짜, 시간 데이터 등을 가리킵니다.

02 함수 기본 다지기-셀 참조

❶ 셀 참조는 크게 '**상대 참조**'와 '**절대 참조**'로 구분됩니다.
❷ '상대 참조'와 '절대 참조'를 지정하기 위해서는 셀을 선택한 후 F4 키를 이용합니다.
❸ **상대 참조(=A1)**로 계산된 수식에 자동 채우기를 실행하면 셀 참조 위치가 계산식의 참조 위치에 맞게 **자동으로 변경**됩니다.
❹ **절대 참조(=$A$1)**로 계산된 수식에 자동 채우기를 실행하면 셀 참조 위치가 **고정**되어 변경되지 않습니다.

> **TIP**
>
> F4 키를 이용한 참조 변환
>
> =A1 → =$A$1 → =A$1 → =$A1 → =A1
> 상대 참조 / 절대 참조 / 행고정 혼합 참조 / 열고정 혼합 참조 / 상대 참조
>
> **혼합 참조**
> 행이나 열 중 하나는 상대 참조를 다른 하나는 절대 참조를 사용($A1, A$1)하여 수식에 사용하는 것을 '혼합 참조'라고 합니다.

1 상대 참조

❶ [파일]-[열기]를 클릭한 후 '유형03_상대참조.xlsx' 파일을 불러옵니다.
❷ [E3] 셀에 함수식 '**=SUM(B3:D3)**'을 입력한 후 Enter 키를 누릅니다.
❸ 함수식 계산이 완료되면 [E5] 셀까지 **채우기 핸들**(┛)을 이용하여 자동 채우기를 실행한 후 합계 결과를 확인합니다.

	A	B	C	D	E
1			시험성적		
2	이름	국어	영어	수학	합계
3	최자두	70	80	80	230
4	노진구	30	40		120
5	홍길동	60	70	70	200
6					

❶ 함수식 입력
❷ 자동 채우기

❹ 합계 결과 확인이 끝나면 **Ctrl**+**~** 키를 눌러 **상대 참조**를 확인합니다.
※ Ctrl+~ 키를 누를 때마다 '수식 보기'와 '기본 보기'로 전환됩니다.

	A	B	C	D	E
1			시험성적		
2	이름	국어	영어	수학	합계
3	최자두	70	80	80	=SUM(B3:D3)
4	노진구	30	40	50	=SUM(B4:D4)
5	홍길동	60	70	70	=SUM(B5:D5)
6					

확인

2 절대 참조

❶ [파일]-[열기]를 클릭한 후 '유형03_절대참조.xlsx' 파일을 불러옵니다.

❷ [E3] 셀에 함수식 '=SUM(B3:D3)+$B$7'을 입력한 후 **Enter** 키를 누릅니다.

❸ 함수식 계산이 완료되면 [E5] 셀까지 **채우기 핸들**(⌐)을 이용하여 자동 채우기를 실행한 후 합계 결과를 확인합니다.

	A	B	C	D	E
1			시험성적		
2	이름	국어	영어	수학	합계
3	최자두	70	80	80	240
4	노진구	30	40	50	130
5	홍길동	60	70	70	210
6					
7	추가 점수	10			
8					

❶ 함수식 입력
❷ 자동 채우기

❹ 합계 결과 확인이 끝나면 **Ctrl**+**~** 키를 눌러 **절대 참조**로 지정된 **셀 주소([$B$7])**를 확인합니다.

※ '상대 참조'와 '절대 참조'를 함께 사용하여 학생별 시험성적 합계(상대 참조)에 모두 똑같이 추가 점수 10점을 더한 (절대 참조) 결과입니다.

	A	B	C	D	E
1			시험성적		
2	이름	국어	영어	수학	합계
3	최자두	70	80	80	=SUM(B3:D3)+$B$7
4	노진구	30	40	50	=SUM(B4:D4)+$B$7
5	홍길동	60	70	70	=SUM(B5:D5)+$B$7
6					
7	추가 점수	10			
8					

확인

TIP 계산식과 산술 연산자

- 계산식 : 함수를 사용하지 않고 셀 주소 값과 산술 연산자를 이용하여 연산을 수행하는 식으로 반드시 '='을 먼저 입력해야 하며, 일반적인 사칙연산 기호(+, -, ×, ÷)로 계산합니다.

$$=A1+B1+C1$$

- 산술 연산자 : 더하기(+), 빼기(-), 곱하기(*), 나누기(/) 등 가장 기본적인 연산을 하기 위해 필요한 연산자입니다.

예) [A1] 셀에 입력된 값 : 50

연산자	기능	사용 예	결과	연산자	기능	사용 예	결과
+	더하기	=A1+10	60	^	거듭제곱(지수)	=A1^2	2500
-	빼기	=A1-10	40	%	백분율	=A1%	0.5
*	곱하기	=A1*10	500				
/	나누기	=A1/10	5				

03 함수 기본 다지기 - 시험에 자주 출제되는 함수 정리

1 시험에 자주 출제되는 함수

시험에 출제될 수 있는 함수는 여러 가지가 있지만 최근 2년간 출제된 함수를 분석한 결과 아래 함수들이 자주 출제된 것으로 확인되었습니다. 특히 'RANK.EQ'와 'IF' 함수는 문제 1번과 2번에 거의 고정적으로 출제되기 때문에 반드시 학습이 필요한 함수입니다. 시험에 자주 출제되는 함수 목록 중 3년 전에는 자주 출제되었지만 최근 2년 동안에는 출제되지 않은 'COUNTIF'와 'SUMIF' 함수도 출제될 가능성이 있기 때문에 학습이 필요합니다. 함수 부분은 전체적인 모든 함수를 학습하기 보다는 시험에 자주 출제되는 함수들 위주로 학습을 한 후 나머지 함수들을 확인하는 것이 좋습니다.

★ 최근 2년간 자주 출제된 함수 목록 ★

구 분	함 수
통계 함수	MAX, MIN, RANK.EQ, LARGE, SMALL
데이터베이스 함수	DSUM, DAVERAGE
논리 함수	IF

※ 최근 3년 전에 자주 출제된 함수 : COUNTIF, SUMIF

2 ★★ 시험에 자주 출제되는 함수 익히기! ★★ (소스 파일 : 유형03_함수_문제.xlsx, 정답 파일 : 유형03_함수_완성.xlsx)

※ '유형03_함수_문제.xlsx' 파일을 불러와 직접 함수식을 입력하여 풀어보세요.

RANK.EQ
- 기능 : 수의 목록에 있는 지정한 수의 순위를 구하는 함수
- 형식 : =RANK.EQ(순위를 구하려는 수, 데이터 범위, 순위를 결정할 방법)
  - 순위를 결정할 방법 : 0또는 생략 시 내림차순, 0이 아닌 숫자를 입력할 경우 오름차순으로 순위를 지정
- 사용 예 : 평균을 기준으로 순위(내림차순)를 표시
- ▶ 함수식 : =RANK.EQ(E2,$E$2:$E$4)

IF
- 기능 : 특정 조건을 지정하여 해당 조건에 만족하면 '참(TRUE)'에 해당하는 값을, 그렇지 않으면 '거짓(FALSE)'에 해당하는 값을 표시하는 함수
- 형식 : =IF(조건, 참일 때 수행할 내용, 거짓일 때 수행할 내용)
- 사용 예 : 평균이 80 이상이면 '합격', 그렇지 않으면 '불합격'을 표시
- ▶ 함수식 : =IF(E2>=80,"합격","불합격")

DSUM

- 기능 : 데이터베이스에서 지정한 조건에 맞는 필드(열) 값들의 합계를 구하는 함수
- 형식 : =DSUM(데이터베이스, 필드(열) 제목, 조건범위)
- 사용 예 : 학년이 '3학년'인 학생들의 '총점' 합계를 계산
- ▶ 함수식 : =DSUM(A1:F4,F1,A6:A7)

※ [F1] 셀 주소를 열 번호인 '6'을 입력해도 결과는 같습니다.

	A	B	C	D	E	F	G	H
1	학년	이름	국어	영어	수학	총점		
2	3학년	최자두	70	80	80	230		
3	4학년	노진구	30	40	50	120		
4	3학년	홍길동	60	70	70	200		
5								
6	학년				총점 합계			함수식
7	3학년				430		◀	=DSUM(A1:F4,F1,A6:A7)
8								

DAVERAGE

- 기능 : 데이터베이스에서 지정한 조건에 맞는 필드(열) 값들의 평균을 구하는 함수
- 형식 : =DAVERAGE(데이터베이스, 필드(열) 제목, 조건범위)
- 사용 예 : 학년이 '3학년'인 학생들의 '총점' 평균을 계산
- ▶ 함수식 : =DAVERAGE(A1:F4,F1,A6:A7)

※ [F1] 셀 주소를 열 번호인 '6'을 입력해도 결과는 같습니다.

	A	B	C	D	E	F	G	H
1	학년	이름	국어	영어	수학	총점		
2	3학년	최자두	70	80	80	230		
3	4학년	노진구	30	40	50	120		
4	3학년	홍길동	60	70	70	200		
5								
6	학년				총점 평균			함수식
7	3학년				215		◀	=DAVERAGE(A1:F4,F1,A6:A7)
8								

MAX

- 기능 : 최대값을 구하는 함수
- 형식 : =MAX(셀 범위)
- 사용 예 : 학생들 중에서 가장 높은 총점을 표시
- ▶ 함수식 : =MAX(F2:F6)

	A	B	C	D	E	F	G	H
1	학년	이름	국어	영어	수학	총점		가장 높은 총점
2	3학년	최자두	70	80	80	230		290
3	4학년	노진구	30	40	50	120		▲
4	3학년	홍길동	60	70	70	200		함수식
5	4학년	유재석	100	90	100	290		=MAX(F2:F6)
6	4학년	다솜이	90	80	80	250		
7								

MIN

- 기능 : 최소값을 구하는 함수
- 형식 : =MIN(셀 범위)
- 사용 예 : 학생들 중에서 가장 낮은 총점을 표시
- ▶ 함수식 : =MIN(F2:F6)

	A	B	C	D	E	F	G	H
1	학년	이름	국어	영어	수학	총점		가장 낮은 총점
2	3학년	최자두	70	80	80	230		120
3	4학년	노진구	30	40	50	120		▲
4	3학년	홍길동	60	70	70	200		함수식
5	4학년	유재석	100	90	100	290		=MIN(F2:F6)
6	4학년	다솜이	90	80	80	250		
7								

LARGE

- 기능 : 지정된 셀 범위에서 입력한 숫자 번째로 큰 값을 구하는 함수
- 형식 : =LARGE(셀 범위, 숫자)
- 사용 예 : 학생들 중에서 3번째로 높은 총점을 표시
- ▶ 함수식 : =LARGE(F2:F6,3)

	A	B	C	D	E	F	G	H
1	학년	이름	국어	영어	수학	총점		3번째로 높은 총점
2	3학년	최자두	70	80	80	230		230
3	4학년	노진구	30	40	50	120		▲
4	3학년	홍길동	60	70	70	200		함수식
5	4학년	유재석	100	90	100	290		=LARGE(F2:F6,3)
6	4학년	다솜이	90	80	80	250		
7								

SMALL

- 기능 : 지정된 셀 범위에서 입력한 숫자 번째로 작은 값을 구하는 함수
- 형식 : =SMALL(셀 범위, 숫자)
- 사용 예 : 학생들 중에서 2번째로 낮은 총점을 표시
- ▶ 함수식 : =SMALL(F2:F6,2)

	A	B	C	D	E	F	G	H
1	학년	이름	국어	영어	수학	총점		2번째로 낮은 총점
2	3학년	최자두	70	80	80	230		200
3	4학년	노진구	30	40	50	120		▲
4	3학년	홍길동	60	70	70	200		함수식
5	4학년	유재석	100	90	100	290		=SMALL(F2:F6,2)
6	4학년	다솜이	90	80	80	250		
7								

SUMIF

- 기능 : 주어진 조건에 만족하는 데이터들의 합계를 구하는 함수
- 형식 : =SUMIF(조건이 들어 있는 범위, 조건, 합계를 구할 범위)
- 사용 예 : 학년이 '4학년' 학생들의 '총점' 합계를 표시
▶ 함수식 : =SUMIF(A2:A6,"4학년",F2:F6)

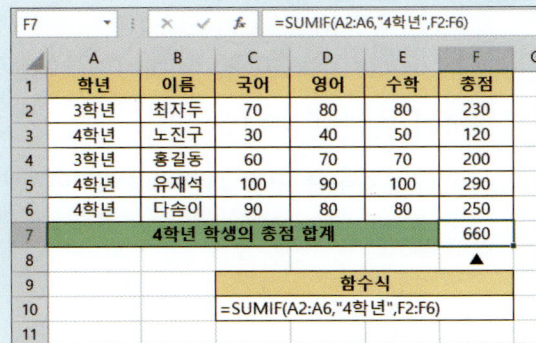

COUNTIF

- 기능 : 특정 조건을 만족하는 셀의 개수를 구하는 함수
- 형식 : =COUNTIF(셀 범위, 조건)
- 사용 예 : 국어, 영어, 수학 점수 중에서 '90' 이상인 셀의 개수를 표시
▶ 함수식 : =COUNTIF(C2:E6,">=90")

04 평균을 기준으로 큰 순으로 순위[H3:H12] 구하기

① [파일]-[열기](**Ctrl**+**O**)를 클릭한 후, [찾아보기]를 클릭합니다. [열기] 대화상자가 나오면 '유형 03_문제.xlsx' 파일을 불러와 [판매현황] 시트를 선택합니다.

② [H3] 셀에 '=RANK.EQ(G3,$G$3:$G$12)'를 입력한 후 **Enter** 키를 누릅니다.

③ [H3] 셀의 채우기 핸들(⊞)을 [H12] 셀까지 드래그 합니다.

※ 채우기 핸들을 이용하여 정해진 범위(평균) 안에서 순위를 구할 때는 셀 범위가 고정되어 있어야 하기 때문에 '절대참조($G$3:$G$12)'로 입력해야 합니다.

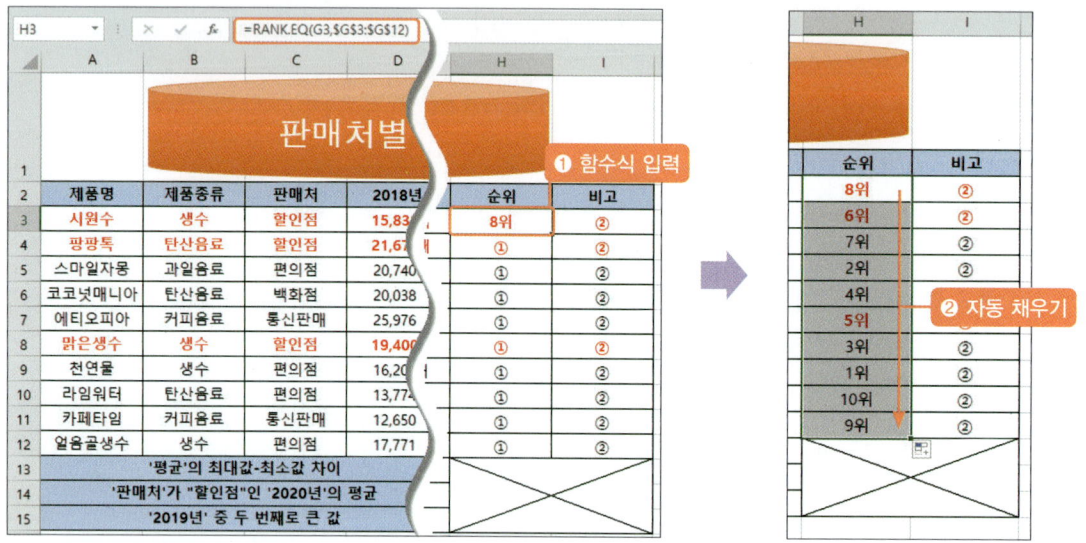

05 '2020년'이 20000 이상이면 "인기음료", 아니면 공백으로 비고[I3:I12] 구하기

① [I3] 셀에 '=IF(F3>=20000,"인기음료","")'을 입력한 후 **Enter** 키를 누릅니다.

② [I3] 셀의 채우기 핸들(⊞)을 [I12] 셀까지 드래그 합니다.

※ 함수식에서 공백을 구하기 위해서는 " "를 입력합니다.

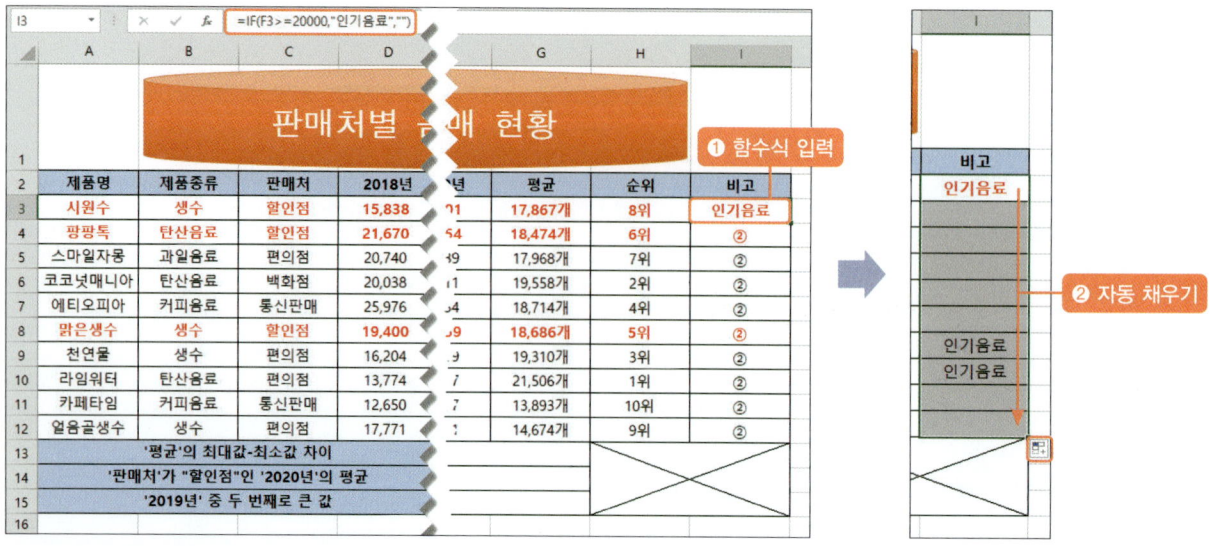

TIP 함수 마법사를 이용한 수식 작성

❶ [I3:I12] 영역에 '비고' 값을 구하기 위하여 [I3] 셀을 클릭한 후 [수식] 탭의 [함수 라이브러리] 그룹에서 '함수 삽입([fx])'을 클릭합니다.

❷ [함수 마법사] 대화상자가 나오면 범주 선택을 '논리', 함수 선택을 'IF'로 선택한 후 〈확인〉 단추를 클릭합니다.

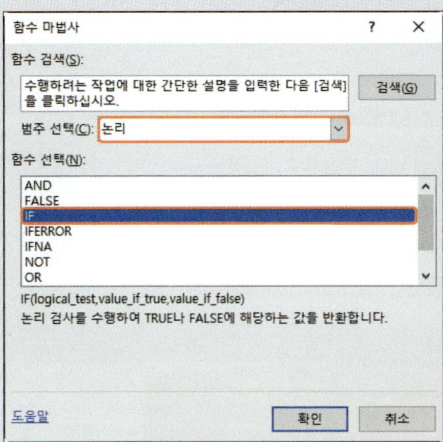

❸ [함수 인수] 대화상자가 나오면 'Logical_test'의 입력 칸을 클릭한 후 [F3] 셀을 선택합니다.

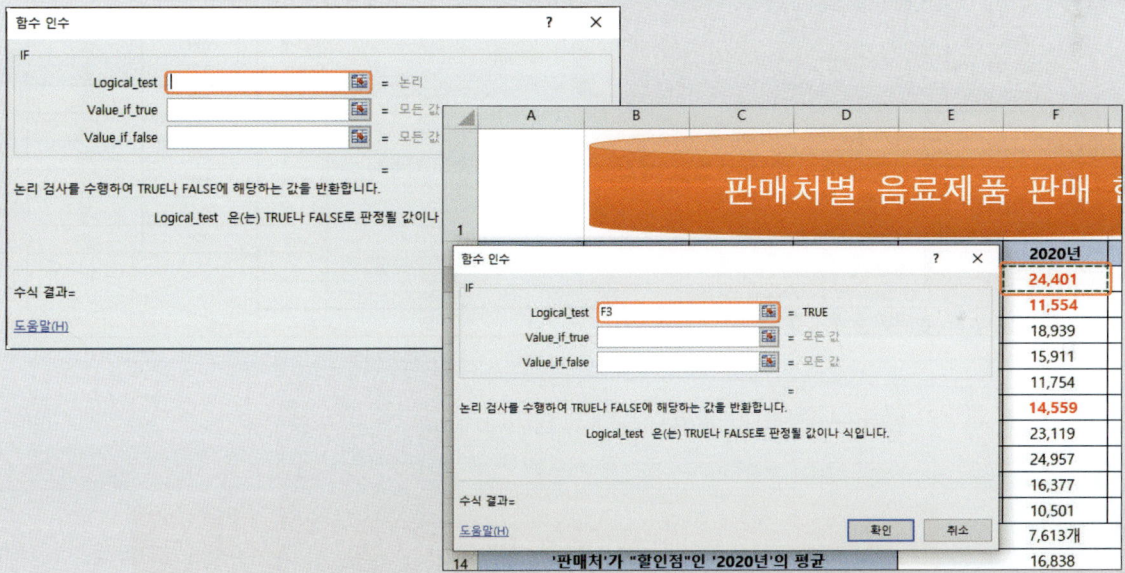

❹ [F3] 셀이 선택되면 뒤에 〉=20000을 입력합니다.

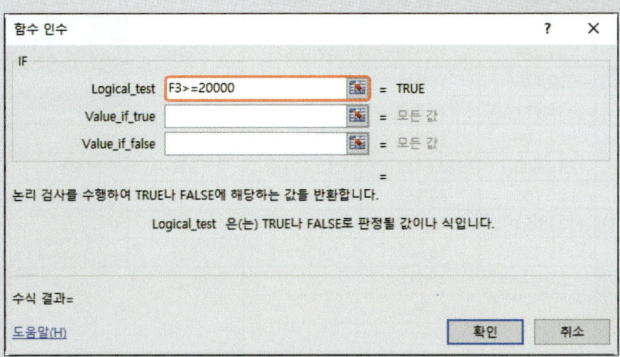

출제유형 03 53 함수식 작성하기

❺ 'Value_if_true(참일 때 수행할 값)' 입력 칸에 **"인기음료"**를 'Value_if_false(거짓일 때 수행할 내용)' 입력 칸에 **""(공백)**을 각각 입력합니다.

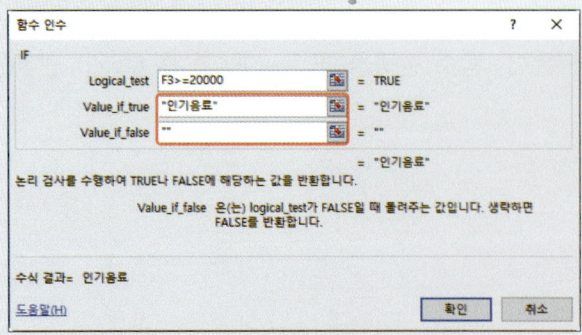

❻ 수식 입력줄에 =IF(F3>=20000,"인기음료","") 함수식이 완료되면 〈확인〉 단추를 클릭합니다.

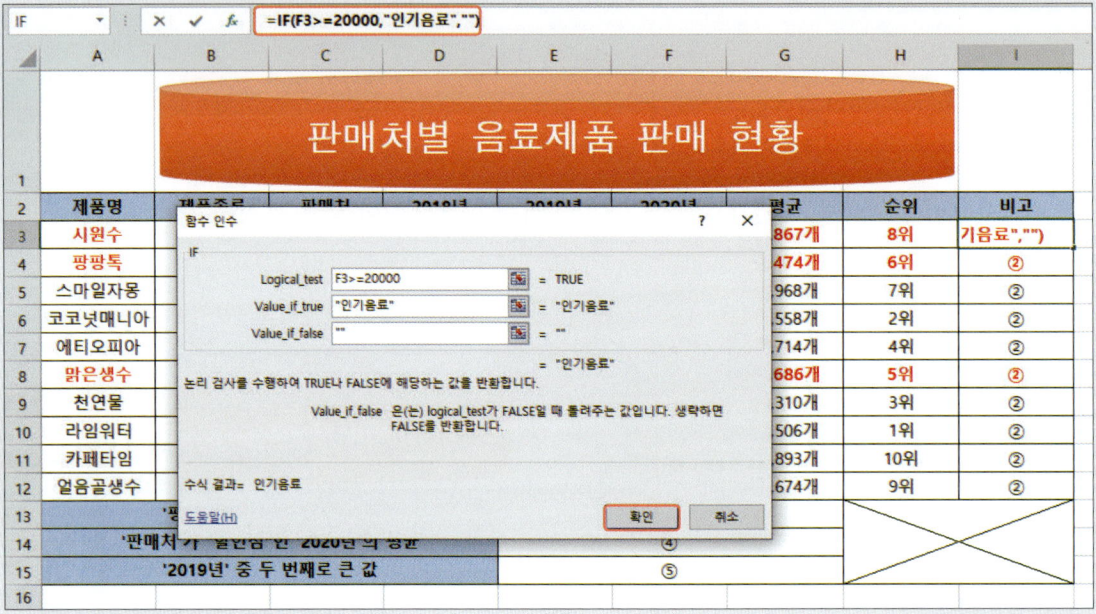

❼ [I3] 셀의 채우기 핸들(⊡)을 [I12] 셀까지 드래그 합니다.

	A	B	C	D	E	F	G	H	I
2	제품명	제품종류	판매처	2018년	2019년	2020년	평균	순위	비고
3	시원수	생수	할인점	15,838	13,363	24,401	17,867개	8위	인기음료
4	팡팡톡	탄산음료	할인점	21,670	22,197	11,554	18,474개	6위	
5	스마일자몽	과일음료	편의점	20,740	14,224	18,939	17,968개	7위	
6	코코넛매니아	탄산음료	백화점	20,038	22,725	15,911	19,558개	2위	
7	에티오피아	커피음료	통신판매	25,976	18,411	11,754	18,714개	4위	
8	맑은생수	생수	할인점	19,400	22,100	14,559	18,686개	5위	
9	천연물	생수	편의점	16,204	18,606	23,119	19,310개	3위	인기음료
10	라임워터	탄산음료	편의점	13,774	25,788	24,957	21,506개	1위	인기음료
11	카페타임	커피음료	통신판매	12,650	12,653	16,377	13,893개	10위	
12	얼음골생수	생수	편의점	17,771	15,751	10,501	14,674개	9위	
13	'평균'의 최대값-최소값 차이					③			
14	'판매처'가 "할인점"인 '2020년'의 평균					④			
15	'2019년' 중 두 번째로 큰 값					⑤			

06 평균의 최대값-최소값[E13:G13] 차이 구하기

❶ [E13:G13] 셀에 '=MAX(G3:G12)-MIN(G3:G12)'를 입력한 후 Enter 키를 누릅니다.

07 '판매처'가 "할인점"인 '2020년'의 평균[E14:G14] 구하기

❶ [E14:G14] 셀에 '=DAVERAGE(A2:I12,F2,C2:C3)' 또는 '=DAVERAGE(A2:I12,6,C2:C3)'을 입력한 후 Enter 키를 누릅니다.

08 '2019년' 중 두 번째로 큰 값[E15:G15] 구하기

❶ [E15:G15] 셀에 '=LARGE(E3:E12,2)'를 입력한 후 Enter 키를 누릅니다.

❷ 모든 함수 작업이 끝나면 [파일]-[저장](Ctrl+S) 또는 [빠른 실행 도구 모음]에서 '저장(🖬)'을 클릭합니다.

※ 실제 시험을 볼 때 작업 도중에 수시로(10분에 한 번 정도) 저장을 하는 것이 좋습니다.

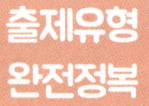

함수식 작성하기

01 "판매현황" 시트를 참조하여 다음 ≪처리조건≫에 맞도록 작업하시오. (50점)

* 소스 파일 : 정복03_문제01.xlsx   * 정답 파일 : 정복03_완성01.xlsx

● 출력 형태

	A	B	C	D	E	F	G	H	I
1				한국서점 하반기 판매현황					
2	도서명	장르	작가	10월	11월	12월	평균	순위	비고
3	어린이를 위한 그릿	자기계발	국내작가	58,172	76,209	60,146	64,842권	3위	인기도서
4	빛나는 아이	위인	해외작가	24,472	6,151	3,721	11,448권	10위	
5	91층 나무 집	동화	해외작가	47,530	56,657	27,788	43,992권	6위	
6	미움받아도 괜찮아	자기계발	해외작가	37,899	24,153	6,742	22,931권	9위	
7	우리 화가 우리 그림	예술	국내작가	40,401	41,951	23,185	35,179권	7위	
8	빨강 연필	자기계발	국내작가	72,400	76,520	63,905	70,942권	1위	인기도서
9	마당을 나온 암탉	동화	국내작가	61,764	76,421	61,139	66,441권	2위	인기도서
10	78층 나무 집	동화	해외작가	38,725	28,888	21,302	29,638권	8위	
11	한밤중 달빛 식당	동화	국내작가	57,691	67,451	53,816	59,653권	4위	
12	세계를 빛낸 50명의 위인	위인	국내작가	56,452	67,424	41,325	55,067권	5위	
13	'평균'의 최대값-최소값 차이				59,494				
14	'작가'가 "국내작가"인 '12월'의 합계				303,516				
15	'10월' 중 두 번째로 큰 값				61,764				

● 처리 조건

▶ ① 순위[H3:H12] : '평균'을 기준으로 큰 순으로 순위를 구하시오. **(RANK.EQ 함수)**

▶ ② 비고[I3:I12] : '12월'이 60000 이상이면 "인기도서", 그렇지 않으면 공백으로 구하시오. **(IF 함수)**

▶ ③ 최대값-최소값[E13:G13] : '평균'의 최대값과 최소값의 차이를 구하시오. **(MAX, MIN 함수)**

▶ ④ 합계[E14:G14] : '작가'가 "국내작가"인 '12월'의 합계를 구하시오. **(DSUM 함수)**

▶ ⑤ 순위[E15:G15] : '10월' 중, 두 번째로 큰 값을 구하시오. **(LARGE 함수)**

RANK.EQ(평균 열의 기준 셀, 평균 열의 범위)

IF(12월 열의 값 중 60000 이상이면, "참","거짓")

=MAX(평균 열)−MIN(평균 열)

=DSUM(데이터베이스 전체 범위, 12월 열, 작가가 국내작가)

=LARGE(10월 열, 몇 번째로 큰 값을 구할 숫자 입력)

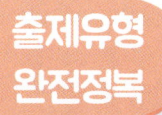

함수식 작성하기

02 "수금현황" 시트를 참조하여 다음 ≪처리조건≫에 맞도록 작업하시오. (50점)

* 소스 파일 : 정복03_문제02.xlsx   * 정답 파일 : 정복03_완성02.xlsx

● 출력 형태

	A	B	C	D	E	F	G	H	I
1				광역시 지점별 수금현황					
2	광역시	지점	담당자	판매액	수금액	미수금액	수금달성율(%)	순위	비고
3	부산광역시	남구지점	장준문	1,602,300	1,243,400	358,900	82.9	6등	
4	광주광역시	북구지점	이동욱	1,227,500	1,060,830	166,670	90.4	5등	우수지점
5	부산광역시	동래구지점	윤한기	3,795,800	3,043,090	752,710	82.5	8등	
6	광주광역시	광산구지점	김주희	2,840,600	2,840,600	0	100	1등	우수지점
7	인천광역시	연수구지점	윤훈	2,701,500	1,814,800	886,700	72.3	9등	
8	부산광역시	사상구지점	강문철	956,010	956,010	0	100	1등	우수지점
9	대구광역시	수성구지점	권명준	714,399	714,399	0	100	1등	우수지점
10	대전광역시	대덕구지점	이대성	1,487,500	800,400	687,100	65.4	7등	
11	대구광역시	달서구지점	성기수	1,342,359	1,202,820	139,539	92.4	4등	우수지점
12	인천광역시	남동구지점	김대철	2,386,050	1,493,000	893,050	69.1	10등	
13	'광역시'가 "부산광역시"인 '수금액'의 평균				1,747,500				
14	'미수금액'의 최대값-최소값 차이				893,050				
15	'수금액' 중 네 번째로 작은 값				1,060,830				

● 처리 조건

▶ ① 순위[H3:H12] : '미수금액'을 기준으로 낮은 순으로 순위를 구하시오. **(RANK.EQ 함수)**

▶ ② 비고[I3:I12] : '수금달성율(%)'이 90이상이면 "우수지점", 그렇지 않으면 공백으로 구하시오. **(IF 함수)**

▶ ③ 평균[E13:G13] : '광역시'가 "부산광역시"인 '수금액'의 평균을 구하시오. **(DAVERAGE 함수)**

▶ ④ 최대값-최소값[E14:G14] : '미수금액'의 최대값과 최소값의 차이를 구하시오. **(MAX, MIN 함수)**

▶ ⑤ 순위[E15:G15] : '수금액' 중, 네 번째로 작은 값을 구하시오. **(SMALL 함수)**

RANK.EQ(미수금액 열의 기준 셀, 미수금액 열의 범위, 오름차순 지정)

IF(수금달성율 열의 값 중 90 이상이면, "참", "거짓")

=DAVERAGE(데이터 베이스 전체 범위, 수금액 열, 광역시가 부산광역시)

=MAX(미수금액 열)-MIN(미수금액 열)

=SMALL(수금액 열, 몇 번째로 작은 값을 구할 숫자 입력)

함수식 작성하기

03 "구매실적" 시트를 참조하여 다음 《처리조건》에 맞도록 작업하시오. (50점)

* 소스 파일 : 정복03_문제03.xlsx   * 정답 파일 : 정복03_완성03.xlsx

● 출력 형태

	A	B	C	D	E	F	G	H	I
1				2020 회원별 구매실적					
2	성명	고객등급	회사	상반기	하반기	평균	총액	순위	비고
3	장민지	B등급	아소유통	1,320,500	1,505,600	1,413,050	2,826,100원	6등	
4	김주희	C등급	대한상사	1,676,000	1,284,390	1,480,195	2,960,390원	5등	
5	김평석	B등급	대한상사	1,120,640	1,435,230	1,277,935	2,555,870원	7등	
6	이창욱	C등급	아소유통	2,383,130	1,960,800	2,171,965	4,343,930원	2등	우수고객
7	안광준	B등급	대한상사	1,718,870	1,850,830	1,784,850	3,569,700원	4등	우수고객
8	박지현	D등급	민국상사	987,060	1,276,400	1,131,730	2,263,460원	8등	
9	안우열	A등급	아소유통	2,528,430	2,550,600	2,539,515	5,079,030원	1등	우수고객
10	최민식	D등급	민국상사	587,060	748,900	667,980	1,335,960원	9등	
11	박수정	C등급	대한상사	312,730	784,300	548,515	1,097,030원	10등	
12	이가현	A등급	민국상사	2,078,300	1,590,800	1,834,550	3,669,100원	3등	우수고객
13	'고객등급'이 "B등급"인 '총액'의 평균				2,983,890				
14	'하반기'의 최대값-최소값의 차이				1,801,700				
15	'회사'가 "아소유통"인 '총액'의 합계				12,249,060				

RANK.EQ(평균 열의 기준 셀, 평균 열의 범위)

IF(총액 열의 값 중 3000000 이상이면, "참","거짓")

● 처리 조건

▶ ① 순위[H3:H12] : '평균'을 기준으로 큰 순으로 순위를 구하시오. **(RANK.EQ 함수)**
▶ ② 비고[I3:I12] : '총액'이 3000000 이상이면 "우수고객", 그렇지 않으면 공백으로 구하시오. **(IF 함수)**
▶ ③ 평균[E13:G13] : '고객등급'이 "B등급"인 '총액'의 평균을 구하시오. **(DAVERAGE 함수)**
▶ ④ 최대값-최소값[E14:G14] : '하반기'의 최대값과 최소값의 차이를 구하시오. **(MAX, MIN 함수)**
▶ ⑤ '총액'의 합계[E15:G15] : '회사'가 "아소유통"인 '총액'의 합계를 구하시오. **(SUMIF 함수)**

=SUMIF(회사 열,회사 열에서 특정 회사만 추출할 조건,총액 열)

=DAVERAGE(데이터베이스 전체 범위,총액 열, 고객등급이 B등급)

=MAX(하반기 열)-MIN(하반기 열)

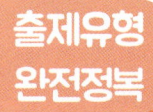

함수식 작성하기

04 "수입동향" 시트를 참조하여 다음 ≪처리조건≫에 맞도록 작업하시오. (50점)

* 소스 파일 : 정복03_문제04.xlsx   * 정답 파일 : 정복03_완성04.xlsx

● 출력 형태

	A	B	C	D	E	F	G	H	I
1				건설장비 해외 수입동향					
2	수입국가	분류	구분	2018년	2019년	2020년	평균	순위	비고
3	캐나다	항공EDI	북아메리카	4,659,107	5,754,896	5,211,345	5,208,449	1위	수입증가
4	캐나다	항공EDI	북아메리카	4,753,634	3,639,741	4,132,177	4,175,184	2위	수입감소
5	필리핀	해상EDI	아시아	99,473	301,098	531,721	310,764	7위	수입증가
6	필리핀	해상EDI	아시아	115,602	128,554	309,960	184,705	9위	수입증가
7	영국	항공EDI	유럽	43,523	180,398	347,125	190,348	8위	수입증가
8	영국	항공EDI	유럽	50,825	54,222	61,219	55,422	10위	수입증가
9	인도	해상EDI	아시아	120,683	563,096	1,154,280	612,686	4위	수입증가
10	인도	해상EDI	아시아	1,026,315	219,911	84,496	443,574	5위	수입감소
11	이탈리아	항공EDI	유럽	120,475	304,539	595,847	340,287	6위	수입증가
12	이탈리아	항공EDI	유럽	658,993	797,592	9,550,193	3,668,926	3위	수입증가
13		'평균'의 최대값-최소값 차이				5,153,027			
14		'수입국가'가 "캐나다"인 '2020년'의 합계				9,343,522			
15		'구분'이 "아시아"인 개수			4개				
16									

● 처리 조건

▶ ① 순위[H3:H12] : '평균'을 기준으로 큰 순으로 순위를 구하시오. **(RANK.EQ 함수)**
  └ RANK.EQ(평균 열의 기준 셀, 평균 열의 범위)

▶ ② 비고[I3:I12] : '2019년'이 '2018년' 보다 이상이면 "수입증가", 그렇지 않으면 "수입감소"로 구하시오. **(IF 함수)** ─ IF(2019년 셀의 값이 2018년 셀의 값보다 이상이면, "참","거짓")

▶ ③ 최대값-최소값[E13:G13] : '평균'의 최대값과 최소값의 차이를 구하시오. **(MAX, MIN 함수)**
  └ =MAX(평균 열)−MIN(평균 열)

▶ ④ 합계[E14:G14] : '수입국가'가 "캐나다"인 '2020년'의 합계를 구하시오. **(DSUM 함수)**
  └ =DSUM(데이터베이스 전체 범위,2020년 열,수입국가가 캐나다)

▶ ⑤ '아시아' 개수[E15:G15] : '구분'이 "아시아"인 개수를 구하시오. **(COUNTIF 함수)**
  └ =COUNTIF(구분 열,구분 열에서 특정 지역의 개수만 추출할 조건)

함수 부록 정리

1 날짜/시간 함수
* 소스 파일 : 유형03_날짜&시간 함수_문제.xlsx   * 정답 파일 : 유형03_날짜&시간 함수_완성.xlsx

DATE
- 기능 : 특정한 날짜를 표시하기 위한 함수
- 형식 : =DATE(년, 월, 일)

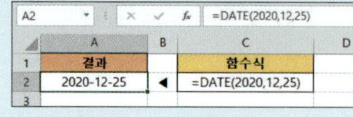

TODAY
- 기능 : 현재의 날짜를 표시하기 위한 함수
- 형식 : =TODAY()

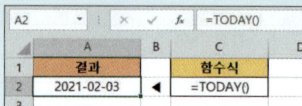

YEAR
- 기능 : 특정 날짜나 날짜 일련번호(숫자)에서 연도만 추출해내는 함수
- 형식 : =YEAR("날짜" or 셀 주소)

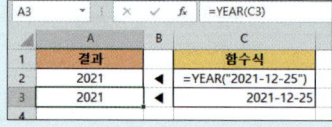

MONTH
- 기능 : '날짜'에서 '월'을 구하는 함수
- 형식 : =MONTH("날짜" or 셀 주소)

DAY
- 기능 : 특정 날짜나 날짜 일련번호(숫자)에서 일 단위(1~31)의 숫자만 추출하는 함수
- 형식 : =DAY("날짜" or 셀 주소)

TIME
- 기능 : 특정한 시간을 표시하기 위한 함수
- 형식 : =TIME(시, 분, 초)

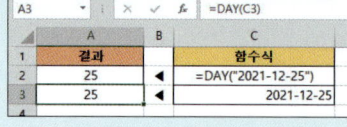

HOUR

- 기능 : '시간(시/분/초)'에서 '시'에 해당하는 값을 구하는 함수
- 형식 : =HOUR("시간" or 셀 주소)

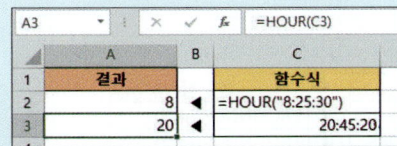

MINUTE

- 기능 : '시간(시/분/초)'에서 '분'에 해당하는 값을 구하는 함수
- 형식 : =MINUTE("시간" or 셀 주소)

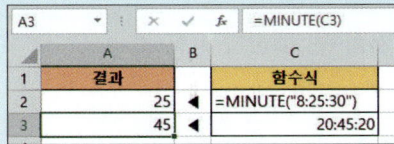

SECOND

- 기능 : '시간(시/분/초)'에서 '초'에 해당하는 값을 구하는 함수
- 형식 : =SECOND("시간" or 셀 주소)

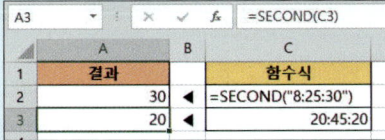

2 수학/삼각 함수

* 소스 파일 : 유형03_수학&삼각 함수_문제.xlsx   * 정답 파일 : 유형03_수학&삼각 함수_완성.xlsx

ROUND

- 기능 : 수를 지정한 자릿수로 반올림하는 함수
- 형식 : =ROUND(반올림할 수, 반올림할 자릿수)

반올림할 자릿수	의미	함수식
1	소수 둘째 자리에서 반올림하여 소수 첫째 자리를 구함	=ROUND(12345.123,1) = 12345.1
2	소수 셋째 자리에서 반올림하여 소수 둘째 자리를 구함	=ROUND(12345.123,2) = 12345.12
3	소수 넷째 자리에서 반올림하여 소수 셋째 자리를 구함	=ROUND(12345.1234,3) =12345.123
0	소수 첫째 자리에서 반올림하여 일의 자리를 구함	=ROUND(12345.123,0) = 12345
-1	정수 첫째 자리에서 반올림하여 십의 자리를 구함	=ROUND(12345,-1) = 12350
-2	정수 둘째 자리에서 반올림하여 백의 자리를 구함	=ROUND(12345,-2) = 12300
-3	정수 셋째 자리에서 반올림하여 천의 자리를 구함	=ROUND(12345,-3) = 12000

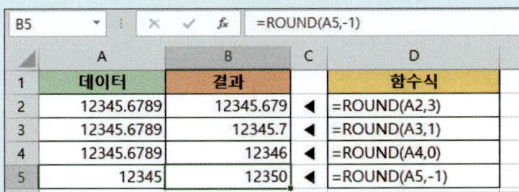

ROUNDUP

- 기능 : 숫자를 지정한 자릿수로 올림하는 함수
- 형식 : =ROUNDUP(올림할 수, 올림할 자릿수)

	A	B	C	D
1	데이터	결과		함수식
2	12345.6789	12345.679	◀	=ROUNDUP(A2,3)
3	12345.6789	12345.7	◀	=ROUNDUP(A3,1)
4	12345.6789	12346	◀	=ROUNDUP(A4,0)
5	12345	12350	◀	=ROUNDUP(A5,-1)

ROUNDDOWN

- 기능 : 숫자를 지정한 자릿수로 내림하는 함수
- 형식 : =ROUNDDOWN(내림할 수, 내림할 자릿수)

	A	B	C	D
1	데이터	결과		함수식
2	12345.6789	12345.678	◀	=ROUNDDOWN(A2,3)
3	12345.6789	12345.6	◀	=ROUNDDOWN(A3,1)
4	12345.6789	12345	◀	=ROUNDDOWN(A4,0)
5	12345	12340	◀	=ROUNDDOWN(A5,-1)

SUM

- 기능 : 특정 범위(인수)의 합계를 구하는 함수
- 형식 : =SUM(셀 범위)
- 사용 예 : 국어, 영어, 수학 점수의 합계를 표시

	A	B	C	D	E	F	G
1	이름	국어	영어	수학	합계		함수식
2	최자두	85	75	80	240	◀	=SUM(B2:D2)
3	노진구	70	75	60	205	◀	=SUM(B3:D3)
4	홍길동	80	90	100	270	◀	=SUM(B4:D4)

ABS

- 기능 : 주어진 인수의 절댓값을 구하는 함수
- 형식 : =ABS(인수)

※ 플러스(+)와 마이너스(-) 부호에 관계없이 그 수의 크기를 표시한 것으로 +10과 -10은 같은 절댓값(10)을 갖습니다.

	A	B	C	D
1	데이터	결과		함수식
2	-555	555	◀	=ABS(A2)
3	-777	777	◀	=ABS(A3)

INT

- 기능 : 소수점 아래를 버리고 가장 가까운 정수로 내림하는 함수
- 형식 : =INT(수치)

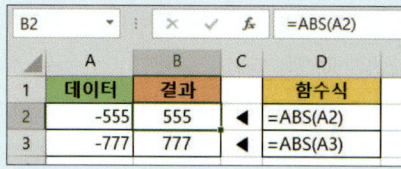

	A	B	C
1	결과		함수식
2	55	◀	=INT(55.55)
3	-56	◀	=INT(-55.55)

③ 통계 함수

*소스 파일 : 유형03_통계 함수_문제.xlsx   *정답 파일 : 유형03_통계 함수_완성.xlsx

AVERAGE
- 기능 : 특정 범위(인수)의 평균을 구하는 함수
- 형식 : =AVERAGE(셀 범위)
- 사용 예 : 국어, 영어, 수학 점수의 평균을 표시

이름	국어	영어	수학	평균	함수식
최자두	85	75	80	80	=AVERAGE(B2:D2)
노진구	70	75	60	68.33	=AVERAGE(B3:D3)
홍길동	80	90	100	90	=AVERAGE(B4:D4)

COUNT
- 기능 : 지정된 셀 범위에서 숫자(날짜 포함)가 입력된 셀의 개수를 구하는 함수
- 형식 : =COUNT(셀 범위)
- 사용 예 : [B2:E4] 영역에서 숫자가 입력된 셀의 개수를 표시

이름	국어	영어	수학	과제물	함수식
최자두	85	75	80	제출	
노진구	70	75	60	미제출	
홍길동	80	90	100	제출	
숫자가 입력된 셀의 개수				9	=COUNT(B2:E4)

COUNTA
- 기능 : 지정된 셀 범위에서 공백을 제외한 모든(문자, 숫자, 논리값 등) 셀의 개수를 구하는 함수
- 형식 : =COUNTA(셀 범위)
- 사용 예 : [B2:E4] 영역에서 공백을 제외한 모든 셀의 개수를 표시

이름	국어	영어	수학	과제물	함수식
최자두	85	75	80		
노진구				결석	
홍길동	80	90	100		
숫자가 입력된 셀의 개수				7	=COUNTA(B2:E4)

MEDIAN
- 기능 : 지정된 셀 범위에서 중간에 위치한 값을 구하는 함수
- 형식 : =MEDIAN(셀 범위)
- 사용 예 : 국어, 영어, 수학, 과제물 점수의 중간값을 표시

이름	국어	영어	수학	과제물	중간값	함수식
최자두	85	75	80	80	80	=MEDIAN(B2:E2)
노진구	70	75	60	80	72.5	=MEDIAN(B3:E3)
홍길동	80	90	100	60	85	=MEDIAN(B4:E4)

MODE

- 기능 : 가장 많이 나오는(빈도수가 높은) 값을 구하는 함수
- 형식 : =MODE(셀 범위)
- 사용 예 : 국어, 영어, 수학, 과제물 점수의 최빈값 표시

F4			fx	=MODE(B4:E4)			
	A	B	C	D	E	F	G	H
1	이름	국어	영어	수학	과제물	최빈값		함수식
2	최자두	85	75	80	80	80	◄	=MODE(B2:E2)
3	노진구	60	75	60	80	60	◄	=MODE(B3:E3)
4	홍길동	80	90	100	100	100	◄	=MODE(B4:E4)
5								

4 찾기/참조 함수

* 소스 파일 : 유형03_찾기&참조 함수_문제.xlsx   * 정답 파일 : 유형03_찾기&참조 함수_완성.xlsx

INDEX

- 기능 : 셀 범위에서 행 번호와 열 번호가 교차하는 값을 구해주는 함수
- 형식 : =INDEX(셀 범위, 행 번호, 열 번호)
- 사용 예 : 학년과 봉사 횟수를 찾아서 해당하는 가산점을 표시

D6			fx	=INDEX($B$10:$D$12,B6,C6)		
	A	B	C	D	E	F
1	이름	학년	봉사횟수	가산점		함수식
2	최자두	1	2	2점	◄	=INDEX($B$10:$D$12,B2,C2)
3	노진구	2	3	4점	◄	=INDEX($B$10:$D$12,B3,C3)
4	홍길동	3	3	5점	◄	=INDEX($B$10:$D$12,B4,C4)
5	오세현	2	2	3점	◄	=INDEX($B$10:$D$12,B5,C5)
6	정선희	1	1	1점	◄	=INDEX($B$10:$D$12,B6,C6)
7						
8			가산점			
9		구분	1회	2회	3회	
10		1학년	1점	2점	3점	
11		2학년	2점	3점	4점	
12		3학년	3점	4점	5점	
13						

MATCH

- 기능 : 배열에서 지정된 값과 일치하는 항목의 상대 위치를 표시하는 함수
- 형식 : =MATCH(찾을 값, 찾을 범위, 찾을 방법)
- 사용 예 : 점수를 기준으로 상대 위치를 표시

D5			fx	=MATCH(C5,$B$9:B$11,0)		
	A	B	C	D	E	F
1	이름	봉사횟수	점수	위치		함수식
2	최자두	1	10점	3	◄	=MATCH(C2,$B$9:B$11,0)
3	노진구	2	20점	2	◄	=MATCH(C3,$B$9:B$11,0)
4	홍길동	3	30점	1	◄	=MATCH(C4,$B$9:B$11,0)
5	오세현	1	10점	3	◄	=MATCH(C5,$B$9:B$11,0)
6						
7		가산점				
8		구분	점수			
9		3회	30점			
10		2회	20점			
11		1회	10점			
12						

5 데이터베이스 함수

* 소스 파일 : 유형03_데이터베이스 함수_문제.xlsx
* 정답 파일 : 유형03_데이터베이스 함수_완성.xlsx

DCOUNT

- 기능 : 데이터베이스 필드(열)에서 조건에 만족하는 숫자가 들어있는 셀의 개수를 구하는 함수
- 형식 : =DCOUNT(데이터베이스, 필드(열) 제목, 조건범위)
- 사용 예 : 총점이 '250'점 이상인 학생의 인원을 계산

	A	B	C	D	E	F	G
1	이름	국어	영어	수학	총점		
2	최자두	85	75	80	240		
3	노진구	70	75	60	205		
4	홍길동	80	90	100	270		
5	오세현	90	90	80	260		
6	정선희	75	85	65	225		
7							
8				총점	인원		함수식
9				>=250	2	◀	=DCOUNT(A1:E6,E1,D8:D9)
10							

E9 =DCOUNT(A1:E6,E1,D8:D9)

DCOUNTA

- 기능 : 데이터베이스 필드(열)에서 조건에 만족하는 셀 중 공백을 제외한 셀의 개수를 구하는 함수
- 형식 : =DCOUNTA(데이터베이스, 필드(열) 제목, 조건범위)
- 사용 예 : 평가가 '우수'인 학생의 인원수를 계산

	A	B	C	D	E	F	G
1	이름	국어	영어	수학	총점	평가	
2	최자두	85	75	80	240	우수	
3	노진구	70	75	60	205	보통	
4	홍길동	80	90	100	270	우수	
5	오세현	90	90	80	260	우수	
6	정선희	75	85	65	225	보통	
7							
8				평가	인원		함수식
9				우수	3	◀	=DCOUNTA(A1:F6,F1,D8:D9)
10							

E9 =DCOUNTA(A1:F6,F1,D8:D9)

DMAX

- 기능 : 데이터베이스 필드(열)에서 조건에 만족하는 값 중 최고값을 구하는 함수
- 형식 : =DMAX(데이터베이스, 필드(열) 제목, 조건범위)
- 사용 예 : 학년이 '4학년'인 학생 중 최고 총점을 표시

	A	B	C	D	E	F	G	H
1	학년	이름	국어	영어	수학	총점		
2	3학년	최자두	85	75	80	240		
3	4학년	노진구	70	75	60	205		
4	3학년	홍길동	80	90	100	270		
5	4학년	오세현	90	90	80	260		
6	4학년	정선희	75	85	65	225		
7								
8					학년	최고 총점		함수식
9					4학년	260	◀	=DMAX(A1:F6,F1,E8:E9)
10								

F9 =DMAX(A1:F6,F1,E8:E9)

DMIN

- 기능 : 데이터베이스 필드(열)에서 조건에 만족하는 값 중 최저값을 구하는 함수
- 형식 : =DMIN(데이터베이스, 필드(열) 제목, 조건범위)
- 사용 예 : 학년이 '4학년'인 학생 중 최저 총점을 표시

	A	B	C	D	E	F	G	H
1	학년	이름	국어	영어	수학	총점		
2	3학년	최자두	85	75	80	240		
3	4학년	노진구	70	75	60	205		
4	3학년	홍길동	80	90	100	270		
5	4학년	오세현	90	90	80	260		
6	4학년	정선희	75	85	65	225		
7								
8					학년	최저 총점		함수식
9					4학년	205	◀	=DMIN(A1:F6,F1,E8:E9)
10								

❻ 텍스트 함수

* 소스 파일 : 유형03_텍스트 함수_문제.xlsx   * 정답 파일 : 유형03_텍스트 함수_완성.xlsx

LEFT

- 기능 : 문자열의 왼쪽에서 원하는 수만큼의 문자를 표시해 주는 함수
- 형식 : =LEFT(문자열, 추출할 문자수)
- 사용 예 : 왼쪽부터 3개의 문자열을 추출하여 표시

	A	B	C	D
1	데이터	결과		함수식
2	노진구&도라에몽	노진구	◀	=LEFT(A2,3)
3				

RIGHT

- 기능 : 문자열의 오른쪽에서 원하는 수만큼의 문자를 표시해 주는 함수
- 형식 : =RIGHT(문자열, 추출할 문자수)
- 사용 예 : 오른쪽부터 4개의 문자열을 추출하여 표시

	A	B	C	D
1	데이터	결과		함수식
2	노진구&도라에몽	도라에몽	◀	=RIGHT(A2,4)
3				

MID

- 기능 : 문자열의 시작 위치와 추출할 문자의 수를 지정하여 문자를 표시해 주는 함수
- 형식 : =MID(문자열, 시작 위치, 추출할 문자의 수)
- 사용 예 : 왼쪽 4번째부터 1개의 문자를 추출하여 표시

	A	B	C	D
1	데이터	결과		함수식
2	노진구&도라에몽	&	◀	=MID(A2,4,1)
3				

7 논리 함수

* 소스 파일 : 유형03_논리 함수_문제.xlsx   * 정답 파일 : 유형03_논리 함수_완성.xlsx

중첩IF

- 기능 : IF 함수의 조건이 2개 이상일 때 2개 이상의 IF 함수를 사용하여 '참(TRUE)'과 '거짓(FALSE)'의 값을 표시하는 함수
- 형식 : =IF(조건, 참일 때, IF(조건, 참일 때, 거짓일 때)...)
- 사용 예 : 평균이 90 이상이면 '최우수', 80 이상이면 '우수', 나머지는 '보통'으로 표시

F5 셀 수식: =IF(E5>=90,"최우수",IF(E5>=80,"우수","보통"))

이름	국어	영어	수학	평균	결과	함수식
최자두	85	75	80	80	우수	=IF(E2>=90,"최우수",IF(E2>=80,"우수","보통"))
노진구	70	75	60	68	보통	=IF(E3>=90,"최우수",IF(E3>=80,"우수","보통"))
홍길동	80	90	100	90	최우수	=IF(E4>=90,"최우수",IF(E4>=80,"우수","보통"))
오세현	90	90	80	87	우수	=IF(E5>=90,"최우수",IF(E5>=80,"우수","보통"))

AND

- 기능 : 모든 조건을 만족하면 '참'을 그렇지 않으면 '거짓'을 표시하는 함수
- 형식 : =AND(조건1, 조건2, ... 조건30)
- 사용 예 : 국어, 영어, 수학 점수가 모두 80 이상일 경우 '우수', 그렇지 않을 경우 '노력'으로 표시

F5 셀 수식: =IF(AND(B5>=80,C5>=80,D5>=80),"우수","보통")

이름	국어	영어	수학	평균	결과	함수식
최자두	85	75	80	80	보통	=IF(AND(B2>=80,C2>=80,D2>=80),"우수","보통")
노진구	70	75	60	68	보통	=IF(AND(B3>=80,C3>=80,D3>=80),"우수","보통")
홍길동	80	90	100	90	우수	=IF(AND(B4>=80,C4>=80,D4>=80),"우수","보통")
오세현	90	90	80	87	우수	=IF(AND(B5>=80,C5>=80,D5>=80),"우수","보통")

OR

- 기능 : 한 개의 조건이라도 만족하면 '참'을 그렇지 않으면 '거짓'을 표시하는 함수
- 형식 : =OR(조건1, 조건2, ... 조건30)
- 사용 예 : 국어, 영어, 수학 점수 중 하나라도 100 이상일 경우 '최우수', 그렇지 않을 경우 '빈칸'으로 표시

F5 셀 수식: =IF(OR(B5>=100,C5>=100,D5>=100),"최우수","")

이름	국어	영어	수학	평균	결과	함수식
최자두	85	75	80	80		=IF(OR(B2>=100,C2>=100,D2>=100),"최우수","")
노진구	70	75	60	68		=IF(OR(B3>=100,C3>=100,D3>=100),"최우수","")
홍길동	80	90	100	90	최우수	=IF(OR(B4>=100,C4>=100,D4>=100),"최우수","")
오세현	90	90	80	87		=IF(OR(B5>=100,C5>=100,D5>=100),"최우수","")

NOT

- 기능 : 조건식의 결과 값을 반대로 표시하는 함수
- 형식 : =NOT(조건)
- 사용 예 : 평균이 80 이상이면 '합격' 그렇지 않으면 '불합격'으로 표시

F5 셀 수식: =IF(NOT(E5>=80),"불합격","합격")

이름	국어	영어	수학	평균	결과	함수식
최자두	85	75	80	80	합격	=IF(NOT(E2>=80),"불합격","합격")
노진구	70	75	60	68	불합격	=IF(NOT(E3>=80),"불합격","합격")
홍길동	80	90	100	90	합격	=IF(NOT(E4>=80),"불합격","합격")
오세현	90	90	80	87	합격	=IF(NOT(E5>=80),"불합격","합격")

출제유형 04 데이터 정렬과 부분합

PART 02 출제유형 완전정복

- ☑ 데이터 정렬하기
- ☑ 부분합 및 그룹 설정하기

문제 미리보기

소스 파일 : 유형04_문제.xlsx   정답 파일 : 유형04_완성.xlsx

● **부분합 작성**

【문제 2】 "**부분합**" 시트를 참조하여 다음 ≪처리조건≫에 맞도록 작업하시오. (30점)

● **출력 형태**

	A	B	C	D	E	F	G
2	제품명	제품종류	판매처	2018년	2019년	2020년	평균
3	시원수	생수	할인점	15,838	13,363	24,401	17,867
4	팡팡톡	탄산음료	할인점	21,670	22,197	11,554	18,474
5	맑은생수	생수	할인점	19,400	22,100	14,559	18,686
6			할인점 최대값				18,686
7			할인점 평균	18,969	19,220	16,838	
8	스마일자몽	과일음료	편의점	20,740	14,224	18,939	17,968
9	천연물	생수	편의점	16,204	18,606	23,119	19,310
10	라임워터	탄산음료	편의점	13,774	25,788	24,957	21,506
11	얼음골생수	생수	편의점	17,771	15,751	10,501	14,674
12			편의점 최대값				21,506
13			편의점 평균	17,122	18,592	19,379	
14	에티오피아	커피음료	통신판매	25,976	18,411	11,754	18,714
15	카페타임	커피음료	통신판매	12,650	12,653	16,377	13,893
16			통신판매 최대값				18,714
17			통신판매 평균	19,313	15,532	14,066	
18	코코넛매니아	탄산음료	백화점	20,038	22,725	15,911	19,558
19			백화점 최대값				19,558
20			백화점 평균	20,038	22,725	15,911	
21			전체 최대값				21,506
22			전체 평균	18,406	18,582	17,207	

● **처리 조건**

▶ 데이터를 '판매처' 기준으로 내림차순 정렬하시오.
▶ 아래 조건에 맞는 부분합을 작성하시오.
  – '판매처'로 그룹화 하여 '2018년', '2019년', '2020년'의 평균을 구하는 부분합을 만드시오.
  – '판매처'로 그룹화 하여 '평균'의 최대값을 구하는 부분합을 만드시오. (새로운 값으로 대치하지 말 것)
  – [D3:G22] 영역에 셀 서식의 표시 형식-숫자를 이용하여 1000단위 구분 기호를 표시하시오.
▶ D~F열을 선택하여 그룹을 설정하시오.
▶ 평균과 최대값의 부분합 순서는 ≪출력형태≫와 다를 수 있음
▶ 지시사항이 없는 경우는 기본 값을 적용하시오.

01 데이터 정렬하기

❶ [파일]-[열기](Ctrl+O)를 클릭한 후, [찾아보기]를 클릭합니다. [열기] 대화상자가 나오면 '유형04_문제.xlsx' 파일을 불러와 [부분합] 시트를 선택합니다.

❷ [C2] 셀을 클릭한 후 [데이터] 탭의 [정렬 및 필터] 그룹에서 '텍스트 내림차순 정렬(힉↓)'을 클릭합니다.

	A	B	C	D	E	F	G
2	제품명	제품종류	판매처	2018년	2019년	2020년	평균
3	시원수	생수	할인점	15838	13363	24401	17867
4	팡팡톡	탄산음료	할인점	21670	22197	11554	18474
5	스마일자몽	과일음료	편의점	20740	14224	18939	17968
6	코코넛매니아	탄산음료	백화점	20038	22725	15911	19558
7	에티오피아	커피음료	통신판매	25976	18411	11754	18714
8	맑은생수	생수	할인점	19400	22100	14559	18686
9	천연물	생수	편의점	16204	18606	23119	19310
10	라임워터	탄산음료	편의점	13774	25788	24957	21506
11	카페타임	커피음료	통신판매	12650	12653	16377	13893
12	얼음골생수	생수	편의점	17771	15751	10501	14674

	A	B	C	D	E	F	G
2	제품명	제품종류	판매처	2018년	2019년	2020년	평균
3	시원수	생수	할인점	15838	13363	24401	17867
4	팡팡톡	탄산음료	할인점	21670	22197	11554	18474
5	맑은생수	생수	할인점	19400	22100	14559	18686
6	스마일자몽	과일음료	편의점	20740	14224	18939	17968
7	천연물	생수	편의점	16204	18606	23119	19310
8	라임워터	탄산음료	편의점	13774	25788	24957	21506
9	얼음골생수	생수	편의점	17771	15751	10501	14674
10	에티오피아	커피음료	통신판매	25976	18411	11754	18714
11	카페타임	커피음료	통신판매	12650	12653	16377	13893
12	코코넛매니아	탄산음료	백화점	20038	22725	15911	19558

TIP

오름차순 정렬과 내림차순 정렬

오름차순 정렬 순서(내림차순은 반대)

- 오름차순 정렬 : 숫자(1,2,3...순) → 특수문자 → 영문(A→Z순) → 한글(ㄱ→ㅎ순) → 논리값 → 오류값 → 공백 셀(빈 셀)
- 공백 셀(빈 셀)은 오름/내림차순에 상관없이 항상 마지막에 정렬

정렬 기준이 하나인 경우(공↓, 힉↓)

정렬 기준이 하나인 경우 셀 포인터를 정렬하고자 하는 셀에 위치시키고 [데이터] 탭-[정렬 및 필터] 그룹에서 '텍스트 오름차순 정렬(공↓)'과 '텍스트 내림차순 정렬(힉↓)'을 이용합니다.

정렬 기준이 하나 이상인 경우(정렬)

정렬 기준이 하나 이상인 경우 [데이터] 탭의 [정렬 및 필터] 그룹에서 '정렬'을 이용합니다.

02 부분합 만들기

❶ [C6] 셀을 선택한 후 [데이터] 탭의 [윤곽선] 그룹에서 '부분합( )'을 클릭합니다.

※ 부분합 작성 시 데이터 범위([A2:G12])를 드래그하거나, [A2:G12] 영역 안에 한 개의 셀만 선택한 후 작업해야 합니다.

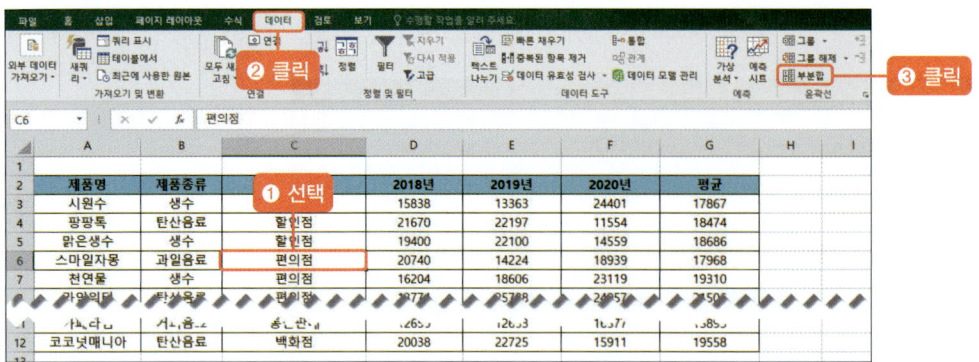

❷ [부분합] 대화상자가 나오면 ≪처리조건≫을 참고하여 그룹화할 항목에 '**판매처**', 사용할 함수에 '**평균**', 부분합 계산 항목에 '**2018년, 2019년, 2020년**'을 지정한 후 〈확인〉 단추를 클릭합니다.

※ 만약, '부분합 계산 항목'에 이미 선택된 계산 항목(예 : 평균)이 있을 경우 처리조건에 상관없이 불필요하다면 반드시 체크(✓) 표시를 해제합니다.

TIP [부분합] 대화상자

❶ **그룹화할 항목** : 데이터를 그룹화할 항목을 선택
❷ **사용할 함수** : 그룹화된 데이터의 계산 방법을 선택
❸ **부분합 계산 항목** : 그룹화된 데이터에서 계산할 항목(필드)을 선택
❹ **새로운 값으로 대치** : 이전 부분합을 지우고 새롭게 계산된 부분합으로 바꾸어 표시
❺ **그룹 사이에 페이지 나누기** : 부분합이 계산된 그룹을 각 페이지 별로 분리
❻ **데이터 아래에 요약 표시** : 그룹별로 부분합이 구해져 그 결과값이 해당 그룹 아래에 표시
❼ 〈**모두 제거**〉 **단추** : 부분합 결과를 모두 제거

❸ 이어서, **2차 부분합을 생성**하기 위해 다시 [데이터] 탭의 [윤곽선] 그룹에서 '**부분합( )**'을 클릭합니다.

❹ [부분합] 대화상자가 나오면 그룹화할 항목에 '**판매처**', 사용할 함수에 '**최대값**', 부분합 계산 항목에 '**평균**'을 지정한 후 '**새로운 값으로 대치**' 항목의 **체크 표시(✓)를 반드시 해제**하고 〈확인〉 단추를 클릭합니다.

※ 부분합을 잘 못 만들었을 경우 [부분합] 대화상자의 〈모두 제거〉를 클릭한 후 처음부터 다시 작업합니다. 부분합을 처음부터 다시 만들 때는 '정렬 확인 → 1차 부분합 → 2차 부분합' 순서로 작업합니다.

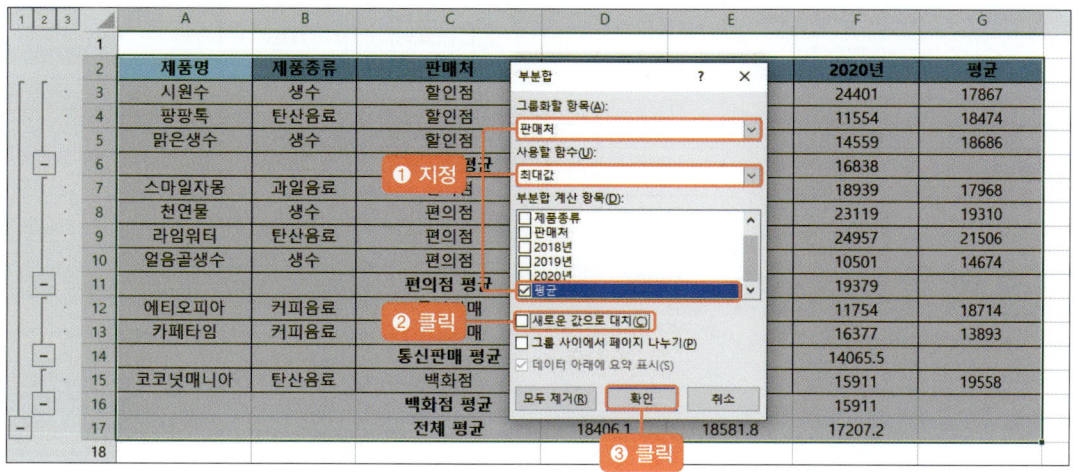

> **TIP** 중첩 부분합 작성시 알아두기
>
> **중첩 부분합(2차 부분합 생성시) :** 중첩 부분합(2차 부분합)을 생성하기 위해서는 1차 부분합 범위 내에서 임의의 셀을 하나만 선택한 후 작업해야 하며, 반드시 '새로운 값으로 대치' 항목의 체크 표시(✓)를 해제해 주어야 합니다. 만일, 해제하지 않을 경우 1차 부분합 결과는 사라지고 2차 부분합 결과만 표시됩니다.

❺ 2차 부분합이 완성되면 **[D3:G22] 영역**을 드래그한 후 영역으로 지정된 셀 범위 위에서 마우스 오른쪽 버튼을 눌러 바로 가기 메뉴가 나오면 [**셀 서식**]을 클릭합니다.
(셀 서식 바로 가기 키 : **Ctrl** + **1**)

※ 부분합의 순서(최대값→평균 / 평균→최대값)는 ≪출력형태≫와 다를 수 있습니다.

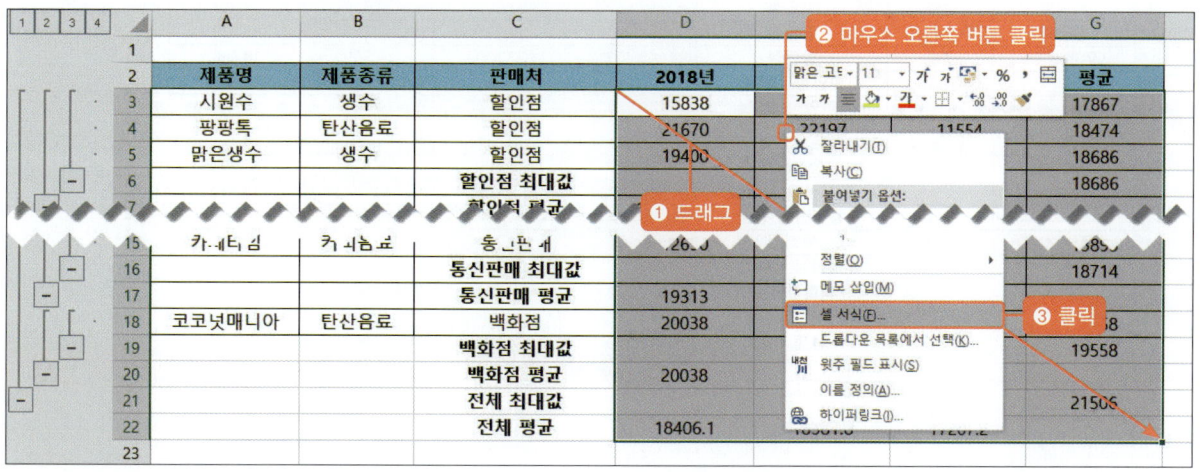

❻ [셀 서식] 대화상자가 나오면 [표시 형식] 탭의 범주에서 '숫자'를 선택합니다. 이어서, '1000 단위 구분 기호(,) 사용'에 체크 표시(√)를 지정한 후 〈확인〉 단추를 클릭합니다.

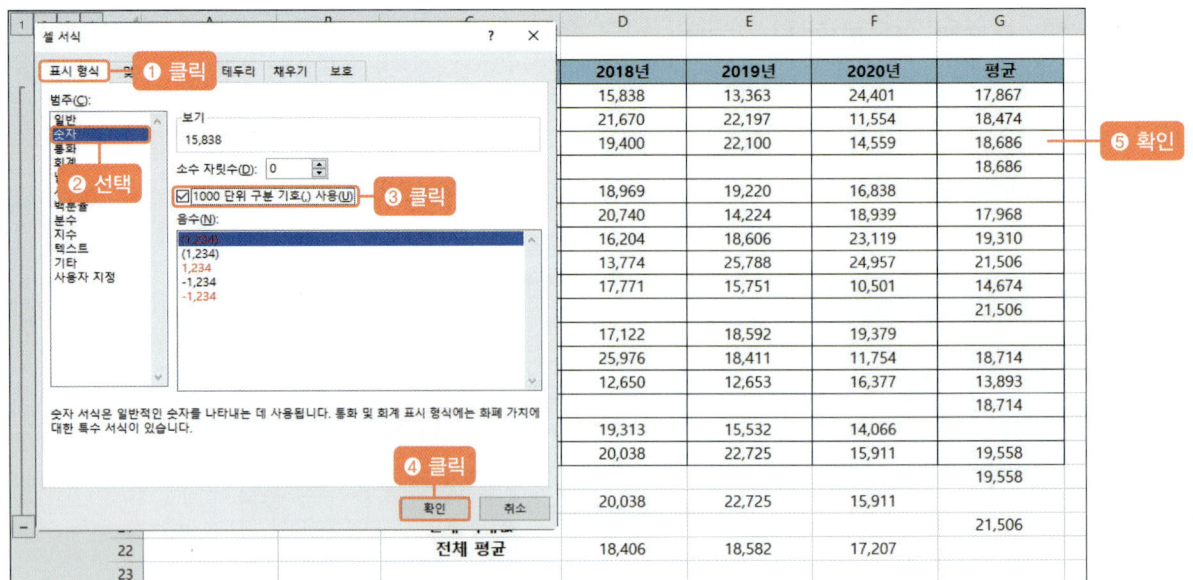

03 그룹 설정하기

❶ ≪처리조건≫을 참고하여 D열 머리글에서부터 F열 머리글까지 드래그하여 범위를 지정합니다.

❷ [데이터] 탭의 [윤곽선] 그룹에서 '그룹'을 클릭합니다.

❸ 임의의 셀을 클릭하여 그룹이 설정된 것을 확인합니다.

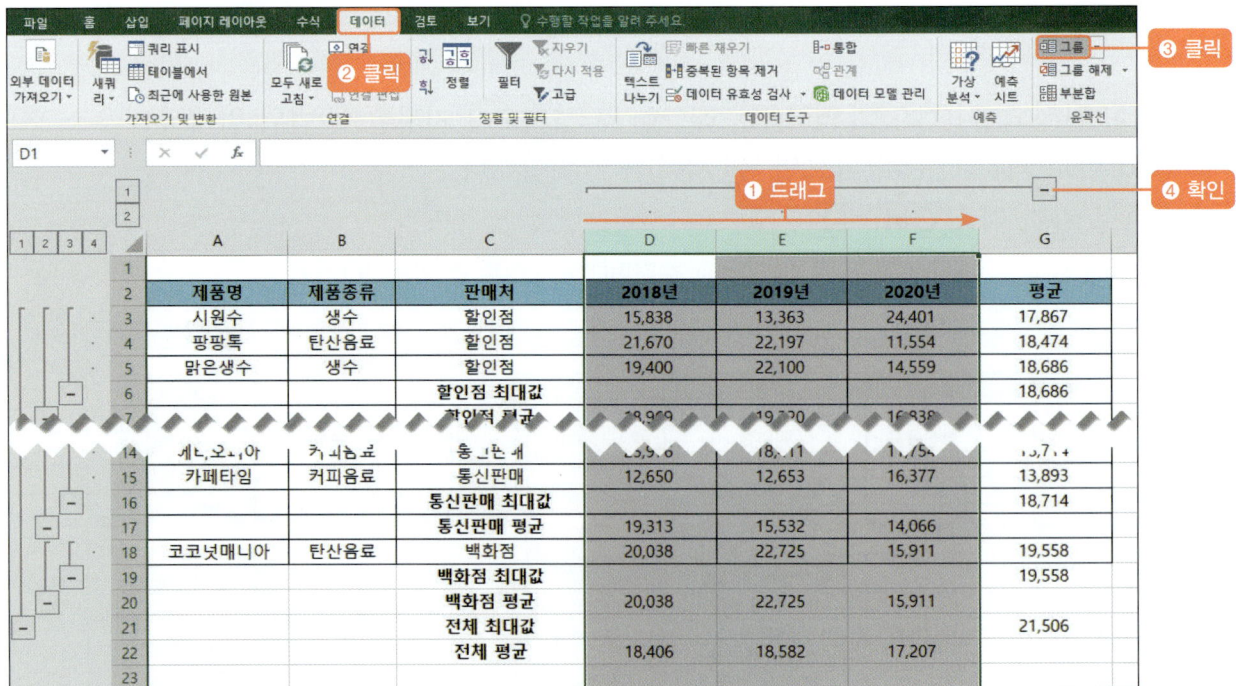

❹ 부분합이 완성되면 ≪출력형태≫와 동일한지 확인합니다.

※ 평균과 최대값 부분합의 순서는 ≪출력형태≫와 다를 수 있습니다.

	A	B	C	D	E	F	G
2	제품명	제품종류	판매처	2018년	2019년	2020년	평균
3	시원수	생수	할인점	15,838	13,363	24,401	17,867
4	팡팡톡	탄산음료	할인점	21,670	22,197	11,554	18,474
5	맑은생수	생수	할인점	19,400	22,100	14,559	18,686
6			할인점 최대값				18,686
7			할인점 평균	18,969	19,220	16,838	
8	스마일자몽	과일음료	편의점	20,740	14,224	18,939	17,968
9	천연물	생수	편의점	16,204	18,606	23,119	19,310
10	라임워터	탄산음료	편의점	13,774	25,788	24,957	21,506
11	얼음골생수	생수	편의점	17,771	15,751	10,501	14,674
12			편의점 최대값				21,506
13			편의점 평균	17,122	18,592	19,379	
14	에티오피아	커피음료	통신판매	25,976	18,411	11,754	18,714
15	카페타임	커피음료	통신판매	12,650	12,653	16,377	13,893
16			통신판매 최대값				18,714
17			통신판매 평균	19,313	15,532	14,066	
18	코코넛매니아	탄산음료	백화점	20,038	22,725	15,911	19,558
19			백화점 최대값				19,558
20			백화점 평균	20,038	22,725	15,911	
21			전체 최대값				21,506
22			전체 평균	18,406	18,582	17,207	

❺ 부분합 작업이 끝나면 [파일]-[저장]([Ctrl]+[S]) 또는 [빠른 실행 도구 모음]에서 '저장(💾)'을 클릭합니다.

※ 실제 시험을 볼 때 작업 도중에 수시로(10분에 한 번 정도) 저장을 하는 것이 좋습니다.

TIP

입력 값이 잘리거나 '###'인 경우

부분합을 작성한 후 글자가 잘리거나, '###'으로 나올 경우에는 ≪출력형태≫를 참고하여 모든 글자와 숫자가 보이도록 열과 열 사이를 더블클릭합니다.

	A	B	C	D	E	F	G
2	제품명	제품종류	판매처	2018년	2019년	2020년	평균
3	시원수	생수	할인점	15,838	13,363	24,401	#####
4	팡팡톡	탄산음료	할인점	21,670	22,197	11,554	#####
5	맑은생수	생수	할인점	19,400	22,100	14,559	#####
6			할인점 최대값				#####
7			할인점 평	18,969	19,220	16,838	
8	스마일자몽	과일음료	편의점	20,740	14,224	18,939	#####

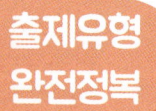

데이터 정렬과 부분합

01 "부분합" 시트를 참조하여 다음 ≪처리조건≫에 맞도록 작업하시오. (30점)

* 소스 파일 : 정복04_문제01.xlsx   * 정답 파일 : 정복04_완성01.xlsx

● 출력 형태

→ 장르 열과 작가 열 사이를 마우스로 더블 클릭(열 간격은 ≪출력형태≫를 참고하여 조절)

	A	B	C	D	E	F	G
1							
2	도서명	장르	작가	10월	11월	12월	평균
3	91층 나무 집	동화	해외작가	47,530	56,657	27,788	43,992
4	마당을 나온 암탉	동화	국내작가	61,764	76,421	61,139	66,441
5	78층 나무 집	동화	해외작가	38,725	28,888	21,302	29,638
6	한밤중 달빛 식당	동화	국내작가	57,691	67,451	53,816	59,653
7	4	동화 개수					
8		동화 평균		51,428	57,354	41,011	
9	우리 화가 우리 그림	예술	국내작가	40,401	41,951	23,185	35,179
10	1	예술 개수					
11		예술 평균		40,401	41,951	23,185	
12	빛나는 아이	위인	해외작가	24,472	6,151	3,721	11,448
13	세계를 빛낸 50명의 위인	위인	국내작가	56,452	67,424	41,325	55,067
14	2	위인 개수					
15		위인 평균		40,462	36,788	22,523	
16	어린이를 위한 그릿	자기계발	국내작가	58,172	76,209	60,146	64,842
17	미움받아도 괜찮아	자기계발	해외작가	37,899	24,153	6,742	22,931
18	빨강 연필	자기계발	국내작가	72,400	76,520	63,905	70,942
19	3	자기계발 개수					
20		자기계발 평균		56,157	58,961	43,598	
21	10	전체 개수					
22		전체 평균		49,551	52,183	36,307	

● 처리 조건

▶ 데이터를 '장르' 기준으로 오름차순 정렬하시오. → 장르 열-[데이터]-[정렬 및 필터]-[텍스트 오름차순 정렬]
▶ 아래 조건에 맞는 부분합을 작성하시오. → 그룹화할 항목(장르), 함수(평균), 부분합 계산 항목(10월, 11월, 12월)
  - '장르'로 그룹화 하여 '10월', '11월', '12월'의 평균을 구하는 부분합을 만드시오.
  - '장르'로 그룹화 하여 '도서명'의 개수를 구하는 부분합을 만드시오.
    (새로운 값으로 대치하지 말 것) → 그룹화할 항목(장르), 함수(개수), 부분합 계산 항목(도서명), 새로운 값으로 대치 체크 해제
  - [D3:G22] 영역에 셀 서식의 표시 형식-숫자를 이용하여 1000단위 구분 기호를 표시하시오.
▶ D~F열을 선택하여 그룹을 설정하시오. → 범위 지정-[데이터]-[윤곽선]-[그룹]
▶ 평균과 개수의 부분합 순서는 ≪출력형태≫와 다를 수 있음
▶ 지시사항이 없는 경우는 기본 값을 적용하시오.

출제유형 완전정복

데이터 정렬과 부분합

02 "부분합" 시트를 참조하여 다음 ≪처리조건≫에 맞도록 작업하시오. (30점)

* 소스 파일 : 정복04_문제02.xlsx   * 정답 파일 : 정복04_완성02.xlsx

● 출력 형태

	광역시	지점	담당자	판매액	수금액	미수금액	수금달성율(%)
3	인천광역시	연수구	윤훈	2701500	1814800	886700	72.30
4	인천광역시	남동구	김대철	2386050	1493000	893050	69.10
5	**인천광역시 최대값**					893050	72.30
6	**인천광역시 평균**			2543775	1653900		
7	부산광역시	남구	장준문	1602300	1243400	358900	82.90
8	부산광역시	동래구	윤한기	3795800	3043090	752710	82.50
9	부산광역시	사상구	강문철	956010	956010	0	100.00
10	**부산광역시 최대값**					752710	100.00
11	**부산광역시 평균**			2118036.67	1747500		
12	대전광역시	대덕구	이대성	1487500	800400	687100	65.40
13	**대전광역시 최대값**					687100	65.40
14	**대전광역시 평균**			1487500	800400		
15	대구광역시	수성구	권명준	714399	714399	0	100.00
16	대구광역시	달서구	성기수	1342359	1202820	139539	92.40
17	**대구광역시 최대값**					139539	100.00
18	**대구광역시 평균**			1028379	958609.5		
19	광주광역시	북구	이동욱	1227500	1060830	166670	90.40
20	광주광역시	광산구	김주희	2840600	2840600	0	100.00
21	**광주광역시 최대값**					166670	100.00
22	**광주광역시 평균**			2034050	1950715		
23	**전체 최대값**					893050	100.00
24	**전체 평균**			1905401.8	1516934.9		

● 처리 조건

▶ 데이터를 '광역시' 기준으로 내림차순 정렬하시오. ── 광역시 열-[데이터]-[정렬 및 필터]-[텍스트 내림차순 정렬]
▶ 아래 조건에 맞는 부분합을 작성하시오. ── 그룹화할 항목(광역시), 함수(평균), 부분합 계산 항목(판매액, 수금액)
  - '광역시'로 그룹화 하여 '판매액', '수금액'의 평균을 구하는 부분합을 만드시오.
  - '광역시'로 그룹화 하여 '미수금액', '수금달성율(%)'의 최대값을 구하는 부분합을 만드시오.
    (새로운 값으로 대치하지 말 것) ── 그룹화할 항목(광역시), 함수(최대값), 부분합 계산 항목(미수금액, 수금달성율), 새로운 값으로 대치 체크 해제
  - [G3:G24] 영역에 셀 서식의 표시 형식-숫자를 이용하여 소수 자릿수 2로 표시하시오.
▶ D~F열을 선택하여 그룹을 설정하시오. 범위 지정 후 Ctrl+1-[셀 서식] 대화상자-[표시 형식]-[숫자]-소수 자릿수(2)
▶ 평균과 최대값의 부분합 순서는 ≪출력형태≫와 다를 수 있음
▶ 지시사항이 없는 경우는 기본 값을 적용하시오.

데이터 정렬과 부분합

03 "부분합" 시트를 참조하여 다음 ≪처리조건≫에 맞도록 작업하시오. (30점)

* 소스 파일 : 정복04_문제03.xlsx * 정답 파일 : 정복04_완성03.xlsx

● 출력 형태

	A	B	C	D	E	F	G
1							
2	성명	고객등급	회사	상반기	하반기	평균	총액
3	김주희	C등급	대한상사	1,676,000	1,284,390	1,480,195	2,960,390
4	김평석	B등급	대한상사	1,120,640	1,435,230	1,277,935	2,555,870
5	안광준	B등급	대한상사	1,718,870	1,850,830	1,784,850	3,569,700
6	박수정	C등급	대한상사	312,730	784,300	548,515	1,097,030
7			대한상사 평균				2,545,748
8			대한상사 최대값	1,718,870	1,850,830		3,569,700
9	박지현	D등급	민국상사	987,060	1,276,400	1,131,730	2,263,460
10	최민식	D등급	민국상사	587,060	748,900	667,980	1,335,960
11	이가현	A등급	민국상사	2,078,300	1,590,800	1,834,550	3,669,100
12			민국상사 평균				2,422,840
13			민국상사 최대값	2,078,300	1,590,800		3,669,100
14	장민지	B등급	아소유통	1,320,500	1,505,600	1,413,050	2,826,100
15	이창욱	C등급	아소유통	2,383,130	1,960,800	2,171,965	4,343,930
16	안우열	A등급	아소유통	2,528,430	2,550,600	2,539,515	5,079,030
17			아소유통 평균				4,083,020
18			아소유통 최대값	2,528,430	2,550,600		5,079,030
19			전체 평균				2,970,057
20			전체 최대값	2,528,430	2,550,600		5,079,030

● 처리 조건

▶ 데이터를 '회사' 기준으로 오름차순 정렬하시오.
▶ 아래 조건에 맞는 부분합을 작성하시오.
  – '회사'로 그룹화 하여 '상반기', '하반기', '총액'의 최대값을 구하는 부분합을 만드시오.
  – '회사'로 그룹화 하여 '총액'의 평균을 구하는 부분합을 만드시오.
    (새로운 값으로 대치하지 말 것)
  – [D3:G20] 영역에 셀 서식의 표시 형식-숫자를 이용하여 1000단위 구분 기호를 표시하시오.
▶ D~E열을 선택하여 그룹을 설정하시오.
▶ 최대값과 평균의 부분합 순서는 ≪출력형태≫와 다를 수 있음
▶ 지시사항이 없는 경우는 기본 값을 적용하시오.

출제유형 완전정복 — 데이터 정렬과 부분합

04 "부분합" 시트를 참조하여 다음 ≪처리조건≫에 맞도록 작업하시오. (30점)

* 소스 파일 : 정복04_문제04.xlsx   * 정답 파일 : 정복04_완성04.xlsx

● 출력 형태

	A	B	C	D	E	F	G
2	수입국가	분류	구분	2018년	2019년	2020년	평균
3	캐나다	항공EDI	북아메리카	₩4,659,107	₩5,754,896	₩5,211,345	₩5,208,449
4	캐나다	항공EDI	북아메리카	₩4,753,634	₩3,639,741	₩4,132,177	₩4,175,184
5			북아메리카 최소값				₩4,175,184
6			북아메리카 평균	₩4,706,371	₩4,697,319	₩4,671,761	
7	필리핀	해상EDI	아시아	₩99,473	₩301,098	₩531,721	₩310,764
8	필리핀	해상EDI	아시아	₩115,602	₩128,554	₩309,960	₩184,705
9	인도	해상EDI	아시아	₩120,683	₩563,096	₩1,154,280	₩612,686
10	인도	해상EDI	아시아	₩1,026,315	₩219,911	₩84,496	₩443,574
11			아시아 최소값				₩184,705
12			아시아 평균	₩340,518	₩303,165	₩520,114	
13	영국	항공EDI	유럽	₩43,523	₩180,398	₩347,125	₩190,348
14	영국	항공EDI	유럽	₩50,825	₩54,222	₩61,219	₩55,422
15	이탈리아	항공EDI	유럽	₩120,475	₩304,539	₩595,847	₩340,287
16	이탈리아	항공EDI	유럽	₩658,993	₩797,592	₩9,550,193	₩3,668,926
17			유럽 최소값				₩55,422
18			유럽 평균	₩218,454	₩334,188	₩2,638,596	
19			전체 최소값				₩55,422
20			전체 평균	₩1,164,863	₩1,194,405	₩2,197,836	

● 처리 조건

▶ 데이터를 '구분' 기준으로 오름차순 정렬하시오.
▶ 아래 조건에 맞는 부분합을 작성하시오.
  – '구분'으로 그룹화 하여 '2018년', '2019년', '2020년'의 평균을 구하는 부분합을 만드시오.
  – '구분'으로 그룹화 하여 '평균'의 최소값을 구하는 부분합을 만드시오.
    (새로운 값으로 대치하지 말 것)
  – [D3:G20] 영역에 셀 서식의 표시 형식–통화를 이용하여 기호(₩)를 표시하시오.
▶ D~F열을 선택하여 그룹을 설정하시오.
▶ 평균과 최소값의 부분합 순서는 ≪출력형태≫와 다를 수 있음
▶ 지시사항이 없는 경우는 기본 값을 적용하시오.

> 범위 지정 후 Ctrl+1–[셀 서식] 대화상자–[표시 형식]–[통화]–기호(₩)

출제유형 05 고급 필터

- 조건식 작성과 필드명 복사하기
- 고급 필터 지정하기

문제 미리보기

소스 파일 : 유형05_문제.xlsx   정답 파일 : 유형05_완성.xlsx

● 필터 작성

【문제 3】 "필터"와 "시나리오" 시트를 참조하여 다음 ≪처리조건≫에 맞도록 작업하시오. (60점)

● 출력 형태 - 필터

	A	B	C	D	E	F	G
1							
2	제품명	제품종류	판매처	2018년	2019년	2020년	평균
3	시원수	생수	할인점	15,838	13,363	24,401	17,867
4	팡팡톡	탄산음료	할인점	21,670	22,197	11,554	18,474
5	스마일자몽	과일음료	편의점	20,740	14,224	18,939	17,968
6	코코넛매니아	탄산음료	백화점	20,038	22,725	15,911	19,558
7	에티오피아	커피음료	통신판매	25,976	18,411	11,754	18,714
8	맑은생수	생수	할인점	19,400	22,100	14,559	18,686
9	천연물	생수	편의점	16,204	18,606	23,119	19,310
10	라임워터	탄산음료	편의점	13,774	25,788	24,957	21,506
11	카페타임	커피음료	통신판매	12,650	12,653	16,377	13,893
12	얼음골생수	생수	편의점	17,771	15,751	10,501	14,674
13							
14	조건						
15	FALSE						
16							
17							
18	제품명	제품종류	2018년	2019년	2020년	평균	
19	팡팡톡	탄산음료	21,670	22,197	11,554	18,474	
20	맑은생수	생수	19,400	22,100	14,559	18,686	
21							

● 처리 조건

▶ "필터" 시트의 [A2:G12]를 아래 조건에 맞게 고급 필터를 사용하여 작성하시오.
  - '판매처'가 "할인점"이고 '평균'이 18000 이상인 데이터를 '제품명', '제품종류', '2018년', '2019년', '2020년', '평균'의 데이터만 필터링 하시오.
  - 조건 위치 : 조건 함수는 [A15] 한 셀에 작성(AND함수 이용)
  - 결과 위치 : [A18]부터 출력
▶ 지시사항이 없는 경우는 ≪출력형태 – 필터≫와 동일하게 작성하시오.

조건식 작성 및 필드명 복사하기

① [파일]-[열기](Ctrl + O)를 클릭한 후, [찾아보기]를 클릭합니다. [열기] 대화상자가 나오면 '유형 05_문제.xlsx' 파일을 불러와 [필터] 시트를 선택합니다.

② [A15] 셀에 ≪처리조건≫을 참고하여 조건식 '=AND(C3="할인점",G3>=18000)'을 입력한 후 Enter 키를 누릅니다.

	A	B	C	D	E	F	G
1							
2	제품명	제품종류	판매처	2018년	2019년	2020년	평균
3	시원수	생수	할인점	15,838	13,363	24,401	17,867
4	팡팡톡	탄산음료	할인점	21,670	22,197	11,554	18,474
5	스마일자몽	과일음료	편의점	20,740	14,224	18,939	17,968
6	코코넛매니아	탄산음료	백화점	20,038	22,725	15,911	19,558
7	에티오피아	커피음료	통신판매	25,976	18,411	11,754	18,714
8	맑은생수	생수	할인점	19,400	22,100	14,559	18,686
9	천연물	생수	편의점	16,204	18,606	23,119	19,310
10	라임워터	탄산음료	편의점	13,774	25,788	24,957	21,506
11	카페타임	커피음료	통신판매	12,650	12,653	16,377	13,893
12	얼음골생수	생수	편의점	17,771	15,751	10,501	14,674
13							
14	조건						
15	FALSE	← 조건식 입력					

> **TIP** AND / OR 함수를 이용한 조건식의 지정
>
> **AND 함수**
> - 기능 : 모든 조건을 만족하면 '참(TRUE)'을 그렇지 않으면 '거짓(FALSE)'을 표시하는 함수
> - 형식 : =AND(조건1, 조건2, ... 조건30)
>
> **OR 함수**
> - 기능 : 한 개의 조건이라도 만족하면 '참(TRUE)'을 그렇지 않으면 '거짓(FALSE)'을 표시하는 함수
> - 형식 : =OR(조건1, 조건2, ... 조건30)

 고급 필터를 적용할 필드명을 복사하기 위해 [A2:B2] 영역을 드래그한 후 Ctrl 키를 누른 상태에서 [D2:G2] 영역을 범위로 지정합니다. 이어서, 영역으로 지정된 범위 위에서 마우스 오른쪽 버튼을 눌러 바로 가기 메뉴가 나오면 [복사]를 클릭합니다.(복사 바로 가기 키 : Ctrl + C)

출제유형 05 고급 필터

❹ [A18] 셀을 클릭한 후 마우스 오른쪽 버튼을 눌러 바로 가기 메뉴가 나오면 [붙여넣기(📋)]를 클릭합니다. (붙여넣기 바로 가기 키 : Ctrl + V)

※ 붙여넣기가 완료되면 Esc 키를 눌러 셀 범위 지정을 해제합니다.

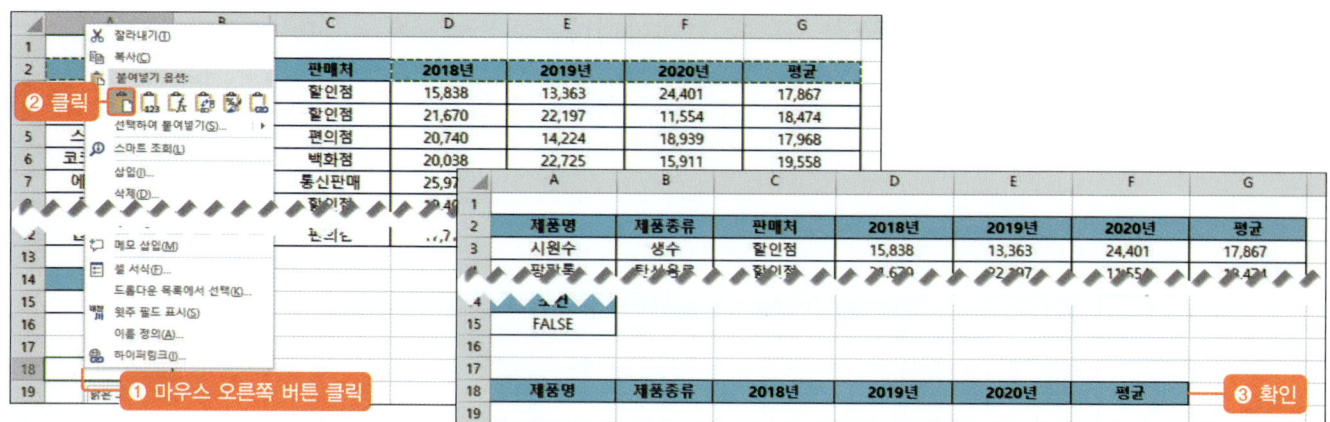

TIP 리본 메뉴를 이용하여 복사 및 붙여넣기

- 복사 : [홈]탭의 [클립보드] 그룹에서 '복사(📋)'를 클릭합니다.
- 붙여넣기 : [홈]탭의 [클립보드] 그룹에서 '붙여넣기(📋)'를 클릭합니다.

02 고급 필터 지정하기

❶ [A2] 셀을 클릭한 후 [데이터] 탭의 [정렬 및 필터] 그룹에서 '고급(🔽고급)'을 클릭합니다.

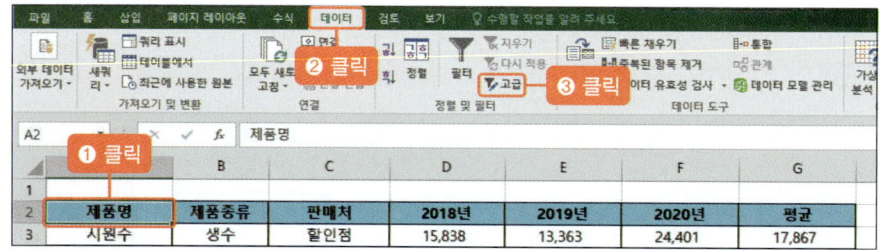

❷ [고급 필터] 대화상자가 나오면 다음과 같이 각각의 범위를 지정한 후 〈확인〉 단추를 클릭합니다.

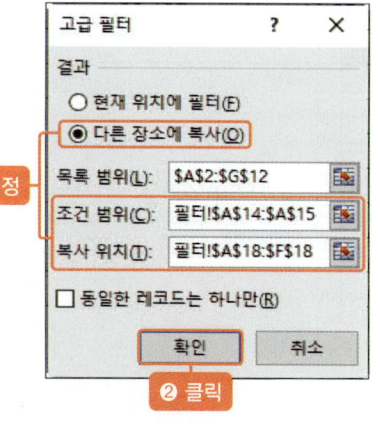

- 결과를 '다른 장소에 복사'로 선택
- 자동으로 지정된 목록 범위($A$2:$G$12) 확인
- 조건 범위 입력 칸을 클릭한 후 [A14:A15] 영역 지정
- 복사 위치 입력 칸을 클릭한 후 [A18:F18] 영역 지정

> **TIP**
>
> **[고급 필터] 대화상자**
>
>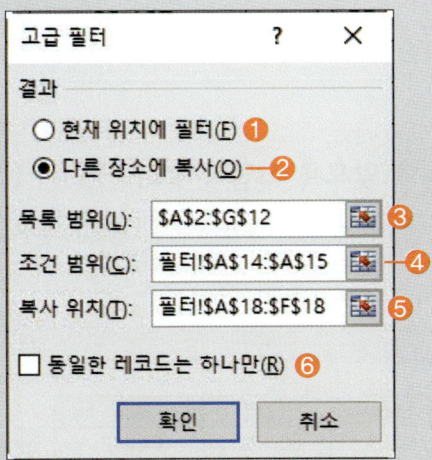
>
> ❶ **현재 위치에 필터** : 원본 데이터 목록에 직접 필터 결과를 표시
> ❷ **다른 장소에 복사** : 다른 셀 범위에 필터 결과를 표시
> ❸ **목록 범위** : 원본 데이터 목록에서 필터링할 범위를 지정
> ❹ **조건 범위** : 필터 조건(조건식)이 위치한 범위를 지정
> ❺ **복사 위치** : '다른 장소에 복사'를 선택했을 경우 필터 결과를 표시할 위치를 지정
> – 만약, 추출할 결과가 전체가 아닌 특정 자료만 추출하고자 할 때는 추출할 자료의 필드명을 입력한 후 해당 필드명을 복사 위치로 지정
> ❻ **동일한 레코드는 하나만** : 필터링한 결과 중 같은 레코드가 있을 경우 하나만 표시

❸ 고급 필터 결과를 확인한 후 [파일]-[저장](**Ctrl**+**S**) 또는 [빠른 실행 도구 모음]에서 '저장(🖫)'을 클릭합니다.

※ 실제 시험을 볼 때 작업 도중에 수시로(10분에 한 번 정도) 저장을 하는 것이 좋습니다.

	A	B	C	D	E	F	G
1							
2	제품명	제품종류	판매처	2018년	2019년	2020년	평균
3	시원수	생수	할인점	15,838	13,363	24,401	17,867
4	팡팡톡	탄산음료	할인점	21,670	22,197	11,554	18,474
5	스마일자몽	과일음료	편의점	20,740	14,224	18,939	17,968
6	코코넛매니아	탄산음료	백화점	20,038	22,725	15,911	19,558
7	에티오피아	커피음료	통신판매	25,976	18,411	11,754	18,714
8	맑은생수	생수	할인점	19,400	22,100	14,559	18,686
9	천연물	생수	편의점	16,204	18,606	23,119	19,310
10	라임워터	탄산음료	편의점	13,774	25,788	24,957	21,506
11	카페타임	커피음료	통신판매	12,650	12,653	16,377	13,893
12	얼음골생수	생수	편의점	17,771	15,751	10,501	14,674
13							
14	조건						
15	FALSE						
16							
17							
18	제품명	제품종류	2018년	2019년	2020년	평균	
19	팡팡톡	탄산음료	21,670	22,197	11,554	18,474	
20	맑은생수	생수	19,400	22,100	14,559	18,686	
21							

고급 필터

01 "필터"와 "시나리오" 시트를 참조하여 다음 ≪처리조건≫에 맞도록 작업하시오. (60점)

* 소스 파일 : 정복05_문제01.xlsx   * 정답 파일 : 정복05_완성01.xlsx

● 출력 형태 - 필터

	A	B	C	D	E	F	G
1							
2	도서명	장르	작가	10월	11월	12월	평균
3	어린이를 위한 그릿	자기계발	국내작가	58,172	76,209	60,146	64,842
4	빛나는 아이	위인	해외작가	24,472	6,151	3,721	11,448
5	91층 나무 집	동화	해외작가	47,530	56,657	27,788	43,992
6	미움받아도 괜찮아	자기계발	해외작가	37,899	24,153	6,742	22,931
7	우리 화가 우리 그림	예술	국내작가	40,401	41,951	23,185	35,179
8	빨강 연필	자기계발	국내작가	72,400	76,520	63,905	70,942
9	마당을 나온 암탉	동화	국내작가	61,764	76,421	61,139	66,441
10	78층 나무 집	동화	해외작가	38,725	28,888	21,302	29,638
11	한밤중 달빛 식당	동화	국내작가	57,691	67,451	53,816	59,653
12	세계를 빛낸 50명의 위인	위인	국내작가	56,452	67,424	41,325	55,067
13							
14	조건						
15	TRUE						
16							
17							
18	도서명	장르	작가	평균			
19	어린이를 위한 그릿	자기계발	국내작가	64,842			
20	빛나는 아이	위인	해외작가	11,448			
21	빨강 연필	자기계발	국내작가	70,942			
22	마당을 나온 암탉	동화	국내작가	66,441			
23	세계를 빛낸 50명의 위인	위인	국내작가	55,067			
24							

조건 범위(A14:A15)
목록 범위(A2:G12)
복사 위치(A18:D18)
[데이터]-[정렬 및 필터]-[고급]

● 처리 조건

▶ "필터" 시트의 [A2:G12]를 아래 조건에 맞게 고급 필터를 사용하여 작성하시오.
  - '장르'가 "위인"이거나 '평균'이 60000 이상인 데이터를 '도서명', '장르', '작가', '평균'의 데이터만 필터링 하시오. → =OR(장르가 위인,평균이 60000 이상)
  - 조건 위치 : 조건 함수는 [A15] 한 셀에 작성(OR함수 이용)
  - 결과 위치 : [A18]부터 출력
▶ 지시사항이 없는 경우는 ≪출력형태 - 필터≫와 동일하게 작성하시오.

고급 필터

02 "필터"와 "시나리오" 시트를 참조하여 다음 ≪처리조건≫에 맞도록 작업하시오. (60점)

* 소스 파일 : 정복05_문제02.xlsx   * 정답 파일 : 정복05_완성02.xlsx

● 출력 형태 – 필터

	A	B	C	D	E	F	G
1							
2	광역시	지점	담당자	판매액	수금액	미수금액	수금달성율(%)
3	부산광역시	남구	장준문	1,602,300	1,243,400	358,900	82.9
4	광주광역시	북구	이동욱	1,227,500	1,060,830	166,670	90.4
5	부산광역시	동래구	윤한기	3,795,800	3,043,090	752,710	82.5
6	광주광역시	광산구	김주희	2,840,600	2,840,600	0	100
7	인천광역시	연수구	윤훈	2,701,500	1,814,800	886,700	72.3
8	부산광역시	사상구	강문철	956,010	956,010	0	100
9	대구광역시	수성구	권명준	714,399	714,399	0	100
10	대전광역시	대덕구	이대성	1,487,500	800,400	687,100	65.4
11	대구광역시	달서구	성기수	1,342,359	1,202,820	139,539	92.4
12	인천광역시	남동구	김대철	2,386,050	1,493,000	893,050	69.1
13							
14	조건						
15	TRUE						
16							
17	광역시	지점	담당자	판매액	수금달성율(%)		
18	부산광역시	남구	장준문	1,602,300	82.9		
19	부산광역시	동래구	윤한기	3,795,800	82.5		
20	광주광역시	광산구	김주희	2,840,600	100		
21	인천광역시	연수구	윤훈	2,701,500	72.3		
22	부산광역시	사상구	강문철	956,010	100		
23							

● 처리 조건

▶ "필터" 시트의 [A2:G12]를 아래 조건에 맞게 고급 필터를 사용하여 작성하시오.
  – '광역시'가 "부산광역시"이거나 '판매액'이 2500000 이상인 데이터를 '광역시', '지점', '담당자', '판매액', '수금달성율(%)'의 데이터만 필터링 하시오. ─── =OR(광역시가 부산광역시,판매액이 2500000 이상)
  – 조건 위치 : 조건 함수는 [A15] 한 셀에 작성(OR함수 이용)
  – 결과 위치 : [A17]부터 출력
▶ 지시사항이 없는 경우는 ≪출력형태 – 필터≫와 동일하게 작성하시오.

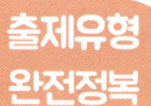

고급 필터

03 "필터"와 "시나리오" 시트를 참조하여 다음 ≪처리조건≫에 맞도록 작업하시오. (60점)

* 소스 파일 : 정복05_문제03.xlsx * 정답 파일 : 정복05_완성03.xlsx

● 출력 형태 - 필터

	A	B	C	D	E	F	G
1							
2	성명	고객등급	회사	상반기	하반기	평균	총액
3	장민지	B등급	아소유통	1,320,500	1,505,600	1,413,050	2,826,100
4	김주희	C등급	대한상사	1,676,000	1,284,390	1,480,195	2,960,390
5	김평석	B등급	대한상사	1,120,640	1,435,230	1,277,935	2,555,870
6	이창욱	C등급	아소유통	2,383,130	1,960,800	2,171,965	4,343,930
7	안광준	B등급	대한상사	1,718,870	1,850,830	1,784,850	3,569,700
8	박지현	D등급	민국상사	987,060	1,276,400	1,131,730	2,263,460
9	안우열	A등급	아소유통	2,528,430	2,550,600	2,539,515	5,079,030
10	최민식	D등급	민국상사	587,060	748,900	667,980	1,335,960
11	박수정	C등급	대한상사	312,730	784,300	548,515	1,097,030
12	이가현	A등급	민국상사	2,078,300	1,590,800	1,834,550	3,669,100
13							
14	조건						
15	FALSE						
16							
17							
18	성명	고객등급	회사	총액			
19	이창욱	C등급	아소유통	4,343,930			
20	안광준	B등급	대한상사	3,569,700			
21	안우열	A등급	아소유통	5,079,030			
22	이가현	A등급	민국상사	3,669,100			
23							

● 처리 조건

▶ "필터" 시트의 [A2:G12]를 아래 조건에 맞게 고급 필터를 사용하여 작성하시오.
 - '고객등급'이 "A등급"이거나 '총액'이 3000000 이상인 데이터를 '성명', '고객등급', '회사', '총액'의 데이터만 필터링 하시오. — =OR(고객등급이 A등급,총액이 3000000 이상)
 - 조건 위치 : 조건 함수는 [A15] 한 셀에 작성(OR 함수 이용)
 - 결과 위치 : [A18]부터 출력
▶ 지시사항이 없는 경우는 ≪출력형태 - 필터≫와 동일하게 작성하시오.

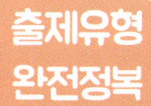

고급 필터

04 "필터"와 "시나리오" 시트를 참조하여 다음 ≪처리조건≫에 맞도록 작업하시오. (60점)

* 소스 파일 : 정복05_문제04.xlsx   * 정답 파일 : 정복05_완성04.xlsx

● 출력 형태 – 필터

	A	B	C	D	E	F	G
1							
2	수입국가	분류	구분	2018년	2019년	2020년	평균
3	캐나다	항공EDI	북아메리카	4,659,107	5,754,896	5,211,345	5,208,449
4	캐나다	항공EDI	북아메리카	4,753,634	3,639,741	4,132,177	4,175,184
5	필리핀	해상EDI	아시아	99,473	301,098	531,721	310,764
6	필리핀	해상EDI	아시아	115,602	128,554	309,960	184,705
7	영국	항공EDI	유럽	43,523	180,398	347,125	190,348
8	영국	항공EDI	유럽	50,825	54,222	61,219	55,422
9	인도	해상EDI	아시아	120,683	563,096	1,154,280	612,686
10	인도	해상EDI	아시아	1,026,315	219,911	84,496	443,574
11	이탈리아	항공EDI	유럽	120,475	304,539	595,847	340,287
12	이탈리아	항공EDI	유럽	658,993	797,592	9,550,193	3,668,926
13							
14	조건						
15	FALSE						
16							
17	수입국가	분류	2018년	2019년			
18	이탈리아	항공EDI	658,993	797,592			
19							

● 처리 조건

▶ "필터" 시트의 [A2:G12]를 아래 조건에 맞게 고급 필터를 사용하여 작성하시오.
  – '구분'이 "유럽"이고 '평균'이 3000000 이상인 데이터를 '수입국가', '분류', '2018년', '2019년'의 데이터만 필터링 하시오. ── =AND(구분이 유럽,평균이 3000000 이상)
  – 조건 위치 : 조건 함수는 [A15] 한 셀에 작성(AND함수 이용)
  – 결과 위치 : [A17]부터 출력
▶ 지시사항이 없는 경우는 ≪출력형태 – 필터≫와 동일하게 작성하시오.

PART 02 출제유형 완전정복

출제유형 06 시나리오 작성

☑ 시나리오 작성하기
☑ '시나리오 요약' 시트 작성하기

문제 미리보기

소스 파일 : 유형06_문제.xlsx   정답 파일 : 유형06_완성.xlsx

● 시나리오 작성

【문제 3】 "필터"와 "시나리오" 시트를 참조하여 다음 ≪처리조건≫에 맞도록 작업하시오. (60점)

● 출력 형태 - 시나리오

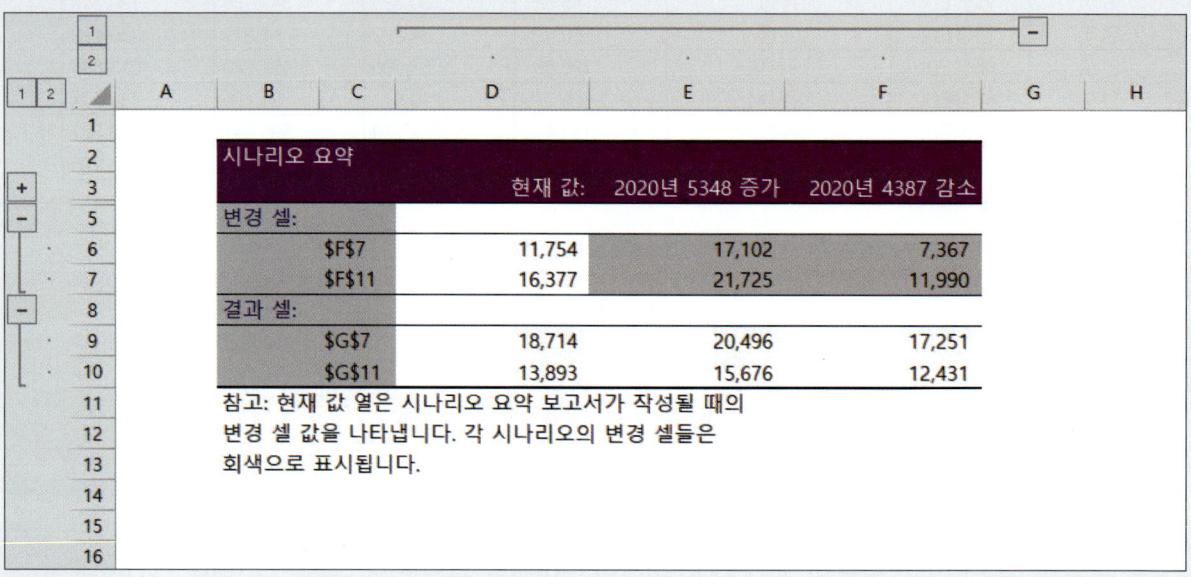

● 처리 조건

▶ "시나리오" 시트의 [A2:G12]를 이용하여 '판매처'가 "통신판매"인 경우, '2020년'이 변동할 때 '평균'이 변동하는 가상 분석(시나리오)을 작성하시오.

– 시나리오1 : 시나리오 이름은 "2020년 5348 증가", '2020년'에 5348을 증가시킨 값 설정.

– 시나리오2 : 시나리오 이름은 "2020년 4387 감소", '2020년'에 4387을 감소시킨 값 설정.

– "시나리오 요약" 시트를 작성하시오.

▶ 지시사항이 없는 경우는 ≪출력형태 – 시나리오≫와 동일하게 작성하시오.

01 '시나리오1' 작성하기

❶ [파일]-[열기](Ctrl+O)를 클릭한 후, [찾아보기]를 클릭합니다. [열기] 대화상자가 나오면 '유형 06_문제.xlsx' 파일을 불러와 [시나리오] 시트를 선택합니다.

❷ [데이터] 탭의 [예측] 그룹에서 [가상 분석]-'시나리오 관리자'를 클릭합니다.

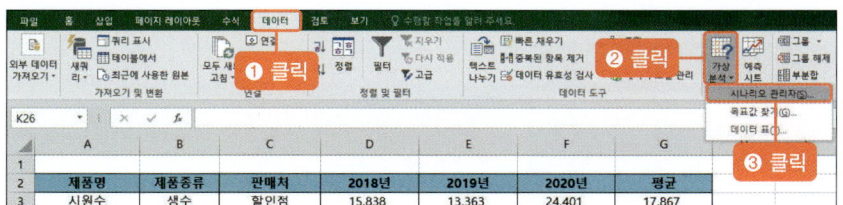

❸ [시나리오 관리자] 대화상자가 나오면 〈추가〉 단추를 클릭합니다.

❹ [시나리오 추가] 대화상자가 나오면 '시나리오 이름' 입력 칸에 '2020년 5348 증가'를 입력합니다. 이어서, '변경 셀' 입력 칸에 'F7,F11'을 입력한 후 〈확인〉 단추를 클릭합니다.

※ 변경 셀은 [F7] 셀을 클릭한 후 Ctrl 키를 누른 상태에서 [F11] 셀을 클릭해도 됩니다.

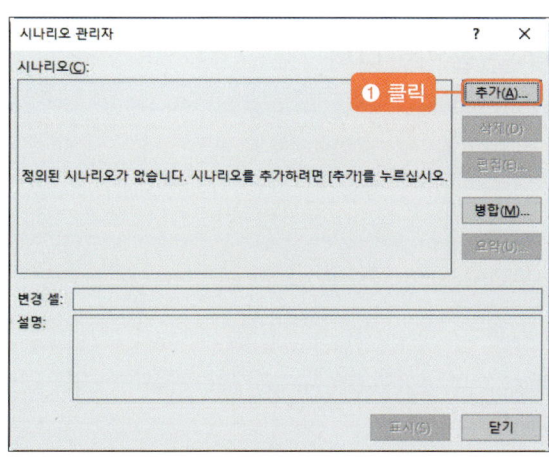
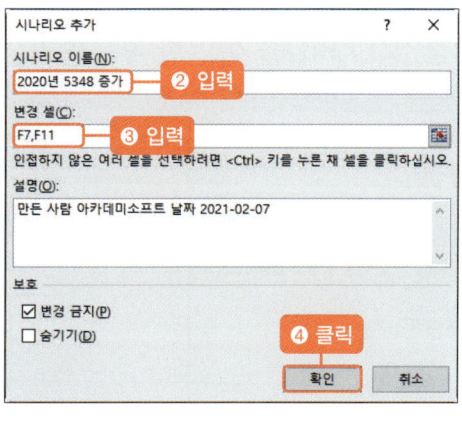

> **TIP** 시나리오 추가
> 《출력형태》와 《처리조건》을 참고하여 판매처가 '통신판매'인 2020년의 데이터([F7],[F11])를 이용하여 시나리오를 작성합니다.

❺ [시나리오 값] 대화상자가 나오면 '$F$7' 입력 칸에 '17102'를 입력합니다. 이어서, '$F$11' 입력 칸을 클릭하여 '21725'를 입력한 후 〈추가〉 단추를 클릭합니다.

※ 《처리조건》을 보면 추가할 '감소' 시나리오가 있기 때문에 〈추가〉 단추를 클릭합니다. 만약 추가할 시나리오가 없다면 〈확인〉 단추를 클릭합니다.

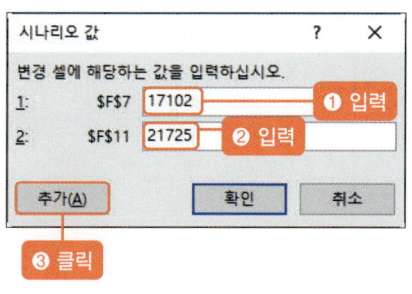

> **TIP** 시나리오 값 계산
>
> - 증가 시나리오를 만들기 위해 [F7] 셀의 기본 값(11,754)에 '5348'을 더한 값을 입력하고, [F11] 셀의 기본 값 (16,377)에 '5348'을 더한 값을 입력합니다.
> - ≪출력형태≫를 참고하여 변경 셀([$F$7],[$F$11])에 따른 '증가 및 감소' 값을 확인한 후 [시나리오 값] 대화상자에 '증가 및 감소' 값을 입력하면 보다 쉽게 작업할 수 있습니다.
>
> ≪출력형태-시나리오≫
>
> | 시나리오 요약 | | | | |
> |---|---|---|---|---|
> | | 현재 값: | 2020년 5348 증가 | 2020년 4387 감소 | |
> | 변경 셀: | | | | |
> | $F$7 | 11,754 | 17,102 | 7,367 | ← 증가 및 감소 값 확인 |
> | $F$11 | 16,377 | 21,725 | 11,990 | |
> | 결과 셀: | | | | |
> | $G$7 | 18,714 | 20,496 | 17,251 | |
> | $G$11 | 13,893 | 15,676 | 12,431 | |

02 '시나리오2' 작성하기

① [시나리오 추가] 대화상자가 나오면 '시나리오 이름' 입력 칸을 클릭하여 '2020년 4387 감소'를 입력합니다. 이어서, 변경 셀(F7,F11)을 확인한 후 〈확인〉 단추를 클릭합니다.

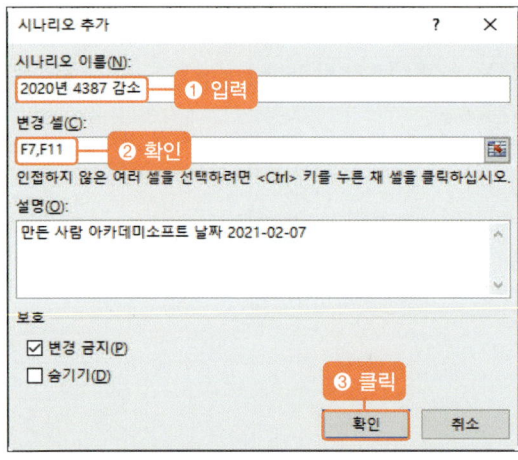

② [시나리오 값] 대화상자가 나오면 '$F$7' 입력 칸에 '7367'을 입력합니다. 이어서, '$F$11' 입력 칸을 클릭하여 '11990'를 입력한 후 〈확인〉 단추를 클릭합니다.

※ 감소 시나리오를 만들기 위해 [F7] 셀의 기본 값(11,754)에 '4387'을 뺀 값을 입력하고, [F11] 셀의 기본 값(16,377)에 '4387'을 뺀 값을 입력합니다. 계산이 어려울 경우 ≪출력형태≫의 '감소 값'을 확인한 후 바로 입력합니다.

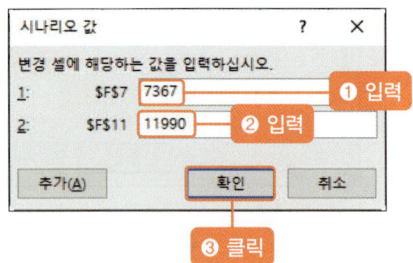

03 '시나리오 요약' 시트 작성

❶ [시나리오 관리자] 대화상자가 나오면 〈요약〉 단추를 클릭합니다.

❷ [시나리오 요약] 대화상자가 나오면 보고서 종류를 '**시나리오 요약**'으로 선택합니다. 이어서, '결과 셀' 입력 칸에 '**G7,G11**'을 입력한 후 〈확인〉 단추를 클릭합니다.

※ 결과 셀은 [G7] 셀을 클릭한 후 Ctrl 키를 누른 상태에서 [G11] 셀을 클릭해도 됩니다.

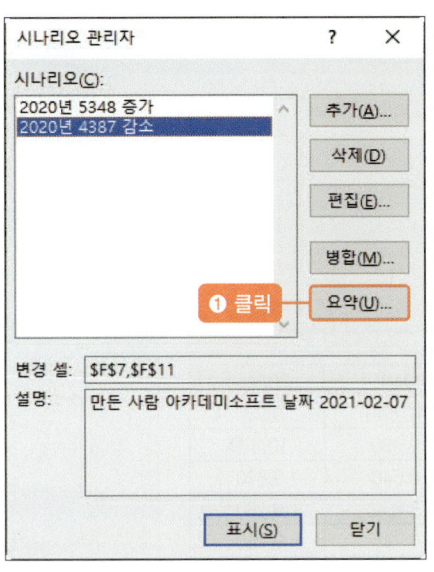
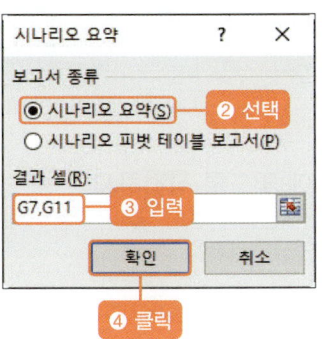

> **TIP 결과 셀**
>
> ≪출력형태≫와 ≪처리조건≫을 참고하여 '2020년'이 변동할 때 '평균(G열)'이 변동하는 시나리오를 작성하기 때문에 결과 셀은 판매처가 '통신판매'인 평균 열(G)의 셀 주소를 지정합니다.

❸ [시나리오 요약] 시트가 만들어지면 ≪출력형태≫와 같은지 확인합니다.

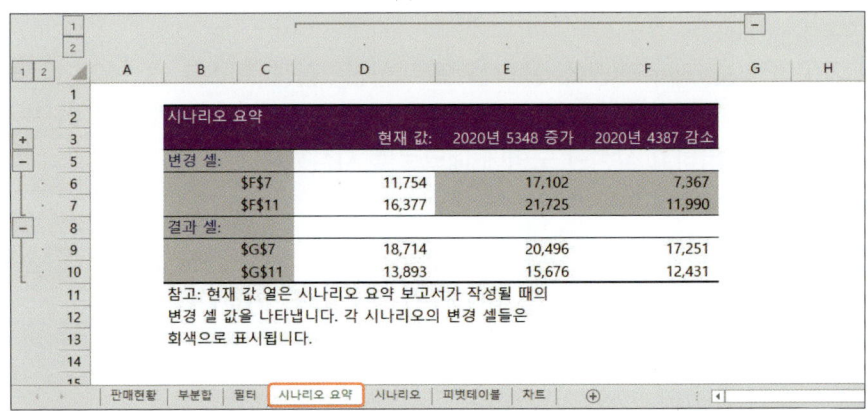

❹ [파일]-[저장](Ctrl + S) 또는 [빠른 실행 도구 모음]에서 '저장(💾)'을 클릭합니다.

※ 실제 시험을 볼 때 작업 도중에 수시로(10분에 한 번 정도) 저장을 하는 것이 좋습니다.

PART 02 출제유형 완전정복

부록 매크로

최근 3년간 매크로 문제가 출제되지는 않았지만 전체적인 작업 방법은 알고 있어야 하기 때문에 학습에 참고하시기 바랍니다. 전체적인 작업 과정은 간략화 하여 설명하였기 때문에 한 번에 이해가 되지 않을 경우 다시 한 번 확인하시기 바랍니다.

문제 미리보기

소스 파일 : 매크로_문제.xlsm   정답 파일 : 매크로_완성.xlsm

● 매크로 작성

"매크로" 시트를 참조하여 다음 ≪처리조건≫에 맞도록 작업하시오.

● 출력 형태 - 매크로

	A	B	C	D	E	F	G
1							
2	국가	대륙	여행유형	2017년	2018년	2019년	2020년
3	중국	아시아	패키지	12,580	11,580	10,540	9,980
4	영국	유럽	배낭	9,850	10,250	9,980	10,030
5	스위스	유럽	개인	8,750	8,850	9,540	9,870
6	브라질	남아메리카	배낭	6,540	6,780	7,850	9,760
7	독일	유럽	개인	7,850	7,540	7,740	7,960
8	아르헨티나	남아메리카	패키지	5,980	6,250	6,540	6,850
9	인도	아시아	개인	7,560	6,840	6,210	6,350
10	칠레	남아메리카	배낭	5,870	6,590	6,570	6,840
11	라오스	아시아	패키지	5,240	6,540	6,730	6,930
12	스웨덴	유럽	패키지	6,870	6,970	6,750	6,820
13							
14			매크로				
15							
16							
17							
18							

● 처리 조건

▶ "매크로" 시트의 [A2:G12] 영역에 가운데 맞춤, 테두리(안쪽, 윤곽선 모두 실선, '검정, 텍스트 1'), [A2:G2] 영역에 채우기 색('주황, 강조 2, 40% 더 밝게'), 글꼴(굵게), [D3:G12] 영역에 셀 서식의 표시 형식-숫자를 이용하여 1000 단위 구분 기호를 표시하는 매크로를 기록하고 작성한 도형에 매크로를 지정하시오.

- 도형 : 기본 도형의 "배지"를 [C14:D17]에 위치
- 도형 서식 : 도형 채우기(파랑), 선 색(실선, 색 : 자주), 선 스타일(너비 : 3pt, 겹선 종류 : 단순형, 대시 종류 : 사각 점선), 텍스트 상자(세로 맞춤 : 정가운데, 텍스트 방향 : 가로)
- 크기 및 속성 : 크기(높이 : 2.04cm, 너비 : 4.9cm)
- 도형 글꼴 : 텍스트 입력("매크로"), 글꼴(HY견고딕, 22pt, 기울임꼴)
- 매크로 이름 : "매크로"

▶ 지시사항이 없는 경우는 ≪출력형태 - 매크로≫와 동일하게 작성하시오.

01 도형 삽입하기

① [파일]-[열기] → '매크로_문제.xlsm' → [삽입]-[일러스트레이션]-[도형]-'기본 도형'-'배지(⬚)'
→ [C14:D17] 영역에 드래그 → 도형 삽입 확인

※ 도형의 크기를 변경하는 ≪처리조건≫이 있기 때문에 [C14:D17] 영역 안에 들어가도록 도형을 드래그 합니다.

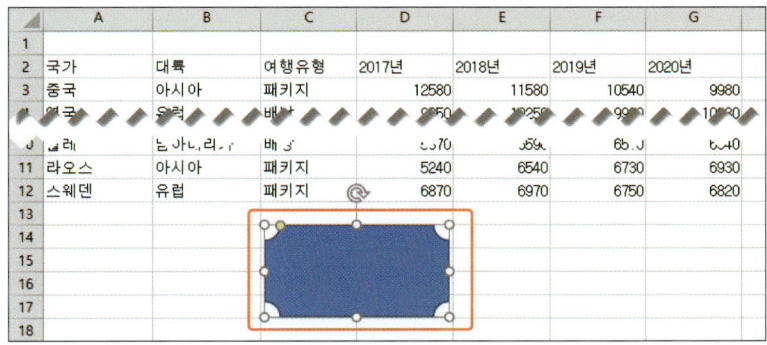

02 도형 서식 지정하기

① 도형 위에서 마우스 오른쪽 버튼 클릭 → [도형 서식] → [도형 서식] 작업창

② [채우기]-단색 채우기 → 색(🎨▼)-파랑(■)

③ [선]-실선 → 색(🎨▼)-자주(■)

④ 너비(3) → 겹선 종류(단순형 ▬) → 대시 종류(사각 점선 ┄┄┄)

⑤ [크기 및 속성]-[텍스트 상자] → 세로 맞춤(정가운데, ≡) → 텍스트 방향(가로, 文字ABC)

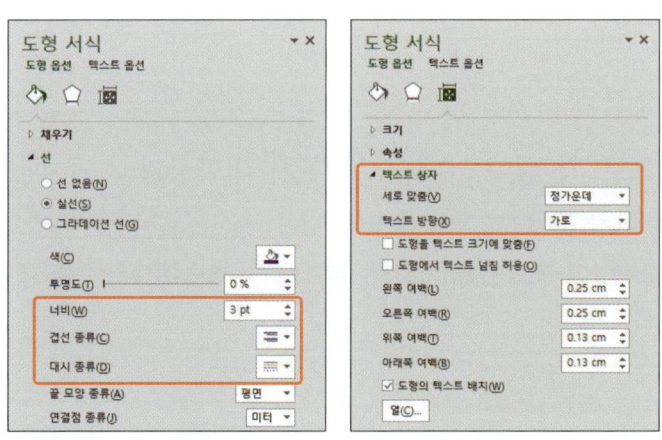

03 도형 크기 지정하기

1. 도형 위에서 마우스 오른쪽 버튼 클릭 → [크기 및 속성] → [도형 서식] 작업창
2. [크기] → 높이(2.04)-너비(4.9)
3. 방향키(←→↑↓)키를 이용하여 [C14:D17] 영역 안으로 이동

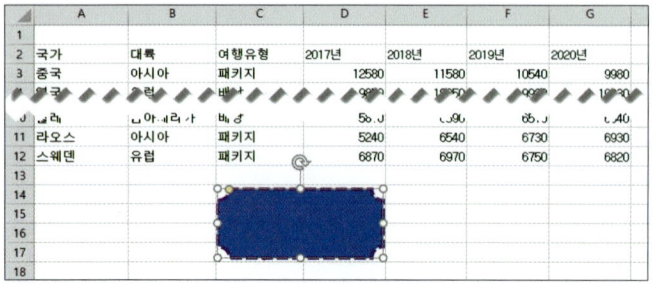

04 도형에 텍스트 입력 및 글꼴 서식 지정하기

1. 도형이 선택된 상태에서 '매크로'를 입력 → 도형 클릭(글자가 없는 부분)
2. [홈]-[글꼴] → 글꼴(HY견고딕) → 글꼴 크기(22) → 기울임꼴(가)

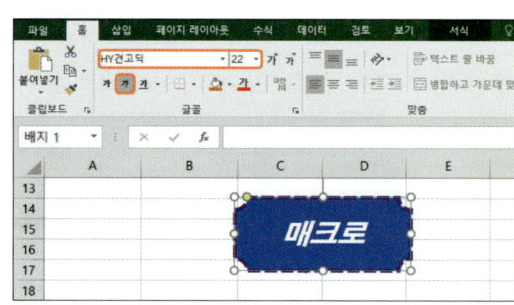

05 매크로 지정 및 기록하기

1. 도형 위에서 마우스 오른쪽 버튼 클릭 → [매크로 지정] → [매크로 지정] 대화상자 → 매크로 이름(매크로) 입력 → 〈기록〉 → [매크로 기록] 대화상자 → 〈확인〉

※ [보기]-[매크로]-매크로 목록 단추-'매크로 기록'을 클릭하여 매크로를 기록할 수도 있습니다. 매크로 기록 작업을 먼저 하였을 경우 도형에 매크로를 별도로 지정해 주어야 합니다.

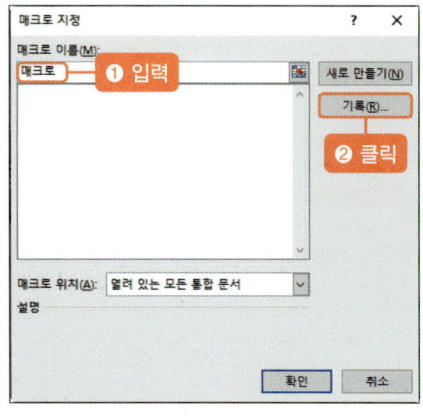
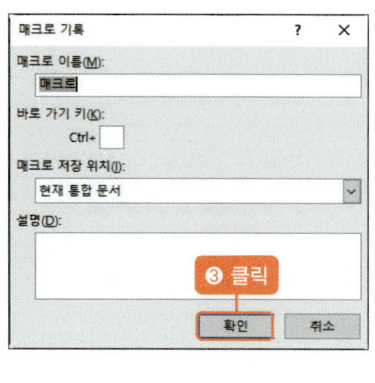

❷ [A2:G12] 영역 지정 → [홈]-[맞춤]-'가운데 맞춤(≡)' → 영역으로 지정된 셀 범위 위에서 마우스 오른쪽 버튼 클릭 → [셀 서식] → [셀 서식] 대화상자

❸ [테두리]-선 스타일 → 실선(━━━) → 색(검정, 텍스트1 ■) → 미리 설정-윤곽선(▣), 안쪽(⊞) → 〈확인〉

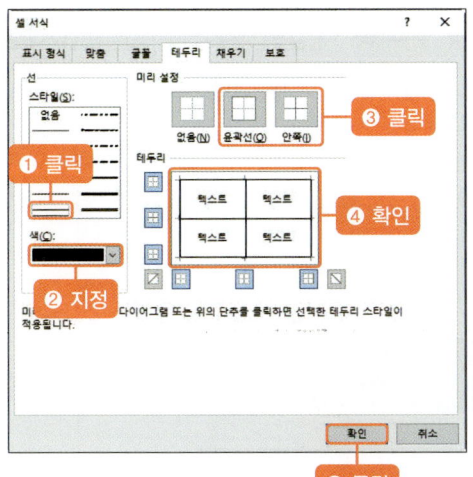

❹ [A2:G2] 영역 지정 → [홈]-[글꼴]-'굵게(가)' → '채우기 색(🎨)'의 목록 단추(▼) → 주황, 강조 2, 40% 더 밝게(□)

❺ [D3:G12] 영역 지정 → 영역으로 지정된 셀 범위 위에서 마우스 오른쪽 버튼 클릭 → [셀 서식] → [셀 서식] 대화상자

❻ [표시 형식]-범주-숫자 → '1000 단위 구분 기호(,) 사용'에 체크 표시(✓) → 〈확인〉

❼ [A1] 셀을 클릭하여 범위 지정을 해제 → 워크시트 하단의 기록 중지(■) 단추 클릭 → 저장

※ 매크로 기록 중지 : [보기]-[매크로]-매크로 목록 단추-'기록 중지'

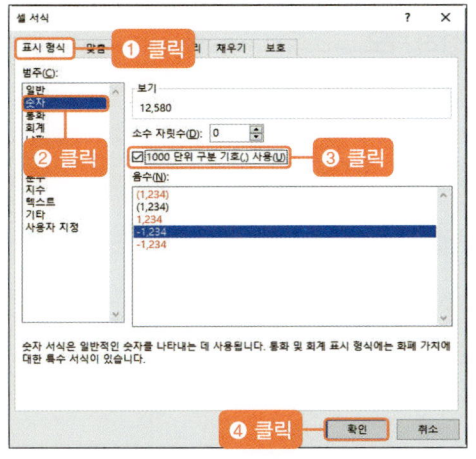

출제유형 완전정복: 시나리오 및 매크로

01 "필터"와 "시나리오" 시트를 참조하여 다음 ≪처리조건≫에 맞도록 작업하시오. (60점)

＊ 소스 파일 : 정복06_문제01.xlsx   ＊ 정답 파일 : 정복06_완성01.xlsx

● 출력 형태 – 시나리오

	시나리오 요약			
		현재 값:	10월 3117 증가	10월 2140 감소
변경 셀:				
	$D$4	24,472	27,589	22,332
	$D$5	47,530	50,647	45,390
	$D$6	37,899	41,016	35,759
	$D$10	38,725	41,842	36,585
결과 셀:				
	$G$4	11,448	12,487	10,735
	$G$5	43,992	45,031	43,278
	$G$6	22,931	23,970	22,218
	$G$10	29,638	30,677	28,925

참고: 현재 값 열은 시나리오 요약 보고서가 작성될 때의 변경 셀 값을 나타냅니다. 각 시나리오의 변경 셀들은 회색으로 표시됩니다.

(표시: 시나리오 이름 / 변경 셀 목록 / 시나리오 값(증가) / 시나리오 값(감소) / 결과 셀 목록)

● 처리 조건

[데이터]-[예측]-[가상분석]-[시나리오 관리자]

▶ "시나리오" 시트의 [A2:G12]를 이용하여 '작가'가 "해외작가"인 경우, '10월'이 변동할 때 '평균'이 변동하는 가상 분석(시나리오)을 작성하시오.
   – 시나리오1 : 시나리오 이름은 "10월 3117 증가", '10월'에 3117을 증가시킨 값 설정.
   – 시나리오2 : 시나리오 이름은 "10월 2140 감소", '10월'에 2140을 감소시킨 값 설정.
   – "시나리오 요약" 시트를 작성하시오.
▶ 지시사항이 없는 경우는 ≪출력형태 – 시나리오≫와 동일하게 작성하시오.

출제유형 완전정복 — 시나리오 및 매크로

02 "필터"와 "매크로" 시트를 참조하여 다음 ≪처리조건≫에 맞도록 작업하시오. (60점)

＊ 소스 파일 : 정복06_문제02.xlsm ＊ 정답 파일 : 정복06_완성02.xlsm

● 출력 형태 – 매크로

	A	B	C	D	E	F	G
1							
2	광역시	지점	담당자	판매액	수금액	미수금액	수금달성율(%)
3	부산광역시	남구	장준문	1,602,300원	1,243,400원	358,900원	82.9
4	광주광역시	북구	이동욱	1,227,500원	1,060,830원	166,670원	90.4
5	부산광역시	동래구	윤한기	3,795,800원	3,043,090원	752,710원	82.5
6	광주광역시	광산구	김주희	2,840,600원	2,840,600원	0원	100
7	인천광역시	연수구	윤훈	2,701,500원	1,814,800원	886,700원	72.3
8	부산광역시	사상구	강문철	956,010원	956,010원	0원	100
9	대구광역시	수성구	권명준	714,399원	714,399원	0원	100
10	대전광역시	대덕구	이대성	1,487,500원	800,400원	687,100원	65.4
11	대구광역시	달서구	성기수	1,342,359원	1,202,820원	139,539원	92.4
12	인천광역시	남동구	김대철	2,386,050원	1,493,000원	893,050원	69.1

[E14:F17] 영역에 "매크로" 도형 배치 — [삽입]–[일러스트레이션]–[도형]

● 처리 조건

▶ "매크로" 시트의 [A2:G12] 영역에 가운데 맞춤, 테두리(안쪽, 윤곽선 모두 실선, '검정, 텍스트 1'), [A2:G2] 영역에 채우기 색('주황, 강조 2, 40% 더 밝게'), 글꼴(굵게), [D3:F12] 영역에 셀 서식의 표시 형식–사용자 지정을 이용하여 #,##0"원"으로 표시하는 매크로를 기록하고 작성한 도형에 매크로를 지정하시오.

  – 도형 : 기본 도형의 "모서리가 접힌 도형"을 [E14:F17]에 위치
  – 도형 서식 : 도형 채우기('주황, 강조 2, 60% 더 밝게'), 선 색(실선, 색 : 진한 파랑), 선 스타일(너비 : 2pt, 겹선 종류 : 단순형, 대시 종류 : 사각 점선), 텍스트 상자(세로 맞춤 : 정가운데, 텍스트 방향 : 가로) ⟶ [도형 서식] 작업창–[채우기] → [선 색] → [선 스타일] → [텍스트 상자]
  – 크기 및 속성 : 크기(높이 : 2.1cm, 너비 : 5.2cm)
  – 도형 글꼴 : 텍스트 입력("매크로"), 글꼴(궁서체, 24pt, 굵게, '검정, 텍스트 1')
  – 매크로 이름 : "매크로" ⟶ 도형 위에서 마우스 오른쪽 버튼 클릭–[매크로 지정]–매크로 이름 입력–⟨기록⟩–⟨확인⟩

▶ 지시사항이 없는 경우는 ≪출력형태 – 매크로≫와 동일하게 작성하시오.

시나리오 및 매크로

03 "필터"와 "시나리오" 시트를 참조하여 다음 ≪처리조건≫에 맞도록 작업하시오. (60점)

* 소스 파일 : 정복06_문제03.xlsx   * 정답 파일 : 정복06_완성03.xlsx

● 출력 형태 – 시나리오

	현재 값	하반기 187600 증가	하반기 214800 감소
시나리오 요약			
변경 셀:			
$E$4	1,284,390	1,471,990	1,069,590
$E$6	1,960,800	2,148,400	1,746,000
$E$11	784,300	971,900	569,500
결과 셀:			
$F$4	1,480,195	1,573,995	1,372,795
$F$6	2,171,965	2,265,765	2,064,565
$F$11	548,515	642,315	441,115

참고: 현재 값 열은 시나리오 요약 보고서가 작성될 때의 변경 셀 값을 나타냅니다. 각 시나리오의 변경 셀들은 회색으로 표시됩니다.

● 처리 조건

▶ "시나리오" 시트의 [A2:G12]를 이용하여 '고객등급'이 "C등급"인 경우, '하반기'가 변동할 때 '평균'이 변동하는 가상 분석(시나리오)을 작성하시오.
  – 시나리오1 : 시나리오 이름은 "하반기 187600 증가", '하반기'에 187600을 증가시킨 값 설정.
  – 시나리오2 : 시나리오 이름은 "하반기 214800 감소", '하반기'에 214800을 감소시킨 값 설정.
  – "시나리오 요약" 시트를 작성하시오.
▶ 지시사항이 없는 경우는 ≪출력형태 – 시나리오≫와 동일하게 작성하시오.

시나리오 및 매크로

04 "필터"와 "시나리오" 시트를 참조하여 다음 ≪처리조건≫에 맞도록 작업하시오. (60점)

* 소스 파일 : 정복06_문제04.xlsx　　* 정답 파일 : 정복06_완성04.xlsx

● 출력 형태 – 시나리오

		현재 값:	2020년 수입 40000 증가	2020년 수입 20000 감소
시나리오 요약				
변경 셀:				
	$F$5	531,721	571,721	511,721
	$F$6	309,960	349,960	289,960
	$F$9	1,154,280	1,194,280	1,134,280
	$F$10	84,496	124,496	64,496
결과 셀:				
	$G$5	310,764	324,097	304,097
	$G$6	184,705	198,039	178,039
	$G$9	612,686	626,020	606,020
	$G$10	443,574	456,907	436,907

참고: 현재 값 열은 시나리오 요약 보고서가 작성될 때의 변경 셀 값을 나타냅니다. 각 시나리오의 변경 셀들은 회색으로 표시됩니다.

● 처리 조건

▶ "시나리오" 시트의 [A2:G12]를 이용하여 '구분'이 "아시아"인 경우, '2020년'이 변동할 때 '평균'이 변동하는 가상 분석(시나리오)을 작성하시오.
　– 시나리오1 : 시나리오 이름은 "2020년 수입 40000 증가", '2020년'에 40000을 증가시킨 값 설정.
　– 시나리오2 : 시나리오 이름은 "2020년 수입 20000 감소", '2020년'에 20000을 감소시킨 값 설정.
　– "시나리오 요약" 시트를 작성하시오.
▶ 지시사항이 없는 경우는 ≪출력형태 – 시나리오≫와 동일하게 작성하시오.

출제유형 07 피벗 테이블

- ☑ 피벗 테이블 작성하기
- ☑ 피벗 테이블 보고서 레이아웃 및 서식 지정하기

문제 미리보기

소스 파일 : 유형07_문제.xlsx   정답 파일 : 유형07_완성.xlsx

● **피벗 테이블 작성**

【문제 4】"피벗테이블" 시트를 참조하여 다음 ≪처리조건≫에 맞도록 작업하시오. (30점)

● **출력 형태**

	A	B	C	D	E	F
1						
2						
3			판매처			
4	제품종류	값	백화점	통신판매	편의점	할인점
5	생수	평균 : 2018년	***	***	16,988	17,619
6		평균 : 2019년	***	***	17,179	17,732
7		평균 : 2020년	***	***	16,810	19,480
8	커피음료	평균 : 2018년	***	19,313	***	***
9		평균 : 2019년	***	15,532	***	***
10		평균 : 2020년	***	14,066	***	***
11	탄산음료	평균 : 2018년	20,038	***	13,774	21,670
12		평균 : 2019년	22,725	***	25,788	22,197
13		평균 : 2020년	15,911	***	24,957	11,554
14	전체 평균 : 2018년		20,038	19,313	15,916	18,969
15	전체 평균 : 2019년		22,725	15,532	20,048	19,220
16	전체 평균 : 2020년		15,911	14,066	19,526	16,838

● **처리 조건**

▶ "피벗테이블" 시트의 [A2:G12]를 이용하여 새로운 시트에 ≪출력형태≫와 같이 피벗 테이블을 작성 후 시트명을 "피벗테이블 정답"으로 수정하시오.

▶ 제품종류(행)와 판매처(열)를 기준으로 하여 출력형태와 같이 구하시오.

- '2018년', '2019년', '2020년'의 평균을 구하시오.
- 피벗 테이블 옵션을 이용하여 레이블이 있는 셀 병합 및 가운데 맞춤하고, 빈 셀을 "***"로 표시한 후, 행의 총 합계를 감추기 하시오.
- 피벗 테이블 디자인에서 보고서 레이아웃은 '테이블 형식으로 표시', 피벗 테이블 스타일은 '피벗 스타일 보통 13'으로 표시하시오.
- 제품종류(행)는 "생수", "커피음료", "탄산음료"만 출력되도록 표시하시오.
- [C5:F16] 데이터는 셀 서식의 표시 형식-숫자를 이용하여 1000단위 구분 기호를 표시하고, 오른쪽 맞춤하시오.

▶ 제품종류의 순서는 ≪출력형태≫와 다를 수 있음

▶ 지시사항이 없는 경우는 ≪출력형태≫와 동일하게 작성하시오.

01 피벗 테이블 만들기

❶ [파일]-[열기](Ctrl+O)를 클릭한 후, [찾아보기]를 클릭합니다. [열기] 대화상자가 나오면 '유형 07_문제.xlsx' 파일을 불러와 [피벗테이블] 시트를 선택합니다.

❷ [A2] 셀을 클릭한 후 [삽입] 탭의 [표] 그룹에서 '피벗 테이블'을 클릭합니다.

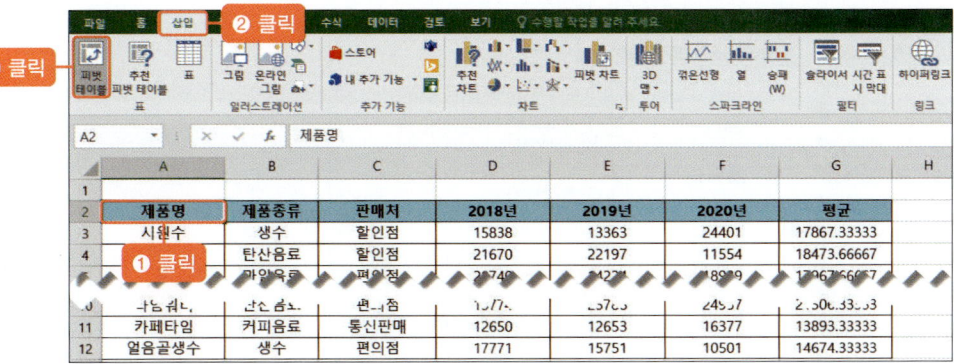

❸ [피벗 테이블 만들기] 대화상자가 나오면 '표/범위(피벗테이블!$A$2:$G$12)'를 확인합니다. 이어서, 피벗 테이블 보고서를 넣을 위치에서 '새 워크시트'를 선택한 후 〈확인〉 단추를 클릭합니다.

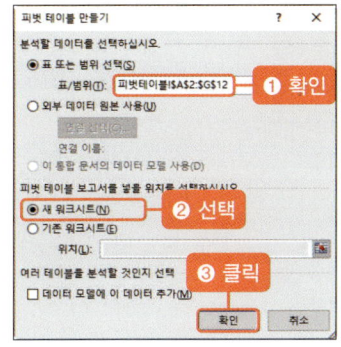

❹ 새로운 워크시트가 삽입되면 오른쪽의 [피벗 테이블 필드]에서 '보고서에 추가할 필드 선택:' 항목 중 '제품종류' 필드를 '행' 위치로 드래그 합니다.

※ '제품종류' 필드 위에서 마우스 오른쪽 버튼을 눌러 [행 레이블에 추가]를 클릭해도 됩니다.

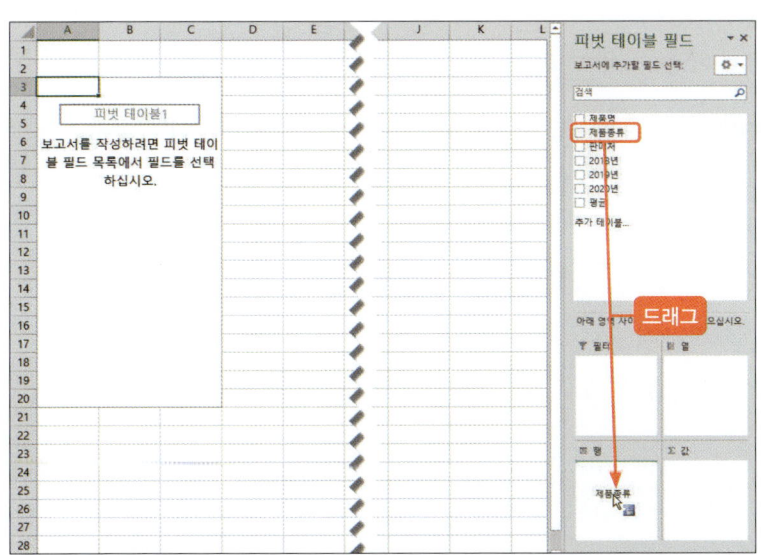

> **TIP**
>
> [피벗 테이블 필드 목록]이 사라졌을 경우
>
> [피벗 테이블 도구]-[분석] 탭의 [표시] 그룹에서 '필드목록(📋)'을 클릭하면 다시 활성화됩니다.

❺ 똑같은 방법으로 '판매처' 필드를 '열' 위치로 드래그 합니다. 이어서, '2018년', '2019년', '2020년' 필드를 'Σ 값' 위치로 각각 드래그 합니다.

※ 2018년, 2019년, 2020년 필드를 'Σ 값' 위치로 드래그할 때 반드시 ≪처리조건≫과 동일한 순서(2018년 → 2019년 → 2020년)로 드래그 해야 합니다.

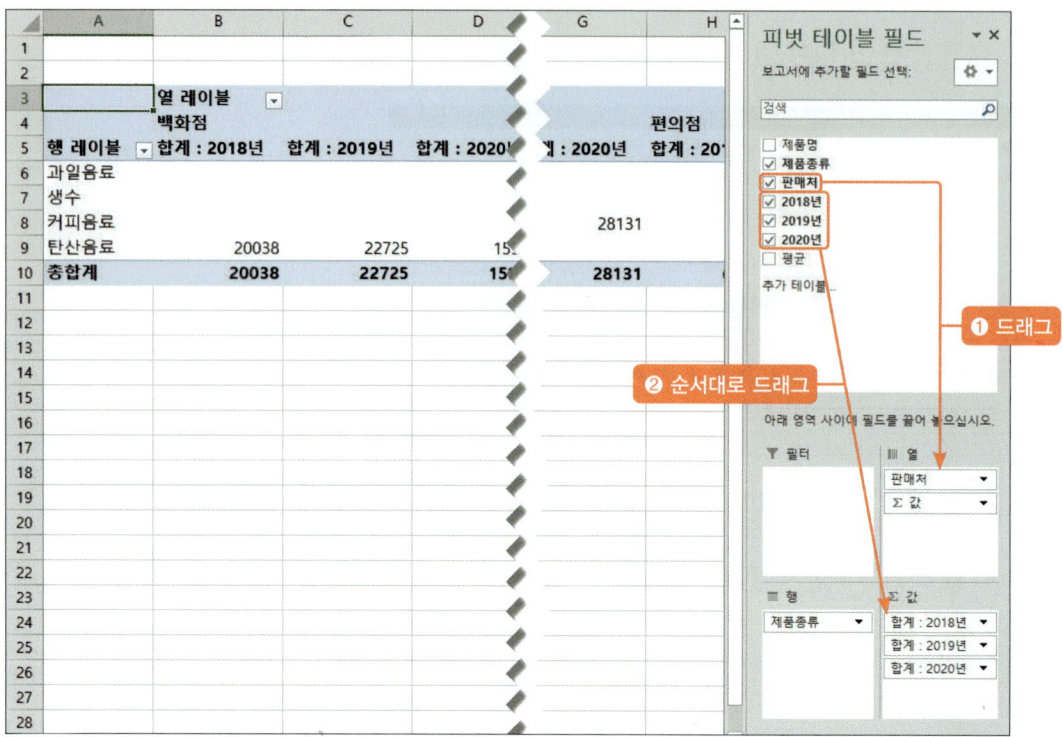

TIP 피벗 테이블

- ≪출력형태≫를 참고하여 '행, 열, Σ 값' 위치에 들어갈 필드를 확인할 수 있습니다.

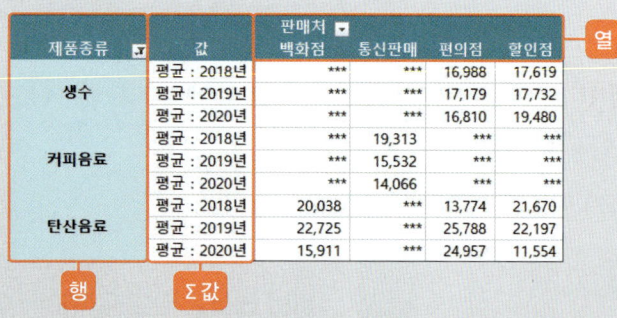

- 필드 삭제 : 삭제할 필드를 워크시트 쪽으로 드래그하거나, 필드를 클릭한 후 [필드 제거]를 선택합니다.

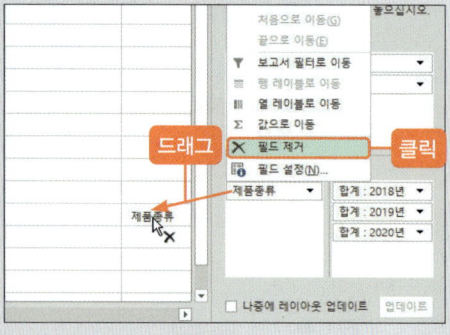

❻ 'Σ 값'에서 합계 : 2018년 ▼ 을 클릭한 후 [값 필드 설정]을 선택합니다.

❼ [값 필드 설정] 대화상자가 나오면 [값 요약 기준] 탭에서 계산 유형을 '평균'으로 선택한 후 〈확인〉 단추를 클릭합니다.

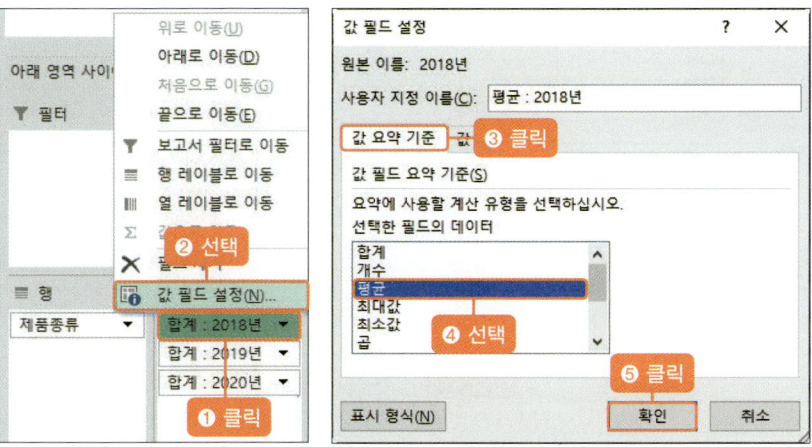

❽ 동일한 방법으로 '합계 : 2019년'과 '합계 : 2020년'도 계산 유형을 '평균'으로 변경합니다.

※ 계산 유형은 '평균, 합계, 최대값, 최소값'이 자주 출제되고 있습니다.

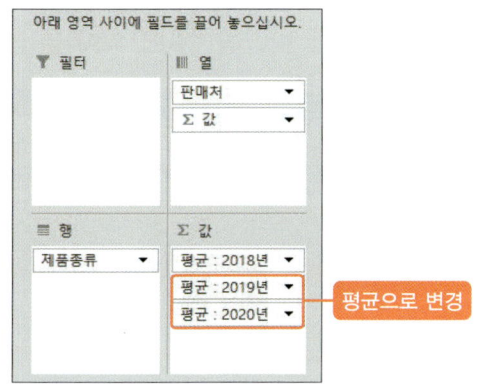

❾ '열'의 Σ 값 ▼ 를 드래그하여 '행'의 제품종류 ▼ 아래쪽으로 이동시킨 후 피벗 테이블을 확인합니다.

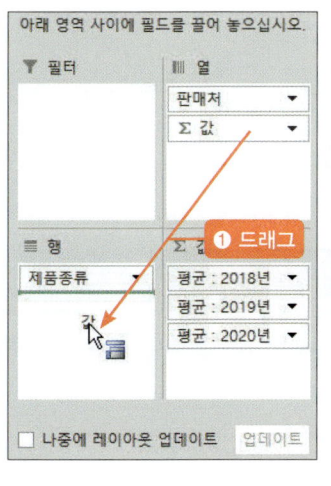
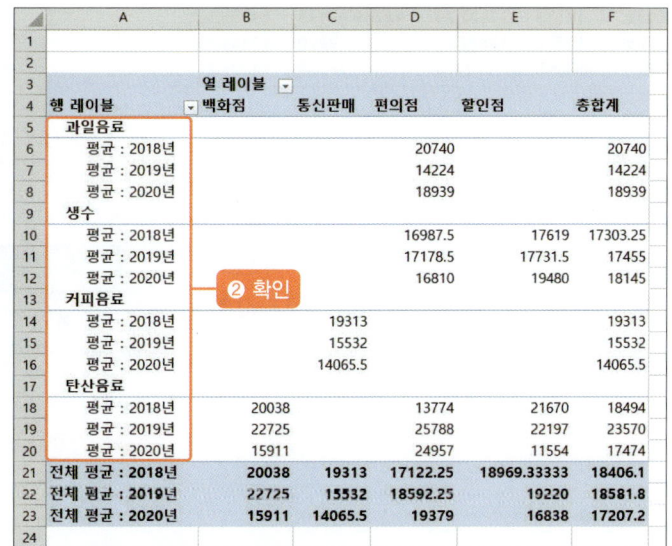

TIP

Σ 값 ▼ 필드 배치

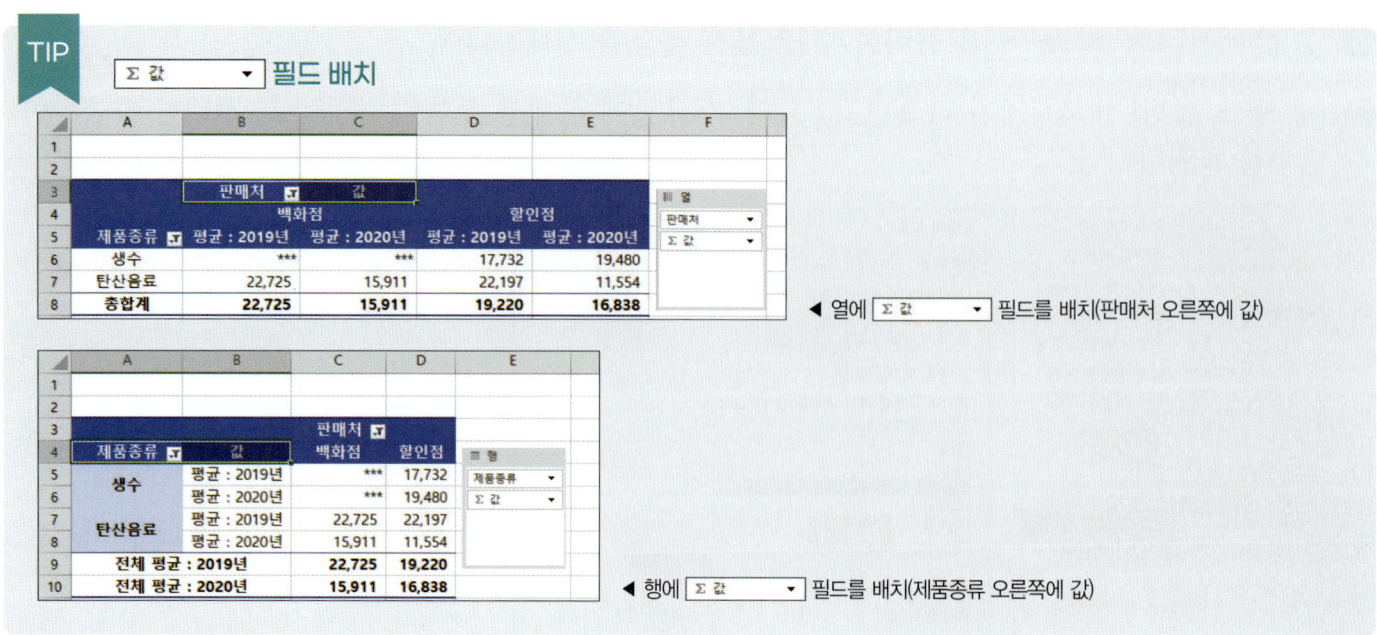

◀ 열에 Σ 값 ▼ 필드를 배치(판매처 오른쪽에 값)

◀ 행에 Σ 값 ▼ 필드를 배치(제품종류 오른쪽에 값)

02 피벗 테이블 레이아웃 및 스타일 지정하기

❶ 작성된 피벗 테이블 안에서 마우스 오른쪽 버튼을 눌러 바로 가기 메뉴가 나오면 [피벗 테이블 옵션]을 선택합니다.

TIP

숫자 값이 '###'인 경우

피벗 테이블을 작성한 후 숫자 값이 '###'으로 나올 경우 ≪출력형태≫를 참고하여 열과 열 사이를 더블클릭하여 숫자 값이 보이도록 변경합니다.

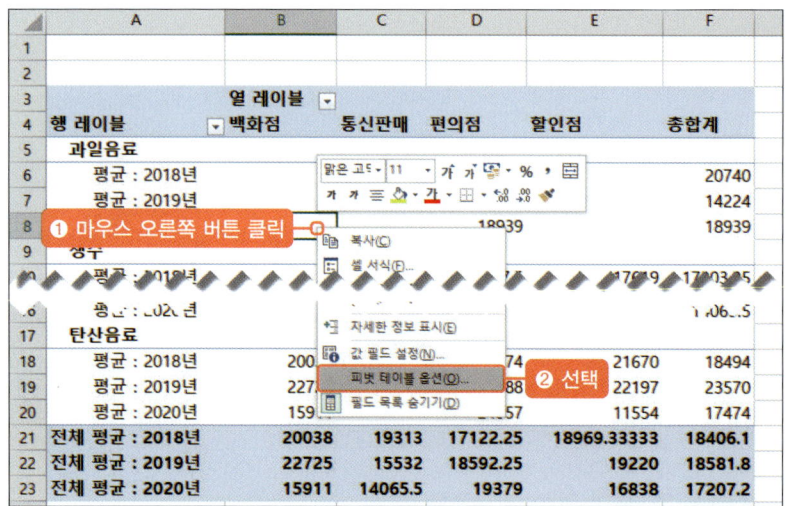

❷ [피벗 테이블 옵션] 대화상자가 나오면 [레이아웃 및 서식] 탭을 선택한 후 '레이블이 있는 셀 병합 및 가운데 맞춤' 항목에 체크 표시(✓)를 지정하고, '빈 셀 표시' 입력 칸에 '***'를 입력합니다.

※ 피벗 테이블 옵션 및 스타일 지정은 ≪처리조건≫을 참고하여 작업합니다.

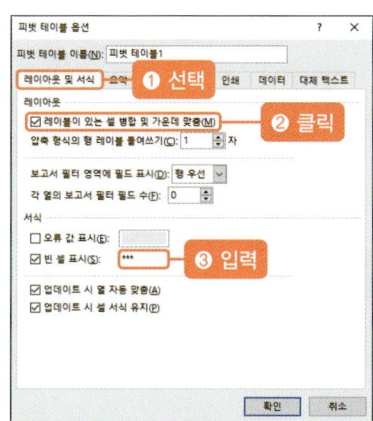

❸ 이어서, [요약 및 필터] 탭을 선택한 후 '행 총합계 표시' 항목의 체크 표시(✓)를 해제하고 〈확인〉 단추를 클릭합니다.

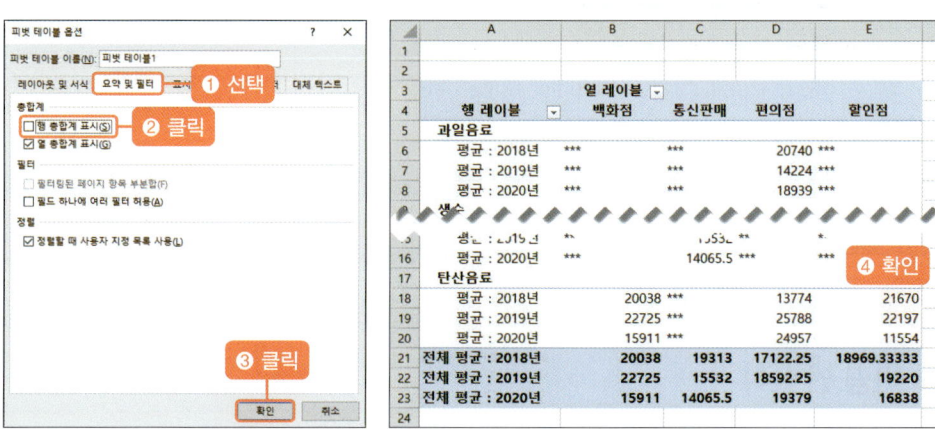

❹ 피벗 테이블 옵션 지정이 끝나면 [피벗 테이블 도구]-[디자인] 탭의 [레이아웃] 그룹에서 [보고서 레이아웃]-'테이블 형식으로 표시(▥)'를 클릭합니다.

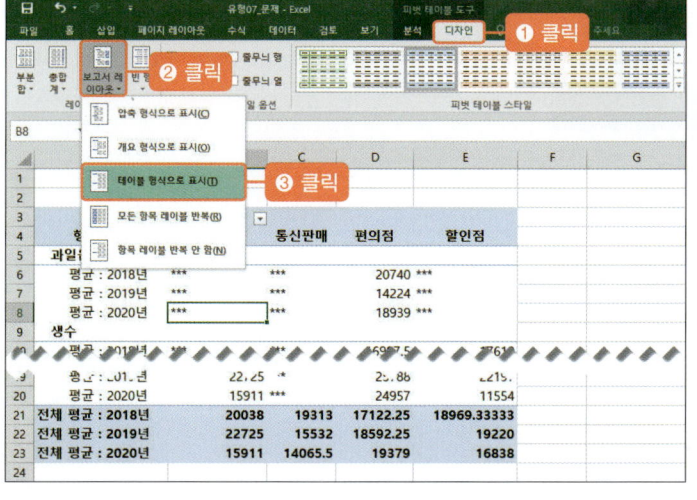

출제유형 07   103   피벗 테이블

❺ 이어서, [피벗 테이블 도구]-[디자인] 탭의 [피벗 테이블 스타일] 그룹에서 자세히(▼) 단추를 클릭합니다.

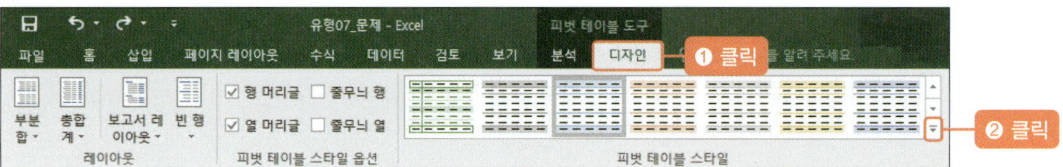

❻ 피벗 테이블 스타일 목록이 펼쳐지면 '보통'에서 '피벗 스타일 보통 13(▦)'을 선택합니다.

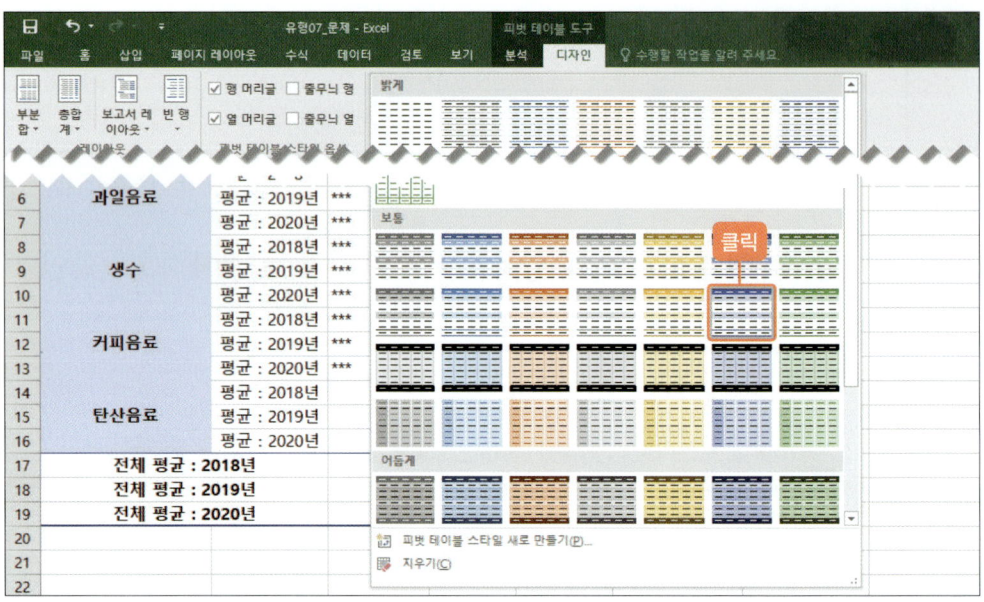

03 서식 지정 및 워크시트 이름 변경하기

❶ [A4] 셀의 '제품종류' 행에서 목록 단추(▼)를 클릭합니다. 이어서, 목록이 펼쳐지면 '과일음료'의 체크 박스(☑)를 클릭하여 체크 표시(✓)를 해제한 후 〈확인〉 단추를 클릭합니다.

※ 피벗 테이블의 행/열 필터 작업 및 서식 지정은 ≪처리조건≫을 참고하여 작업합니다.

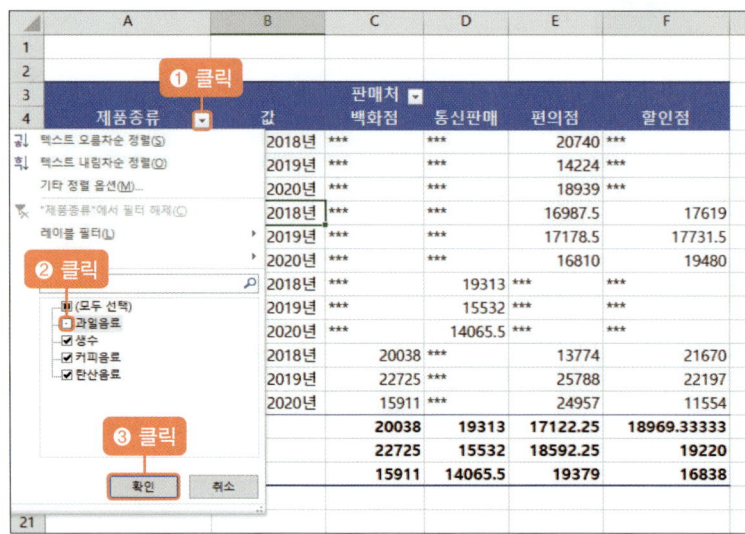

❷ [C5:F16] 영역을 드래그한 후 영역으로 지정된 셀 범위 위에서 마우스 오른쪽 버튼을 눌러 [셀 서식]을 클릭합니다.

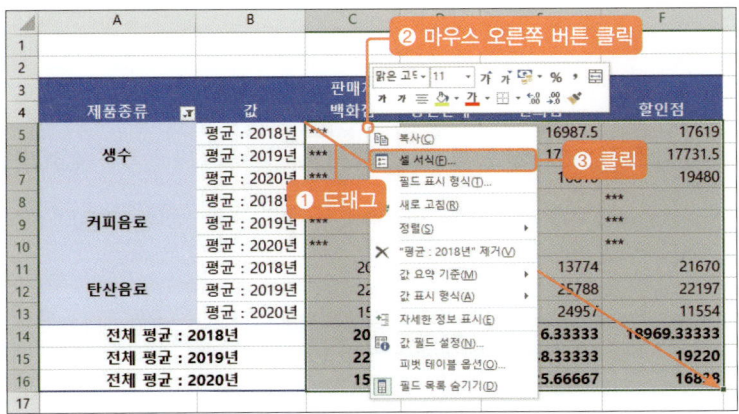

❸ [셀 서식] 대화상자가 나오면 [표시 형식] 탭의 '범주'에서 '숫자'를 선택합니다. 이어서, '1000 단위 구분 기호(,) 사용'에 체크 표시(✓)를 지정한 후 〈확인〉 단추를 클릭합니다.

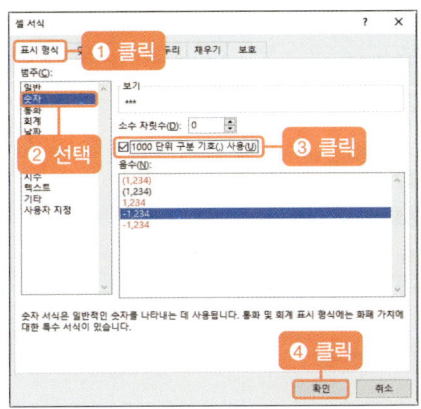

❹ [홈] 탭의 [맞춤] 그룹에서 '텍스트 오른쪽 맞춤(≡)'을 클릭합니다. 이어서, 워크시트 하단의 Sheet1 시트 탭을 더블 클릭한 후 '피벗테이블 정답'으로 시트 이름을 변경합니다.

※ Sheet1 시트 탭 위에서 마우스 오른쪽 버튼을 눌러 바로 가기 메뉴가 나오면 [이름 바꾸기]를 선택해도 됩니다.

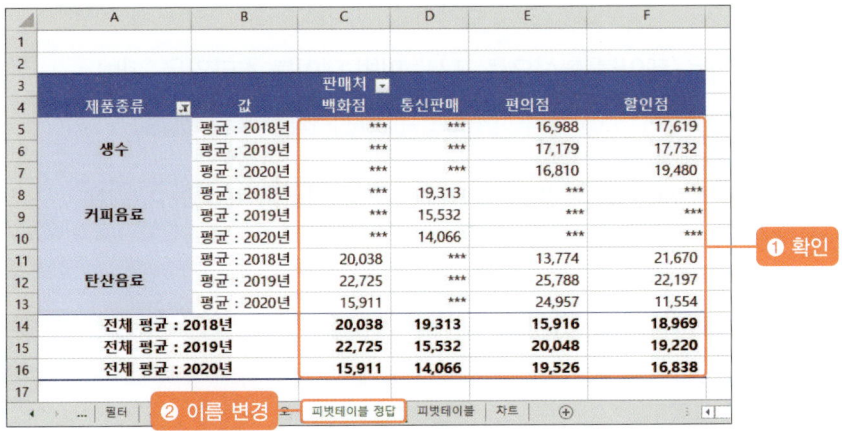

❺ [파일]-[저장](Ctrl+S) 또는 [빠른 실행 도구 모음]에서 '저장(🔲)'을 클릭합니다.

※ 실제 시험을 볼 때 작업 도중에 수시로(10분에 한 번 정도) 저장을 하는 것이 좋습니다.

피벗 테이블

01 "피벗테이블" 시트를 참조하여 다음 ≪처리조건≫에 맞도록 작업하시오. (30점)

* 소스 파일 : 정복07_문제01.xlsx   * 정답 파일 : 정복07_완성01.xlsx

● 출력 형태

	A	B	C	D
1				
2	행		열	
3			작가 ▼	
4	장르 ▼	값	국내작가	해외작가
5	예술	최대값 : 10월	40,401	***
6		최대값 : 11월	41,951	***
7		최대값 : 12월	23,185	***
8	자기계발	최대값 : 10월	72,400	37,899
9		최대값 : 11월	76,520	24,153
10		최대값 : 12월	63,905	6,742
11	전체 최대값 : 10월		72,400	37,899
12	전체 최대값 : 11월		76,520	24,153
13	전체 최대값 : 12월		63,905	6,742
14		Σ 값		

● 처리 조건

▶ "피벗테이블" 시트의 [A2:G12]를 이용하여 새로운 시트에 ≪출력형태≫와 같이 피벗 테이블을 작성 후 시트명을 "피벗테이블 정답"으로 수정하시오. ┌→[삽입]-[표]-[피벗 테이블]

▶ 장르(행)와 작가(열)를 기준으로 하여 출력형태와 같이 구하시오.
– '10월', '11월', '12월'의 최대값을 구하시오. ┌→피벗 테이블 위에서 마우스 오른쪽 버튼-[피벗 테이블 옵션]
– 피벗 테이블 옵션을 이용하여 레이블이 있는 셀 병합 및 가운데 맞춤하고, 빈 셀을 "***"로 표시한 후, 행의 총 합계를 감추기 하시오. ┌→[피벗 테이블 도구]-[디자인]-[레이아웃]-[보고서 레이아웃]
– 피벗 테이블 디자인에서 보고서 레이아웃은 '테이블 형식으로 표시', 피벗 테이블 스타일은 '피벗 스타일 보통 9'로 표시하시오. [피벗 테이블 도구]-[디자인]-[피벗 테이블 스타일]
– 장르(행)는 "예술", "자기계발"만 출력되도록 표시하시오.
– [C5:D13] 데이터는 셀 서식의 표시 형식-숫자를 이용하여 1000단위 구분 기호를 표시하고, 가운데 맞춤하시오.

▶ 장르의 순서는 ≪출력형태≫와 다를 수 있음
▶ 지시사항이 없는 경우는 ≪출력형태≫와 동일하게 작성하시오.

── 장르(행) 옆에 있는 필터 단추 클릭-원하는 항목만 체크 표시

출제유형 완전정복 — 피벗 테이블

02 "피벗테이블" 시트를 참조하여 다음 ≪처리조건≫에 맞도록 작업하시오. (30점)

* 소스 파일 : 정복07_문제02.xlsx   * 정답 파일 : 정복07_완성02.xlsx

● 출력 형태

	A	B	C	D	E	F	G
1							
2							
3			지점 ▼				
4	광역시 ▼	값	광산구	남구	동래구	북구	사상구
5	광주광역시	평균 : 판매액	2,840,600	***	***	1,227,500	***
6		평균 : 수금액	2,840,600	***	***	1,060,830	***
7	부산광역시	평균 : 판매액	***	1,602,300	3,795,800	***	956,010
8		평균 : 수금액	***	1,243,400	3,043,090	***	956,010
9	전체 평균 : 판매액		2,840,600	1,602,300	3,795,800	1,227,500	956,010
10	전체 평균 : 수금액		2,840,600	1,243,400	3,043,090	1,060,830	956,010
11							

● 처리 조건

▶ "피벗테이블" 시트의 [A2:G12]를 이용하여 새로운 시트에 ≪출력형태≫와 같이 피벗 테이블을 작성 후 시트명을 "피벗테이블 정답"으로 수정하시오.
▶ 광역시(행)와 지점(열)을 기준으로 하여 출력형태와 같이 구하시오.
  – '판매액', '수금액'의 평균을 구하시오.
  – 피벗 테이블 옵션을 이용하여 레이블이 있는 셀 병합 및 가운데 맞춤하고, 빈 셀을 "***"로 표시한 후, 행의 총 합계를 감추기 하시오.
  – 피벗 테이블 디자인에서 보고서 레이아웃은 '테이블 형식으로 표시', 피벗 테이블 스타일은 '피벗 스타일 어둡게 3'으로 표시하시오.
  – 광역시(행)는 "광주광역시", "부산광역시"만 출력되도록 표시하시오.
  – [C5:G10] 데이터는 셀 서식의 표시 형식-숫자를 이용하여 1000단위 구분 기호를 표시하고, 가운데 맞춤하시오.
▶ 광역시의 순서는 ≪출력형태≫와 다를 수 있음
▶ 지시사항이 없는 경우는 ≪출력형태≫와 동일하게 작성하시오.

피벗 테이블

03 "피벗테이블" 시트를 참조하여 다음 ≪처리조건≫에 맞도록 작업하시오. (30점)

* 소스 파일 : 정복07_문제03.xlsx   * 정답 파일 : 정복07_완성03.xlsx

● 출력 형태

	A	B	C	D
1				
2				
3			고객등급	
4	회사	값	A등급	B등급
5	대한상사	평균 : 상반기	***	1,419,755원
6		평균 : 하반기	***	1,643,030원
7	민국상사	평균 : 상반기	2,078,300원	***
8		평균 : 하반기	1,590,800원	***
9	아소유통	평균 : 상반기	2,528,430원	1,320,500원
10		평균 : 하반기	2,550,600원	1,505,600원
11	전체 평균 : 상반기		2,303,365원	1,386,670원
12	전체 평균 : 하반기		2,070,700원	1,597,220원
13				

● 처리 조건

▶ "피벗테이블" 시트의 [A2:G12]를 이용하여 새로운 시트에 ≪출력형태≫와 같이 피벗 테이블을 작성 후 시트명을 "피벗테이블 정답"으로 수정하시오.
▶ 회사(행)와 고객등급(열)을 기준으로 하여 출력형태와 같이 구하시오.
  – '상반기', '하반기'의 평균을 구하시오.
  – 피벗 테이블 옵션을 이용하여 레이블이 있는 셀 병합 및 가운데 맞춤하고, 빈 셀을 "***"로 표시한 후, 행의 총합계를 감추기 하시오.
  – 피벗 테이블 디자인에서 보고서 레이아웃은 '테이블 형식으로 표시', 피벗 테이블 스타일은 '피벗 스타일 보통 14'로 표시하시오. ─→ 고객등급(열) 옆에 있는 필터 단추 클릭-원하는 항목만 체크 표시
  – 고객등급(열)은 "A등급", "B등급"만 출력되도록 표시하시오.
  – [C5:D12] 데이터는 셀 서식의 표시 형식-사용자 지정을 이용하여 #,##0"원" 자를 추가하고, 가운데 맞춤하시오. ─→ 범위 지정 후 Ctrl+1-[셀 서식] 대화상자-[사용자 지정]-형식 입력 칸에 서식 입력
▶ 회사의 순서는 ≪출력형태≫와 다를 수 있음
▶ 지시사항이 없는 경우는 ≪출력형태≫와 동일하게 작성하시오.

피벗 테이블

04 "피벗테이블" 시트를 참조하여 다음 ≪처리조건≫에 맞도록 작업하시오. (30점)

* 소스 파일 : 정복07_문제04.xlsx　　* 정답 파일 : 정복07_완성04.xlsx

● 출력 형태

	A	B	C	D
1				
2				
3			분류	
4	수입국가	값	항공EDI	해상EDI
5		최대값 : 2018년	***	1026315.0
6	인도	최대값 : 2019년	***	563096.0
7		최대값 : 2020년	***	1154280.0
8		최대값 : 2018년	4753634.0	***
9	캐나다	최대값 : 2019년	5754896.0	***
10		최대값 : 2020년	5211345.0	***
11		최대값 : 2018년	***	115602.0
12	필리핀	최대값 : 2019년	***	301098.0
13		최대값 : 2020년	***	531721.0
14	전체 최대값 : 2018년		4753634.0	1026315.0
15	전체 최대값 : 2019년		5754896.0	563096.0
16	전체 최대값 : 2020년		5211345.0	1154280.0
17				

● 처리 조건

▶ "피벗테이블" 시트의 [A2:G12]를 이용하여 새로운 시트에 ≪출력형태≫와 같이 피벗 테이블을 작성 후 시트명을 "피벗테이블 정답"으로 수정하시오.
▶ 수입국가(행)와 분류(열)를 기준으로 하여 출력형태와 같이 구하시오.
　– '2018년', '2019년', '2020년'의 최대값을 구하시오.
　– 피벗 테이블 옵션을 이용하여 레이블이 있는 셀 병합 및 가운데 맞춤하고, 빈 셀을 "***"로 표시한 후, 행의 총 합계를 감추기 하시오.
　– 피벗 테이블 디자인에서 보고서 레이아웃은 '테이블 형식으로 표시', 피벗 테이블 스타일은 '피벗 스타일 밝게 19'로 표시하시오.
　– 수입국가(행)는 "인도", "캐나다", "필리핀"만 출력되도록 표시하시오.
　– [C5:D16] 데이터는 셀 서식의 표시 형식-숫자를 이용하여 소수 자릿수 1로 표시하고, 가운데 맞춤하시오.　→ 범위 지정 후 Ctrl + 1 - [셀 서식] 대화상자 - [표시 형식] - [숫자] - 소수 자릿수(1)
▶ 수입국가의 순서는 ≪출력형태≫와 다를 수 있음
▶ 지시사항이 없는 경우는 ≪출력형태≫와 동일하게 작성하시오.

출제유형 08 차트 작성

PART 02 출제유형 완전정복

- ☑ 차트 만들고 이동하기
- ☑ 차트 서식 지정하기
- ☑ 데이터 레이블 추가하기

문제 미리보기

소스 파일 : 유형08_문제.xlsx   정답 파일 : 유형08_완성.xlsx

● **차트 작성**

【문제 5】 "차트" 시트를 참조하여 다음 ≪처리조건≫에 맞도록 작업하시오.   (30점)

● **출력 형태**

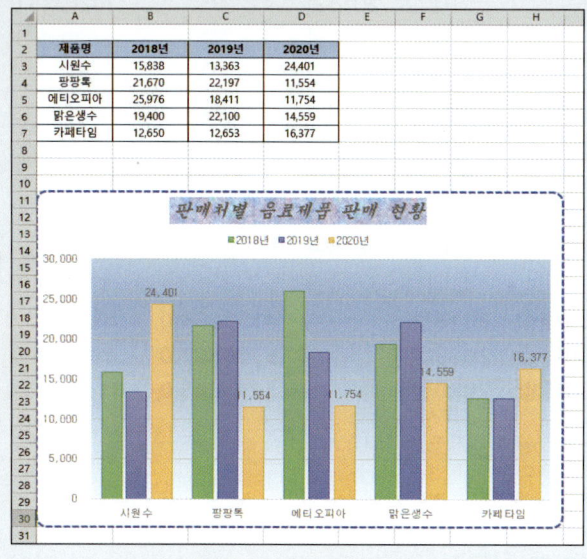

● **처리 조건**

▶ "차트" 시트에 주어진 표를 이용하여 '묶은 세로 막대형' 차트를 작성하시오.
  – 데이터 범위 : 현재 시트 [A2:D7]의 데이터를 이용하여 작성하고, 행/열 전환은 '열'로 지정
  – 차트 제목("판매처별 음료제품 판매 현황")
  – 범례 위치 : 위쪽
  – 차트 스타일 : 색 변경(색상형 – 색 4, 스타일 5)
  – 차트 위치 : 현재 시트에 [A11:H30] 크기에 정확하게 맞추시오.
  – 차트 영역 서식 : 글꼴(돋움체, 11pt), 테두리 색(실선, 색 : 파랑, 강조 5), 테두리 스타일(너비 : 2pt,
     겹선 종류 : 단순형, 대시 종류 : 사각 점선, 둥근 모서리)
  – 차트 제목 서식 : 글꼴(궁서체, 18pt, 기울임꼴), 채우기(그림 또는 질감 채우기, 질감 : 꽃다발)
  – 그림 영역 서식 : 채우기(그라데이션 채우기, 그라데이션 미리 설정 : 밝은 그라데이션 – 강조 5, 종류 : 선형,
     방향 : 선형 위쪽)
  – 데이터 레이블 추가 : '2020년' 계열에 "값" 표시
▶ 지시사항이 없는 경우는 ≪출력형태≫와 동일하게 작성하시오.

01 차트 만들기

❶ [파일]-[열기](Ctrl + O)를 클릭한 후, [찾아보기]를 클릭합니다. [열기] 대화상자가 나오면 '유형 08_문제.xlsx' 파일을 불러와 [차트] 시트를 선택합니다.

❷ [A2:D7] 영역을 드래그한 후 [삽입] 탭의 [차트] 그룹에서 [세로 또는 가로 막대형 차트 삽입]-'묶은 세로 막대형( )'을 클릭합니다.

※ '묶은 가로 막대형' 차트를 삽입할 때는 [삽입]-[세로 또는 가로 막대형 차트 삽입]-'묶은 가로 막대형( )'을 선택하여 차트를 만듭니다.

※ 차트를 삽입한 후 차트 모양이 ≪출력형태≫와 다를 경우 [차트 도구]-[디자인] 탭의 [데이터] 그룹에서 '행/열 전환( )'을 클릭하여 변경합니다.

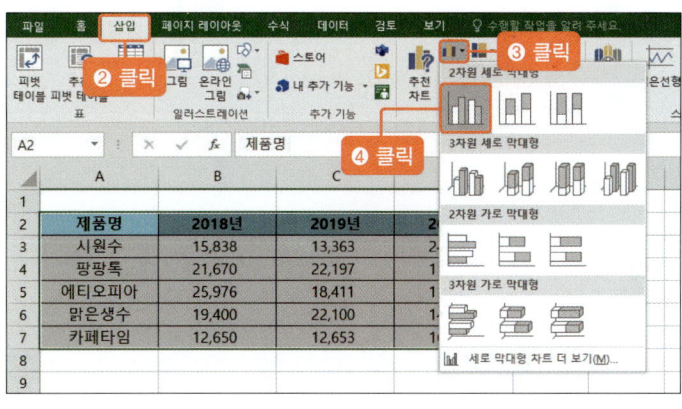

TIP 차트의 구성

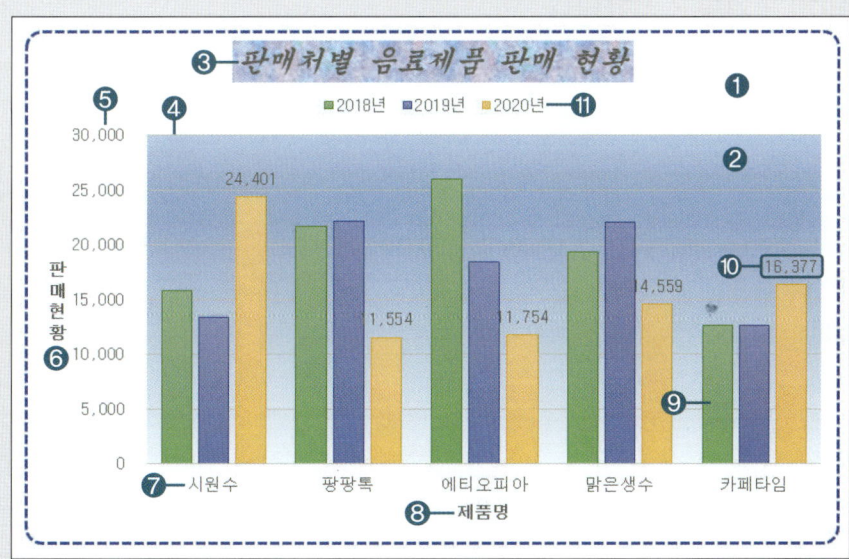

❶ 차트 영역 ❷ 그림 영역 ❸ 차트 제목 ❹ 주 눈금선 ❺ 세로(값) 축 ❻ 세로(값) 축 제목
❼ 가로(항목) 축 ❽ 가로(항목) 축 제목 ❾ 데이터 계열 ❿ 데이터 레이블 ⓫ 범례

❸ 워크시트에 차트가 삽입되면 마우스 포인터를 '**차트 영역**'에 위치시킨 후 **Alt** 키를 누른 상태에서 차트의 왼쪽 모서리가 **[A11] 셀**에 위치하도록 드래그 합니다.

※ 차트의 위치는 ≪처리조건≫을 참고(위치 : [A11:H30])하여 크기와 위치를 맞춥니다.

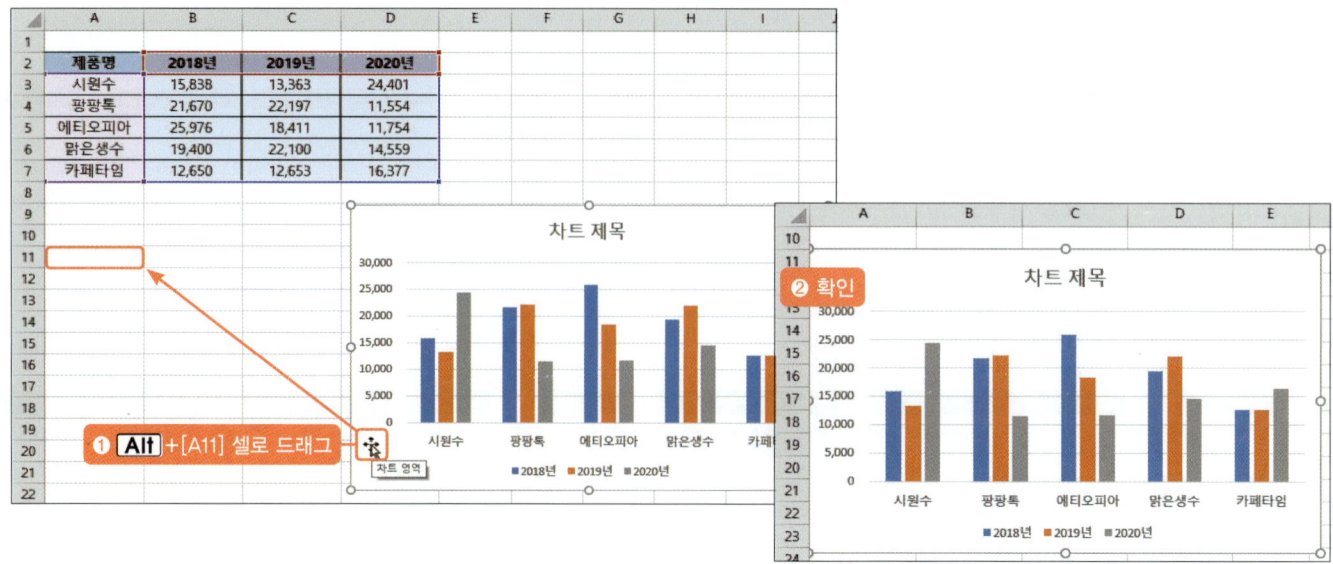

> **TIP** 차트의 이동
>
> **Alt** 키를 누른 상태에서 차트 영역을 드래그할 경우 셀 단위로 차트를 이동시킬 수 있습니다.

❹ 차트가 [A11] 셀을 기준으로 이동되면 **Alt** 키를 누른 상태에서 차트의 **테두리(대각선 모서리 ⊙)** 를 드래그하여 **[H30] 영역에 맞게 크기를 조절**합니다.

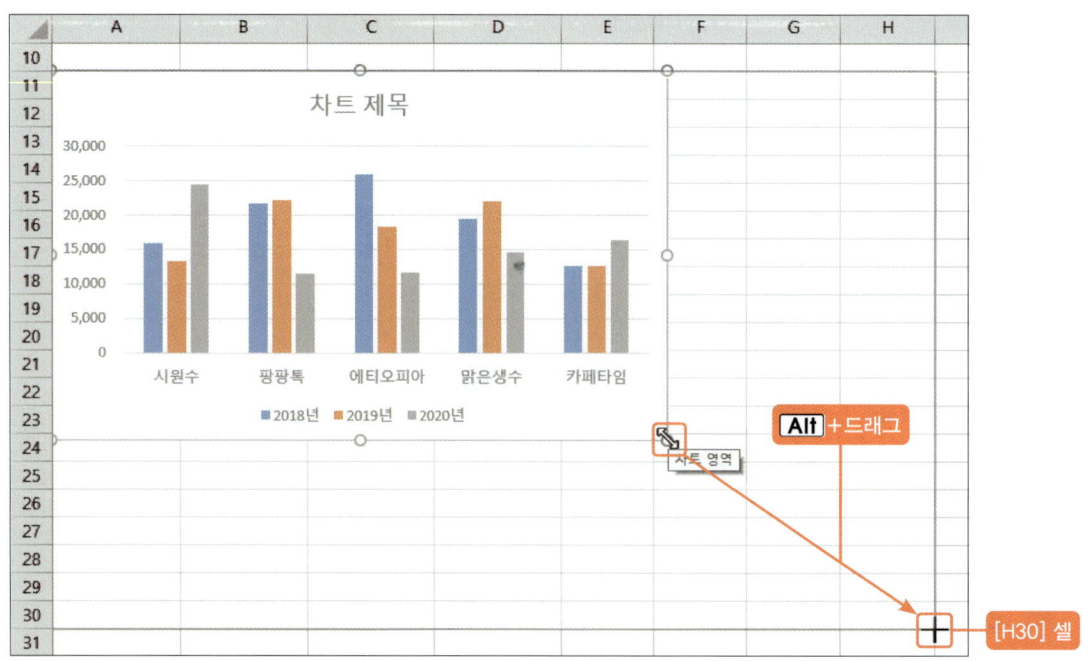

❺ 차트 크기가 변경되면 [차트 도구]-[디자인] 탭의 [차트 스타일] 그룹에서 [색 변경]-색상형-색 4를 선택하여 차트의 색상을 변경합니다.

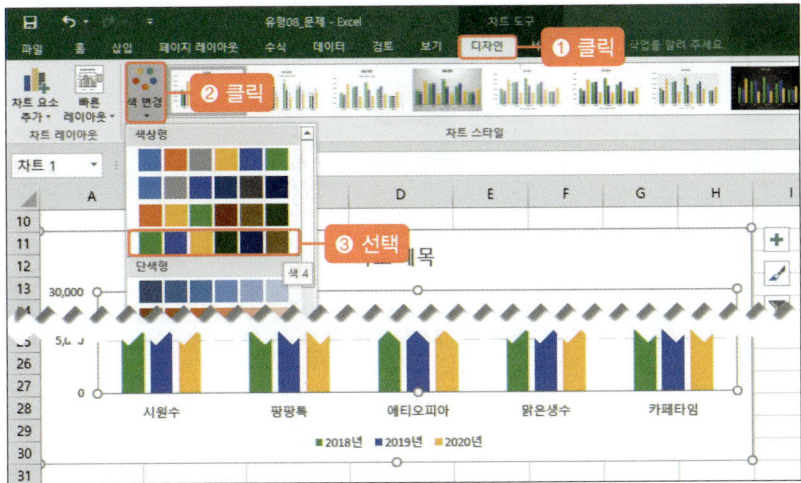

❻ 차트 색상이 변경되면 [차트 도구]-[디자인] 탭의 [차트 스타일] 그룹에서 '스타일 5'를 선택하여 차트 스타일을 변경합니다.

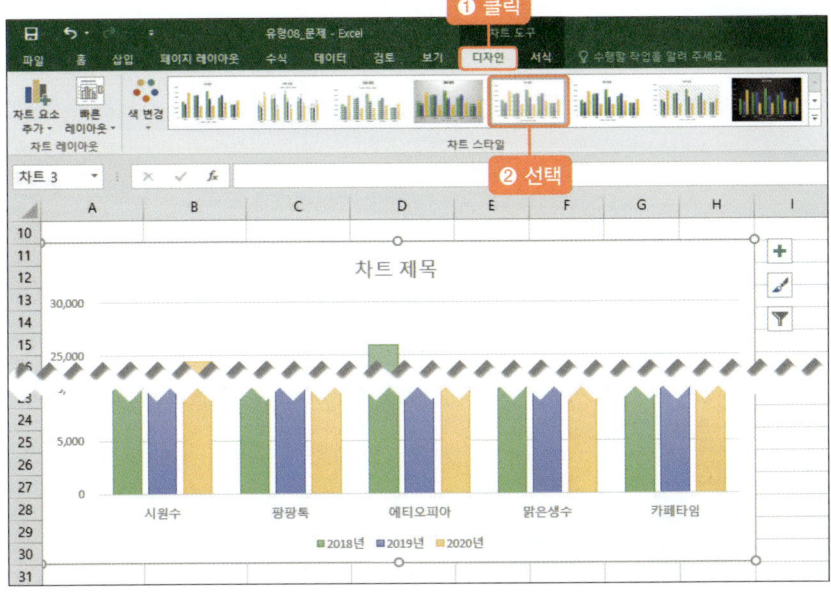

❼ '**차트 체목**'의 안쪽을 클릭하여 테두리가 점선으로 변경되면 Delete 또는 BackSpace 키를 눌러 '차트 제목'을 삭제한 후 '**판매처별 음료제품 판매 현황**'을 입력합니다.

※ 차트 제목을 드래그한 후 Delete 키를 한 번 눌러 삭제할 수도 있습니다.

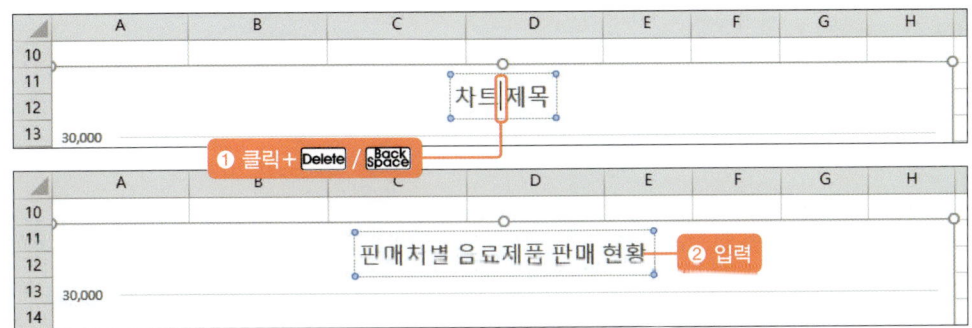

⑧ 차트 제목이 완성되면 **[차트 도구]-[디자인]** 탭의 **[차트 레이아웃]** 그룹에서 [차트 요소 추가]-[범례]-[위쪽](📊)'를 클릭하여 차트 위쪽으로 범례를 이동시킵니다.

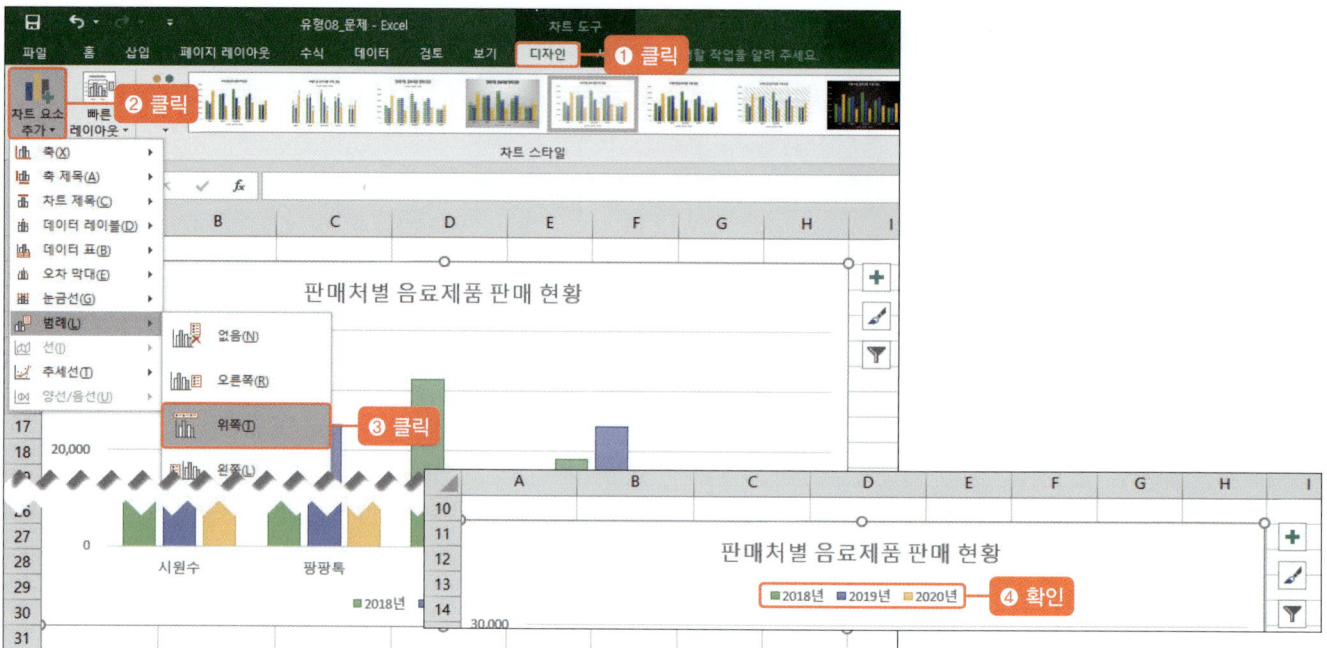

⑨ 기본적으로 완성된 차트 결과를 확인합니다.

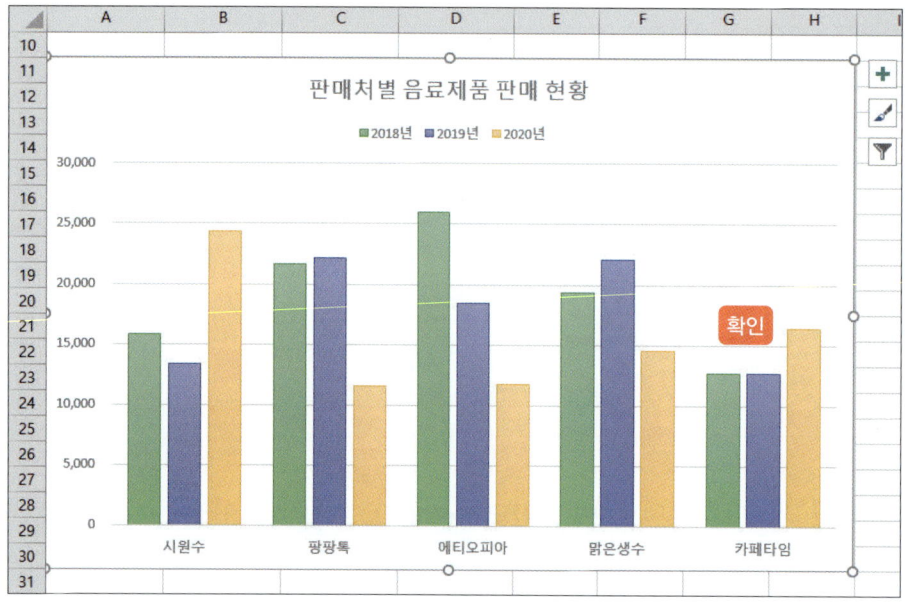

02 차트 영역 서식 지정하기

❶ '**차트 영역**'을 클릭한 후 [**홈**] 탭의 [**글꼴**] 그룹에서 '**글꼴(돋움체)**'과 '**글꼴 크기(11)**'를 지정합니다.

※ 차트에 글꼴 서식을 적용할 때는 반드시 '차트 영역'을 먼저 작업한 후 '제목'이나 '범례' 등에 글꼴 서식을 지정합니다.

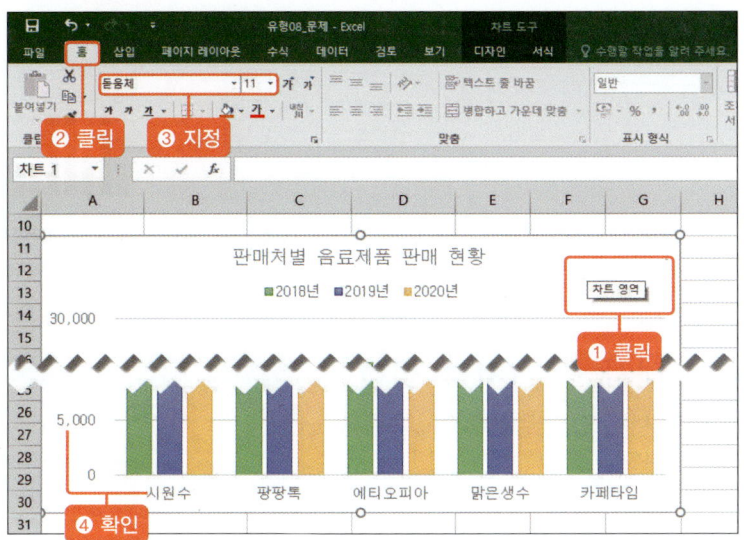

❷ 테두리 서식을 지정하기 위해 '**차트 영역**' 위에서 마우스 오른쪽 버튼을 눌러 바로 가기 메뉴가 나오면 [**차트 영역 서식**]을 클릭합니다.

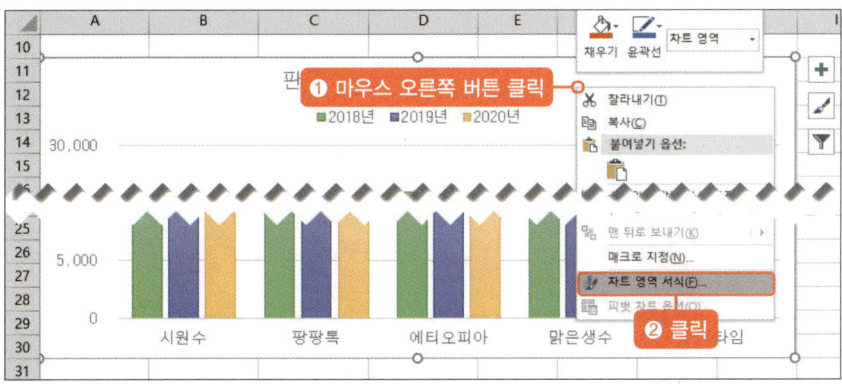

> **TIP** 차트 서식 변경
> - [차트 도구]-[서식] 탭의 [현재 선택 영역] 그룹에서 서식을 지정할 차트의 구성 요소를 선택합니다.
> - 서식을 변경할 구성 요소(예 : 차트 영역)를 선택하였으면 바로 아래쪽에 있는 '선택 영역 서식'을 클릭하여 필요한 서식을 변경합니다.
>
>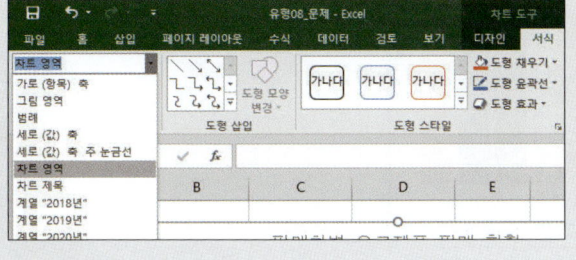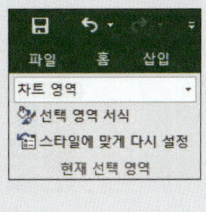

❸ 화면 오른쪽에 [차트 영역 서식] 작업창이 나오면 [테두리]를 클릭하여 '**실선**'을 선택합니다. 이어서, '**색( )**'을 클릭한 후 '**파랑, 강조 5( )**'를 선택합니다.

❹ '**너비(2), 겹선 종류(단순형), 대시 종류(사각 점선)**'를 지정합니다. 이어서, '**둥근 모서리**'를 클릭하여 **체크 표시(✓)를 지정**합니다.

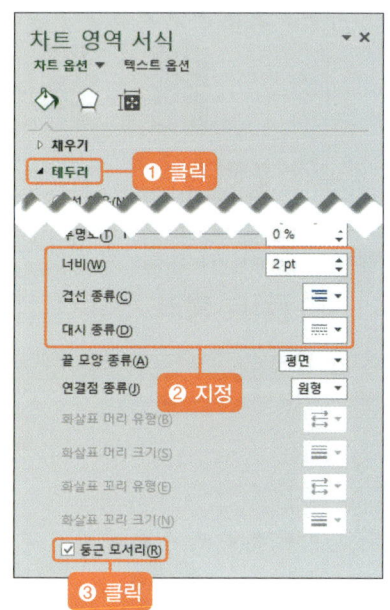

❺ 서식이 적용된 차트 영역의 테두리를 확인합니다.

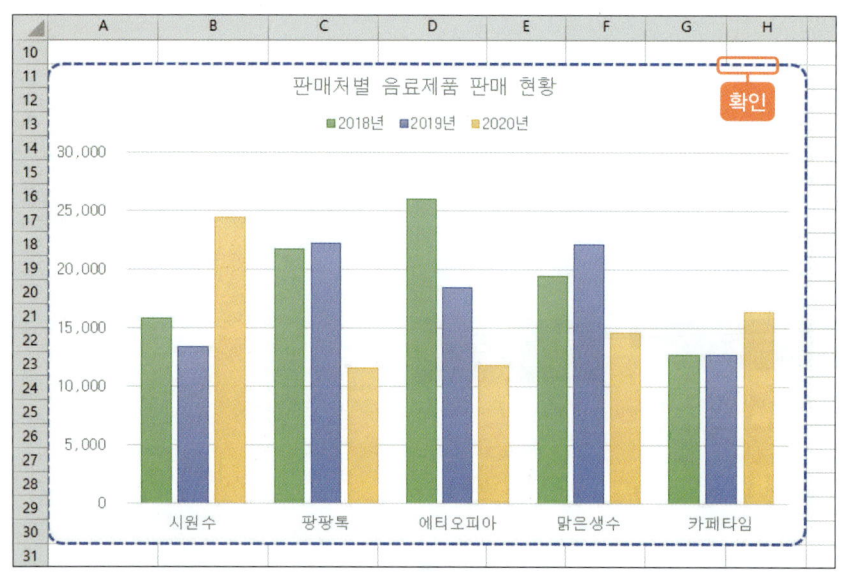

03 차트 제목 서식 지정하기

① 차트 제목('판매처별 음료제품 판매 현황')을 클릭한 후 [홈] 탭의 [글꼴] 그룹에서 '글꼴(궁서체), 글꼴 크기(18), 기울임꼴(가)'을 각각 지정합니다.

※ 차트 제목이 '굵게(가)'로 지정되어 있는지 확인합니다. 만약, ≪처리조건≫에서 차트 제목 서식을 '굵게'로 지정하라는 지시가 없을 경우 '굵게'로 지정된 서식을 해제합니다.

② 차트 제목 위에서 마우스 오른쪽 버튼을 눌러 바로 가기 메뉴가 나오면 [차트 제목 서식]을 클릭합니다.

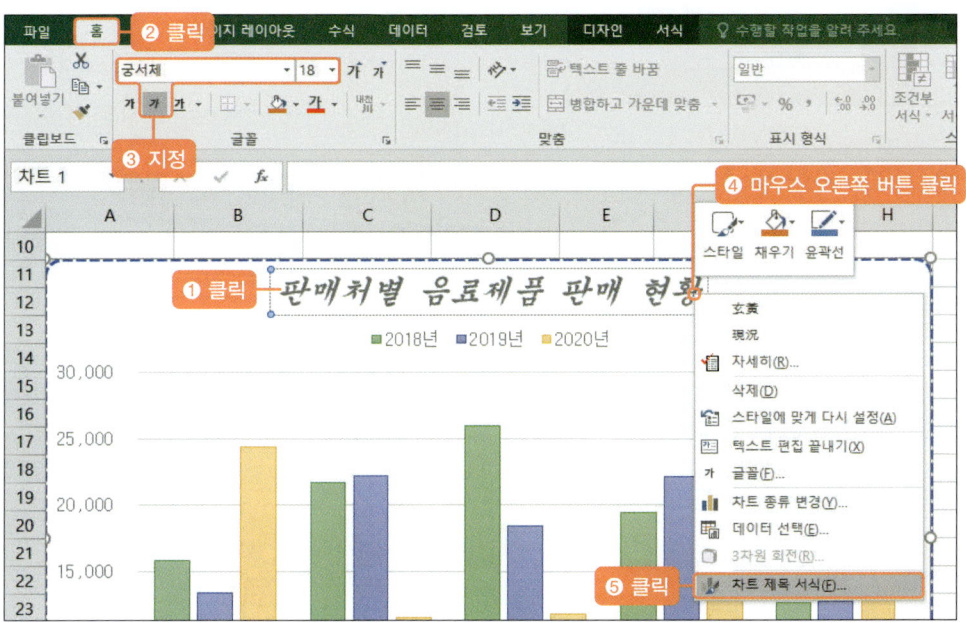

③ 화면 오른쪽에 [차트 제목 서식] 작업창이 나오면 [채우기]에서 '그림 또는 질감 채우기'를 클릭합니다. 이어서, '질감( )'을 클릭하여 '꽃다발( )'을 선택합니다.

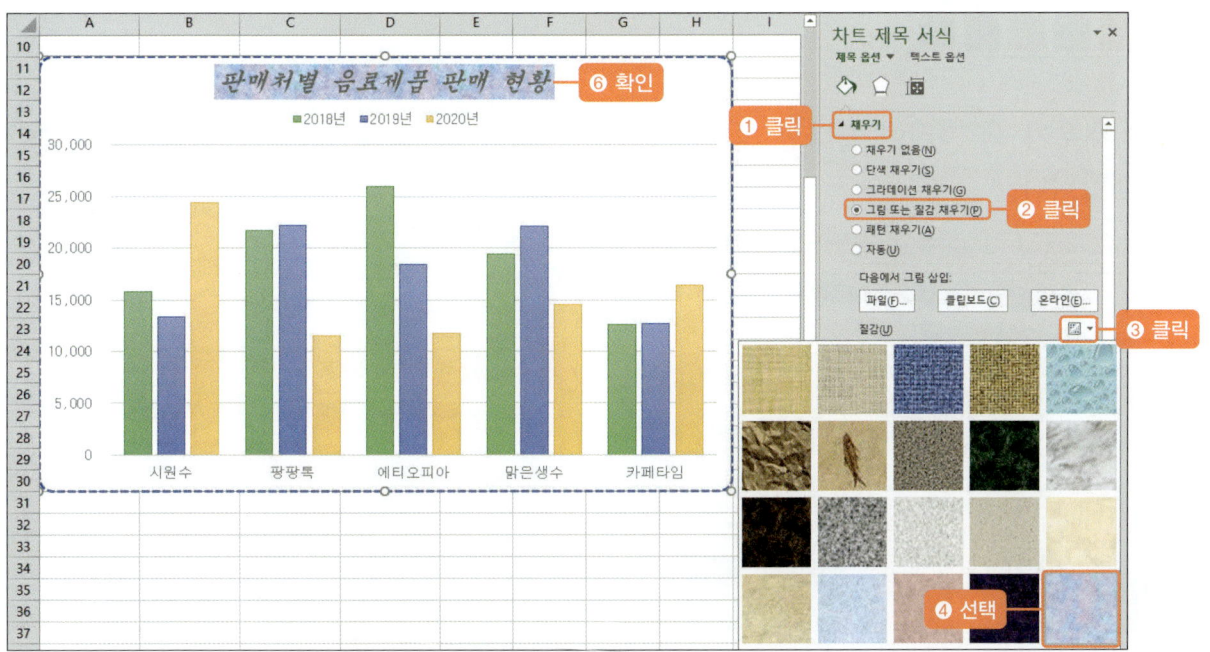

04 그림 영역 서식 지정하기

① '그림 영역' 위에서 마우스 오른쪽 버튼을 눌러 바로 가기 메뉴가 나오면 [그림 영역 서식]을 클릭합니다.

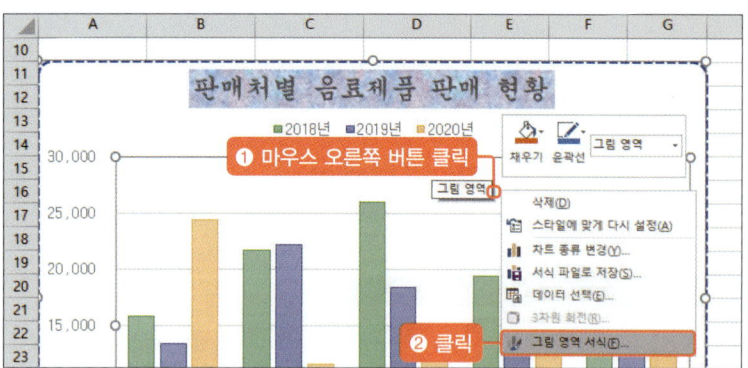

② 화면 오른쪽에 [그림 영역 서식] 작업창이 나오면 나오면 [채우기] 탭의 '그라데이션 채우기'를 클릭합니다. 이어서, '그라데이션 미리 설정( )'을 클릭하여 '밝은 그라데이션 – 강조 5( )'을 선택합니다.

③ 그라데이션 채우기 색 지정이 끝나면 '종류(선형)'를 지정한 후 '방향( )'을 클릭하여 '선형 위쪽 ( )'을 선택합니다.

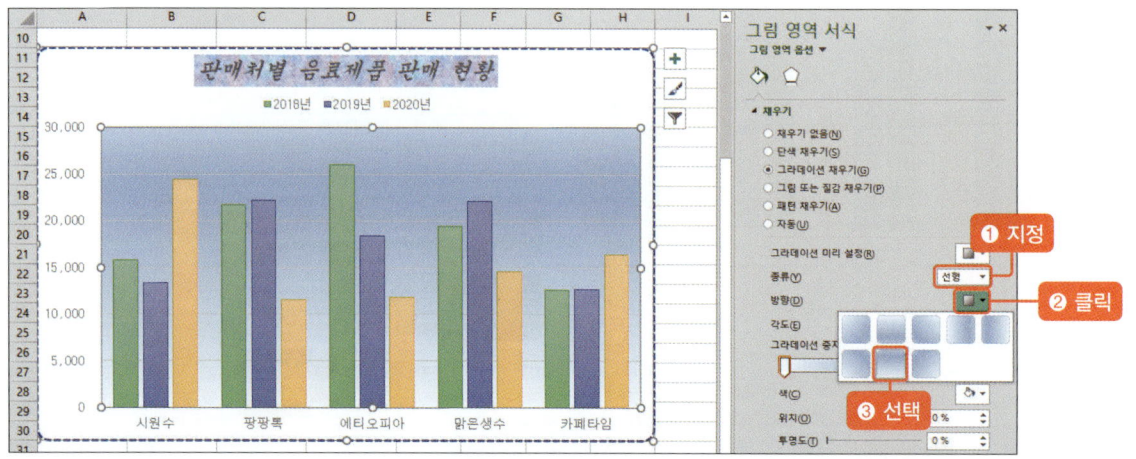

05 데이터 레이블 추가하기

❶ '2020년' 계열을 클릭한 후 [차트 도구]-[디자인]탭의 [차트 레이아웃] 그룹에서 [차트 요소 추가] 클릭하여, [데이터 레이블]-'바깥쪽 끝에( )'를 선택합니다.

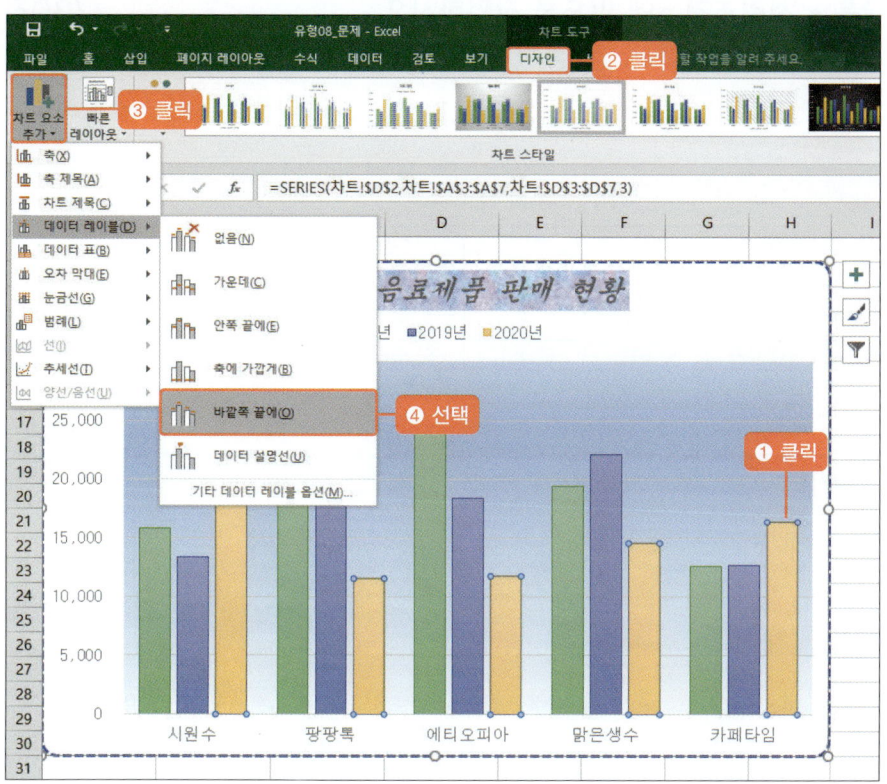

❷ '2020년' 계열 끝에 '값'이 표시된 것을 확인한 후 [파일]-[저장]([Ctrl]+[S]) 또는 [빠른 실행 도구 모음]에서 '저장( )'을 클릭하여 최종 작업을 저장합니다.

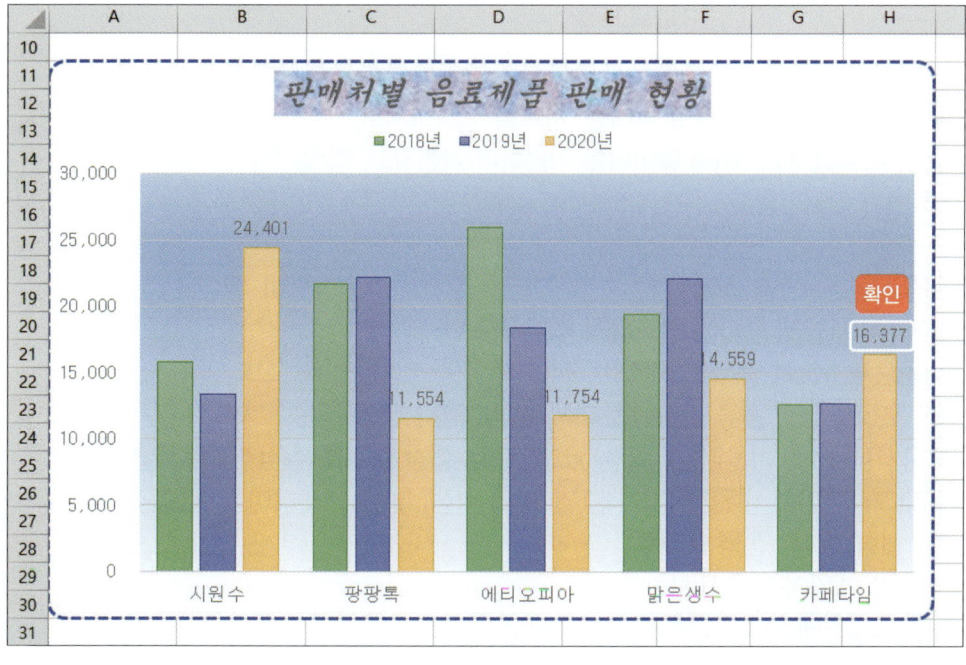

출제유형 완전정복 — 차트 작성

01 "차트" 시트를 참조하여 다음 ≪처리조건≫에 맞도록 작업하시오. (30점)

* 소스 파일 : 정복08_문제01.xlsx   * 정답 파일 : 정복08_완성01.xlsx

● 출력 형태

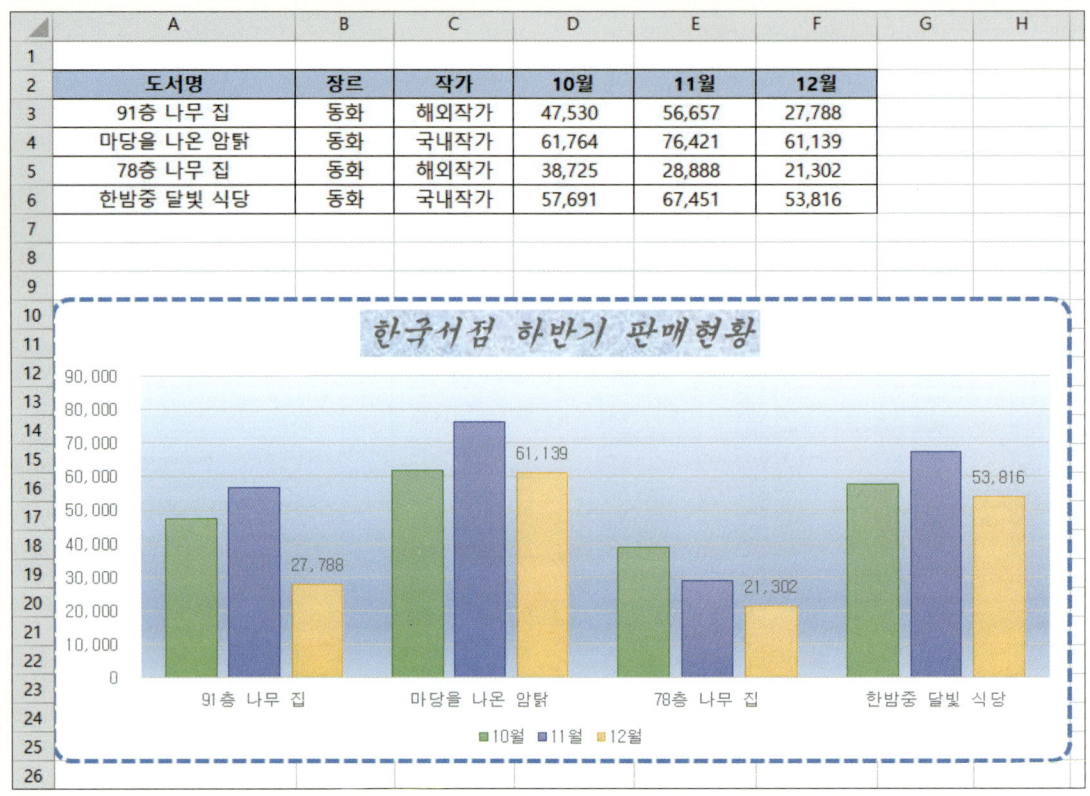

● 처리 조건

▶ "차트" 시트에 주어진 표를 이용하여 '묶은 세로 막대형' 차트를 작성하시오. ┌─ [삽입]-[차트]-[세로 또는 가로 막대형 차트 삽입]
- 데이터 범위 : 현재 시트 [A2:A6], [D2:F6]의 데이터를 이용하여 작성하고, 행/열 전환은 '열'로 지정
- 차트 제목("한국서점 하반기 판매현황") ┌─ [A2:A6]까지 범위를 지정한 후 Ctrl 키를 누른 채 [D2:F6]까지 범위 지정
- 범례 위치 : 아래쪽 ┌─ [차트 도구]-[디자인]-[차트 레이아웃]-[차트 요소 추가]
- 차트 스타일 : 색 변경(색상형 - 색 4, 스타일 5) ┌─ [차트 도구]-[디자인]-[차트 스타일]
- 차트 위치 : 현재 시트에 [A10:H25] 크기에 정확하게 맞추시오. ┌─ [차트 영역 서식] 작업창-[테두리]
- 차트 영역 서식 : 글꼴(돋움체, 10pt), 테두리 색(실선, 색 : '파랑, 강조 1'), 테두리 스타일
  (너비 : 2.5pt, 겹선 종류 : 단순형, 대시 종류 : 사각 점선, 둥근 모서리)
- 차트 제목 서식 : 글꼴(궁서체, 18pt, 기울임꼴), 채우기(그림 또는 질감 채우기, 질감 : 파랑 박엽지)
- 그림 영역 서식 : 채우기(그라데이션 채우기, 그라데이션 미리 설정 : 밝은 그라데이션 - 강조 1,
  종류 : 선형, 방향 : 선형 아래쪽) ┌─ [그림 영역 서식] 작업창-[채우기]-[그라데이션 채우기]
- 데이터 레이블 추가 : '12월' 계열에 "값" 표시
▶ 지시사항이 없는 경우는 ≪출력형태≫와 동일하게 작성하시오.

└─ [차트 도구]-[디자인]-[차트 레이아웃]-[차트 요소 추가]

차트 작성

02 "차트" 시트를 참조하여 다음 ≪처리조건≫에 맞도록 작업하시오. (30점)

* 소스 파일 : 정복08_문제02.xlsx * 정답 파일 : 정복08_완성02.xlsx

● 출력 형태

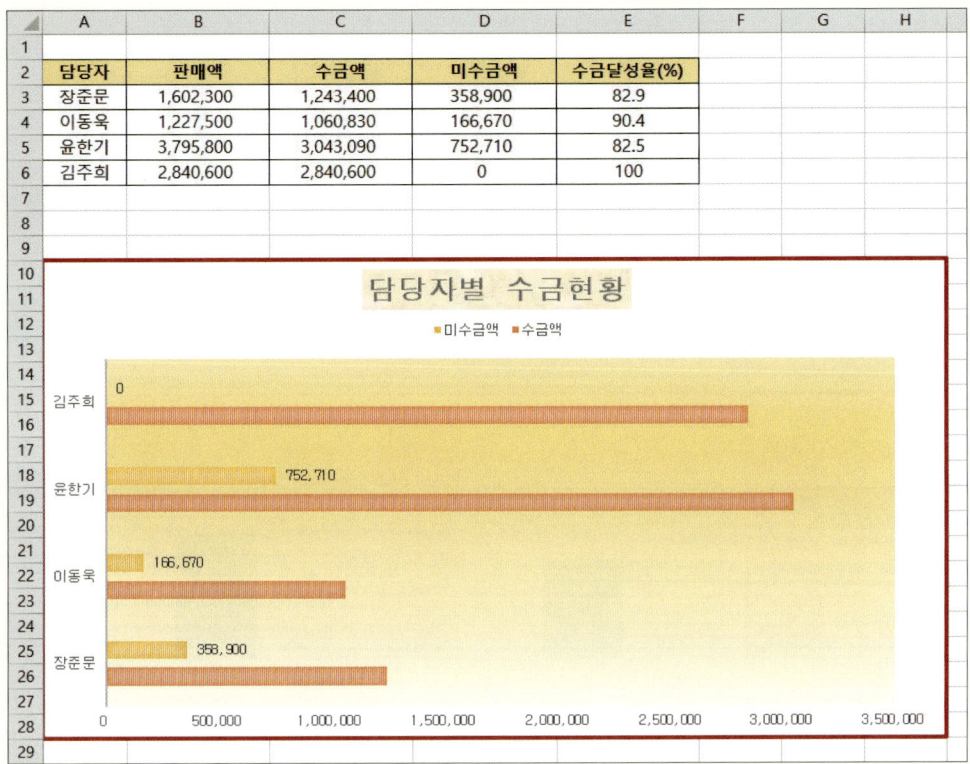

● 처리 조건

▶ "차트" 시트에 주어진 표를 이용하여 '묶은 가로 막대형' 차트를 작성하시오.
 - 데이터 범위 : 현재 시트 [A2:A6], [C2:D6]의 데이터를 이용하여 작성하고, 행/열 전환은 '열'로 지정
 - 차트 제목("담당자별 수금현황")
 - 범례 위치 : 위쪽
 - 차트 스타일 : 색 변경(색상형 - 색 3, 스타일 2)
 - 차트 위치 : 현재 시트에 [A10:H28] 크기에 정확하게 맞추시오.
 - 차트 영역 서식 : 글꼴(굴림체, 9pt), 테두리 색(실선, 색 : 진한 빨강), 테두리 스타일(너비 : 2.5pt, 겹선 종류 : 단순형, 대시 종류 : 실선)
 - 차트 제목 서식 : 글꼴(돋움체, 18pt, 굵게), 채우기(그림 또는 질감 채우기, 질감 : 양피지)
 - 그림 영역 서식 : 채우기(그라데이션 채우기, 그라데이션 미리 설정 : 밝은 그라데이션 - 강조 4, 종류 : 선형, 방향 : 선형 위쪽)
 - 데이터 레이블 추가 : '미수금액' 계열에 "값" 표시
▶ 지시사항이 없는 경우는 ≪출력형태≫와 동일하게 작성하시오.

차트 작성

03 "차트" 시트를 참조하여 다음 ≪처리조건≫에 맞도록 작업하시오. (30점)

* 소스 파일 : 정복08_문제03.xlsx   * 정답 파일 : 정복08_완성03.xlsx

● 출력 형태

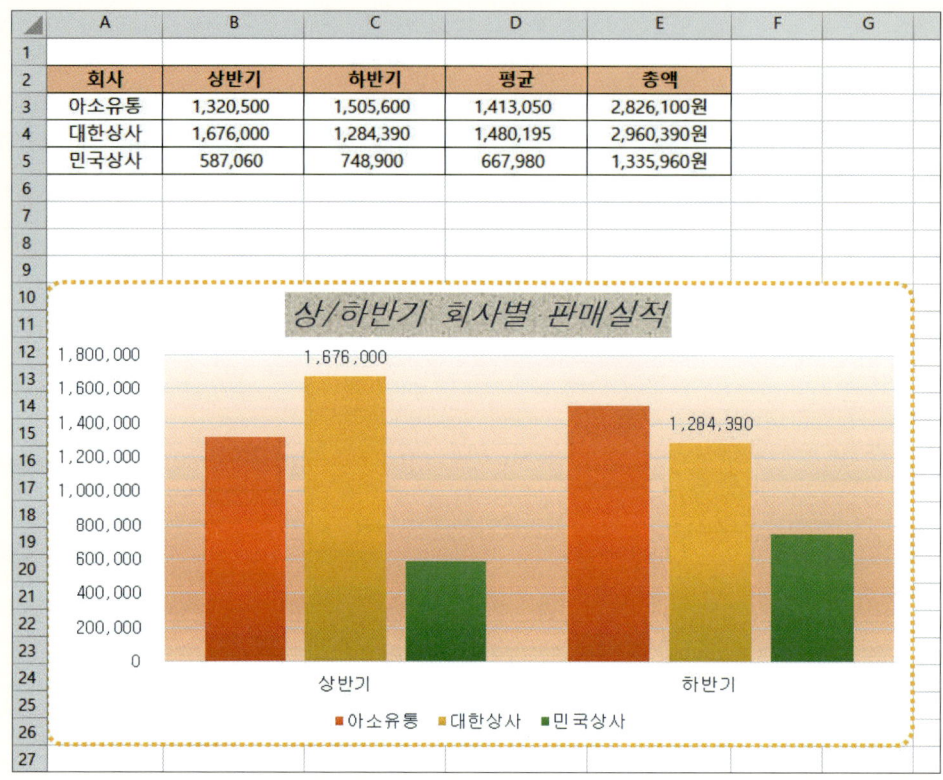

● 처리 조건

▶ "차트" 시트에 주어진 표를 이용하여 '묶은 세로 막대형' 차트를 작성하시오.
  - 데이터 범위 : 현재 시트 [A2:C5]의 데이터를 이용하여 작성하고, 행/열 전환은 '행'으로 지정
  - 차트 제목("상/하반기 회사별 판매실적")
  - 범례 위치 : 아래쪽   [차트 도구]-[디자인]-[데이터]-[행/열 전환]
  - 차트 스타일 : 색 변경(색상형 – 색 3, 스타일 6)
  - 차트 위치 : 현재 시트에 [A10:G26] 크기에 정확하게 맞추시오.
  - 차트 영역 서식 : 글꼴(굴림체, 11pt), 테두리 색(실선, 색 : 주황), 테두리 스타일(너비 : 2.5pt,
             겹선 종류 : 단순형, 대시 종류 : 둥근 점선, 둥근 모서리)
  - 차트 제목 서식 : 글꼴(돋움체, 18pt, 기울임꼴), 채우기(그림 또는 질감 채우기, 질감 : 재생지)
  - 그림 영역 서식 : 채우기(그라데이션 채우기, 그라데이션 미리 설정 : 밝은 그라데이션 – 강조 2,
             종류 : 선형, 방향 : 선형 아래쪽)
  - 데이터 레이블 추가 : '대한상사' 계열에 "값" 표시
▶ 지시사항이 없는 경우는 ≪출력형태≫와 동일하게 작성하시오.

출제유형 완전정복: 차트 작성

04 "차트" 시트를 참조하여 다음 ≪처리조건≫에 맞도록 작업하시오. (30점)

* 소스 파일 : 정복08_문제04.xlsx   * 정답 파일 : 정복08_완성04.xlsx

● 출력 형태

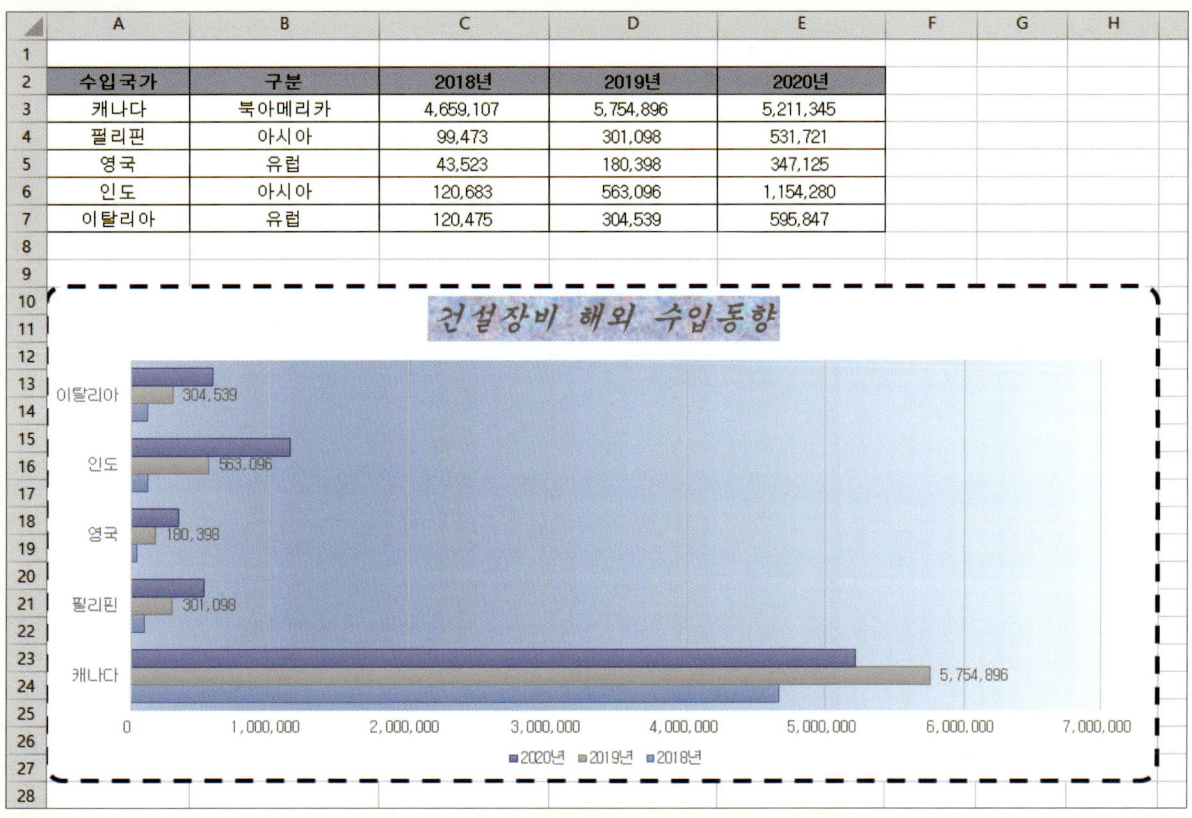

● 처리 조건

▶ "차트" 시트에 주어진 표를 이용하여 '묶은 가로 막대형' 차트를 작성하시오.
  - 데이터 범위 : 현재 시트 [A2:A7], [C2:E7]의 데이터를 이용하여 작성하고, 행/열 전환은 '열'로 지정
  - 차트 제목("건설장비 해외 수입동향")
  - 범례 위치 : 아래쪽
  - 차트 스타일 : 색 변경(색상형 – 색 2, 스타일 4)
  - 차트 위치 : 현재 시트에 [A10:H27] 크기에 정확하게 맞추시오.
  - 차트 영역 서식 : 글꼴(굴림체, 9pt), 테두리 색(실선, 색 : 진한 파랑),
        테두리 스타일(너비 : 2.75pt, 겹선 종류 : 단순형, 대시 종류 : 파선, 둥근 모서리)
  - 차트 제목 서식 : 글꼴(궁서체, 18pt, 기울임꼴), 채우기(그림 또는 질감 채우기, 질감 : 꽃다발)
  - 그림 영역 서식 : 채우기(그라데이션 채우기, 그라데이션 미리 설정 : 밝은 그라데이션 – 강조 1,
        종류 : 선형, 방향 : 선형 왼쪽)
  - 데이터 레이블 추가 : '2019년' 계열에 "값" 표시
▶ 지시사항이 없는 경우는 ≪출력형태≫와 동일하게 작성하시오.

MEMO

DIAT

디지털정보활용능력 출제예상 모의고사

- ☑ 시험과목 : 스프레드시트(엑셀)
- ☑ 시험일자 : 20XX. XX. XX. (X)
- ☑ 응시자 기재사항 및 감독위원 확인

MS Office 2016 버전용

수검번호	DIS - XXXX -	감독위원 확인
성 명		

응시자 유의사항

1. 응시자는 신분증을 지참하여야 시험에 응시할 수 있으며, 시험이 종료될 때까지 신분증을 제시하지 못 할 경우 해당 시험은 0점 처리됩니다.
2. 시스템(PC작동여부, 네트워크 상태 등)의 이상여부를 반드시 확인하여야 하며, 시스템 이상이 있을시 감독위원에게 조치를 받으셔야 합니다.
3. 시험 중 부주의 또는 고의로 시스템을 파손한 경우는 응시자 부담으로 합니다.
4. 답안 전송 프로그램을 통해 다운로드 받은 파일을 이용하여 답안 파일을 작성하시기 바랍니다.
5. 작성한 답안 파일은 답안 전송 프로그램을 통하여 전송됩니다. 감독위원의 지시에 따라 주시기 바랍니다.
6. 다음 사항의 경우 실격(0점) 혹은 부정행위 처리됩니다.
    1) 답안 파일을 저장하지 않았거나, 저장한 파일이 손상되었을 경우
    2) 답안 파일을 지정된 폴더(바탕화면 - "KAIT" 폴더)에 저장하지 않았을 경우
        ※ 답안 전송 프로그램 로그인 시 바탕화면에 자동 생성됨
    3) 답안 파일을 다른 보조 기억장치(USB) 혹은 네트워크(메신저, 게시판 등)로 전송할 경우
    4) 휴대용 전화기 등 통신기기를 사용할 경우
7. 시험지에 제시된 글꼴이 응시 프로그램에 없는 경우, 반드시 감독위원에게 해당 내용을 통보한 뒤 조치를 받아야 합니다.
8. 시험의 완료는 작성이 완료된 답안을 저장하고, 답안 전송이 완료된 상태를 확인한 것으로 합니다. 답안 전송 확인 후 문제지는 감독위원에게 제출한 후 퇴실하여야 합니다.
9. 답안 전송이 완료된 경우에는 수정 또는 정정이 불가능합니다.
10. 시험 시행 후 결과는 홈페이지(www.ihd.or.kr)에서 확인하시기 바랍니다.
    1) 문제 및 정답 공개 : 20XX. XX. XX.(X)
    2) 합격자 발표 : 20XX. XX. XX.(X)

| 디지털정보활용능력 – 스프레드시트[엑셀] (시험시간 : 40분) | 1/6 |

[문제 1] "판매현황" 시트를 참조하여 다음 ≪처리조건≫에 맞도록 작업하시오. (50점)

≪출력형태≫

	A	B	C	D	E	F	G	H	I	J
1				SUV 상반기 판매현황						
2	모델	배기량	브랜드	1월	2월	3월	4월	평균	순위	비고
3	코나	1,591cc	현대	5,200	7,107	5,750	5,019	5,769	3위	
4	스토닉	1,582cc	기아	6,746	8,601	6,152	5,166	6,666	1위	
5	QM6	1,995cc	르노삼성	5,190	6,183	5,848	4,740	5,490	4위	
6	투싼	1,995cc	현대	5,346	6,879	6,174	5,133	5,883	2위	
7	스포티지	1,995cc	기아	4,058	5,010	4,781	3,616	4,366	6위	
8	렉스턴스포츠	2,157cc	쌍용	6,039	5,807	4,708	4,518	5,268	5위	
9	티볼리	1,597cc	쌍용	3,221	4,655	4,039	2,971	3,722	7위	
10	니로	1,580cc	기아	2,710	3,298	3,885	2,297	3,048	9위	판매 저조
11	쏘렌토	1,995cc	기아	3,252	4,453	3,635	2,780	3,530	8위	
12	싼타페	1,995cc	현대	2,228	2,806	3,618	2,984	2,909	10위	판매 저조
13	'평균'의 최대값-최소값 차이					3,757				
14	'브랜드'가 "현대"인 '3월'의 평균					5,181				
15	'2월' 중 세 번째로 작은 값					4,453				

≪처리조건≫

▶ 1행의 행 높이를 '80'으로 설정하고, 2행~15행의 행 높이를 '18'로 설정하시오.
▶ 제목("SUV 상반기 판매현황") : 기본 도형의 '팔각형'을 이용하여 입력하시오.
  – 도형 : 위치([B1:I1]), 도형 스타일(테마 스타일 – 강한 효과 – '파랑, 강조 1')
  – 글꼴 : 궁서체, 28pt, 기울임꼴
  – 도형 서식 : 도형 옵션 – 크기 및 속성(텍스트 상자(세로 맞춤 : 정가운데, 텍스트 방향 : 가로))

▶ 셀 서식을 아래 조건에 맞게 작성하시오.
  – [A2:J15] : 테두리(안쪽, 윤곽선 모두 실선, '검정, 텍스트 1'), 전체 가운데 맞춤
  – [A13:E13], [A14:E14], [A15:E15] : 각각 병합하고 가운데 맞춤
  – [A2:J2], [A13:E15] : 채우기 색('녹색, 강조 6, 60% 더 밝게'), 글꼴(굵게)
  – [D3:H12], [F13:H15] : 셀 서식의 표시 형식-숫자를 이용하여 1000단위 구분 기호 표시
  – [B3:B12] : 셀 서식의 표시 형식-사용자 지정을 이용하여 #,##0"cc"자를 추가
  – [I3:I12] : 셀 서식의 표시 형식-사용자 지정을 이용하여 #"위"자를 추가
  – 조건부 서식[A3:J12] : '4월'이 3000미만인 경우 레코드 전체에 글꼴(파랑, 굵게) 적용
  – 지시사항이 없는 경우는 주어진 문제 파일의 서식을 그대로 사용하시오.

▶ ① 순위[I3:I12] : '평균'을 기준으로 큰 순으로 순위를 구하시오. **(RANK.EQ 함수)**
▶ ② 비고[J3:J12] : '평균'이 3500 이하이면 "판매 저조", 그렇지 않으면 공백으로 구하시오. **(IF 함수)**
▶ ③ 최대값-최소값[F13:H13] : '평균'의 최대값과 최소값의 차이를 구하시오. **(MAX, MIN 함수)**
▶ ④ 평균[F14:H14] : '브랜드'가 "현대"인 '3월'의 평균을 구하시오. **(DAVERAGE 함수)**
▶ ⑤ 순위[F15:H15] : '2월' 중, 세 번째로 작은 값을 구하시오. **(SMALL 함수)**

디지털정보활용능력 – 스프레드시트[엑셀] (시험시간 : 40분)

[문제 2] "부분합" 시트를 참조하여 다음 ≪처리조건≫에 맞도록 작업하시오. (30점)

≪출력형태≫

	A	B	C	D	E	F	G	H
2	모델	배기량	브랜드	1월	2월	3월	4월	평균
3	코나	1,591cc	현대	5,200	7,107	5,750	5,019	5,769
4	투싼	1,995cc	현대	5,346	6,879	6,174	5,133	5,883
5	싼타페	1,995cc	현대	2,228	2,806	3,618	2,984	2,909
6			현대 최대값					5,883
7			현대 평균	4,258	5,597	5,181	4,379	
8	렉스턴스포츠	2,157cc	쌍용	6,039	5,807	4,708	4,518	5,268
9	티볼리	1,597cc	쌍용	3,221	4,655	4,039	2,971	3,722
10			쌍용 최대값					5,268
11			쌍용 평균	4,630	5,231	4,374	3,745	
12	QM6	1,995cc	르노삼성	5,190	6,183	5,848	4,740	5,490
13			르노삼성 최대값					5,490
14			르노삼성 평균	5,190	6,183	5,848	4,740	
15	스토닉	1,582cc	기아	6,746	8,601	6,152	5,166	6,666
16	스포티지	1,995cc	기아	4,058	5,010	4,781	3,616	4,366
17	니로	1,580cc	기아	2,710	3,298	3,885	2,297	3,048
18	쏘렌토	1,995cc	기아	3,252	4,453	3,635	2,780	3,530
19			기아 최대값					6,666
20			기아 평균	4,192	5,341	4,613	3,465	
21			전체 최대값					6,666
22			전체 평균	4,399	5,480	4,859	3,922	

≪처리조건≫

▶ 데이터를 '브랜드' 기준으로 내림차순 정렬하시오.

▶ 아래 조건에 맞는 부분합을 작성하시오.
 – '브랜드'로 그룹화 하여 '1월', '2월', '3월', '4월'의 평균을 구하는 부분합을 만드시오.
 – '브랜드'로 그룹화 하여 '평균'의 최대값을 구하는 부분합을 만드시오.
  (새로운 값으로 대치하지 말 것)
 – [D3:H22] 영역에 셀 서식의 표시 형식-숫자를 이용하여 1000단위 구분 기호를 표시하시오.

▶ D~F열을 선택하여 그룹을 설정하시오.

▶ 평균과 최대값의 부분합 순서는 ≪출력형태≫와 다를 수 있음

▶ 지시사항이 없는 경우는 기본 값을 적용하시오.

디지털정보활용능력 – 스프레드시트[엑셀] (시험시간 : 40분)

[문제 3] "필터"와 "시나리오" 시트를 참조하여 다음 ≪처리조건≫에 맞도록 작업하시오. (60점)

(1) 필터

≪출력형태 – 필터≫

	A	B	C	D	E	F	G
1							
2	모델	배기량	브랜드	1월	2월	3월	4월
3	코나	1,591cc	현대	5,200	7,107	5,750	5,019
4	스토닉	1,582cc	기아	6,746	8,601	6,152	5,166
5	QM6	1,995cc	르노삼성	5,190	6,183	5,848	4,740
6	투싼	1,995cc	현대	5,346	6,879	6,174	5,133
7	스포티지	1,995cc	기아	4,058	5,010	4,781	3,616
8	렉스턴스포츠	2,157cc	쌍용	6,039	5,807	4,708	4,518
9	티볼리	1,597cc	쌍용	3,221	4,655	4,039	2,971
10	니로	1,580cc	기아	2,710	3,298	3,885	2,297
11	쏘렌토	1,995cc	기아	3,252	4,453	3,635	2,780
12	싼타페	1,995cc	현대	2,228	2,806	3,618	2,984
13							
14	조건						
15	FALSE						
16							
17							
18	모델	브랜드	3월	4월			
19	QM6	르노삼성	5,848	4,740			
20	투싼	현대	6,174	5,133			
21	스포티지	기아	4,781	3,616			
22							

≪처리조건≫

▶ "필터" 시트의 [A2:G12]를 아래 조건에 맞게 고급 필터를 사용하여 작성하시오.
 – '배기량'이 1995이고 '4월'이 3000 이상인 데이터를 '모델', '브랜드', '3월', '4월'의 데이터만 필터링 하시오.
 – 조건 위치 : 조건 함수는 [A15] 한 셀에 작성(AND 함수 이용)
 – 결과 위치 : [A18]부터 출력

▶ 지시사항이 없는 경우는 ≪출력형태 – 필터≫와 동일하게 작성하시오.

(2) **시나리오**

≪출력형태 – 시나리오≫

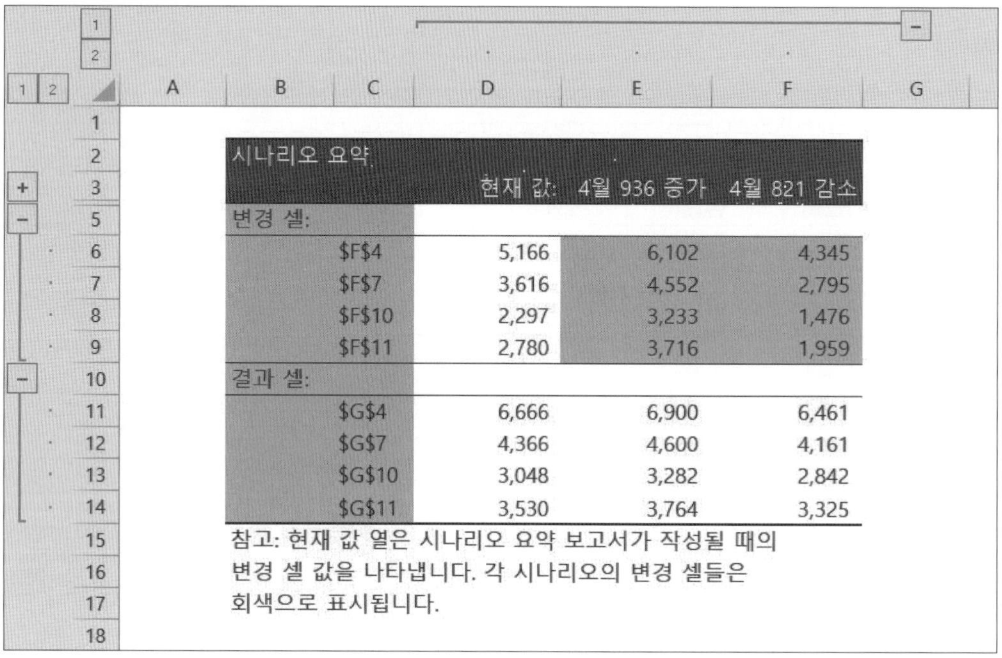

시나리오 요약			
	현재 값:	4월 936 증가	4월 821 감소
변경 셀:			
$F$4	5,166	6,102	4,345
$F$7	3,616	4,552	2,795
$F$10	2,297	3,233	1,476
$F$11	2,780	3,716	1,959
결과 셀:			
$G$4	6,666	6,900	6,461
$G$7	4,366	4,600	4,161
$G$10	3,048	3,282	2,842
$G$11	3,530	3,764	3,325

참고: 현재 값 열은 시나리오 요약 보고서가 작성될 때의 변경 셀 값을 나타냅니다. 각 시나리오의 변경 셀들은 회색으로 표시됩니다.

≪처리조건≫

▶ "시나리오" 시트의 [A2:G12]를 이용하여 '브랜드'가 "기아"인 경우, '4월'이 변동할 때 '평균'이 변동하는 가상 분석(시나리오)을 작성하시오.
  - 시나리오1 : 시나리오 이름은 "4월 936 증가", '4월'에 936을 증가시킨 값 설정.
  - 시나리오2 : 시나리오 이름은 "4월 821 감소", '4월'에 821을 감소시킨 값 설정.
  - "시나리오 요약" 시트를 작성하시오.

▶ 지시사항이 없는 경우는 ≪출력형태 – 시나리오≫와 동일하게 작성하시오.

[문제 4] "피벗테이블" 시트를 참조하여 다음 ≪처리조건≫에 맞도록 작업하시오. (30점)

≪출력형태≫

	A	B	C	D	E	F
1						
2						
3			모델			
4	브랜드	값	스토닉	스포티지	코나	투싼
5		평균 : 1월	6,746	4,058	***	***
6	기아	평균 : 2월	8,601	5,010	***	***
7		평균 : 3월	6,152	4,781	***	***
8		평균 : 4월	5,166	3,616	***	***
9		평균 : 1월	***	***	5,200	5,346
10	현대	평균 : 2월	***	***	7,107	6,879
11		평균 : 3월	***	***	5,750	6,174
12		평균 : 4월	***	***	5,019	5,133
13	전체 평균 : 1월		6,746	4,058	5,200	5,346
14	전체 평균 : 2월		8,601	5,010	7,107	6,879
15	전체 평균 : 3월		6,152	4,781	5,750	6,174
16	전체 평균 : 4월		5,166	3,616	5,019	5,133
17						

≪처리조건≫

▶ "피벗테이블" 시트의 [A2:G12]를 이용하여 새로운 시트에 ≪출력형태≫와 같이 피벗 테이블을 작성 후 시트명을 "피벗테이블 정답"으로 수정하시오.

▶ 브랜드(행)와 모델(열)을 기준으로 하여 출력형태와 같이 구하시오.
  - '1월', '2월', '3월', '4월'의 평균을 구하시오.
  - 피벗테이블 옵션을 이용하여 레이블이 있는 셀 병합 및 가운데 맞춤하고, 빈 셀을 "***"로 표시한 후, 행의 총 합계를 감추기 하시오.
  - 피벗테이블 디자인에서 보고서 레이아웃은 '테이블 형식으로 표시', 피벗테이블 스타일은 '피벗 스타일 보통 11'로 표시하시오.
  - 모델(열)은 "스토닉", "스포티지", "코나", "투싼"만 출력되도록 표시하시오.
  - [C5:F16] 데이터는 셀 서식의 표시 형식-숫자를 이용하여 1000단위 구분 기호를 표시하고, 가운데 맞춤하시오.

▶ 브랜드의 순서는 ≪출력형태≫와 다를 수 있음

▶ 지시사항이 없는 경우는 ≪출력형태≫와 동일하게 작성하시오

[문제 5] "차트" 시트를 참조하여 다음 ≪처리조건≫에 맞도록 작업하시오. (30점)

≪출력형태≫

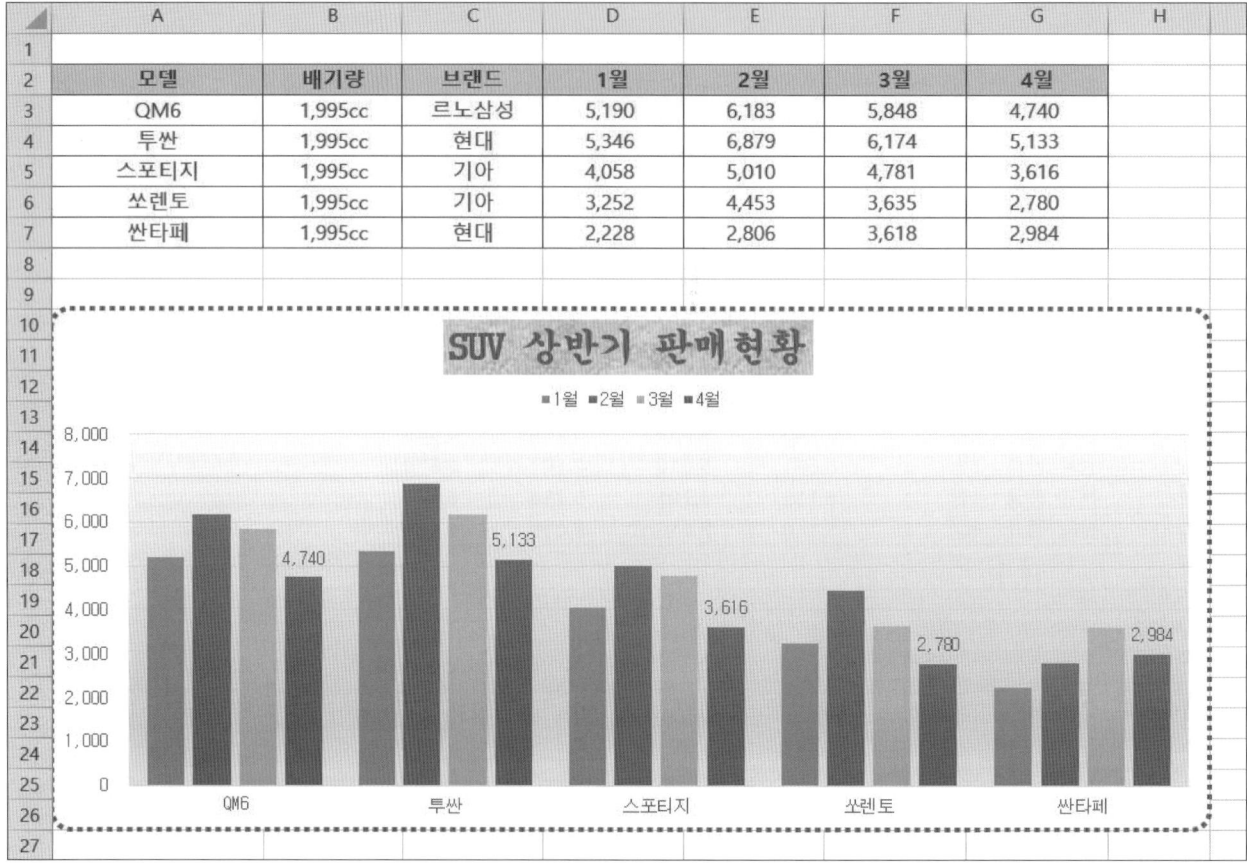

≪처리조건≫

▶ "차트" 시트에 주어진 표를 이용하여 '묶은 세로 막대형' 차트를 작성하시오.
  - 데이터 범위 : 현재 시트 [A2:A7], [D2:G7]의 데이터를 이용하여 작성하고, 행/열 전환은 '열'로 지정
  - 차트 제목("SUV 상반기 판매현황")
  - 범례 위치 : 위쪽
  - 차트 스타일 : 색 변경(색상형 - 색 4, 스타일 6)
  - 차트 위치 : 현재 시트에 [A10:H26] 크기에 정확하게 맞추시오.
  - 차트 영역 서식 : 글꼴(돋움체, 9pt), 테두리 색(실선, 색 : 자주), 테두리 스타일(너비 : 2.5pt, 겹선 종류 : 단순형, 대시 종류 : 둥근 점선, 둥근 모서리)
  - 차트 제목 서식 : 글꼴(궁서체, 20pt, 굵게), 채우기(그림 또는 질감 채우기, 질감 : 편지지)
  - 그림 영역 서식 : 채우기(그라데이션 채우기, 그라데이션 미리 설정 : 밝은 그라데이션 - 강조 4, 종류 : 선형, 방향 : 선형 아래쪽)
  - 데이터 레이블 추가 : '4월' 계열에 "값" 표시

▶ 지시사항이 없는 경우는 ≪출력형태≫와 동일하게 작성하시오.

제02회 디지털정보활용능력 출제예상 모의고사

- ☑ 시험과목 : 스프레드시트(엑셀)
- ☑ 시험일자 : 20XX. XX. XX. (X)
- ☑ 응시자 기재사항 및 감독위원 확인

MS Office 2016 버전용

수검번호	DIS - XXXX -	감독위원 확인
성 명		

응시자 유의사항

1. 응시자는 신분증을 지참하여야 시험에 응시할 수 있으며, 시험이 종료될 때까지 신분증을 제시하지 못 할 경우 해당 시험은 0점 처리됩니다.
2. 시스템(PC작동여부, 네트워크 상태 등)의 이상여부를 반드시 확인하여야 하며, 시스템 이상이 있을시 감독위원에게 조치를 받으셔야 합니다.
3. 시험 중 부주의 또는 고의로 시스템을 파손한 경우는 응시자 부담으로 합니다.
4. 답안 전송 프로그램을 통해 다운로드 받은 파일을 이용하여 답안 파일을 작성하시기 바랍니다.
5. 작성한 답안 파일은 답안 전송 프로그램을 통하여 전송됩니다. 감독위원의 지시에 따라 주시기 바랍니다.
6. 다음 사항의 경우 실격(0점) 혹은 부정행위 처리됩니다.
    1) 답안 파일을 저장하지 않았거나, 저장한 파일이 손상되었을 경우
    2) 답안 파일을 지정된 폴더(바탕화면 – "KAIT" 폴더)에 저장하지 않았을 경우
        ※ 답안 전송 프로그램 로그인 시 바탕화면에 자동 생성됨
    3) 답안 파일을 다른 보조 기억장치(USB) 혹은 네트워크(메신저, 게시판 등)로 전송할 경우
    4) 휴대용 전화기 등 통신기기를 사용할 경우
7. 시험지에 제시된 글꼴이 응시 프로그램에 없는 경우, 반드시 감독위원에게 해당 내용을 통보한 뒤 조치를 받아야 합니다.
8. 시험의 완료는 작성이 완료된 답안을 저장하고, 답안 전송이 완료된 상태를 확인한 것으로 합니다. 답안 전송 확인 후 문제지는 감독위원에게 제출한 후 퇴실하여야 합니다.
9. 답안 전송이 완료된 경우에는 수정 또는 정정이 불가능합니다.
10. 시험 시행 후 결과는 홈페이지(www.ihd.or.kr)에서 확인하시기 바랍니다.
    1) 문제 및 정답 공개 : 20XX. XX. XX.(X)
    2) 합격자 발표 : 20XX. XX. XX.(X)

디지털정보활용능력 – 스프레드시트[엑셀] (시험시간 : 40분)

[문제 1] "수출현황" 시트를 참조하여 다음 ≪처리조건≫에 맞도록 작업하시오. (50점)

≪출력형태≫

국가	대륙	품목	2019년	2020년	비중(%)	전년대비 증감률(%)	순위	비고
칠레	남아메리카	휴대용	41,524	49,100	18.1	14.7	3등	우수 국가
인도	아시아	가정용	58,731	49,621	18.3	-13.3	2등	
아르헨티나	남아메리카	고급용	14,138	11,410	4.2	-11.3	6등	
미국	북아메리카	휴대용	69,000	75,310	27.7	8.0	1등	
영국	유럽	가정용	35,815	39,104	14.4	7.2	4등	
캐나다	북아메리카	가정용	10,004	6,632	2.4	-16.9	7등	
프랑스	유럽	휴대용	8,590	10,275	3.8	9.1	8등	
일본	아시아	휴대용	7,813	7,920	2.9	1.4	9등	
브라질	남아메리카	고급용	14,320	18,580	6.8	16.9	5등	우수 국가
베네수엘라	남아메리카	가정용	6,205	3,708	1.4	-40.2	10등	
'대륙'이 "남아메리카"인 '2020년'의 평균				20,700				
'2019년' 중 세 번째로 큰 값				41,524				
'대륙'이 "아시아"인 '2019년'의 합계				66,544				

≪처리조건≫

▶ 1행의 행 높이를 '80'으로 설정하고, 2행~15행의 행 높이를 '18'로 설정하시오.
▶ 제목("빔프로젝트 해외 수출현황") : 순서도의 '순서도 : 문서'를 이용하여 입력하시오.
   - 도형 : 위치([B1:H1]), 도형 스타일(테마 스타일 – 색 채우기 – '황금색 강조 4')
   - 글꼴 : 굴림체, 24pt, 굵게, 기울임꼴
   - 도형 서식 : 도형 옵션 – 크기 및 속성(텍스트 상자(세로 맞춤 : 정가운데, 텍스트 방향 : 가로))

▶ 셀 서식을 아래 조건에 맞게 작성하시오.
   - [A2:I15] : 테두리(안쪽, 윤곽선 모두 실선, '검정, 텍스트 1'), 전체 가운데 맞춤
   - [A13:D13], [A14:D14], [A15:D15] : 각각 병합하고 가운데 맞춤
   - [A2:I2], [A13:D15] : 채우기 색('주황, 강조 2, 60% 더 밝게'), 글꼴(굵게)
   - [D3:E12], [E13:G15] : 셀 서식의 표시 형식-숫자를 이용하여 1000단위 구분 기호 표시
   - [C3:C12] : 셀 서식의 표시 형식-사용자 지정을 이용하여 @"용"자를 추가
   - [H3:H12] : 셀 서식의 표시 형식-사용자 지정을 이용하여 #"등"자를 추가
   - 조건부 서식[A3:I12] : '2019년'이 50000 이상인 경우 레코드 전체에 글꼴('주황, 강조 2', 굵은 기울임꼴) 적용
   - 지시사항이 없는 경우는 주어진 문제 파일의 서식을 그대로 사용하시오.

▶ ① 순위[H3:H12] : '2019년'을 기준으로 큰 순으로 순위를 구하시오. (RANK.EQ 함수)
▶ ② 비고[I3:I12] : '전년대비 증감률(%)'이 10 이상이면 "우수 국가", 그렇지 않으면 공백으로 구하시오. (IF 함수)
▶ ③ 평균[E13:G13] : '대륙'이 "남아메리카"인 "2020년"의 평균을 구하시오. (DAVERAGE 함수)
▶ ④ 순위[E14:G14] : '2019년' 중, 세 번째로 큰 값을 구하시오. (LARGE 함수)
▶ ⑤ 2019년의 합계[E15:G15] : '대륙'이 "아시아"인 '2019년'의 합계를 구하시오. (SUMIF 함수)

디지털정보활용능력 – 스프레드시트[엑셀] (시험시간 : 40분)

[문제 2] "부분합" 시트를 참조하여 다음 ≪처리조건≫에 맞도록 작업하시오. (30점)

≪출력형태≫

	A	B	C	D	E	F	G
2	국가	대륙	품목	2019년	2020년	비중(%)	전년대비 증감률(%)
3	칠레	남아메리카	휴대용	41,524	49,100	18.1	14.7
4	미국	북아메리카	휴대용	69,000	75,310	27.7	8.0
5	프랑스	유럽	휴대용	8,590	10,275	3.8	9.1
6	일본	아시아	휴대용	7,813	7,920	2.9	1.4
7			휴대용 최대값	69,000	75,310		
8			휴대용 요약	126,927	142,605		
9	아르헨티나	남아메리카	고급용	14,138	11,410	4.2	-11.3
10	브라질	남아메리카	고급용	14,320	18,580	6.8	16.9
11			고급용 최대값	14,320	18,580		
12			고급용 요약	28,458	29,990		
13	인도	아시아	가정용	58,731	49,621	18.3	-13.3
14	영국	유럽	가정용	35,815	39,104	14.4	7.2
15	캐나다	북아메리카	가정용	10,004	6,632	2.4	-16.9
16	베네수엘라	남아메리카	가정용	6,205	3,708	1.4	-40.2
17			가정용 최대값	58,731	49,621		
18			가정용 요약	110,755	99,065		
19			전체 최대값	69,000	75,310		
20			총합계	266,140	271,660		

≪처리조건≫

▶ 데이터를 '품목' 기준으로 내림차순 정렬하시오.

▶ 아래 조건에 맞는 부분합을 작성하시오.
  – '품목'으로 그룹화 하여 '2019년', '2020년'의 합계(요약)를 구하는 부분합을 만드시오.
  – '품목'으로 그룹화 하여 '2019년', '2020년'의 최대값을 구하는 부분합을 만드시오.
    (새로운 값으로 대치하지 말 것)
  – [D3:E20] 영역에 셀 서식의 표시 형식–숫자를 이용하여 1000단위 구분 기호를 표시하시오.

▶ D~F열을 선택하여 그룹을 설정하시오.

▶ 합계(요약)과 최대값의 부분합 순서는 ≪출력형태≫와 다를 수 있음

▶ 지시사항이 없는 경우는 기본 값을 적용하시오.

디지털정보활용능력 – 스프레드시트[엑셀] (시험시간 : 40분)

[문제 3] "필터"와 "시나리오" 시트를 참조하여 다음 《처리조건》에 맞도록 작업하시오. (60점)

(1) 필터

《출력형태 – 필터》

	A	B	C	D	E	F	G
1							
2	국가	대륙	품목	2019년	2020년	비중(%)	전년대비 증감률(%)
3	칠레	남아메리카	휴대용	41,524	49,100	18.1	14.7
4	인도	아시아	가정용	58,731	49,621	18.3	-13.3
5	아르헨티나	남아메리카	고급용	14,138	11,410	4.2	-11.3
6	미국	북아메리카	휴대용	69,000	75,310	27.7	8.0
7	영국	유럽	가정용	35,815	39,104	14.4	7.2
8	캐나다	북아메리카	가정용	10,004	6,632	2.4	-16.9
9	프랑스	유럽	휴대용	8,590	10,275	3.8	9.1
10	일본	아시아	휴대용	7,813	7,920	2.9	1.4
11	브라질	남아메리카	고급용	14,320	18,580	6.8	16.9
12	베네수엘라	남아메리카	가정용	6,205	3,708	1.4	-40.2
13							
14	조건						
15	FALSE						
16							
17							
18	국가	2019년	2020년	비중(%)			
19	아르헨티나	14,138	11,410	4.2			
20	브라질	14,320	18,580	6.8			
21							

《처리조건》

▶ "필터" 시트의 [A2:G12]를 아래 조건에 맞게 고급 필터를 사용하여 작성하시오.
  – '대륙'이 "남아메리카"이고 '품목'이 "고급용"인 데이터를 '국가', '2019년', '2020년', '비중(%)'의 데이터만 필터링 하시오.
  – 조건 위치 : 조건 함수는 [A15] 한 셀에 작성(AND 함수 이용)
  – 결과 위치 : [A18]부터 출력

▶ 지시사항이 없는 경우는 《출력형태 – 필터》와 동일하게 작성하시오.

(2) 시나리오

≪출력형태 – 시나리오≫

	현재 값	2020년 4500 증가	2020년 3300 감소
변경 셀:			
$E$4	49,621	54,121	46,321
$E$7	39,104	43,604	35,804
$E$8	6,632	11,132	3,332
$E$12	3,708	8,208	408
결과 셀:			
$F$4	18.3	18.7	17.9
$F$7	14.4	15.1	13.9
$F$8	2.4	3.8	1.3
$F$12	1.4	2.8	0.2

참고: 현재 값 열은 시나리오 요약 보고서가 작성될 때의 변경 셀 값을 나타냅니다. 각 시나리오의 변경 셀들은 회색으로 표시됩니다.

≪처리조건≫

▶ "시나리오" 시트의 [A2:G12]를 이용하여 '품목'이 "가정용"인 경우, '2020년'이 변동할 때 '비중(%)'이 변동하는 가상 분석(시나리오)을 작성하시오.
  - 시나리오1 : 시나리오 이름은 "2020년 4500 증가", '2020년'에 4500을 증가시킨 값 설정.
  - 시나리오2 : 시나리오 이름은 "2020년 3300 감소", '2020년'에 3300을 감소시킨 값 설정.
  - "시나리오 요약" 시트를 작성하시오.

▶ 지시사항이 없는 경우는 ≪출력형태 – 시나리오≫와 동일하게 작성하시오.

디지털정보활용능력 – 스프레드시트[엑셀] (시험시간 : 40분)

[문제 4] "피벗테이블" 시트를 참조하여 다음 ≪처리조건≫에 맞도록 작업하시오. (30점)

≪출력형태≫

	A	B	C	D	E
3			품목		
4	대륙	값	가정	고급	휴대
5	남아메리카	평균 : 2019년	6,205	14,229	41,524
6		평균 : 2020년	3,708	14,995	49,100
7	북아메리카	평균 : 2019년	10,004	***	69,000
8		평균 : 2020년	6,632	***	75,310
9	유럽	평균 : 2019년	35,815	***	8,590
10		평균 : 2020년	39,104	***	10,275
11		전체 평균 : 2019년	17,341	14,229	39,705
12		전체 평균 : 2020년	16,481	14,995	44,895

≪처리조건≫

▶ "피벗테이블" 시트의 [A2:G12]를 이용하여 새로운 시트에 ≪출력형태≫와 같이 피벗 테이블을 작성 후 시트명을 "피벗테이블 정답"으로 수정하시오.

▶ 대륙(행)과 품목(열)을 기준으로 하여 출력형태와 같이 구하시오.
 – '2019년', '2020년'의 평균을 구하시오.
 – 피벗테이블 옵션을 이용하여 레이블이 있는 셀 병합 및 가운데 맞춤하고, 빈 셀을 "***"로 표시한 후, 행의 총합계를 감추기 하시오.
 – 피벗테이블 디자인에서 보고서 레이아웃은 '테이블 형식으로 표시', 피벗테이블 스타일은 '피벗 스타일 보통 21'로 표시하시오.
 – 대륙(행)은 "남아메리카", "북아메리카", "유럽"만 출력되도록 표시하시오.
 – [C5:E12] 데이터는 셀 서식의 표시 형식–숫자를 이용하여 1000단위 구분 기호를 표시하고, 가운데 맞춤하시오.

▶ 대륙의 순서는 ≪출력형태≫와 다를 수 있음

▶ 지시사항이 없는 경우는 ≪출력형태≫와 동일하게 작성하시오.

| 디지털정보활용능력 – 스프레드시트[엑셀] (시험시간 : 40분) | 6/6 |

[문제 5] "차트" 시트를 참조하여 다음 ≪처리조건≫에 맞도록 작업하시오. (30점)

≪출력형태≫

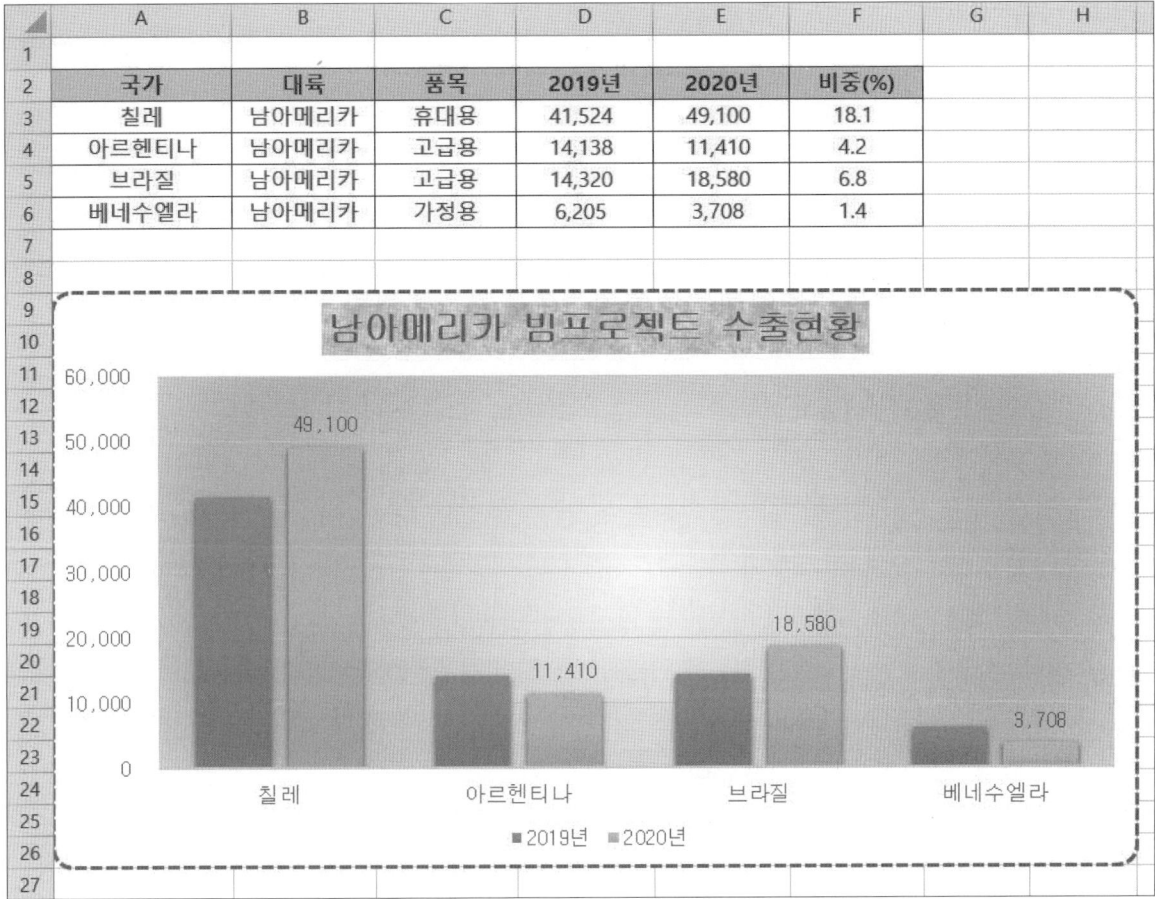

≪처리조건≫

▶ "차트" 시트에 주어진 표를 이용하여 '묶은 세로 막대형' 차트를 작성하시오.
- 데이터 범위 : 현재 시트 [A2:A6], [D2:E6]의 데이터를 이용하여 작성하고, 행/열 전환은 '열'로 지정
- 차트 제목("남아메리카 빔프로젝트 수출현황")
- 범례 위치 : 아래쪽
- 차트 스타일 : 색 변경(색상형 – 색 3, 스타일 14)
- 차트 위치 : 현재 시트에 [A9:H26] 크기에 정확하게 맞추시오.
- 차트 영역 서식 : 글꼴(돋움체, 11pt), 테두리 색(실선, 색 : 진한 빨강), 테두리 스타일(너비 : 2pt, 겹선 종류 : 단순형, 대시 종류 : 사각 점선, 둥근 모서리)
- 차트 제목 서식 : 글꼴(굴림체, 18pt, 굵게), 채우기(그림 또는 질감 채우기, 질감 : 꽃다발)
- 그림 영역 서식 : 채우기(그라데이션 채우기, 그라데이션 미리 설정 : 밝은 그라데이션 – 강조 2, 종류 : 방사형, 방향 : 가운데에서)
- 데이터 레이블 추가 : '2020년' 계열에 "값" 표시

▶ 지시사항이 없는 경우는 ≪출력형태≫와 동일하게 작성하시오.

제03회 디지털정보활용능력 출제예상 모의고사

- ☑ 시험과목 : 스프레드시트(엑셀)
- ☑ 시험일자 : 20XX. XX. XX. (X)
- ☑ 응시자 기재사항 및 감독위원 확인

MS Office 2016 버전용

수검번호	DIS - XXXX -	감독위원 확인
성 명		

응시자 유의사항

1. 응시자는 신분증을 지참하여야 시험에 응시할 수 있으며, 시험이 종료될 때까지 신분증을 제시하지 못 할 경우 해당 시험은 0점 처리됩니다.
2. 시스템(PC작동여부, 네트워크 상태 등)의 이상여부를 반드시 확인하여야 하며, 시스템 이상이 있을시 감독위원에게 조치를 받으셔야 합니다.
3. 시험 중 부주의 또는 고의로 시스템을 파손한 경우는 응시자 부담으로 합니다.
4. 답안 전송 프로그램을 통해 다운로드 받은 파일을 이용하여 답안 파일을 작성하시기 바랍니다.
5. 작성한 답안 파일은 답안 전송 프로그램을 통하여 전송됩니다. 감독위원의 지시에 따라 주시기 바랍니다.
6. 다음 사항의 경우 실격(0점) 혹은 부정행위 처리됩니다.
   1) 답안 파일을 저장하지 않았거나, 저장한 파일이 손상되었을 경우
   2) 답안 파일을 지정된 폴더(바탕화면 – "KAIT" 폴더)에 저장하지 않았을 경우
      ※ 답안 전송 프로그램 로그인 시 바탕화면에 자동 생성됨
   3) 답안 파일을 다른 보조 기억장치(USB) 혹은 네트워크(메신저, 게시판 등)로 전송할 경우
   4) 휴대용 전화기 등 통신기기를 사용할 경우
7. 시험지에 제시된 글꼴이 응시 프로그램에 없는 경우, 반드시 감독위원에게 해당 내용을 통보한 뒤 조치를 받아야 합니다.
8. 시험의 완료는 작성이 완료된 답안을 저장하고, 답안 전송이 완료된 상태를 확인한 것으로 합니다. 답안 전송 확인 후 문제지는 감독위원에게 제출한 후 퇴실하여야 합니다.
9. 답안 전송이 완료된 경우에는 수정 또는 정정이 불가능합니다.
10. 시험 시행 후 결과는 홈페이지(www.ihd.or.kr)에서 확인하시기 바랍니다.
    1) 문제 및 정답 공개 : 20XX. XX. XX.(X)
    2) 합격자 발표 : 20XX. XX. XX.(X)

디지털정보활용능력 – 스프레드시트[엑셀] (시험시간 : 40분)

[문제 1] "성적현황" 시트를 참조하여 다음 ≪처리조건≫에 맞도록 작업하시오. (50점)

≪출력형태≫

	A	B	C	D	E	F	G	H	I
1				오피스 실기 성적현황					
2	순번	이름	학년	한글	파포	엑셀	평균	순위	비고
3	1	고광섭	3학년	78점	79점	84점	80.3	4위	우수
4	2	김영미	2학년	79점	82점	68점	76.3	9위	노력
5	3	채경찬	3학년	95점	90점	98점	94.3	1위	우수
6	4	권찬영	1학년	84점	80점	69점	77.7	6위	노력
7	5	임종례	1학년	65점	76점	74점	71.7	10위	노력
8	6	김은영	3학년	78점	84점	80점	80.7	3위	우수
9	7	한고은	2학년	80점	82점	68점	76.7	7위	노력
10	8	이고은	3학년	98점	89점	93점	93.3	2위	우수
11	9	최민지	1학년	76점	78점	84점	79.3	5위	노력
12	10	나동록	2학년	81점	71점	78점	76.7	7위	노력
13	'학년'이 "3학년"인 '엑셀'의 합계				355점				
14	'파포'의 최대값-최소값				19점				
15	'한글' 중 두 번째로 큰 값				95점				

≪처리조건≫

▶ 1행의 행 높이를 '75'로 설정하고, 2행~15행의 행 높이를 '18'로 설정하시오.
▶ 제목("오피스 실기 성적현황") : 기본 도형의 '배지'를 이용하여 입력하시오.
 – 도형 : 위치([B1:H1]), 도형 채우기(테마 스타일 – 밝은 색 1 윤곽선, 색 채우기 – '녹색, 강조 6')
 – 글꼴 : 굴림체, 32pt, 굵게, 기울임꼴
 – 도형 서식 : 도형 옵션 – 크기 및 속성(텍스트 상자(세로 맞춤 : 정가운데, 텍스트 방향 : 가로))

▶ 셀 서식을 아래 조건에 맞게 작성하시오.
 – [A2:I15] : 테두리(안쪽, 윤곽선 모두 실선, '검정, 텍스트 1'), 전체 가운데 맞춤
 – [A13:D13], [A14:D14], [A15:D15] : 각각 병합하고 가운데 맞춤
 – [A2:I2], [A13:D15] : 채우기 색('황금색, 강조 4, 60% 더 밝게'), 글꼴(굵게)
 – [D3:F12], [E13:G15] : 셀 서식의 표시 형식–사용자 지정을 이용하여 #"점"자를 추가
 – [G3:G12] : 셀 서식의 표시 형식–숫자를 이용하여 소수 자릿수 1로 표시
 – [H3:H12] : 셀 서식의 표시 형식–사용자 지정을 이용하여 #"위"자를 추가
 – 조건부 서식[A3:I12] : '학년'이 "1학년"인 경우 레코드 전체에 글꼴(파랑, 굵게) 적용
 – 지시사항이 없는 경우는 주어진 문제 파일의 서식을 그대로 사용하시오.

▶ ① 순위[H3:H12] : '평균'을 기준으로 큰 순으로 순위를 구하시오. **(RANK.EQ 함수)**
▶ ② 비고[I3:I12] : '평균'이 80 이상이면 "우수", 그렇지 않으면 "노력"으로 구하시오. **(IF 함수)**
▶ ③ 합계[E13:G13] : '학년'이 "3학년"인 '엑셀'의 합계를 구하시오. **(DSUM 함수)**
▶ ④ 최대값-최소값[E14:G14] : '파포'의 최대값과 최소값의 차이를 구하시오. **(MAX, MIN 함수)**
▶ ⑤ 순위 [E15:G15] : '한글' 중, 두 번째로 큰 값을 구하시오. **(LARGE 함수)**

디지털정보활용능력 – 스프레드시트[엑셀] (시험시간 : 40분)

[문제 2] "부분합" 시트를 참조하여 다음 ≪처리조건≫에 맞도록 작업하시오. (30점)

≪출력형태≫

	A	B	C	D	E	F	G
1							
2	순번	이름	학년	한글	파포	엑셀	평균
3	4	권찬영	1학년	84.0	80.0	69.0	77.7
4	5	임종례	1학년	65.0	76.0	74.0	71.7
5	9	최민지	1학년	76.0	78.0	84.0	79.3
6			1학년 최대값				79.3
7			1학년 평균	75.0	78.0	75.7	
8	2	김영미	2학년	79.0	82.0	68.0	76.3
9	7	한고은	2학년	80.0	82.0	68.0	76.7
10	10	나동록	2학년	81.0	71.0	78.0	76.7
11			2학년 최대값				76.7
12			2학년 평균	80.0	78.3	71.3	
13	1	고광섭	3학년	78.0	79.0	84.0	80.3
14	3	채경찬	3학년	95.0	90.0	98.0	94.3
15	6	김은영	3학년	78.0	84.0	80.0	80.7
16	8	이고은	3학년	98.0	89.0	93.0	93.3
17			3학년 최대값				94.3
18			3학년 평균	87.3	85.5	88.8	
19			전체 최대값				94.3
20			전체 평균	81.4	81.1	79.6	
21							

≪처리조건≫

▶ 데이터를 '학년' 기준으로 오름차순 정렬하시오.

▶ 아래 조건에 맞는 부분합을 작성하시오.
 – '학년'으로 그룹화 하여 '한글', '파포', '엑셀'의 평균을 구하는 부분합을 만드시오.
 – '학년'으로 그룹화 하여 '평균'의 최대값을 구하는 부분합을 만드시오.
  (새로운 값으로 대치하지 말 것)
 – [D3:G20] 영역에 셀 서식의 표시 형식-숫자를 이용하여 소수 자릿수 1로 표시하시오.

▶ D~F열을 선택하여 그룹을 설정하시오.

▶ 평균과 최대값의 부분합 순서는 ≪출력형태≫와 다를 수 있음

▶ 지시사항이 없는 경우는 기본 값을 적용하시오.

디지털정보활용능력 – 스프레드시트[엑셀] (시험시간 : 40분)

[문제 3] "필터"와 "시나리오" 시트를 참조하여 다음 ≪처리조건≫에 맞도록 작업하시오. (60점)

(1) 필터

≪출력형태 – 필터≫

	A	B	C	D	E	F	G
1							
2	순번	이름	학년	한글	파포	엑셀	평균
3	1	고광섭	3학년	78	79	84	80.33333
4	2	김영미	2학년	79	82	68	76.33333
5	3	채경찬	3학년	95	90	98	94.33333
6	4	권찬영	1학년	84	80	69	77.66666
7	5	임종례	1학년	65	76	74	71.66666
8	6	김은영	3학년	78	84	80	80.66666
9	7	한고은	2학년	80	82	68	76.66666
10	8	이고은	3학년	98	89	93	93.33333
11	9	최민지	1학년	76	78	84	79.33333
12	10	나동록	2학년	81	71	78	76.66666
13							
14	조건						
15	FALSE						
16							
17	이름	한글	파포	엑셀			
18	채경찬	95	90	98			
19	이고은	98	89	93			
20							

≪처리조건≫

▶ "필터" 시트의 [A2:G12]를 아래 조건에 맞게 고급 필터를 사용하여 작성하시오.
 – '학년'이 "3학년"이고 '평균'이 90 이상인 데이터를 '이름', '한글', '파포', '엑셀'의 데이터만 필터링 하시오.
 – 조건 위치 : 조건 함수는 [A15] 한 셀에 작성(AND 함수 이용)
 – 결과 위치 : [A17]부터 출력

▶ 지시사항이 없는 경우는 ≪출력형태 – 필터≫와 동일하게 작성하시오.

(2) 시나리오

≪출력형태 - 시나리오≫

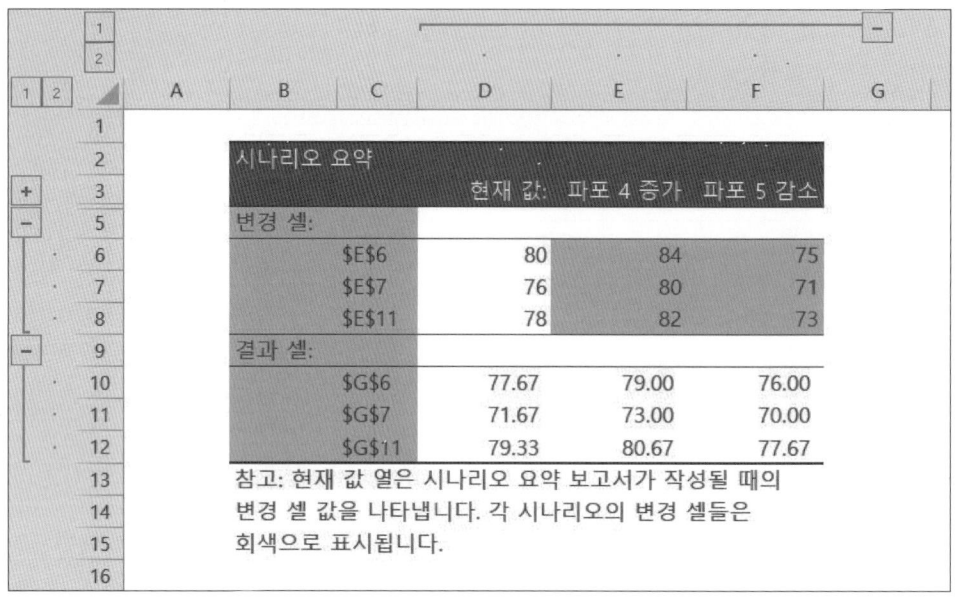

≪처리조건≫

▶ "시나리오" 시트의 [A2:G12]를 이용하여 '학년'이 "1학년"인 경우, '파포'가 변동할 때 '평균'이 변동하는 가상 분석(시나리오)을 작성하시오.
- 시나리오1 : 시나리오 이름은 "파포 4 증가", '파포'에 4를 증가시킨 값 설정.
- 시나리오2 : 시나리오 이름은 "파포 5 감소", '파포'에 5를 감소시킨 값 설정.
- "시나리오 요약" 시트를 작성하시오.

▶ 지시사항이 없는 경우는 ≪출력형태 - 시나리오≫와 동일하게 작성하시오.

[문제 4] "피벗테이블" 시트를 참조하여 다음 ≪처리조건≫에 맞도록 작업하시오. (30점)

≪출력형태≫

	A	B	C	D	E	F
1						
2						
3			이름 ▼			
4	학년 ▼	값	김영미	나동록	최민지	한고은
5	1학년	평균 : 한글	**	**	76점	**
6		평균 : 파포	**	**	78점	**
7		평균 : 엑셀	**	**	84점	**
8	2학년	평균 : 한글	79점	81점	**	80점
9		평균 : 파포	82점	71점	**	82점
10		평균 : 엑셀	68점	78점	**	68점
11	전체 평균 : 한글		79점	81점	76점	80점
12	전체 평균 : 파포		82점	71점	78점	82점
13	전체 평균 : 엑셀		68점	78점	84점	68점
14						

≪처리조건≫

▶ "피벗테이블" 시트의 [A2:G12]를 이용하여 새로운 시트에 ≪출력형태≫와 같이 피벗 테이블을 작성 후 시트명을 "피벗테이블 정답"으로 수정하시오.

▶ 학년(행)과 이름(열)을 기준으로 하여 출력형태와 같이 구하시오.
  – '한글', '파포', '엑셀'의 평균을 구하시오.
  – 피벗테이블 옵션을 이용하여 레이블이 있는 셀 병합 및 가운데 맞춤하고, 빈 셀을 "**"로 표시한 후, 행의 총합계를 감추기 하시오.
  – 피벗테이블 디자인에서 보고서 레이아웃은 '테이블 형식으로 표시', 피벗테이블 스타일은 '피벗 스타일 보통 12'로 표시하시오.
  – 이름(열)은 "김영미", "나동록", "최민지", "한고은"만 출력되도록 표시하시오.
  – [C5:F13] 데이터는 셀 서식의 표시 형식-사용자 지정을 이용하여 #"점"자를 추가하고, 오른쪽 맞춤하시오.

▶ 학년의 순서는 ≪출력형태≫와 다를 수 있음

▶ 지시사항이 없는 경우는 ≪출력형태≫와 동일하게 작성하시오.

[문제 5] "차트" 시트를 참조하여 다음 ≪처리조건≫에 맞도록 작업하시오. (30점)

≪출력형태≫

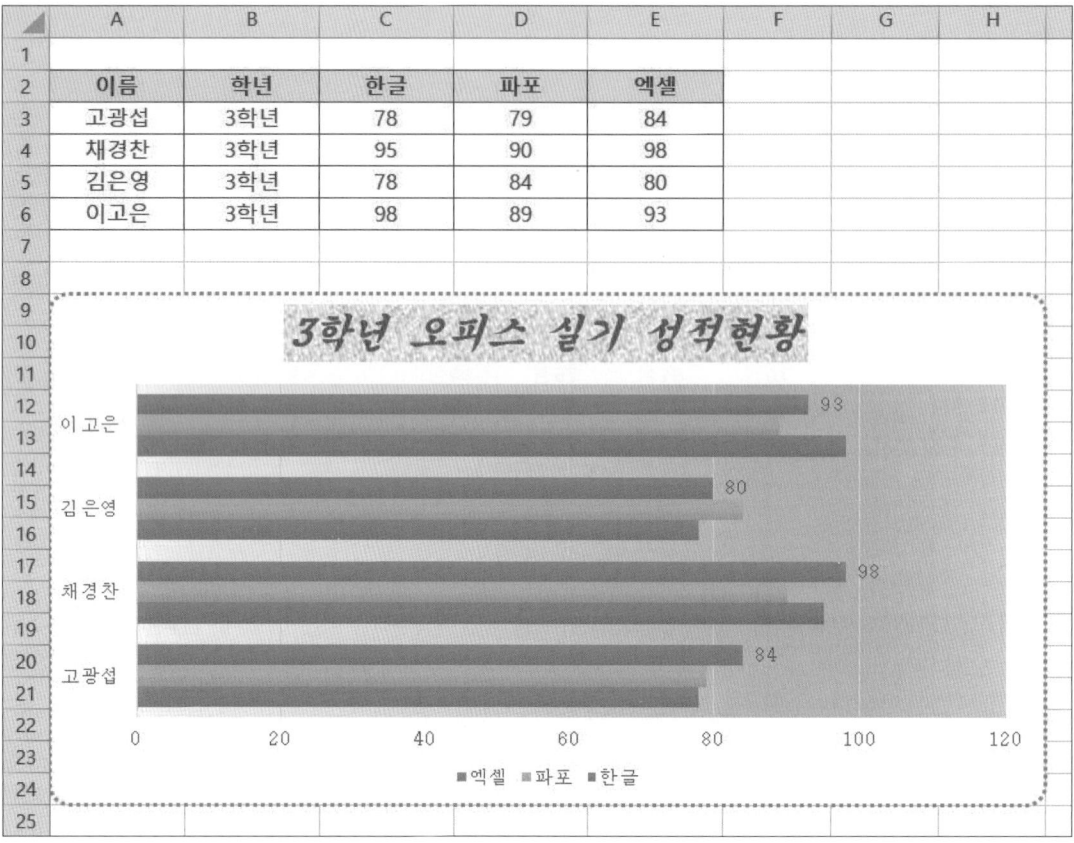

≪처리조건≫

▶ "차트" 시트에 주어진 표를 이용하여 '묶은 가로 막대형' 차트를 작성하시오.
  - 데이터 범위 : 현재 시트 [A2:A6], [C2:E6]의 데이터를 이용하여 작성하고, 행/열 전환은 '열'로 지정
  - 차트 제목("3학년 오피스 실기 성적현황")
  - 범례 위치 : 아래쪽
  - 차트 스타일 : 색 변경(색상형 - 색 3, 스타일 5)
  - 차트 위치 : 현재 시트에 [A9:H24] 크기에 정확하게 맞추시오.
  - 차트 영역 서식 : 글꼴(바탕, 10pt), 테두리 색(실선, 색 : '녹색, 강조 6'), 테두리 스타일 (너비 : 2pt,
                  겹선 종류 : 단순형, 대시 종류 : 둥근 점선, 둥근 모서리)
  - 차트 제목 서식 : 글꼴(궁서체, 20pt, 기울임꼴), 채우기(그림 또는 질감 채우기, 질감 : 신문 용지)
  - 그림 영역 서식 : 채우기(그라데이션 채우기, 그라데이션 미리 설정 : 밝은 그라데이션 - 강조 6, 종류 : 선형,
                  방향 : 선형 오른쪽)
  - 데이터 레이블 추가 : '엑셀' 계열에 "값" 표시

▶ 지시사항이 없는 경우는 ≪출력형태≫와 동일하게 작성하시오.

제04회 디지털정보활용능력 출제예상 모의고사

☑ 시험과목 : 스프레드시트(엑셀)
☑ 시험일자 : 20XX. XX. XX. (X)
☑ 응시자 기재사항 및 감독위원 확인

MS Office 2016 버전용

수 검 번 호	DIS - XXXX -	감독위원 확인
성 명		

응시자 유의사항

1. 응시자는 신분증을 지참하여야 시험에 응시할 수 있으며, 시험이 종료될 때까지 신분증을 제시하지 못 할 경우 해당 시험은 0점 처리됩니다.
2. 시스템(PC작동여부, 네트워크 상태 등)의 이상여부를 반드시 확인하여야 하며, 시스템 이상이 있을시 감독위원에게 조치를 받으셔야 합니다.
3. 시험 중 부주의 또는 고의로 시스템을 파손한 경우는 응시자 부담으로 합니다.
4. 답안 전송 프로그램을 통해 다운로드 받은 파일을 이용하여 답안 파일을 작성하시기 바랍니다.
5. 작성한 답안 파일은 답안 전송 프로그램을 통하여 전송됩니다. 감독위원의 지시에 따라 주시기 바랍니다.
6. 다음 사항의 경우 실격(0점) 혹은 부정행위 처리됩니다.
    1) 답안 파일을 저장하지 않았거나, 저장한 파일이 손상되었을 경우
    2) 답안 파일을 지정된 폴더(바탕화면 - "KAIT" 폴더)에 저장하지 않았을 경우
        ※ 답안 전송 프로그램 로그인 시 바탕화면에 자동 생성됨
    3) 답안 파일을 다른 보조 기억장치(USB) 혹은 네트워크(메신저, 게시판 등)로 전송할 경우
    4) 휴대용 전화기 등 통신기기를 사용할 경우
7. 시험지에 제시된 글꼴이 응시 프로그램에 없는 경우, 반드시 감독위원에게 해당 내용을 통보한 뒤 조치를 받아야 합니다.
8. 시험의 완료는 작성이 완료된 답안을 저장하고, 답안 전송이 완료된 상태를 확인한 것으로 합니다. 답안 전송 확인 후 문제지는 감독위원에게 제출한 후 퇴실하여야 합니다.
9. 답안 전송이 완료된 경우에는 수정 또는 정정이 불가능합니다.
10. 시험 시행 후 결과는 홈페이지(www.ihd.or.kr)에서 확인하시기 바랍니다.
    1) 문제 및 정답 공개 : 20XX. XX. XX.(X)
    2) 합격자 발표 : 20XX. XX. XX.(X)

[문제 1] "판매현황" 시트를 참조하여 다음 ≪처리조건≫에 맞도록 작업하시오. (50점)

≪출력형태≫

제품코드	제품명	제조사	3월 판매량	4월 판매량	5월 판매량	합계	순위	비고
YV-001	베이블레이드	영실업	3,430	2,220	4,450	10,100	9위	
AM-001	로보카폴리	아카데미과학	2,650	1,470	5,240	9,360	10위	
SC-003	헬로카봇	손오공	3,640	2,480	5,400	11,520	2위	
MC-002	꼬마버스 타요	미미월드	2,980	1,570	6,250	10,800	7위	인기상품
SV-003	공룡메카드	손오공	3,980	2,160	6,930	13,070	1위	인기상품
AM-002	포켓몬	아카데미과학	3,450	1,960	5,650	11,060	4위	
YC-001	콩순이	영실업	3,468	1,860	6,060	11,388	3위	인기상품
SV-002	터닝메카드	손오공	3,317	2,080	5,410	10,807	6위	
MC-004	엔젤이 스티커	미미월드	2,780	1,750	5,740	10,270	8위	
YM-003	시크릿 쥬쥬	영실업	3,450	2,360	5,250	11,060	4위	
'합계'의 최대값-최소값 차이				3,710				
'제조사'가 "영실업"인 '제품코드'의 개수				3개				
'5월 판매량' 중 두 번째로 큰 값				6,250				

≪처리조건≫

▶ 1행의 행 높이를 '70'으로 설정하고, 2행~15행의 행 높이를 '17'로 설정하시오.
▶ 제목("어린이 장난감 판매현황") : WordArt를 이용하여 입력하시오.
  - WordArt 스타일(무늬 채우기 – 파랑, 강조 1, 연한 하향 대각선, 윤곽선 – 강조 1), 위치([B1:G1]), 글꼴 : HY견고딕, 40pt, 굵게, 기울임꼴

▶ 셀 서식을 아래 조건에 맞게 작성하시오.
  - [A2:I15] : 테두리(안쪽, 윤곽선 모두 실선, '검정, 텍스트 1'), 전체 가운데 맞춤
  - [A13:D13], [A14:D14], [A15:D15] : 각각 병합하고 가운데 맞춤
  - [A2:I2], [A13:D15] : 채우기 색('파랑, 강조 1, 60% 더 밝게'), 글꼴(굵게)
  - [H3:H12] : 셀 서식의 표시 형식-사용자 지정을 이용하여 #"위"자를 추가
  - [D3:G12], [E13:G13], [E15:G15] : 셀 서식의 표시 형식-숫자를 이용하여 1000단위 구분 기호 표시
  - [E14:G14] : 셀 서식의 표시 형식-사용자 지정을 이용하여 #"개"자를 추가
  - 조건부 서식[A3:I12] : '5월 판매량'이 5000 이하인 경우 레코드 전체에 글꼴(진한 빨강, 굵은 기울임꼴) 적용
  - 지시사항이 없는 경우는 주어진 문제 파일의 서식을 그대로 사용하시오.

▶ ① 순위[H3:H12] : '합계'를 기준으로 큰 순으로 순위를 구하시오. **(RANK.EQ 함수)**
▶ ② 비고[I3:I12] : '5월 판매량'이 6000 이상이면 "인기상품", 그렇지 않으면 공백으로 구하시오. **(IF 함수)**
▶ ③ 최대값-최소값[E13:G13] : '합계'의 최대값과 최소값의 차이를 구하시오. **(MAX, MIN 함수)**
▶ ④ 개수[E14:G14] : '제조사'가 "영실업"인 '제품코드'의 개수를 구하시오. **(DCOUNTA 함수)**
▶ ⑤ 순위[E15:G15] : '5월 판매량' 중, 두 번째로 큰 값을 구하시오. **(LARGE 함수)**

디지털정보활용능력 – 스프레드시트[엑셀] (시험시간 : 40분)

[문제 2] "부분합" 시트를 참조하여 다음 ≪처리조건≫에 맞도록 작업하시오. (30점)

≪출력형태≫

	A	B	C	D	E	F	G
2	제품코드	제품명	제조사	3월 판매량	4월 판매량	5월 판매량	합계
3	MC-002	꼬마버스 타요	미미월드	2,980	1,570	6,250	10,800
4	MC-004	엔젤이 스티커	미미월드	2,780	1,750	5,740	10,270
5			미미월드 최대값				10,800
6			미미월드 평균	2,880		5,995	
7	SC-003	헬로카봇	손오공	3,640	2,480	5,400	11,520
8	SV-003	공룡메카드	손오공	3,980	2,160	6,930	13,070
9	SV-002	터닝메카드	손오공	3,317	2,080	5,410	10,807
10			손오공 최대값				13,070
11			손오공 평균	3,646		5,913	
12	AM-001	로보카폴리	아카데미과학	2,650	1,470	5,240	9,360
13	AM-002	포켓몬	아카데미과학	3,450	1,960	5,650	11,060
14			아카데미과학 최대값				11,060
15			아카데미과학 평균	3,050		5,445	
16	YV-001	베이블레이드	영실업	3,430	2,220	4,450	10,100
17	YC-001	콩순이	영실업	3,468	1,860	6,060	11,388
18	YM-003	시크릿 쥬쥬	영실업	3,450	2,360	5,250	11,060
19			영실업 최대값				11,388
20			영실업 평균	3,449		5,253	
21			전체 최대값				13,070
22			전체 평균	3,315		5,638	

≪처리조건≫

▶ 데이터를 '제조사' 기준으로 오름차순 정렬하시오.

▶ 아래 조건에 맞는 부분합을 작성하시오.
 – '제조사'로 그룹화 하여 '3월 판매량', '5월 판매량'의 평균을 구하는 부분합을 만드시오.
 – '제조사'로 그룹화 하여 '합계'의 최대값을 구하는 부분합을 만드시오.
  (새로운 값으로 대치하지 말 것)
 – [D3:G22] 영역에 셀 서식의 표시 형식-숫자를 이용하여 1000단위 구분 기호를 표시하시오.

▶ D~F열을 선택하여 그룹을 설정하시오.

▶ 평균과 최대값의 부분합 순서는 ≪출력형태≫와 다를 수 있음

▶ 지시사항이 없는 경우는 기본 값을 적용하시오.

디지털정보활용능력 – 스프레드시트[엑셀] (시험시간 : 40분)

[문제 3] "필터"와 "시나리오" 시트를 참조하여 다음 ≪처리조건≫에 맞도록 작업하시오. (60점)

(1) 필터

≪출력형태 – 필터≫

	A	B	C	D	E	F	G
1							
2	제품코드	제품명	제조사	3월 판매량	4월 판매량	5월 판매량	합계
3	YV-001	베이블레이드	영실업	3,430	2,220	4,450	10,100
4	AM-001	로보카폴리	아카데미과학	2,650	1,470	5,240	9,360
5	SC-003	헬로카봇	손오공	3,640	2,480	5,400	11,520
6	MC-002	꼬마버스 타요	미미월드	2,980	1,570	6,250	10,800
7	SV-003	공룡메카드	손오공	3,980	2,160	6,930	13,070
8	AM-002	포켓몬	아카데미과학	3,450	1,960	5,650	11,060
9	YC-001	콩순이	영실업	3,468	1,860	6,060	11,388
10	SV-002	터닝메카드	손오공	3,317	2,080	5,410	10,807
11	MC-004	엔젤이 스티커	미미월드	2,780	1,750	5,740	10,270
12	YM-003	시크릿 쥬쥬	영실업	3,450	2,360	5,250	11,060
13							
14	조건						
15	FALSE						
16							
17	제품명	3월 판매량	4월 판매량	5월 판매량			
18	콩순이	3,468	1,860	6,060			
19	시크릿 쥬쥬	3,450	2,360	5,250			
20							

≪처리조건≫

▶ "필터" 시트의 [A2:G12]를 아래 조건에 맞게 고급 필터를 사용하여 작성하시오.
   - '제조사'가 "영실업"이고 '합계'가 11000 이상인 데이터를 '제품명', '3월 판매량', '4월 판매량', '5월 판매량'의 데이터만 필터링 하시오.
   - 조건 위치 : 조건 함수는 [A15] 한 셀에 작성(AND 함수 이용)
   - 결과 위치 : [A17]부터 출력

▶ 지시사항이 없는 경우는 ≪출력형태 – 필터≫와 동일하게 작성하시오.

(2) 시나리오

≪출력형태 - 시나리오≫

	시나리오 요약			
		현재 값:	5월 판매량 1000 증가	5월 판매량 1000 감소
변경 셀:				
	$F$3	4,450	5,450	3,450
	$F$9	6,060	7,060	5,060
	$F$12	5,250	6,250	4,250
결과 셀:				
	$G$3	10,100	11,100	9,100
	$G$9	11,388	12,388	10,388
	$G$12	11,060	12,060	10,060

참고: 현재 값 열은 시나리오 요약 보고서가 작성될 때의 변경 셀 값을 나타냅니다. 각 시나리오의 변경 셀들은 회색으로 표시됩니다.

≪처리조건≫

▶ "시나리오" 시트의 [A2:G12]를 이용하여 '제조사'가 "영실업"인 경우, '5월 판매량'이 변동할 때 '합계'가 변동하는 가상 분석 (시나리오)을 작성하시오.
  - 시나리오1 : 시나리오 이름은 "5월 판매량 1000 증가", '5월 판매량'에 1000을 증가시킨 값 설정.
  - 시나리오2 : 시나리오 이름은 "5월 판매량 1000 감소", '5월 판매량'에 1000을 감소시킨 값 설정.
  - "시나리오 요약" 시트를 작성하시오.

▶ 지시사항이 없는 경우는 ≪출력형태 - 시나리오≫와 동일하게 작성하시오.

[문제 4] "피벗테이블" 시트를 참조하여 다음 ≪처리조건≫에 맞도록 작업하시오. (30점)

≪출력형태≫

	A	B	C	D	E	F	G	H
1								
2								
3	제조사 ▼	값	제품명 ▼					
4			공룡메카드	베이블레이드	시크릿 쥬쥬	콩순이	터닝메카드	헬로카봇
5	손오공	평균 : 3월 판매량	3,980	***	***	***	3,317	3,640
6		평균 : 5월 판매량	6,930	***	***	***	5,410	5,400
7	영실업	평균 : 3월 판매량	***	3,430	3,450	3,468	***	***
8		평균 : 5월 판매량	***	4,450	5,250	6,060	***	***
9	전체 평균 : 3월 판매량		3,980	3,430	3,450	3,468	3,317	3,640
10	전체 평균 : 5월 판매량		6,930	4,450	5,250	6,060	5,410	5,400
11								

≪처리조건≫

▶ "피벗테이블" 시트의 [A2:G12]를 이용하여 새로운 시트에 ≪출력형태≫와 같이 피벗 테이블을 작성 후 시트명을 "피벗테이블 정답"으로 수정하시오.

▶ 제조사(행)와 제품명(열)을 기준으로 하여 출력형태와 같이 구하시오.
  - '3월 판매량', '5월 판매량'의 평균을 구하시오.
  - 피벗테이블 옵션을 이용하여 레이블이 있는 셀 병합 및 가운데 맞춤하고, 빈 셀을 "***"로 표시한 후, 행의 총합계를 감추기 하시오.
  - 피벗테이블 디자인에서 보고서 레이아웃은 '테이블 형식으로 표시', 피벗테이블 스타일은 '피벗 스타일 보통 9'로 표시하시오.
  - 제조사(행)는 "손오공", "영실업"만 출력되도록 표시하시오.
  - [C5:H10] 데이터는 셀 서식의 표시 형식-숫자를 이용하여 1000단위 구분 기호를 표시하고, 오른쪽 맞춤하시오.

▶ 제조사 항목의 순서는 ≪출력형태≫와 다를 수 있음

▶ 지시사항이 없는 경우는 ≪출력형태≫와 동일하게 작성하시오.

[문제 5] "차트" 시트를 참조하여 다음 ≪처리조건≫에 맞도록 작업하시오. (30점)

≪출력형태≫

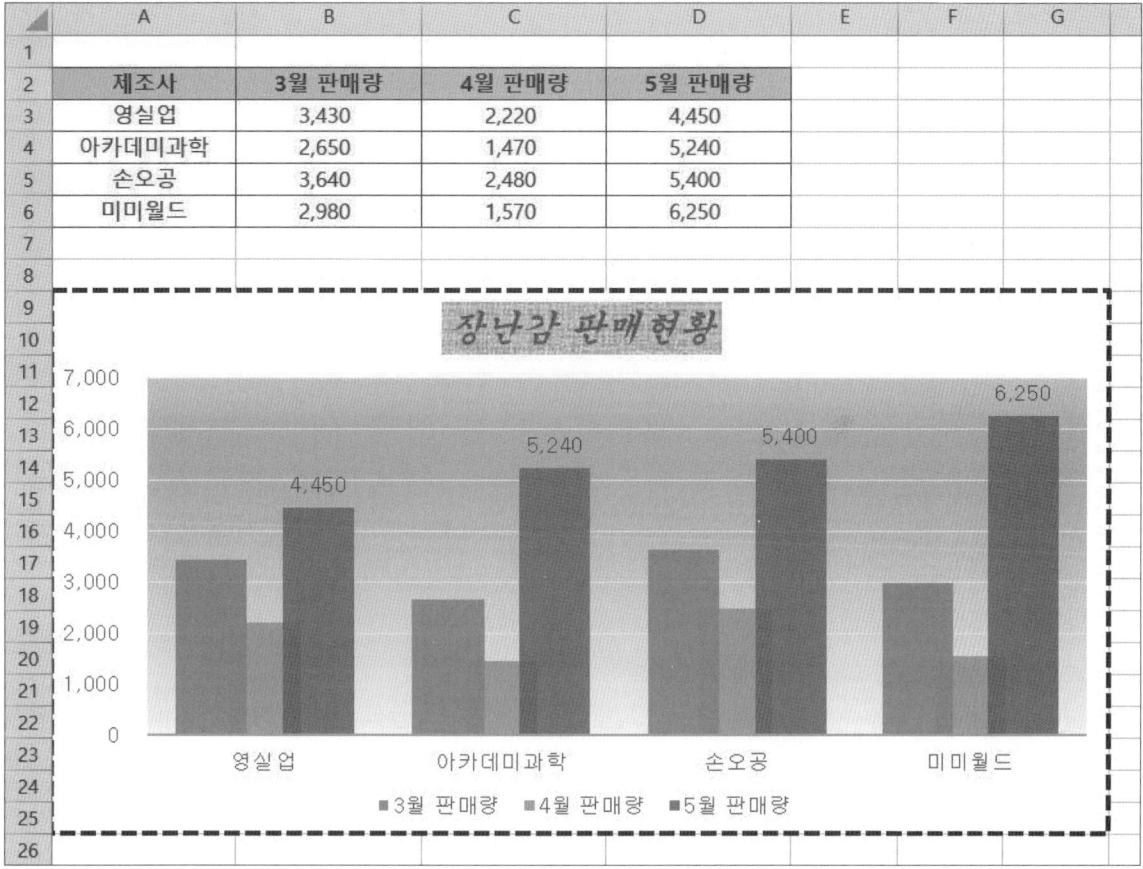

≪처리조건≫

▶ "차트" 시트에 주어진 표를 이용하여 '묶은 세로 막대형' 차트를 작성하시오.
 - 데이터 범위 : 현재 시트 [A2:D6]의 데이터를 이용하여 작성하고, 행/열 전환은 '열'로 지정
 - 차트 제목("장난감 판매현황")
 - 범례 위치 : 아래쪽
 - 차트 스타일 : 색 변경(색상형-색 2, 스타일 13)
 - 차트 위치 : 현재 시트에 [A9:G25] 크기에 정확하게 맞추시오.
 - 차트 영역 서식 : 글꼴(굴림, 11pt), 테두리 색(실선, 색 : '검정, 텍스트 1'), 테두리 스타일 (너비 : 2.5pt, 겹선 종류 : 단순형, 대시 종류 : 사각 점선)
 - 차트 제목 서식 : 글꼴(궁서, 18pt, 기울임꼴), 채우기(그림 또는 질감 채우기, 질감 : 캔버스)
 - 그림 영역 서식 : 채우기(그라데이션 채우기, 그라데이션 미리 설정 : 밝은 그라데이션-강조 1, 종류 : 선형, 방향 : 선형 위쪽)
 - 데이터 레이블 추가 : '5월 판매량' 계열에 "값" 표시

▶ 지시사항이 없는 경우는 ≪출력형태≫와 동일하게 작성하시오.

제05회 디지털정보활용능력 출제예상 모의고사

☑ 시험과목 : 스프레드시트(엑셀)
☑ 시험일자 : 20XX. XX. XX. (X)
☑ 응시자 기재사항 및 감독위원 확인

MS Office 2016 버전용

수 검 번 호	DIS - XXXX -	감독위원 확인
성 명		

응시자 유의사항

1. 응시자는 신분증을 지참하여야 시험에 응시할 수 있으며, 시험이 종료될 때까지 신분증을 제시하지 못 할 경우 해당 시험은 0점 처리됩니다.
2. 시스템(PC작동여부, 네트워크 상태 등)의 이상여부를 반드시 확인하여야 하며, 시스템 이상이 있을시 감독위원에게 조치를 받으셔야 합니다.
3. 시험 중 부주의 또는 고의로 시스템을 파손한 경우는 응시자 부담으로 합니다.
4. 답안 전송 프로그램을 통해 다운로드 받은 파일을 이용하여 답안 파일을 작성하시기 바랍니다.
5. 작성한 답안 파일은 답안 전송 프로그램을 통하여 전송됩니다. 감독위원의 지시에 따라 주시기 바랍니다.
6. 다음 사항의 경우 실격(0점) 혹은 부정행위 처리됩니다.
    1) 답안 파일을 저장하지 않았거나, 저장한 파일이 손상되었을 경우
    2) 답안 파일을 지정된 폴더(바탕화면 - "KAIT" 폴더)에 저장하지 않았을 경우
        ※ 답안 전송 프로그램 로그인 시 바탕화면에 자동 생성됨
    3) 답안 파일을 다른 보조 기억장치(USB) 혹은 네트워크(메신저, 게시판 등)로 전송할 경우
    4) 휴대용 전화기 등 통신기기를 사용할 경우
7. 시험지에 제시된 글꼴이 응시 프로그램에 없는 경우, 반드시 감독위원에게 해당 내용을 통보한 뒤 조치를 받아야 합니다.
8. 시험의 완료는 작성이 완료된 답안을 저장하고, 답안 전송이 완료된 상태를 확인한 것으로 합니다. 답안 전송 확인 후 문제지는 감독위원에게 제출한 후 퇴실하여야 합니다.
9. 답안 전송이 완료된 경우에는 수정 또는 정정이 불가능합니다.
10. 시험 시행 후 결과는 홈페이지(www.ihd.or.kr)에서 확인하시기 바랍니다.
    1) 문제 및 정답 공개 : 20XX. XX. XX.(X)
    2) 합격자 발표 : 20XX. XX. XX.(X)

디지털정보활용능력 - 스프레드시트[엑셀] (시험시간 : 40분)

[문제 1] "판매현황" 시트를 참조하여 다음 ≪처리조건≫에 맞도록 작업하시오. (50점)

≪출력형태≫

	A	B	C	D	E	F	G	H	I
1				여름철 아이스크림 판매현황					
2	상품명	구분	제조사	6월	7월	8월	평균	순위	비고
3	국화빵	샌드류	롯데	4,250	5,960	6,030	5,413	1위	인기상품
4	메로나	바류	빙그레	3,930	4,380	5,310	4,540	3위	인기상품
5	쌍쌍바	바류	해태	2,960	3,560	3,870	3,463	9위	
6	월드콘	콘류	롯데	2,980	3,350	5,520	3,950	2위	
7	붕어싸만코	샌드류	빙그레	3,690	4,032	5,190	4,304	4위	인기상품
8	보석바	바류	롯데	2,360	3,390	4,910	3,553	7위	
9	죠스바	바류	롯데	2,630	3,960	5,120	3,903	6위	
10	구구콘	콘류	롯데	2,390	3,650	4,850	3,630	8위	
11	슈퍼콘	콘류	빙그레	2,690	3,150	3,380	3,073	10위	
12	브라보콘	콘류	해태	2,630	3,750	5,130	3,837	5위	
13	'평균'의 최대값-최소값 차이					2,340			
14	'제조사'가 "롯데"인 '8월'의 합계					26,430			
15	'제조사'가 "빙그레"인 개수					3			

≪처리조건≫

▶ 1행의 행 높이를 '80'으로 설정하고, 2행~15행의 행 높이를 '18'로 설정하시오.
▶ 제목("여름철 아이스크림 판매현황") : 기본 도형의 '빗면'을 이용하여 입력하시오.
  - 도형 : 위치([B1:H1]), 도형 스타일(테마 스타일 - 미세 효과 - '주황, 강조 2')
  - 글꼴 : 궁서체, 24pt, 기울임꼴
  - 도형 서식 : 도형 옵션 - 크기 및 속성(텍스트 상자(세로 맞춤 : 정가운데, 텍스트 방향 : 가로))
▶ 셀 서식을 아래 조건에 맞게 작성하시오.
  - [A2:I15] : 테두리(안쪽, 윤곽선 모두 실선, '검정, 텍스트 1'), 전체 가운데 맞춤
  - [A13:D13], [A14:D14], [A15:D15] : 각각 병합하고 가운데 맞춤
  - [A2:I2], [A13:D15] : 채우기 색('주황, 강조 2, 40% 더 밝게'), 글꼴(굵게)
  - [B3:B12] : 셀 서식의 표시 형식-사용자 지정을 이용하여 @"류"자를 추가
  - [D3:G12],[E13:G14] : 셀 서식의 표시 형식-숫자를 이용하여 1000단위 구분 기호 표시
  - [H3:H12] : 셀 서식의 표시 형식-사용자 지정을 이용하여 #"위"자를 추가
  - 조건부 서식[A3:I12] : '8월'이 4000 이하인 경우 레코드 전체에 글꼴('주황, 강조 2', 굵은 기울임꼴) 적용
  - 지시사항이 없는 경우는 주어진 문제 파일의 서식을 그대로 사용하시오.
▶ ① 순위[H3:H12] : '8월'을 기준으로 큰 순으로 순위를 구하시오. **(RANK.EQ 함수)**
▶ ② 비고[I3:I12] : '평균'이 4000 이상이면 "인기상품", 그렇지 않으면 공백으로 구하시오. **(IF 함수)**
▶ ③ 최대값-최소값[E13:G13] : '평균'의 최대값과 최소값의 차이를 구하시오. **(MAX, MIN 함수)**
▶ ④ 합계[E14:G14] : '제조사'가 "롯데"인 '8월'의 합계를 구하시오. **(DSUM 함수)**
▶ ⑤ 빙그레 개수[E15:G15] : '제조사'가 "빙그레"인 개수를 구하시오. **(COUNTIF 함수)**

[문제 2] "부분합" 시트를 참조하여 다음 ≪처리조건≫에 맞도록 작업하시오. (30점)

≪출력형태≫

	A	B	C	D	E	F	G
1							
2	상품명	구분	제조사	6월	7월	8월	평균
3	쌍쌍바	바류	해태	2,960	3,560	3,870	3,463
4	브라보콘	콘류	해태	2,630	3,750	5,130	3,837
5			해태 최대값				3,837
6			해태 평균	2,795	3,655	4,500	
7	메로나	바류	빙그레	3,930	4,380	5,310	4,540
8	붕어싸만코	샌드류	빙그레	3,690	4,032	5,190	4,304
9	슈퍼콘	콘류	빙그레	2,690	3,150	3,380	3,073
10			빙그레 최대값				4,540
11			빙그레 평균	3,437	3,854	4,627	
12	국화빵	샌드류	롯데	4,250	5,960	6,030	5,413
13	월드콘	콘류	롯데	2,980	3,350	5,520	3,950
14	보석바	바류	롯데	2,360	3,390	4,910	3,553
15	죠스바	바류	롯데	2,630	3,960	5,120	3,903
16	구구콘	콘류	롯데	2,390	3,650	4,850	3,630
17			롯데 최대값				5,413
18			롯데 평균	2,922	4,062	5,286	
19			전체 최대값				5,413
20			전체 평균	3,051	3,918	4,931	
21							

≪처리조건≫

▶ 데이터를 '제조사' 기준으로 내림차순 정렬하시오.

▶ 아래 조건에 맞는 부분합을 작성하시오.
 - '제조사'로 그룹화 하여 '6월', '7월', '8월'의 평균을 구하는 부분합을 만드시오.
 - '제조사'로 그룹화 하여 '평균'의 최대값을 구하는 부분합을 만드시오.
  (새로운 값으로 대치하지 말 것)
 - [D3:G20] 영역에 셀 서식의 표시 형식-숫자를 이용하여 1000단위 구분 기호를 표시하시오.

▶ D~F열을 선택하여 그룹을 설정하시오.

▶ 평균과 최대값의 부분합 순서는 ≪출력형태≫와 다를 수 있음

▶ 지시사항이 없는 경우는 기본 값을 적용하시오.

디지털정보활용능력 – 스프레드시트[엑셀] (시험시간 : 40분)

[문제 3] "필터"와 "시나리오" 시트를 참조하여 다음 ≪처리조건≫에 맞도록 작업하시오. (60점)

(1) 필터

≪출력형태 – 필터≫

	A	B	C	D	E	F	G
1							
2	상품명	구분	제조사	6월	7월	8월	평균
3	국화빵	샌드류	롯데	4,250	5,960	6,030	5,413
4	메로나	바류	빙그레	3,930	4,380	5,310	4,540
5	쌍쌍바	바류	해태	2,960	3,560	3,870	3,463
6	월드콘	콘류	롯데	2,980	3,350	5,520	3,950
7	붕어싸만코	샌드류	빙그레	3,690	4,032	5,190	4,304
8	보석바	바류	롯데	2,360	3,390	4,910	3,553
9	죠스바	바류	롯데	2,630	3,960	5,120	3,903
10	구구콘	콘류	롯데	2,390	3,650	4,850	3,630
11	슈퍼콘	콘류	빙그레	2,690	3,150	3,380	3,073
12	브라보콘	콘류	해태	2,630	3,750	5,130	3,837
13							
14	조건						
15	FALSE						
16							
17							
18	상품명	제조사	6월	7월	8월		
19	월드콘	롯데	2,980	3,350	5,520		
20	구구콘	롯데	2,390	3,650	4,850		
21	브라보콘	해태	2,630	3,750	5,130		
22							

≪처리조건≫

▶ "필터" 시트의 [A2:G12]를 아래 조건에 맞게 고급 필터를 사용하여 작성하시오.
  – '구분'이 "콘류"이고 '평균'이 3500 이상인 데이터를 '상품명', '제조사', '6월', '7월', '8월'의 데이터만 필터링 하시오.
  – 조건 위치 : 조건 함수는 [A15] 한 셀에 작성(AND 함수 이용)
  – 결과 위치 : [A18]부터 출력

▶ 지시사항이 없는 경우는 ≪출력형태 – 필터≫와 동일하게 작성하시오.

(2) 시나리오

≪출력형태 - 시나리오≫

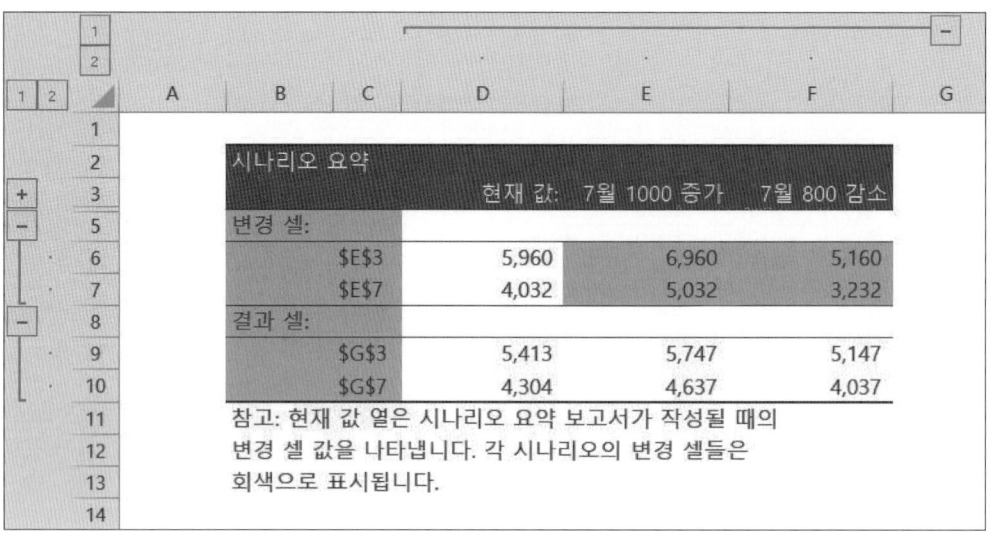

≪처리조건≫

▶ "시나리오"시트의 [A2:G12]를 이용하여 '구분'이 "샌드류"인 경우, '7월'이 변동할 때 '평균'이 변동하는 가상 분석 (시나리오)을 작성하시오.
  - 시나리오1 : 시나리오 이름은 "7월 1000 증가", 7월에 1000을 증가시킨 값 설정.
  - 시나리오2 : 시나리오 이름은 "7월 800 감소", 7월에 800을 감소시킨 값 설정.
  - "시나리오 요약" 시트를 작성하시오.

▶ 지시사항이 없는 경우는 ≪출력형태 - 시나리오≫와 동일하게 작성하시오.

디지털정보활용능력 – 스프레드시트[엑셀] (시험시간 : 40분)

[문제 4] "피벗테이블" 시트를 참조하여 다음 ≪처리조건≫에 맞도록 작업하시오. (30점)

≪출력형태≫

	A	B	C	D	E
1					
2					
3	제조사	값	구분		
4			바	샌드	콘
5	빙그레	평균 : 6월	3,930	3,690	2,690
6		평균 : 7월	4,380	4,032	3,150
7		평균 : 8월	5,310	5,190	3,380
8	해태	평균 : 6월	2,960	***	2,630
9		평균 : 7월	3,560	***	3,750
10		평균 : 8월	3,870	***	5,130
11	전체 평균 : 6월		3,445	3,690	2,660
12	전체 평균 : 7월		3,970	4,032	3,450
13	전체 평균 : 8월		4,590	5,190	4,255
14					

≪처리조건≫

▶ "피벗테이블" 시트의 [A2:F12]를 이용하여 새로운 시트에 ≪출력형태≫와 같이 피벗 테이블을 작성 후 시트명을 "피벗테이블 정답"으로 수정하시오.

▶ 제조사(행)와 구분(열)을 기준으로 하여 출력형태와 같이 구하시오.
 – '6월', '7월', '8월'의 평균을 구하시오.
 – 피벗테이블 옵션을 이용하여 레이블이 있는 셀 병합 및 가운데 맞춤하고, 빈 셀을 '***'로 표시 한 후, 행의
  총 합계를 감추기 하시오.
 – 피벗테이블 디자인에서 보고서 레이아웃은 '테이블 형식으로 표시', 피벗테이블 스타일은 '피벗 스타일 보통 10'으로
  표시하시오.
 – 제조사(행)은 "빙그레", "해태"만 출력되도록 표시하시오.
 – [C5:E13] 데이터는 셀 서식의 표시 형식-숫자를 이용하여 1000단위 구분 기호를 표시하고, 가운데 맞춤하시오.

▶ 제조사 항목의 순서는 ≪출력형태≫와 다를 수 있음

▶ 지시사항이 없는 경우는 ≪출력형태≫와 동일하게 작성하시오.

[문제 5] "차트" 시트를 참조하여 다음 ≪처리조건≫에 맞도록 작업하시오. (30점)

≪출력형태≫

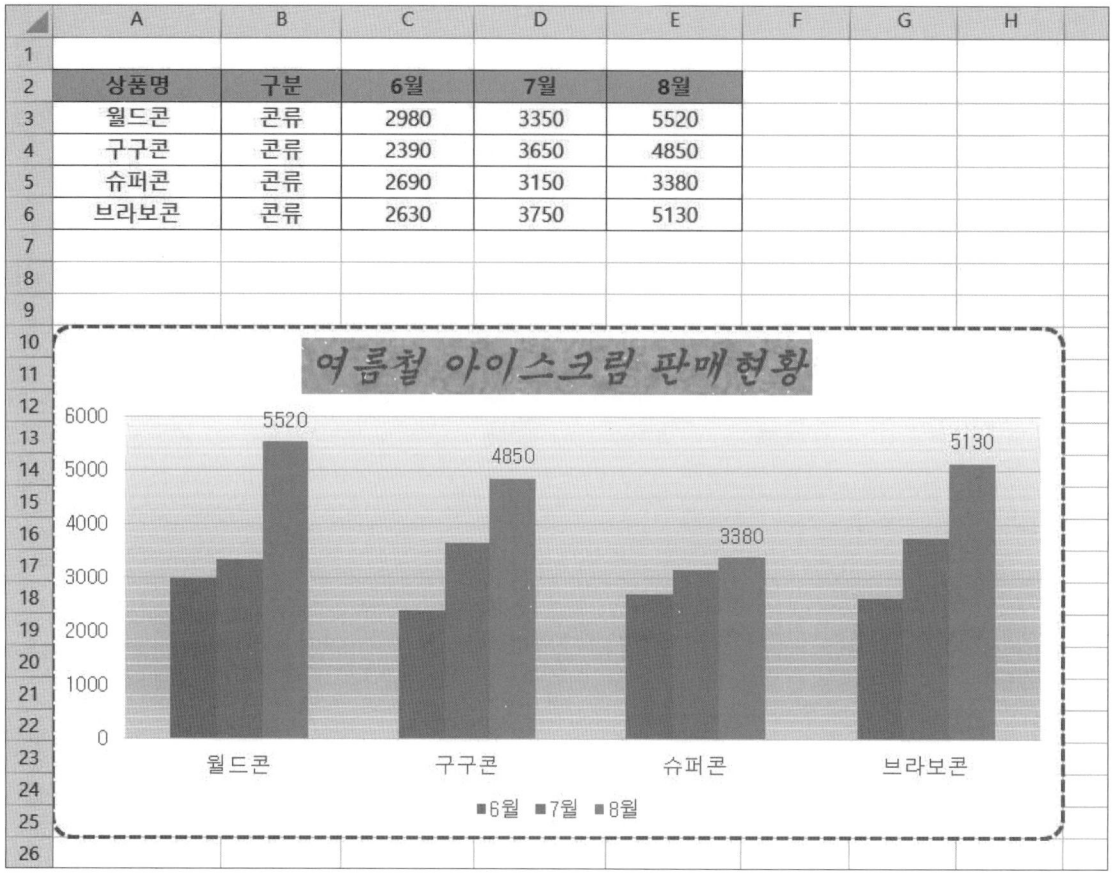

≪처리조건≫

▶ "차트" 시트에 주어진 표를 이용하여 '묶은 세로 막대형' 차트를 작성하시오.
  - 데이터 범위 : 현재 시트 [A2:A6], [C2:E6]의 데이터를 이용하여 작성하고, 행/열 전환은 '열'로 지정
  - 차트 제목("여름철 아이스크림 판매현황")
  - 범례 위치 : 아래쪽
  - 차트 스타일 : 색 변경(색상형 - 색 1, 스타일 11)
  - 차트 위치 : 현재 시트에 [A10:H25] 크기에 정확하게 맞추시오.
  - 차트 영역 서식 : 글꼴(돋움체, 11pt), 테두리 색(실선, 색 : 진한 빨강), 테두리 스타일(너비 : 2pt,
                  겹선 종류 : 단순형, 대시 종류 : 사각 점선, 둥근 모서리)
  - 차트 제목 서식 : 글꼴(궁서, 20pt, 기울임꼴), 채우기(그림 또는 질감 채우기, 질감 : 분홍 박엽지)
  - 그림 영역 서식 : 채우기(그라데이션 채우기, 그라데이션 미리 설정 : 밝은 그라데이션 - 강조 3, 종류 : 선형,
                  방향 : 선형 아래쪽)
  - 데이터 계열 서식 : '8월' 계열에 "값" 표시

▶ 지시사항이 없는 경우는 ≪출력형태≫와 동일하게 작성하시오.

제06회 디지털정보활용능력 출제예상 모의고사

- ☑ 시험과목 : 스프레드시트(엑셀)
- ☑ 시험일자 : 20XX. XX. XX. (X)
- ☑ 응시자 기재사항 및 감독위원 확인

MS Office 2016 버전용

수검번호	DIS - XXXX -	감독위원 확인
성 명		

응시자 유의사항

1. 응시자는 신분증을 지참하여야 시험에 응시할 수 있으며, 시험이 종료될 때까지 신분증을 제시하지 못 할 경우 해당 시험은 0점 처리됩니다.
2. 시스템(PC작동여부, 네트워크 상태 등)의 이상여부를 반드시 확인하여야 하며, 시스템 이상이 있을시 감독위원에게 조치를 받으셔야 합니다.
3. 시험 중 부주의 또는 고의로 시스템을 파손한 경우는 응시자 부담으로 합니다.
4. 답안 전송 프로그램을 통해 다운로드 받은 파일을 이용하여 답안 파일을 작성하시기 바랍니다.
5. 작성한 답안 파일은 답안 전송 프로그램을 통하여 전송됩니다. 감독위원의 지시에 따라 주시기 바랍니다.
6. 다음 사항의 경우 실격(0점) 혹은 부정행위 처리됩니다.
    1) 답안 파일을 저장하지 않았거나, 저장한 파일이 손상되었을 경우
    2) 답안 파일을 지정된 폴더(바탕화면 – "KAIT" 폴더)에 저장하지 않았을 경우
        ※ 답안 전송 프로그램 로그인 시 바탕화면에 자동 생성됨
    3) 답안 파일을 다른 보조 기억장치(USB) 혹은 네트워크(메신저, 게시판 등)로 전송할 경우
    4) 휴대용 전화기 등 통신기기를 사용할 경우
7. 시험지에 제시된 글꼴이 응시 프로그램에 없는 경우, 반드시 감독위원에게 해당 내용을 통보한 뒤 조치를 받아야 합니다.
8. 시험의 완료는 작성이 완료된 답안을 저장하고, 답안 전송이 완료된 상태를 확인한 것으로 합니다. 답안 전송 확인 후 문제지는 감독위원에게 제출한 후 퇴실하여야 합니다.
9. 답안 전송이 완료된 경우에는 수정 또는 정정이 불가능합니다.
10. 시험 시행 후 결과는 홈페이지(www.ihd.or.kr)에서 확인하시기 바랍니다.
    1) 문제 및 정답 공개 : 20XX. XX. XX.(X)
    2) 합격자 발표 : 20XX. XX. XX.(X)

디지털정보활용능력 – 스프레드시트[엑셀] (시험시간 : 40분)

[문제 1] "객실수입현황" 시트를 참조하여 다음 《처리조건》에 맞도록 작업하시오. (50점)

《출력형태》

	A	B	C	D	E	F	G	H	I
1				한국 리조트 객실 수입 현황					
2	지역	객실명	분류	2018년	2019년	2020년	객실수입	순위	비고
3	강원도	오솔길	콘도형	9,687,500	10,523,000	9,623,900	29,834,400원	1위	
4	경상도	해님	콘도형	8,723,090	10,511,080	9,250,800	28,484,970원	3위	
5	경기도	모아	콘도형	8,802,150	10,321,700	9,998,300	29,122,150원	2위	
6	강원도	바닷속	통나무형	8,027,600	7,087,630	6,078,920	21,194,150원	9위	서비스 개선
7	전라도	대나무	별장형	7,258,000	9,321,700	7,523,800	24,103,500원	7위	
8	경기도	하나	통나무형	5,399,400	8,823,700	6,329,400	20,552,500원	10위	서비스 개선
9	강원도	계곡옆	별장형	9,867,220	7,767,320	8,193,200	25,827,740원	5위	
10	경상도	달님	별장형	9,100,030	8,834,907	9,100,030	27,034,967원	4위	
11	경상도	동화	별장형	8,486,004	7,357,620	7,905,030	23,748,654원	8위	
12	전라도	꽃잎	콘도형	8,212,500	8,963,900	8,120,700	25,297,100원	6위	
13	'분류'가 "콘도형"인 '객실수입'의 평균				28,184,655				
14	'2020년'의 최대값-최소값 차이				3,919,380				
15	'2018년' 중 세 번째로 작은 값				8,027,600				

《처리조건》

▶ 1행의 행 높이를 '78'로 설정하고, 2행~15행의 행 높이를 '18'로 설정하시오.
▶ 제목("한국 리조트 객실 수입 현황") : 기본 도형의 '육각형'을 이용하여 입력하시오.
  - 도형 : 위치([B1:H1]), 도형 스타일(테마 스타일 – 색 채우기 – '녹색, 강조 6')
  - 글꼴 : 돋움체, 28pt, 굵게
  - 도형 서식 : 도형 옵션 – 크기 및 속성(텍스트 상자(세로 맞춤 : 정가운데, 텍스트 방향 : 가로))
▶ 셀 서식을 아래 조건에 맞게 작성하시오.
  - [A2:I15] : 테두리(안쪽, 윤곽선 모두 실선, '검정, 텍스트 1'), 전체 가운데 맞춤
  - [A13:D13], [A14:D14], [A15:D15] : 각각 병합하고 가운데 맞춤
  - [A2:I2], [A13:D15] : 채우기 색('녹색, 강조 6, 60% 더 밝게'), 글꼴(굵게)
  - [D3:F12], [E13:G15] : 셀 서식의 표시 형식-숫자를 이용하여 1000단위 구분 기호 표시
  - [G3:G12] : 셀 서식의 표시 형식-사용자 지정을 이용하여 #,##0"원"자를 추가
  - [H3:H12] : 셀 서식의 표시 형식-사용자 지정을 이용하여 #"위"자를 추가
  - 조건부 서식[A3:I12] : '객실수입'이 27000000 이상인 경우 레코드 전체에 글꼴(녹색, 굵게) 적용
  - 지시사항이 없는 경우는 주어진 문제 파일의 서식을 그대로 사용하시오.

▶ ① 순위[H3:H12] : '객실수입'을 기준으로 큰 순으로 순위를 구하시오. **(RANK.EQ 함수)**
▶ ② 비고[I3:I12] : '객실수입'이 22000000 이하이면 "서비스 개선", 그렇지 않으면 공백으로 구하시오. **(IF 함수)**
▶ ③ 평균[E13:G13] : '분류'가 "콘도형"인 '객실수입'의 평균을 구하시오. **(DAVERAGE 함수)**
▶ ④ 최대값-최소값[E14:G14] : '2020년'의 최대값과 최소값의 차이를 구하시오. **(MAX, MIN 함수)**
▶ ⑤ 순위[E15:G15] : '2018년' 중, 세 번째로 작은 값을 구하시오. **(SMALL 함수)**

[문제 2] "부분합" 시트를 참조하여 다음 ≪처리조건≫에 맞도록 작업하시오. (30점)

≪출력형태≫

	지역	객실명	분류	2018년	2019년	2020년	객실수입
3	전라도	대나무	별장형	7,258,000	9,321,700	7,523,800	24,103,500
4	강원도	계곡옆	별장형	9,867,220	7,767,320	8,193,200	25,827,740
5	경상도	달님	별장형	9,100,030	8,834,907	9,100,030	27,034,967
6	경상도	동화	별장형	8,486,004	7,357,620	7,905,030	23,748,654
7			별장형 최대값				27,034,967
8			별장형 평균	8,677,814	8,320,387	8,180,515	
9	강원도	오솔길	콘도형	9,687,500	10,523,000	9,623,900	29,834,400
10	경상도	해님	콘도형	8,723,090	10,511,080	9,250,800	28,484,970
11	경기도	모아	콘도형	8,802,150	10,321,700	9,998,300	29,122,150
12	전라도	꽃잎	콘도형	8,212,500	8,963,900	8,120,700	25,297,100
13			콘도형 최대값				29,834,400
14			콘도형 평균	8,856,310	10,079,920	9,248,425	
15	강원도	바닷속	통나무형	8,027,600	7,087,630	6,078,920	21,194,150
16	경기도	하나	통나무형	5,399,400	8,823,700	6,329,400	20,552,500
17			통나무형 최대값				21,194,150
18			통나무형 평균	6,713,500	7,955,665	6,204,160	
19			전체 최대값				29,834,400
20			전체 평균	8,356,349	8,951,256	8,212,408	

≪처리조건≫

▶ 데이터를 '분류' 기준으로 오름차순 정렬하시오.

▶ 아래 조건에 맞는 부분합을 작성하시오.
 - '분류'로 그룹화 하여 '2018년', '2019년', '2020년'의 평균을 구하는 부분합을 만드시오.
 - '분류'로 그룹화 하여 '객실수입'의 최대값을 구하는 부분합을 만드시오.
  (새로운 값으로 대치하지 말 것)
 - [D3:G20] 영역에 셀 서식의 표시 형식-숫자를 이용하여 1000단위 구분 기호를 표시하시오.

▶ D~F열을 선택하여 그룹을 설정하시오.

▶ 평균과 최대값의 부분합 순서는 ≪출력형태≫와 다를 수 있음

▶ 지시사항이 없는 경우는 기본 값을 적용하시오.

디지털정보활용능력 – 스프레드시트[엑셀] (시험시간 : 40분)

[문제 3] "필터"와 "시나리오" 시트를 참조하여 다음 ≪처리조건≫에 맞도록 작업하시오. (60점)

(1) 필터

≪출력형태 – 필터≫

	A	B	C	D	E	F	G
1							
2	지역	객실명	분류	2018년	2019년	2020년	객실수입
3	강원도	오솔길	콘도형	9,687,500	10,523,000	9,623,900	29,834,400
4	경상도	해님	콘도형	8,723,090	10,511,080	9,250,800	28,484,970
5	경기도	모아	콘도형	8,802,150	10,321,700	9,998,300	29,122,150
6	강원도	바닷속	통나무형	8,027,600	7,087,630	6,078,920	21,194,150
7	전라도	대나무	별장형	7,258,000	9,321,700	7,523,800	24,103,500
8	경기도	하나	통나무형	5,399,400	8,823,700	6,329,400	20,552,500
9	강원도	계곡옆	별장형	9,867,220	7,767,320	8,193,200	25,827,740
10	경상도	달님	별장형	9,100,030	8,834,907	9,100,030	27,034,967
11	경상도	동화	별장형	8,486,004	7,357,620	7,905,030	23,748,654
12	전라도	꽃잎	콘도형	8,212,500	8,963,900	8,120,700	25,297,100
13							
14	조건						
15	FALSE						
16							
17	지역	2018년	2019년	2020년			
18	전라도	7,258,000	9,321,700	7,523,800			
19	경상도	9,100,030	8,834,907	9,100,030			
20							

≪처리조건≫

▶ "필터" 시트의 [A2:G12]를 아래 조건에 맞게 고급 필터를 사용하여 작성하시오.
  - '분류'가 "별장형"이고 '2019년'이 8000000 이상인 데이터를 '지역', '2018년', '2019년', '2020년'의 데이터만 필터링 하시오.
  - 조건 위치 : 조건 함수는 [A15] 한 셀에 작성(AND 함수 이용)
  - 결과 위치 : [A17]부터 출력

▶ 지시사항이 없는 경우는 ≪출력형태 – 필터≫와 동일하게 작성하시오.

(2) 시나리오

≪출력형태 – 시나리오≫

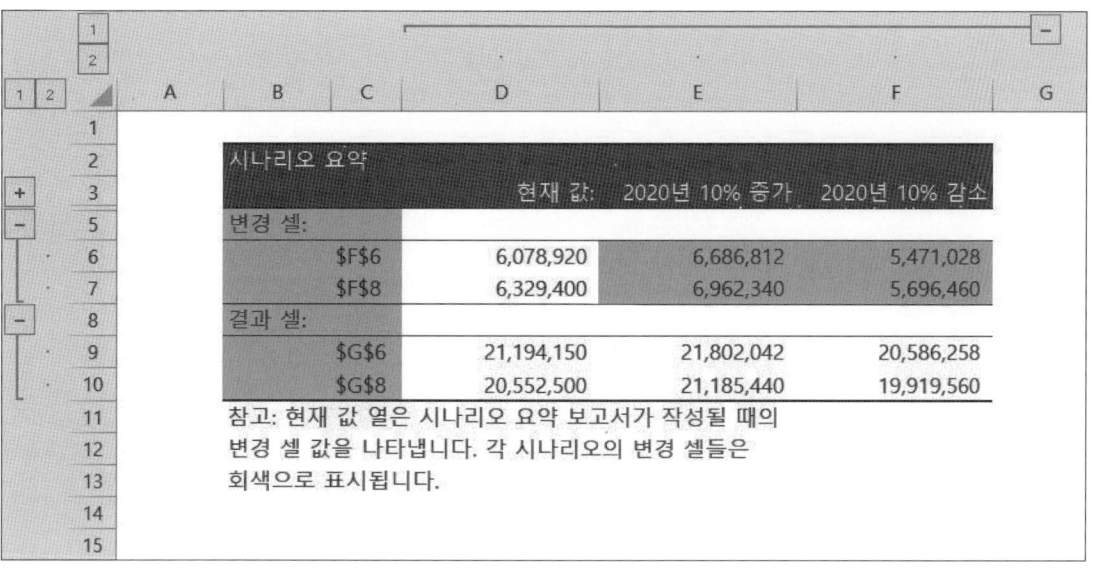

≪처리조건≫

▶ "시나리오" 시트의 [A2:G12]를 이용하여 '분류'가 "통나무형"인 경우, '2020년'이 변동할 때 '객실수입'이 변동하는 가상 분석(시나리오)을 작성하시오.
 - 시나리오1 : 시나리오 이름은 "2020년 10% 증가", '2020년'에 10%를 증가시킨 값 설정.
 - 시나리오2 : 시나리오 이름은 "2020년 10% 감소", '2020년'에 10%를 감소시킨 값 설정.
 - "시나리오 요약" 시트를 작성하시오.

▶ 지시사항이 없는 경우는 ≪출력형태 – 시나리오≫와 동일하게 작성하시오.

디지털정보활용능력 – 스프레드시트[엑셀] (시험시간 : 40분)

[문제 4] "피벗테이블" 시트를 참조하여 다음 ≪처리조건≫에 맞도록 작업하시오. (30점)

≪출력형태≫

	A	B	C	D	E
1					
2					
3			분류 ▼		
4	지역 ▼	값	별장형	콘도형	통나무형
5	강원도	평균 : 2018년	9,867,220원	9,687,500원	8,027,600원
6		평균 : 2019년	7,767,320원	10,523,000원	7,087,630원
7		평균 : 2020년	8,193,200원	9,623,900원	6,078,920원
8	경기도	평균 : 2018년	***	8,802,150원	5,399,400원
9		평균 : 2019년	***	10,321,700원	8,823,700원
10		평균 : 2020년	***	9,998,300원	6,329,400원
11	전체 평균 : 2018년		9,867,220원	9,244,825원	6,713,500원
12	전체 평균 : 2019년		7,767,320원	10,422,350원	7,955,665원
13	전체 평균 : 2020년		8,193,200원	9,811,100원	6,204,160원
14					

≪처리조건≫

▶ "피벗테이블" 시트의 [A2:G12]를 이용하여 새로운 시트에 ≪출력형태≫와 같이 피벗 테이블을 작성 후 시트명을 "피벗테이블 정답"으로 수정하시오.

▶ 지역(행)과 분류(열)를 기준으로 하여 출력형태와 같이 구하시오.
  - '2018년', '2019년', '2020년'의 평균을 구하시오.
  - 피벗테이블 옵션을 이용하여 레이블이 있는 셀 병합 및 가운데 맞춤하고, 빈 셀을 "***"로 표시한 후, 행의 총합계를 감추기 하시오.
  - 피벗테이블 디자인에서 보고서 레이아웃은 '테이블 형식으로 표시', 피벗테이블 스타일은 '피벗 스타일 보통 11'로 표시하시오.
  - 지역(행)은 "강원도", "경기도"만 출력되도록 표시하시오.
  - [C5:E13] 데이터는 셀 서식의 표시 형식-사용자 지정을 이용하여 #,##0"원"자를 추가하고, 가운데 맞춤하시오.

▶ 지역의 순서는 ≪출력형태≫와 다를 수 있음

▶ 지시사항이 없는 경우는 ≪출력형태≫와 동일하게 작성하시오.

[문제 5] "차트" 시트를 참조하여 다음 ≪처리조건≫에 맞도록 작업하시오. (30점)

≪출력형태≫

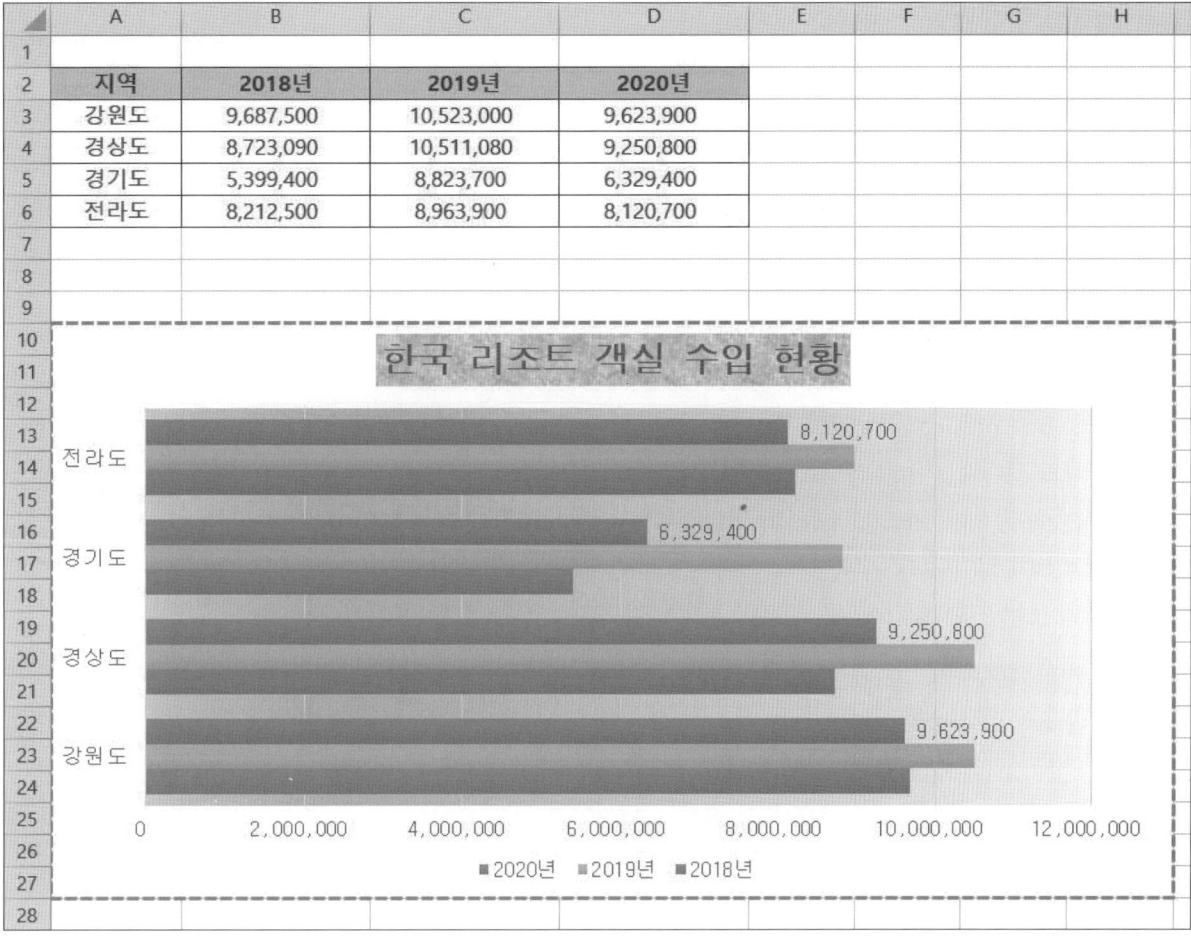

≪처리조건≫

▶ "차트" 시트에 주어진 표를 이용하여 '묶은 가로 막대형' 차트를 작성하시오.
  - 데이터 범위 : 현재 시트 [A2:D6]의 데이터를 이용하여 작성하고, 행/열 전환은 '열'로 지정
  - 차트 제목("한국 리조트 객실 수입 현황")
  - 범례 위치 : 아래쪽
  - 차트 스타일 : 색 변경(색상형 - 색 3, 스타일 5)
  - 차트 위치 : 현재 시트에 [A10:H27] 크기에 정확하게 맞추시오.
  - 차트 영역 서식 : 글꼴(굴림체, 11pt), 테두리 색(실선, 색 : 연한 파랑), 테두리 스타일(너비 : 2.25pt,
                    겹선 종류 : 단순형, 대시 종류 : 사각 점선)
  - 차트 제목 서식 : 글꼴(돋움체, 18pt, 굵게), 채우기(그림 또는 질감 채우기, 질감 : 꽃다발)
  - 그림 영역 서식 : 채우기(그라데이션 채우기, 그라데이션 미리 설정 : 밝은 그라데이션 - 강조 6, 종류 : 선형,
                    방향 : 선형 왼쪽)
  - 데이터 레이블 추가 : '2020년' 계열에 "값" 표시

▶ 지시사항이 없는 경우는 ≪출력형태≫와 동일하게 작성하시오.

제 07 회 디지털정보활용능력 출제예상 모의고사

- ☑ 시험과목 : 스프레드시트(엑셀)
- ☑ 시험일자 : 20XX. XX. XX. (X)
- ☑ 응시자 기재사항 및 감독위원 확인

`MS Office 2016 버전용`

수 검 번 호	DIS - XXXX -	감독위원 확인
성 명		

응시자 유의사항

1. 응시자는 신분증을 지참하여야 시험에 응시할 수 있으며, 시험이 종료될 때까지 신분증을 제시하지 못 할 경우 해당 시험은 0점 처리됩니다.
2. 시스템(PC작동여부, 네트워크 상태 등)의 이상여부를 반드시 확인하여야 하며, 시스템 이상이 있을시 감독위원에게 조치를 받으셔야 합니다.
3. 시험 중 부주의 또는 고의로 시스템을 파손한 경우는 응시자 부담으로 합니다.
4. 답안 전송 프로그램을 통해 다운로드 받은 파일을 이용하여 답안 파일을 작성하시기 바랍니다.
5. 작성한 답안 파일은 답안 전송 프로그램을 통하여 전송됩니다. 감독위원의 지시에 따라 주시기 바랍니다.
6. 다음 사항의 경우 실격(0점) 혹은 부정행위 처리됩니다.
    1) 답안 파일을 저장하지 않았거나, 저장한 파일이 손상되었을 경우
    2) 답안 파일을 지정된 폴더(바탕화면 - "KAIT" 폴더)에 저장하지 않았을 경우
        ※ 답안 전송 프로그램 로그인 시 바탕화면에 자동 생성됨
    3) 답안 파일을 다른 보조 기억장치(USB) 혹은 네트워크(메신저, 게시판 등)로 전송할 경우
    4) 휴대용 전화기 등 통신기기를 사용할 경우
7. 시험지에 제시된 글꼴이 응시 프로그램에 없는 경우, 반드시 감독위원에게 해당 내용을 통보한 뒤 조치를 받아야 합니다.
8. 시험의 완료는 작성이 완료된 답안을 저장하고, 답안 전송이 완료된 상태를 확인한 것으로 합니다. 답안 전송 확인 후 문제지는 감독위원에게 제출한 후 퇴실하여야 합니다.
9. 답안 전송이 완료된 경우에는 수정 또는 정정이 불가능합니다.
10. 시험 시행 후 결과는 홈페이지(www.ihd.or.kr)에서 확인하시기 바랍니다.
    1) 문제 및 정답 공개 : 20XX. XX. XX.(X)
    2) 합격자 발표 : 20XX. XX. XX.(X)

디지털정보활용능력 – 스프레드시트[엑셀] (시험시간 : 40분)

[문제 1] "판매현황" 시트를 참조하여 다음 ≪처리조건≫에 맞도록 작업하시오. (50점)

≪출력형태≫

	A	B	C	D	E	F	G	H	I
1				사원별 소프트웨어 판매현황					
2	사번	이름	대리점명	직위	오피스	그래픽	판매현황	순위	비고
3	G16-0504	곽민상	광명점	사원	1,811,360	1,952,960	3,764,320	8등	
4	I14-0301	안정안	인천점	사원	2,065,600	2,320,000	4,385,600	7등	
5	G10-0721	박태진	광명점	과장	5,480,000	4,978,000	10,458,000	1등	
6	I10-1014	박은진	인천점	과장	4,672,000	3,894,400	8,566,400	3등	
7	G15-0131	송승진	광명점	사원	1,075,600	906,400	1,982,000	9등	판매저조
8	I13-0105	최승복	인천점	대리	3,184,000	3,034,450	6,218,450	5등	
9	B13-1004	주민호	부천점	대리	3,341,440	3,620,800	6,962,240	4등	
10	B13-1125	강현승	부천점	대리	4,328,000	4,320,000	8,648,000	2등	
11	I16-1114	최민지	인천점	사원	2,689,600	2,732,800	5,422,400	6등	
12	B17-0131	이태정	부천점	사원	772,000	881,700	1,653,700	10등	판매저조
13	'직위'가 "사원"인 '판매현황'의 평균					3,441,604			
14	'그래픽'의 최대값-최소값 차이					4,096,300			
15	'직위'가 "과장"인 '판매현황'의 합계					19,024,400			

≪처리조건≫

▶ 1행의 행 높이를 '77'로 설정하고, 2행~15행의 행 높이를 '18'로 설정하시오.
▶ 제목("사원별 소프트웨어 판매현황") : 기본 도형의 '십자형'을 이용하여 입력하시오.
　- 도형 : 위치([B1:H1]), 도형 스타일(테마 스타일 – 강한 효과 – '파랑, 강조 1')
　- 글꼴 : 궁서체, 24pt, 기울임꼴
　- 도형 서식 : 도형 옵션 – 크기 및 속성(텍스트 상자(세로 맞춤 : 정가운데, 텍스트 방향 : 가로))

▶ 셀 서식을 아래 조건에 맞게 작성하시오.
　- [A2:I15] : 테두리(안쪽, 윤곽선 모두 실선, '검정, 텍스트 1'), 전체 가운데 맞춤
　- [A13:D13], [A14:D14], [A15:D15] : 각각 병합하고 가운데 맞춤
　- [A2:I2], [A13:D15] : 채우기 색('파랑, 강조 1, 40% 더 밝게'), 글꼴(굵게)
　- [C3:C12] : 셀 서식의 표시 형식-사용자 지정을 이용하여 @"점"자를 추가
　- [E3:G15] : 셀 서식의 표시 형식-숫자를 이용하여 1000단위 구분 기호 표시
　- [H3:H12] : 셀 서식의 표시 형식-사용자 지정을 이용하여 #"등"자를 추가
　- 조건부 서식[A3:I12] : '대리점명'이 "부천"인 경우 레코드 전체에 글꼴(파랑, 굵게) 적용
　- 지시사항이 없는 경우는 주어진 문제 파일의 서식을 그대로 사용하시오.

▶ ① 순위[H3:H12] : '판매현황'을 기준으로 큰 순으로 순위를 구하시오. (RANK.EQ 함수)
▶ ② 비고[I3:I12] : '판매현황'이 2000000 이하이면 "판매저조", 그렇지 않으면 공백으로 구하시오. (IF 함수)
▶ ③ 평균[E13:G13] : '직위'가 "사원"인 '판매현황'의 평균을 구하시오. (DAVERAGE 함수)
▶ ④ 최대값-최소값[E14:G14] : '그래픽'의 최대값과 최소값의 차이를 구하시오. (MAX, MIN 함수)
▶ ⑤ 과장의 합계[E15:G15] : '직위'가 "과장"인 '판매현황'의 합계를 구하시오. (SUMIF 함수)

디지털정보활용능력 – 스프레드시트[엑셀] (시험시간 : 40분)

[문제 2] "부분합" 시트를 참조하여 다음 ≪처리조건≫에 맞도록 작업하시오. (30점)

≪출력형태≫

	A	B	C	D	E	F	G
1							
2	사번	이름	대리점명	직위	오피스	그래픽	판매현황
3	G10-0721	박태진	광명점	과장	5,480,000	4,978,000	10,458,000
4	I10-1014	박은진	인천점	과장	4,672,000	3,894,400	8,566,400
5		2		과장 개수			
6				과장 최대값	5,480,000	4,978,000	10,458,000
7	I13-0105	최승복	인천점	대리	3,184,000	3,034,450	6,218,450
8	B13-1004	주민호	부천점	대리	3,341,440	3,620,800	6,962,240
9	B13-1125	강현승	부천점	대리	4,328,000	4,320,000	8,648,000
10		3		대리 개수			
11				대리 최대값	4,328,000	4,320,000	8,648,000
12	G16-0504	곽민상	광명점	사원	1,811,360	1,952,960	3,764,320
13	I14-0301	안정안	인천점	사원	2,065,600	2,320,000	4,385,600
14	G15-0131	송승진	광명점	사원	1,075,600	906,400	1,982,000
15	I16-1114	최민지	인천점	사원	2,689,600	2,732,800	5,422,400
16	B17-0131	이태정	부천점	사원	772,000	881,700	1,653,700
17		5		사원 개수			
18				사원 최대값	2,689,600	2,732,800	5,422,400
19		10		전체 개수			
20				전체 최대값	5,480,000	4,978,000	10,458,000
21							

≪처리조건≫

▶ 데이터를 '직위' 기준으로 오름차순 정렬하시오.

▶ 아래 조건에 맞는 부분합을 작성하시오.
- '직위'로 그룹화 하여 '오피스', '그래픽', '판매현황'의 최대값을 구하는 부분합을 만드시오.
- '직위'로 그룹화 하여 '이름'의 개수를 구하는 부분합을 만드시오.
  (새로운 값으로 대치하지 말 것)
- [E3:G20] 영역에 셀 서식의 표시 형식-숫자를 이용하여 1000단위 구분 기호를 표시하시오.

▶ E~F열을 선택하여 그룹을 설정하시오.

▶ 최대값과 개수의 부분합 순서는 ≪출력형태≫와 다를 수 있음

▶ 지시사항이 없는 경우는 기본 값을 적용하시오.

디지털정보활용능력 – 스프레드시트[엑셀] (시험시간 : 40분)

[문제 3] "필터"와 "시나리오" 시트를 참조하여 다음 ≪처리조건≫에 맞도록 작업하시오. (60점)

(1) 필터

≪출력형태 – 필터≫

	A	B	C	D	E	F	G
1							
2	사번	이름	대리점명	직위	오피스	그래픽	판매현황
3	G16-0504	곽민상	광명점	사원	1,811,360	1,952,960	3,764,320
4	I14-0301	안정안	인천점	사원	2,065,600	2,320,000	4,385,600
5	G10-0721	박태진	광명점	과장	5,480,000	4,978,000	10,458,000
6	I10-1014	박은진	인천점	과장	4,672,000	3,894,400	8,566,400
7	G15-0131	송승진	광명점	사원	1,075,600	906,400	1,982,000
8	I13-0105	최승복	인천점	대리	3,184,000	3,034,450	6,218,450
9	B13-1004	주민호	부천점	대리	3,341,440	3,620,800	6,962,240
10	B13-1125	강현승	부천점	대리	4,328,000	4,320,000	8,648,000
11	I16-1114	최민지	인천점	사원	2,689,600	2,732,800	5,422,400
12	B17-0131	이태정	부천점	사원	772,000	881,700	1,653,700
13							
14	조건						
15	FALSE						
16							
17							
18	사번	이름	직위	오피스	그래픽		
19	I10-1014	박은진	과장	4,672,000	3,894,400		
20	I13-0105	최승복	대리	3,184,000	3,034,450		
21							

≪처리조건≫

▶ "필터" 시트의 [A2:G12]를 아래 조건에 맞게 고급 필터를 사용하여 작성하시오.
  – '대리점명'이 "인천"이고 '판매현황'이 6000000 이상인 데이터를 '사번', '이름', '직위', '오피스', '그래픽'의 데이터만 필터링 하시오.
  – 조건 위치 : 조건 함수는 [A15] 한 셀에 작성(AND 함수 이용)
  – 결과 위치 : [A18]부터 출력

▶ 지시사항이 없는 경우는 ≪출력형태 – 필터≫와 동일하게 작성하시오.

(2) **시나리오**

≪출력형태 – 시나리오≫

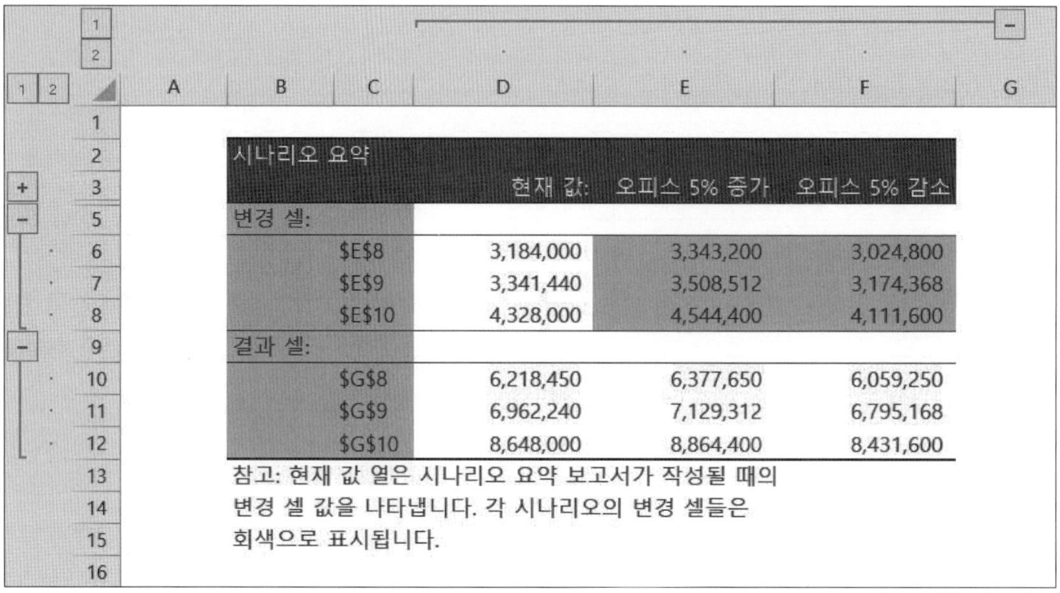

	A	B	C	D	E	F	G
1							
2		시나리오 요약					
3				현재 값:	오피스 5% 증가	오피스 5% 감소	
5		변경 셀:					
6			$E$8	3,184,000	3,343,200	3,024,800	
7			$E$9	3,341,440	3,508,512	3,174,368	
8			$E$10	4,328,000	4,544,400	4,111,600	
9		결과 셀:					
10			$G$8	6,218,450	6,377,650	6,059,250	
11			$G$9	6,962,240	7,129,312	6,795,168	
12			$G$10	8,648,000	8,864,400	8,431,600	
13		참고: 현재 값 열은 시나리오 요약 보고서가 작성될 때의					
14		변경 셀 값을 나타냅니다. 각 시나리오의 변경 셀들은					
15		회색으로 표시됩니다.					
16							

≪처리조건≫

▶ "시나리오" 시트의 [A2:G12]를 이용하여 '직위'가 "대리"인 경우, '오피스'가 변동할 때 '판매현황'이 변동하는 가상 분석(시나리오)을 작성하시오.
- 시나리오1 : 시나리오 이름은 "오피스 5% 증가", '오피스'에 5%를 증가시킨 값 설정.
- 시나리오2 : 시나리오 이름은 "오피스 5% 감소", '오피스'에 5%를 감소시킨 값 설정.
- "시나리오 요약" 시트를 작성하시오.

▶ 지시사항이 없는 경우는 ≪출력형태 – 시나리오≫와 동일하게 작성하시오.

[문제 4] "피벗테이블" 시트를 참조하여 다음 ≪처리조건≫에 맞도록 작업하시오. (30점)

≪출력형태≫

	A	B	C	D	E
1					
2					
3			대리점명 ▼		
4	직위 ▼	값	광명	부천	인천
5	과장	평균 : 오피스	₩5,480,000	***	₩4,672,000
6		평균 : 그래픽	₩4,978,000	***	₩3,894,400
7	대리	평균 : 오피스	***	₩3,834,720	₩3,184,000
8		평균 : 그래픽	***	₩3,970,400	₩3,034,450
9	전체 평균 : 오피스		₩5,480,000	₩3,834,720	₩3,928,000
10	전체 평균 : 그래픽		₩4,978,000	₩3,970,400	₩3,464,425
11					

≪처리조건≫

▶ "피벗테이블" 시트의 [A2:G12]를 이용하여 새로운 시트에 ≪출력형태≫와 같이 피벗 테이블을 작성 후 시트명을 "피벗테이블 정답"으로 수정하시오.

▶ 직위(행)와 대리점명(열)을 기준으로 하여 출력형태와 같이 구하시오.
 – '오피스', '그래픽'의 평균을 구하시오.
 – 피벗테이블 옵션을 이용하여 레이블이 있는 셀 병합 및 가운데 맞춤하고, 빈 셀을 "***"로 표시한 후, 행의 총 합계를 감추기 하시오.
 – 피벗테이블 디자인에서 보고서 레이아웃은 '테이블 형식으로 표시', 피벗테이블 스타일은 '피벗 스타일 보통 9'로 표시하시오.
 – 직위(행)는 "과장", "대리"만 출력되도록 표시하시오.
 – [C5:E10] 데이터는 셀 서식의 표시 형식-통화를 이용하여 기호(₩)를 표시하고, 가운데 맞춤하시오.

▶ 직위의 순서는 ≪출력형태≫와 다를 수 있음

▶ 지시사항이 없는 경우는 ≪출력형태≫와 동일하게 작성하시오.

[문제 5] "차트" 시트를 참조하여 다음 ≪처리조건≫에 맞도록 작업하시오. (30점)

≪출력형태≫

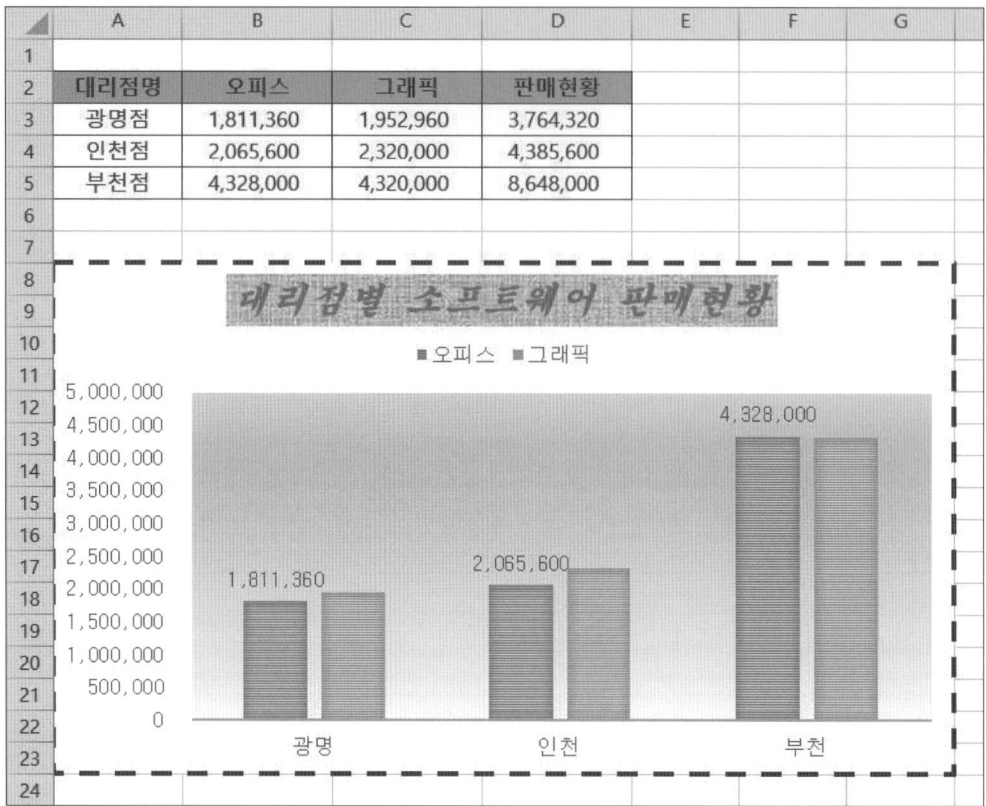

≪처리조건≫

▶ "차트" 시트에 주어진 표를 이용하여 '묶은 세로 막대형' 차트를 작성하시오.
  - 데이터 범위 : 현재 시트 [A2:C5]의 데이터를 이용하여 작성하고, 행/열 전환은 '열'로 지정
  - 차트 제목("대리점별 소프트웨어 판매현황")
  - 범례 위치 : 위쪽
  - 차트 스타일 : 색 변경(색상형 - 색 2, 스타일 3)
  - 차트 위치 : 현재 시트에 [A8:G23] 크기에 정확하게 맞추시오.
  - 차트 영역 서식 : 글꼴(돋움체, 11pt), 테두리 색(실선, 색 : 진한 파랑), 테두리 스타일(너비 : 2.5pt,
             겹선 종류 : 단순형, 대시 종류 : 파선)
  - 차트 제목 서식 : 글꼴(궁서체, 18pt, 기울임꼴), 채우기(그림 또는 질감 채우기, 질감 : 캔버스)
  - 그림 영역 서식 : 채우기(그라데이션 채우기, 그라데이션 미리 설정 : 밝은 그라데이션 - 강조 3, 종류 : 선형,
             방향 : 선형 위쪽)
  - 데이터 레이블 추가 : '오피스' 계열에 "값" 표시

▶ 지시사항이 없는 경우는 ≪출력형태≫와 동일하게 작성하시오.

제08회 디지털정보활용능력 출제예상 모의고사

- ☑ 시험과목 : 스프레드시트(엑셀)
- ☑ 시험일자 : 20XX. XX. XX. (X)
- ☑ 응시자 기재사항 및 감독위원 확인

MS Office 2016 버전용

수검번호	DIS - XXXX -	감독위원 확인
성 명		

응시자 유의사항

1. 응시자는 신분증을 지참하여야 시험에 응시할 수 있으며, 시험이 종료될 때까지 신분증을 제시하지 못 할 경우 해당 시험은 0점 처리됩니다.
2. 시스템(PC작동여부, 네트워크 상태 등)의 이상여부를 반드시 확인하여야 하며, 시스템 이상이 있을시 감독위원에게 조치를 받으셔야 합니다.
3. 시험 중 부주의 또는 고의로 시스템을 파손한 경우는 응시자 부담으로 합니다.
4. 답안 전송 프로그램을 통해 다운로드 받은 파일을 이용하여 답안 파일을 작성하시기 바랍니다.
5. 작성한 답안 파일은 답안 전송 프로그램을 통하여 전송됩니다. 감독위원의 지시에 따라 주시기 바랍니다.
6. 다음 사항의 경우 실격(0점) 혹은 부정행위 처리됩니다.
    1) 답안 파일을 저장하지 않았거나, 저장한 파일이 손상되었을 경우
    2) 답안 파일을 지정된 폴더(바탕화면 - "KAIT" 폴더)에 저장하지 않았을 경우
        ※ 답안 전송 프로그램 로그인 시 바탕화면에 자동 생성됨
    3) 답안 파일을 다른 보조 기억장치(USB) 혹은 네트워크(메신저, 게시판 등)로 전송할 경우
    4) 휴대용 전화기 등 통신기기를 사용할 경우
7. 시험지에 제시된 글꼴이 응시 프로그램에 없는 경우, 반드시 감독위원에게 해당 내용을 통보한 뒤 조치를 받아야 합니다.
8. 시험의 완료는 작성이 완료된 답안을 저장하고, 답안 전송이 완료된 상태를 확인한 것으로 합니다. 답안 전송 확인 후 문제지는 감독위원에게 제출한 후 퇴실하여야 합니다.
9. 답안 전송이 완료된 경우에는 수정 또는 정정이 불가능합니다.
10. 시험 시행 후 결과는 홈페이지(www.ihd.or.kr)에서 확인하시기 바랍니다.
    1) 문제 및 정답 공개 : 20XX. XX. XX.(X)
    2) 합격자 발표 : 20XX. XX. XX.(X)

디지털정보활용능력 - 스프레드시트[엑셀] (시험시간 : 40분)

[문제 1] "지출현황" 시트를 참조하여 다음 ≪처리조건≫에 맞도록 작업하시오. (50점)

≪출력형태≫

	A	B	C	D	E	F	G	H	I
1				5월 지점별 지출현황					
2	지출코드	일자	지점명	비용과목	현금	카드	지출총액	순위	비고
3	YP-05-001	2020-05-05	용산지점	식비		350,000	350,000	1위	초과지출
4	SP-05-001	2020-05-10	송파지점	식비		280,000	280,000	2위	초과지출
5	KS-05-001	2020-05-10	금천지점	소모품비	158,000	120,000	278,000	3위	
6	YS-05-002	2020-05-13	용산지점	소모품비	178,000		178,000	7위	
7	KJ-05-002	2020-05-18	금천지점	잡비		168,000	168,000	8위	
8	SP-05-003	2020-05-18	송파지점	식비	200,000		200,000	6위	
9	YJ-05-004	2020-05-24	용산지점	잡비	130,000		130,000	10위	
10	YJ-05-003	2020-05-25	용산지점	잡비	50,000	93,000	143,000	9위	
11	SP-05-004	2020-05-27	송파지점	식비		250,000	250,000	4위	
12	KS-05-003	2020-05-28	금천지점	소모품비	98,000	132,000	230,000	5위	
13	'비용과목'이 "식비"인 '지출총액'의 평균					270,000			
14	'카드'의 최대값-최소값 차이					257,000			
15	'현금' 중 두 번째로 큰 값					178,000			

≪처리조건≫

▶ 1행의 행 높이를 '70'으로 설정하고, 2행~15행의 행 높이를 '18'로 설정하시오.
▶ 제목("5월 지점별 지출현황") : WordArt를 이용하여 입력하시오.
  - WordArt 스타일(채우기 - '황금색, 강조4 부드러운 입체'),
    위치([B1:H1]), 글꼴 : HY헤드라인M, 44pt, 굵게
▶ 셀 서식을 아래 조건에 맞게 작성하시오.
  - [A2:I15] : 테두리(안쪽, 윤곽선 모두 실선, '검정, 텍스트 1'), 전체 가운데 맞춤
  - [A13:D13], [A14:D14], [A15:D15] : 각각 병합하고 가운데 맞춤
  - [A2:I2], [A13:D15] : 채우기 색('주황, 강조 2, 60% 더 밝게'), 글꼴(굵게)
  - [C3:C12] : 셀 서식의 표시 형식-사용자 지정을 이용하여 @"지점"자를 추가
  - [E3:G15] : 셀 서식의 표시 형식-숫자를 이용하여 1000단위 구분 기호 표시
  - [H3:H12] : 셀 서식의 표시 형식-사용자 지정을 이용하여 #"위"자를 추가
  - 조건부 서식[A3:I12] : '지점명'이 "송파"인 경우 레코드 전체에 글꼴('주황, 강조 2', 굵게) 적용
  - 지시사항이 없는 경우는 주어진 문제 파일의 서식을 그대로 사용하시오.

▶ ① 순위[H3:H12] : '지출총액'을 기준으로 큰 순으로 순위를 구하시오. **(RANK.EQ 함수)**
▶ ② 비고[I3:I12] : '지출총액'이 280000 이상이면 "초과지출", 그렇지 않으면 공백으로 구하시오. **(IF 함수)**
▶ ③ 평균[E13:G13] : '비용과목'이 "식비"인 '지출총액'의 평균을 구하시오. **(DAVERAGE 함수)**
▶ ④ 최대값-최소값[E14:G14] : '카드'의 최대값과 최소값의 차이를 구하시오. **(MAX, MIN 함수)**
▶ ⑤ 순위[E15:G15] : '현금' 중, 두 번째로 큰 값을 구하시오. **(LARGE 함수)**

디지털정보활용능력 – 스프레드시트[엑셀] (시험시간 : 40분)

[문제 2] "부분합" 시트를 참조하여 다음 ≪처리조건≫에 맞도록 작업하시오. (30점)

≪출력형태≫

	A	B	C	D	E	F	G
1							
2	지출코드	일자	지점명	비용과목	현금	카드	지출총액
3	YP-05-001	2020-05-05	용산	식비		350,000	350,000
4	YS-05-002	2020-05-13	용산	소모품비	178,000		178,000
5	YJ-05-004	2020-05-24	용산	잡비	130,000		130,000
6	YJ-05-003	2020-05-25	용산	잡비	50,000	93,000	143,000
7			용산 평균				200,250
8			용산 요약		358,000	443,000	
9	SP-05-001	2020-05-10	송파	식비		280,000	280,000
10	SP-05-003	2020-05-18	송파	식비	200,000		200,000
11	SP-05-004	2020-05-27	송파	식비		250,000	250,000
12			송파 평균				243,333
13			송파 요약		200,000	530,000	
14	KS-05-001	2020-05-10	금천	소모품비	158,000	120,000	278,000
15	KJ-05-002	2020-05-18	금천	잡비		168,000	168,000
16	KS-05-003	2020-05-28	금천	소모품비	98,000	132,000	230,000
17			금천 평균				225,333
18			금천 요약		256,000	420,000	
19			전체 평균				220,700
20			총합계		814,000	1,393,000	
21							

≪처리조건≫

▶ 데이터를 '지점명' 기준으로 내림차순 정렬하시오.

▶ 아래 조건에 맞는 부분합을 작성하시오.
 – '지점명'으로 그룹화 하여 '현금', '카드'의 합계(요약)를 구하는 부분합을 만드시오.
 – '지점명'으로 그룹화 하여 '지출총액'의 평균을 구하는 부분합을 만드시오.
  (새로운 값으로 대치하지 말 것)
 – [E3:G20] 영역에 셀 서식의 표시 형식–숫자를 이용하여 1000단위 구분 기호를 표시하시오.

▶ E~F열을 선택하여 그룹을 설정하시오.

▶ 합계(요약)와 평균의 부분합 순서는 ≪출력형태≫와 다를 수 있음

▶ 지시사항이 없는 경우는 기본 값을 적용하시오.

디지털정보활용능력 – 스프레드시트[엑셀] (시험시간 : 40분)

[문제 3] "필터"와 "매크로" 시트를 참조하여 다음 ≪처리조건≫에 맞도록 작업하시오. (60점)

(1) 필터

≪출력형태 – 필터≫

	A	B	C	D	E	F	G
1							
2	지출코드	일자	지점명	비용과목	현금	카드	지출총액
3	YP-05-001	2020-05-05	용산	식비		350,000	350,000
4	SP-05-001	2020-05-10	송파	식비		280,000	280,000
5	KS-05-001	2020-05-10	금천	소모품비	158,000	120,000	278,000
6	YS-05-002	2020-05-13	용산	소모품비	178,000		178,000
7	KJ-05-002	2020-05-18	금천	잡비		168,000	168,000
8	SP-05-003	2020-05-18	송파	식비	200,000		200,000
9	YJ-05-004	2020-05-24	용산	잡비	130,000		130,000
10	YJ-05-003	2020-05-25	용산	잡비	50,000	93,000	143,000
11	SP-05-004	2020-05-27	송파	식비		250,000	250,000
12	KS-05-003	2020-05-28	금천	소모품비	98,000	132,000	230,000
13							
14	조건						
15	FALSE						
16							
17							
18	지출코드	지점명	비용과목	지출총액			
19	KS-05-001	금천	소모품비	278,000			
20	KJ-05-002	금천	잡비	168,000			
21	YJ-05-004	용산	잡비	130,000			
22	YJ-05-003	용산	잡비	143,000			
23	KS-05-003	금천	소모품비	230,000			
24							

≪처리조건≫

▶ "필터" 시트의 [A2:G12]를 아래 조건에 맞게 고급 필터를 사용하여 작성하시오.
 - '지점명'이 "금천"이거나 '지출총액'이 150000 이하인 데이터를 '지출코드', '지점명', '비용과목', '지출총액'의 데이터만 필터링 하시오.
 - 조건 위치 : 조건 함수는 [A15] 한 셀에 작성(OR 함수 이용)
 - 결과 위치 : [A18]부터 출력

▶ 지시사항이 없는 경우는 ≪출력형태 – 필터≫와 동일하게 작성하시오.

(2) 매크로

≪출력형태 – 매크로≫

	A	B	C	D	E	F	G
1							
2	지출코드	일자	지점명	비용과목	현금	카드	지출총액
3	YP-05-001	2020-05-05	용산	식비		350,000	350,000
4	SP-05-001	2020-05-10	송파	식비		280,000	280,000
5	KS-05-001	2020-05-10	금천	소모품비	158,000	120,000	278,000
6	YS-05-002	2020-05-13	용산	소모품비	178,000		178,000
7	KJ-05-002	2020-05-18	금천	잡비		168,000	168,000
8	SP-05-003	2020-05-18	송파	식비	200,000		200,000
9	YJ-05-004	2020-05-24	용산	잡비	130,000		130,000
10	YJ-05-003	2020-05-25	용산	잡비	50,000	93,000	143,000
11	SP-05-004	2020-05-27	송파	식비		250,000	250,000
12	KS-05-003	2020-05-28	금천	소모품비	98,000	132,000	230,000
13							
14							
15			매크로				
16							
17							
18							

≪처리조건≫

▶ "매크로" 시트의 [A2:G12] 영역에 가운데 맞춤, 테두리(안쪽, 윤곽선 모두 실선, '검정, 텍스트 1'), [A2:G2] 영역에 채우기 색('주황, 강조 2, 60% 더 밝게'), 글꼴(굵게), [E3:G12] 영역에 셀 서식의 표시 형식-숫자를 이용하여 1000단위 구분 기호를 표시하는 매크로를 기록하고 작성한 도형에 매크로를 지정하시오.

   – 도형 : 기본 도형의 "사다리꼴"을 [C14:D17]에 위치
   – 도형 서식 : 도형 채우기('황금색, 강조 4'), 선 색(실선, 색 : 파랑),
                 선 스타일(너비 : 2.5pt, 겹선 종류 : 단순형, 대시 종류 : 파선),
                 텍스트 상자(세로 맞춤 : 정가운데, 텍스트 방향 : 가로)
   – 크기 및 속성 : 크기(높이 : 2.06cm, 너비 : 4.52cm)
   – 도형 글꼴 : 텍스트 입력("매크로"), 글꼴(HY견고딕, 22pt, 기울임꼴)
   – 매크로 이름 : "매크로"

▶ 지시사항이 없는 경우는 ≪출력형태 – 매크로≫와 동일하게 작성하시오.

[문제 4] "피벗테이블" 시트를 참조하여 다음 ≪처리조건≫에 맞도록 작업하시오. (30점)

≪출력형태≫

	A	B	C	D
1				
2				
3			비용과목 ▼	
4	지점명 ▼	값	식비	잡비
5	금천	평균 : 현금	***	***
6		평균 : 카드	***	168,000
7	송파	평균 : 현금	200,000	***
8		평균 : 카드	265,000	***
9	용산	평균 : 현금	***	90,000
10		평균 : 카드	350,000	93,000
11	전체 평균 : 현금		200,000	90,000
12	전체 평균 : 카드		293,333	130,500
13				

≪처리조건≫

▶ "피벗테이블" 시트의 [A2:G12]를 이용하여 새로운 시트에 ≪출력형태≫와 같이 피벗 테이블을 작성 후 시트명을 "피벗테이블 정답"으로 수정하시오.

▶ 지점명(행)과 비용과목(열)을 기준으로 하여 출력형태와 같이 구하시오.
 - '현금', '카드'의 평균을 구하시오.
 - 피벗테이블 옵션을 이용하여 레이블이 있는 셀 병합 및 가운데 맞춤하고, 빈 셀을 "***"로 표시한 후, 행의 총합계를 감추기 하시오.
 - 피벗테이블 디자인에서 보고서 레이아웃은 '테이블 형식으로 표시', 피벗테이블 스타일은 '피벗 스타일 어둡게 5'로 표시하시오.
 - 비용과목(열)은 "식비", "잡비"만 출력되도록 표시하시오.
 - [C5:D12] 데이터는 셀 서식의 표시 형식-숫자를 이용하여 1000단위 구분 기호를 표시하고, 가운데 맞춤하시오.

▶ 지점명의 순서는 ≪출력형태≫와 다를 수 있음

▶ 지시사항이 없는 경우는 ≪출력형태≫와 동일하게 작성하시오.

[문제 5] "차트" 시트를 참조하여 다음 ≪처리조건≫에 맞도록 작업하시오. (30점)

≪출력형태≫

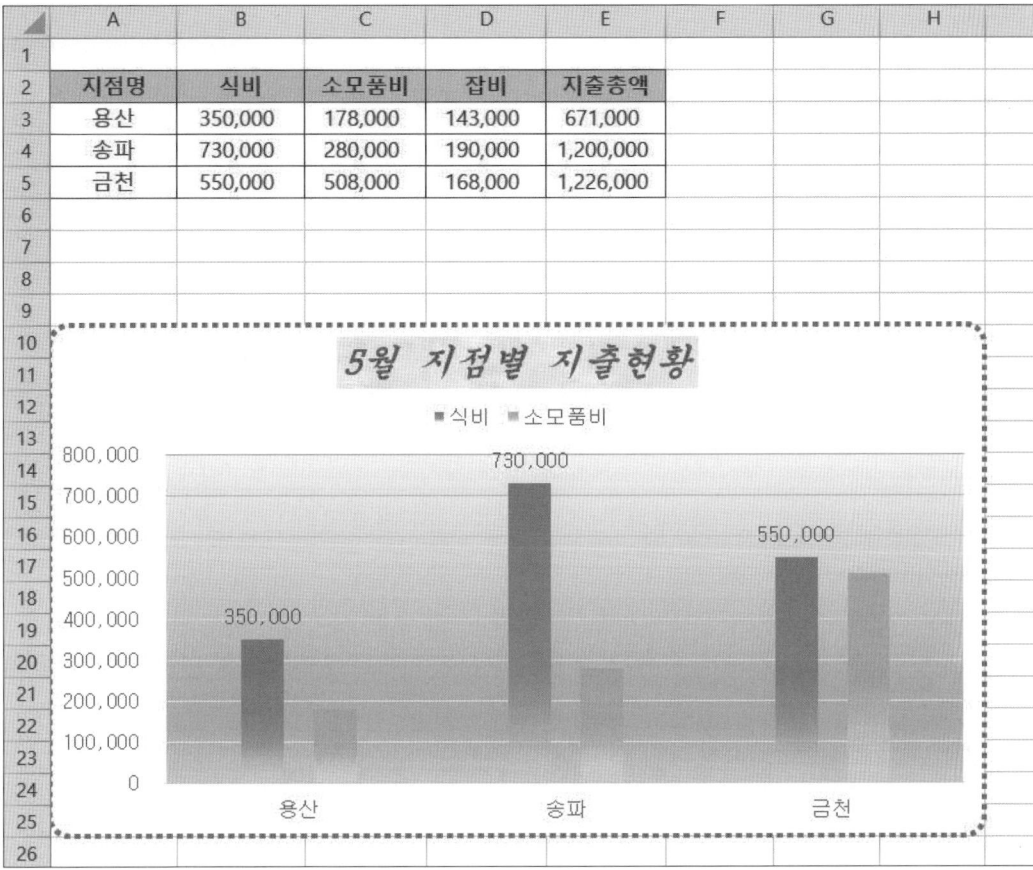

≪처리조건≫

▶ "차트" 시트에 주어진 표를 이용하여 '묶은 세로 막대형' 차트를 작성하시오.
 - 데이터 범위 : 현재 시트 [A2:C5]의 데이터를 이용하여 작성하고, 행/열 전환은 '열'로 지정
 - 차트 제목("5월 지점별 지출현황")
 - 범례 위치 : 위쪽
 - 차트 스타일 : 색 변경(색상형 - 색 3, 스타일 9)
 - 차트 위치 : 현재 시트에 [A10:H25] 크기에 정확하게 맞추시오.
 - 차트 영역 서식 : 글꼴(굴림체, 11pt), 테두리 색(실선, 색 : 빨강), 테두리 스타일(너비 : 2.5pt,
         겹선 종류 : 단순형, 대시 종류 : 둥근 점선, 둥근 모서리)
 - 차트 제목 서식 : 글꼴(궁서체, 18pt, 기울임꼴), 채우기(그림 또는 질감 채우기, 질감 : 양피지)
 - 그림 영역 서식 : 채우기(그라데이션 채우기, 그라데이션 미리 설정 : 밝은 그라데이션 - 강조 2, 종류 : 선형,
         방향 : 선형 아래쪽)
 - 데이터 레이블 추가 : '식비' 계열에 "값" 표시

▶ 지시사항이 없는 경우는 ≪출력형태≫와 동일하게 작성하시오.

제09회 디지털정보활용능력 출제예상 모의고사

- ☑ 시험과목 : 스프레드시트(엑셀)
- ☑ 시험일자 : 20XX. XX. XX. (X)
- ☑ 응시자 기재사항 및 감독위원 확인

MS Office 2016 버전용

수검번호	DIS - XXXX -	감독위원 확인
성 명		

응시자 유의사항

1. 응시자는 신분증을 지참하여야 시험에 응시할 수 있으며, 시험이 종료될 때까지 신분증을 제시하지 못 할 경우 해당 시험은 0점 처리됩니다.
2. 시스템(PC작동여부, 네트워크 상태 등)의 이상여부를 반드시 확인하여야 하며, 시스템 이상이 있을시 감독위원에게 조치를 받으셔야 합니다.
3. 시험 중 부주의 또는 고의로 시스템을 파손한 경우는 응시자 부담으로 합니다.
4. 답안 전송 프로그램을 통해 다운로드 받은 파일을 이용하여 답안 파일을 작성하시기 바랍니다.
5. 작성한 답안 파일은 답안 전송 프로그램을 통하여 전송됩니다. 감독위원의 지시에 따라 주시기 바랍니다.
6. 다음 사항의 경우 실격(0점) 혹은 부정행위 처리됩니다.
    1) 답안 파일을 저장하지 않았거나, 저장한 파일이 손상되었을 경우
    2) 답안 파일을 지정된 폴더(바탕화면 - "KAIT" 폴더)에 저장하지 않았을 경우
        ※ 답안 전송 프로그램 로그인 시 바탕화면에 자동 생성됨
    3) 답안 파일을 다른 보조 기억장치(USB) 혹은 네트워크(메신저, 게시판 등)로 전송할 경우
    4) 휴대용 전화기 등 통신기기를 사용할 경우
7. 시험지에 제시된 글꼴이 응시 프로그램에 없는 경우, 반드시 감독위원에게 해당 내용을 통보한 뒤 조치를 받아야 합니다.
8. 시험의 완료는 작성이 완료된 답안을 저장하고, 답안 전송이 완료된 상태를 확인한 것으로 합니다. 답안 전송 확인 후 문제지는 감독위원에게 제출한 후 퇴실하여야 합니다.
9. 답안 전송이 완료된 경우에는 수정 또는 정정이 불가능합니다.
10. 시험 시행 후 결과는 홈페이지(www.ihd.or.kr)에서 확인하시기 바랍니다.
    1) 문제 및 정답 공개 : 20XX. XX. XX.(X)
    2) 합격자 발표 : 20XX. XX. XX.(X)

디지털정보활용능력 – 스프레드시트[엑셀] (시험시간 : 40분)

[문제 1] "판매현황" 시트를 참조하여 다음 ≪처리조건≫에 맞도록 작업하시오. (50점)

≪출력형태≫

모델명	종류	구분	2분기	3분기	4분기	평균	순위	비고
T-S001	티셔츠	여성용	17,380	17,540	18,200	17,706.67	7	
P-S001	팬츠	여성용	17,600	16,520	17,200	17,106.67	8	
S-L001	셔츠	남성용	19,200	18,570	19,250	19,006.67	4	
T-L002	티셔츠	남성용	18,250	19,200	18,800	18,750.00	6	판매감소
P-L002	팬츠	남성용	15,100	16,320	15,250	15,556.67	10	판매감소
P-S003	팬츠	여성용	15,500	15,240	16,050	15,596.67	9	
S-L002	셔츠	남성용	20,270	19,250	20,420	19,980.00	1	
S-S003	셔츠	여성용	19,320	18,210	19,300	18,943.33	5	
T-S003	티셔츠	여성용	21,200	18,200	20,240	19,880.00	3	
S-S004	셔츠	여성용	19,300	20,200	20,380	19,960.00	2	
'2분기'의 최대값-최소값 차이				6,100				
'종류'가 "티셔츠"인 '4분기'의 평균				19,080				
'종류'가 "셔츠"인 개수				4				

제목 : 의류도매 판매현황

≪처리조건≫

▶ 1행의 행 높이를 '70'으로 설정하고, 2행~15행의 행 높이를 '18'로 설정하시오.
▶ 제목("의류도매 판매현황") : 사각형의 '한쪽 모서리가 잘린 사각형'을 이용하여 입력하시오.
  – 도형 : 위치([B1:H1]), 도형 스타일(테마 스타일 – 미세 효과 – '파랑, 강조 5')
  – 글꼴 : 궁서체, 24pt, 기울임꼴
  – 도형 서식 : 도형 옵션 – 크기 및 속성(텍스트 상자(세로 맞춤 : 정가운데, 텍스트 방향 : 가로))
▶ 셀 서식을 아래 조건에 맞게 작성하시오.
  – [A2:I15] : 테두리(안쪽, 윤곽선 모두 실선, '검정, 텍스트 1'), 전체 가운데 맞춤
  – [A13:D13], [A14:D14], [A15:D15] : 각각 병합하고 가운데 맞춤
  – [A2:I2], [A13:D15] : 채우기 색('파랑, 강조 5, 40% 더 밝게'), 글꼴(굵게)
  – [C3:C12] : 셀 서식의 표시 형식-사용자 지정을 이용하여 @"용"자를 추가
  – [D3:G12], [E13:G14] : 셀 서식의 표시 형식-숫자를 이용하여 1000단위 구분 기호 표시
  – [G3:G12] : 셀 서식의 표시 형식-숫자를 이용하여 소수 자릿수 2로 표시
  – 조건부 서식[A3:I12] : '종류'가 "티셔츠"인 경우 레코드 전체에 글꼴('파랑, 강조 5', 굵은 기울임꼴) 적용
  – 지시사항이 없는 경우는 주어진 문제 파일의 서식을 그대로 사용하시오.

▶ ① 순위[H3:H12] : '평균'을 기준으로 큰 순으로 순위를 구하시오. **(RANK.EQ 함수)**
▶ ② 비고[I3:I12] : '4분기'가 '3분기'보다 작거나 같으면 "판매감소", 그렇지 않으면 공백으로 구하시오. **(IF 함수)**
▶ ③ 최대값-최소값[E13:G13] : '2분기'의 최대값과 최소값의 차이를 구하시오. **(MAX, MIN 함수)**
▶ ④ 평균[E14:G14] : '종류'가 "티셔츠"인 '4분기'의 평균을 구하시오. **(DAVERAGE 함수)**
▶ ⑤ 셔츠 개수[E15:G15] : '종류'가 "셔츠"인 개수를 구하시오. **(COUNTIF 함수)**

디지털정보활용능력 - 스프레드시트[엑셀] (시험시간 : 40분)

[문제 2] "부분합" 시트를 참조하여 다음 ≪처리조건≫에 맞도록 작업하시오. (30점)

≪출력형태≫

	A	B	C	D	E	F	G
2	모델명	종류	구분	2분기	3분기	4분기	평균
3	S-L001	셔츠	남성용	19,200	18,570	19,250	19,006
4	S-L002	셔츠	남성용	20,270	19,250	20,420	19,980
5	S-S003	셔츠	여성용	19,320	18,210	19,300	18,943
6	S-S004	셔츠	여성용	19,300	20,200	20,380	19,960
7		셔츠 최대값					19,980
8		셔츠 요약		78,090	76,230	79,350	
9	T-S001	티셔츠	여성용	17,380	17,540	18,200	17,706
10	T-L002	티셔츠	남성용	18,250	19,200	18,800	18,750
11	T-S003	티셔츠	여성용	21,200	18,200	20,240	19,880
12		티셔츠 최대값					19,880
13		티셔츠 요약		56,830	54,940	57,240	
14	P-S001	팬츠	여성용	17,600	16,520	17,200	17,106
15	P-L002	팬츠	남성용	15,100	16,320	15,250	15,556
16	P-S003	팬츠	여성용	15,500	15,240	16,050	15,596
17		팬츠 최대값					17,106
18		팬츠 요약		48,200	48,080	48,500	
19		전체 최대값					19,980
20		총합계		183,120	179,250	185,090	

≪처리조건≫

▶ 데이터를 '종류' 기준으로 오름차순 정렬하시오.

▶ 아래 조건에 맞는 부분합을 작성하시오.
 - '종류'로 그룹화 하여 '2분기', '3분기', '4분기'의 합계(요약)를 구하는 부분합을 만드시오.
 - '종류'로 그룹화 하여 '평균'의 최대값을 구하는 부분합을 만드시오.
  (새로운 값으로 대치하지 말 것)
 - [D3:G20] 영역에 셀 서식의 표시 형식-숫자를 이용하여 1000단위 구분 기호를 표시하시오.

▶ D~F열을 선택하여 그룹을 설정하시오.

▶ 합계(요약)와 최대값의 부분합 순서는 ≪출력형태≫와 다를 수 있음

▶ 지시사항이 없는 경우는 기본 값을 적용하시오.

[문제 3] "필터"와 "시나리오" 시트를 참조하여 다음 ≪처리조건≫에 맞도록 작업하시오. (60점)

(1) 필터

≪출력형태 – 필터≫

	A	B	C	D	E	F	G
1							
2	모델명	종류	구분	2분기	3분기	4분기	평균
3	T-S001	티셔츠	여성용	17,380	17,540	18,200	17,706.67
4	P-S001	팬츠	여성용	17,600	16,520	17,200	17,106.67
5	S-L001	셔츠	남성용	19,200	18,570	19,250	19,006.67
6	T-L002	티셔츠	남성용	18,250	19,200	18,800	18,750.00
7	P-L002	팬츠	남성용	15,100	16,320	15,250	15,556.67
8	P-S003	팬츠	여성용	15,500	15,240	16,050	15,596.67
9	S-L002	셔츠	남성용	20,270	19,250	20,420	19,980.00
10	S-S003	셔츠	여성용	19,320	18,210	19,300	18,943.33
11	T-S003	티셔츠	여성용	21,200	18,200	20,240	19,880.00
12	S-S004	셔츠	여성용	19,300	20,200	20,380	19,960.00
13							
14	조건						
15	FALSE						
16							
17							
18	모델명	구분	2분기	3분기	4분기		
19	S-L002	남성용	20,270	19,250	20,420		
20	S-S004	여성용	19,300	20,200	20,380		
21							

≪처리조건≫

▶ "필터" 시트의 [A2:G12]를 아래 조건에 맞게 고급 필터를 사용하여 작성하시오.
 - '종류'가 "셔츠"이고 '4분기'가 20000 이상인 데이터를 '모델명', '구분', '2분기', '3분기', '4분기'의 데이터만 필터링 하시오.
 - 조건 위치 : 조건 함수는 [A15] 한 셀에 작성(AND 함수 이용)
 - 결과 위치 : [A18]부터 출력

▶ 지시사항이 없는 경우는 ≪출력형태 – 필터≫와 동일하게 작성하시오.

(2) **시나리오**

≪출력형태 – 시나리오≫

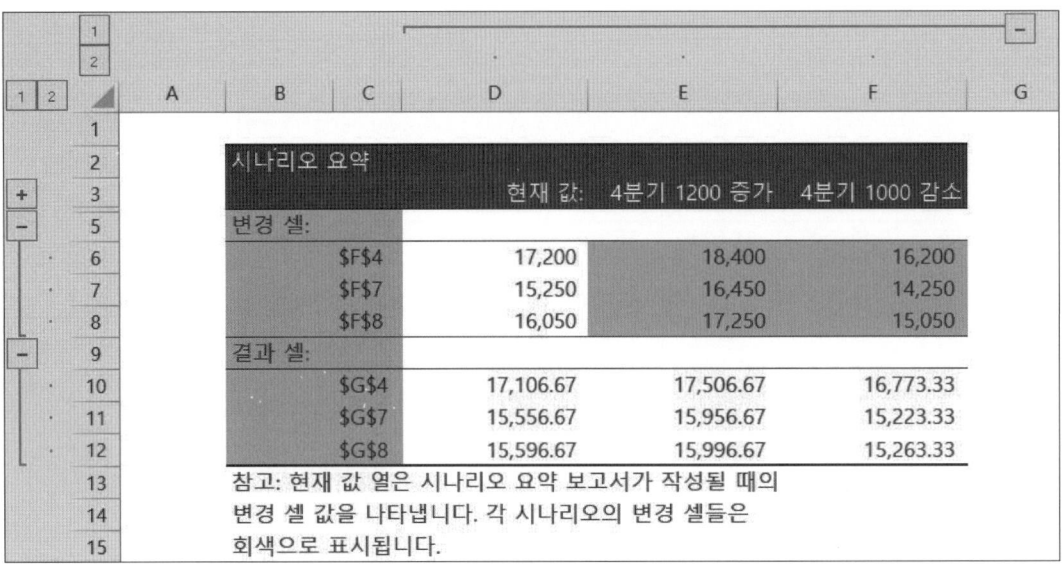

≪처리조건≫

▶ "시나리오" 시트의 [A2:G12]를 이용하여 '종류'가 "팬츠"인 경우, '4분기'가 변동할 때 '평균'이 변동하는 가상 분석(시나리오)을 작성하시오.
  - 시나리오1 : 시나리오 이름은 "4분기 1200 증가", '4분기'에 1200을 증가시킨 값 설정.
  - 시나리오2 : 시나리오 이름은 "4분기 1000 감소", '4분기'에 1000을 감소시킨 값 설정.
  - "시나리오 요약" 시트를 작성하시오.

▶ 지시사항이 없는 경우는 ≪출력형태 – 시나리오≫와 동일하게 작성하시오.

[문제 4] "피벗테이블" 시트를 참조하여 다음 ≪처리조건≫에 맞도록 작업하시오. (30점)

≪출력형태≫

	A	B	C	D	E	F
1						
2						
3			모델명			
4	종류	값	P-L002	S-L001	S-L002	T-L002
5		평균 : 2분기	***	19,200	20,270	***
6	셔츠	평균 : 3분기	***	18,570	19,250	***
7		평균 : 4분기	***	19,250	20,420	***
8		평균 : 2분기	***	***	***	18,250
9	티셔츠	평균 : 3분기	***	***	***	19,200
10		평균 : 4분기	***	***	***	18,800
11		평균 : 2분기	15,100	***	***	***
12	팬츠	평균 : 3분기	16,320	***	***	***
13		평균 : 4분기	15,250	***	***	***
14	전체 평균 : 2분기		15,100	19,200	20,270	18,250
15	전체 평균 : 3분기		16,320	18,570	19,250	19,200
16	전체 평균 : 4분기		15,250	19,250	20,420	18,800
17						

≪처리조건≫

▶ "피벗테이블" 시트의 [A2:G12]를 이용하여 새로운 시트에 ≪출력형태≫와 같이 피벗 테이블을 작성 후 시트명을 "피벗테이블 정답"으로 수정하시오.

▶ 종류(행)와 모델명(열)을 기준으로 하여 출력형태와 같이 구하시오.
　- '2분기', '3분기', '4분기'의 평균을 구하시오.
　- 피벗테이블 옵션을 이용하여 레이블이 있는 셀 병합 및 가운데 맞춤하고, 빈 셀을 "***"로 표시한 후, 행의 총합계를 감추기 하시오.
　- 피벗테이블 디자인에서 보고서 레이아웃은 '테이블 형식으로 표시', 피벗테이블 스타일은 '피벗 스타일 보통 13'으로 표시하시오.
　- 모델명(열)은 "P-L002", "S-L001", "S-L002", "T-L002"만 출력되도록 표시하시오.
　- [C5:F16] 데이터는 셀 서식의 표시 형식-숫자를 이용하여 1000단위 구분 기호를 표시하고, 오른쪽 맞춤하시오.

▶ 종류의 순서는 ≪출력형태≫와 다를 수 있음

▶ 지시사항이 없는 경우는 ≪출력형태≫와 동일하게 작성하시오.

[문제 5] "차트" 시트를 참조하여 다음 ≪처리조건≫에 맞도록 작업하시오. (30점)

≪출력형태≫

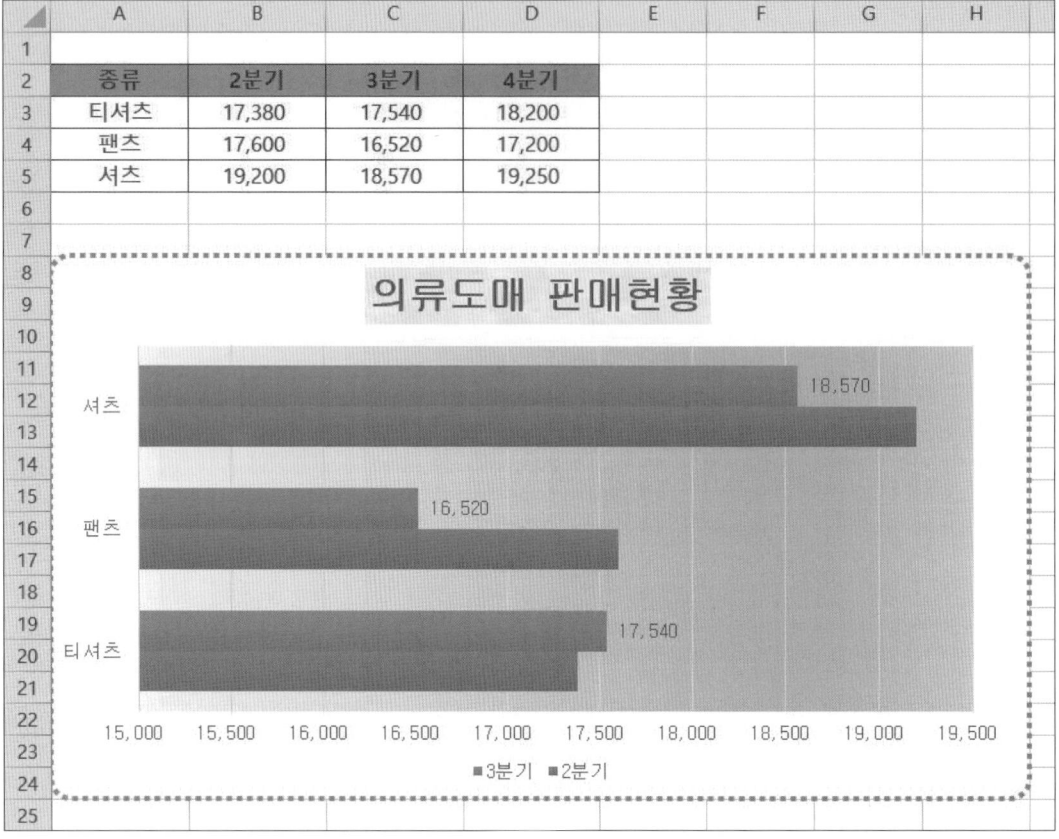

≪처리조건≫

▶ "차트" 시트에 주어진 표를 이용하여 '묶은 가로 막대형' 차트를 작성하시오.
 - 데이터 범위 : 현재 시트 [A2:C5]의 데이터를 이용하여 작성하고, 행/열 전환은 '열'로 지정
 - 차트 제목("의류도매 판매현황")
 - 범례 위치 : 아래쪽
 - 차트 스타일 : 색 변경(색상형 – 색 1, 스타일 5)
 - 차트 위치 : 현재 시트에 [A8:H24] 크기에 정확하게 맞추시오.
 - 차트 영역 서식 : 글꼴(돋움체, 10pt), 테두리 색(실선, 색 : 연한 파랑), 테두리 스타일 (너비 : 2.75pt,
   겹선 종류 : 단순형, 대시 종류 : 둥근 점선, 둥근 모서리)
 - 차트 제목 서식 : 글꼴(굴림체, 20pt, 굵게), 채우기(그림 또는 질감 채우기, 질감 : 양피지)
 - 그림 영역 서식 : 채우기(그라데이션 채우기, 그라데이션 미리 설정 : 밝은 그라데이션 – 강조 1, 종류 : 선형,
   방향 : 선형 오른쪽)
 - 데이터 레이블 추가 : '3분기' 계열에 "값" 표시

▶ 지시사항이 없는 경우는 ≪출력형태≫와 동일하게 작성하시오.

제10회 디지털정보활용능력 출제예상 모의고사

- ☑ 시험과목 : 스프레드시트(엑셀)
- ☑ 시험일자 : 20XX. XX. XX. (X)
- ☑ 응시자 기재사항 및 감독위원 확인

MS Office 2016 버전용

수 검 번 호	DIS - XXXX -	감독위원 확인
성 명		

응시자 유의사항

1. 응시자는 신분증을 지참하여야 시험에 응시할 수 있으며, 시험이 종료될 때까지 신분증을 제시하지 못 할 경우 해당 시험은 0점 처리됩니다.
2. 시스템(PC작동여부, 네트워크 상태 등)의 이상여부를 반드시 확인하여야 하며, 시스템 이상이 있을시 감독위원에게 조치를 받으셔야 합니다.
3. 시험 중 부주의 또는 고의로 시스템을 파손한 경우는 응시자 부담으로 합니다.
4. 답안 전송 프로그램을 통해 다운로드 받은 파일을 이용하여 답안 파일을 작성하시기 바랍니다.
5. 작성한 답안 파일은 답안 전송 프로그램을 통하여 전송됩니다. 감독위원의 지시에 따라 주시기 바랍니다.
6. 다음 사항의 경우 실격(0점) 혹은 부정행위 처리됩니다.
    1) 답안 파일을 저장하지 않았거나, 저장한 파일이 손상되었을 경우
    2) 답안 파일을 지정된 폴더(바탕화면 – "KAIT" 폴더)에 저장하지 않았을 경우
        ※ 답안 전송 프로그램 로그인 시 바탕화면에 자동 생성됨
    3) 답안 파일을 다른 보조 기억장치(USB) 혹은 네트워크(메신저, 게시판 등)로 전송할 경우
    4) 휴대용 전화기 등 통신기기를 사용할 경우
7. 시험지에 제시된 글꼴이 응시 프로그램에 없는 경우, 반드시 감독위원에게 해당 내용을 통보한 뒤 조치를 받아야 합니다.
8. 시험의 완료는 작성이 완료된 답안을 저장하고, 답안 전송이 완료된 상태를 확인한 것으로 합니다. 답안 전송 확인 후 문제지는 감독위원에게 제출한 후 퇴실하여야 합니다.
9. 답안 전송이 완료된 경우에는 수정 또는 정정이 불가능합니다.
10. 시험 시행 후 결과는 홈페이지(www.ihd.or.kr)에서 확인하시기 바랍니다.
    1) 문제 및 정답 공개 : 20XX. XX. XX.(X)
    2) 합격자 발표 : 20XX. XX. XX.(X)

| 디지털정보활용능력 – 스프레드시트[엑셀] (시험시간 : 40분) | 1/6 |

[문제 1] "한국학원 운영현황" 시트를 참조하여 다음 ≪처리조건≫에 맞도록 작업하시오. (50점)

≪출력형태≫

	A	B	C	D	E	F	G	H	I
1			**한국학원 조리강좌 운영현황**						
2	강좌코드	프로그램	강의실	주당 교육시간	모집정원	모집인원	수강료	순위	비고
3	AH-101	한식조리사	조리실A	6	24명	23명	60,000	4위	자격증반
4	AY-102	양식조리사	조리실A	6	24명	21명	60,000	6위	자격증반
5	AI-103	일식조리사	조리실A	6	24명	22명	60,000	5위	자격증반
6	BG-101	계절 별미요리	조리실B	4	30명	25명	50,000	1위	
7	BK-102	가정식 웰빙요리	조리실B	4	30명	24명	50,000	2위	
8	**CW-101**	**웰빙떡만들기**	**조리실C**	**4**	**20명**	**18명**	**50,000**	**9위**	
9	CC-102	커피바리스타	조리실C	8	25명	24명	80,000	2위	
10	**CJ-103**	**제과제빵**	**조리실C**	**8**	**24명**	**19명**	**80,000**	**8위**	
11	AC-104	중식조리사	조리실A	6	24명	20명	60,000	7위	자격증반
12	**BB-103**	**브런치**	**조리실B**	**4**	**20명**	**16명**	**50,000**	**10위**	
13	'수강료'의 최대값-최소값 차이				30,000				
14	'강의실'이 "조리실A"인 '모집인원'의 평균				22명				
15	'모집인원'이 네 번째로 작은 값				20				

≪처리조건≫

▶ 1행의 행 높이를 '80'으로 설정하고, 2행~15행의 행 높이를 '18'로 설정하시오.
▶ 제목("한국학원 조리강좌 운영현황") : 기본도형의 '정육면체'를 이용하여 입력하시오.
  - 도형 : 위치([B1:H1]), 도형 스타일(테마 스타일 – 미세 효과 – '황금색, 강조 4')
  - 글꼴 : 굴림, 28pt, 기울임꼴
  - 도형 서식 : 도형 옵션 – 크기 및 속성(텍스트 상자(세로 맞춤 : 정가운데, 텍스트 방향 : 가로))

▶ 셀 서식을 아래 조건에 맞게 작성하시오.
  - [A2:I15] : 테두리(안쪽, 윤곽선 모두 실선, '검정, 텍스트 1'), 전체 가운데 맞춤
  - [A13:D13], [A14:D14], [A15:D15] : 각각 병합하고 가운데 맞춤
  - [A2:I2], [A13:D15] : 채우기 색('황금색, 강조 4, 40% 더 밝게'), 글꼴(굵게)
  - [E3:F12], [E14:G14] : 셀 서식의 표시 형식-사용자 지정을 이용하여 #"명"자를 추가
  - [G3:G12], [E13:G13] : 셀 서식의 표시 형식-숫자를 이용하여 1000단위 구분 기호 표시
  - [H3:H12] : 셀 서식의 표시 형식-사용자 지정을 이용하여 #"위"자를 추가
  - 조건부 서식[A3:I12] : '모집인원'이 20 미만인 경우 레코드 전체에 글꼴(자주, 굵게) 적용
  - 지시사항이 없는 경우는 주어진 문제 파일의 서식을 그대로 사용하시오.

▶ ① 순위[H3:H12] : '모집인원'을 기준으로 큰 순으로 순위를 구하시오. **(RANK.EQ 함수)**
▶ ② 비고[I3:I12] : '강의실'이 "조리실A"이면 "자격증반", 그렇지 않으면 공백으로 구하시오. **(IF 함수)**
▶ ③ 최대값-최소값[E13:G13] : '수강료'의 최대값과 최소값의 차이를 구하시오. **(MAX, MIN 함수)**
▶ ④ 평균[E14:G14] : '강의실'이 "조리실A"인 '모집인원'의 평균을 구하시오. **(DAVERAGE 함수)**
▶ ⑤ 순위[E15:G15] : '모집인원' 중, 네 번째로 작은 값을 구하시오. **(SMALL 함수)**

[문제 2] "부분합" 시트를 참조하여 다음 ≪처리조건≫에 맞도록 작업하시오. (30점)

≪출력형태≫

강좌코드	프로그램	강의실	주당 교육시간	모집정원	모집인원	수강료
AH-101	한식조리사	조리실A	6	24	23	₩60,000
AY-102	양식조리사	조리실A	6	24	21	₩60,000
AI-103	일식조리사	조리실A	6	24	22	₩60,000
AC-104	중식조리사	조리실A	6	24	20	₩60,000
		조리실A 최소값		24	20	₩60,000
		조리실A 최대값		24	23	₩60,000
BG-101	계절 별미요리	조리실B	4	30	25	₩50,000
BK-102	가정식 웰빙요리	조리실B	4	30	24	₩50,000
BB-103	브런치	조리실B	4	20	16	₩50,000
		조리실B 최소값		20	16	₩50,000
		조리실B 최대값		30	25	₩50,000
CW-101	웰빙떡만들기	조리실C	4	20	18	₩50,000
CC-102	커피바리스타	조리실C	8	25	24	₩80,000
CJ-103	제과제빵	조리실C	8	24	19	₩80,000
		조리실C 최소값		20	18	₩50,000
		조리실C 최대값		25	24	₩80,000
		전체 최소값		20	16	₩50,000
		전체 최대값		30	25	₩80,000

≪처리조건≫

▶ 데이터를 '강의실' 기준으로 오름차순 정렬하시오.

▶ 아래 조건에 맞는 부분합을 작성하시오.
  - '강의실'로 그룹화 하여 '모집정원', '모집인원', '수강료'의 최대값을 구하는 부분합을 만드시오.
  - '강의실'로 그룹화 하여 '모집정원', '모집인원', '수강료'의 최소값을 구하는 부분합을 만드시오.
    (새로운 값으로 대치하지 말 것)
  - [G3:G20] 영역에 셀 서식의 표시 형식-통화를 이용하여 기호(₩)를 표시하시오.

▶ E~F열을 선택하여 그룹을 설정하시오.

▶ 최대값과 최소값의 부분합 순서는 ≪출력형태≫와 다를 수 있음

▶ 지시사항이 없는 경우는 기본 값을 적용하시오.

디지털정보활용능력 – 스프레드시트[엑셀] (시험시간 : 40분)

[문제 3] "필터"와 "시나리오" 시트를 참조하여 다음 ≪처리조건≫에 맞도록 작업하시오. (60점)

(1) 필터

≪출력형태 – 필터≫

	A	B	C	D	E	F	G
1							
2	강좌코드	프로그램	강의실	주당 교육시간	모집정원	모집인원	수강료
3	AH-101	한식조리사	조리실A	6	24	23	60,000
4	AY-102	양식조리사	조리실A	6	24	21	60,000
5	AI-103	일식조리사	조리실A	6	24	22	60,000
6	BG-101	계절 별미요리	조리실B	4	30	25	50,000
7	BK-102	가정식 웰빙요리	조리실B	4	30	24	50,000
8	CW-101	웰빙떡만들기	조리실C	4	20	18	50,000
9	CC-102	커피바리스타	조리실C	8	25	24	80,000
10	CJ-103	제과제빵	조리실C	8	24	19	80,000
11	AC-104	중식조리사	조리실A	6	24	20	60,000
12	BB-103	브런치	조리실B	4	20	16	50,000
13							
14	조건						
15	FALSE						
16							
17							
18	프로그램	강의실	모집정원	모집인원			
19	커피바리스타	조리실C	25	24			
20	제과제빵	조리실C	24	19			
21							

≪처리조건≫

▶ "필터" 시트의 [A2:G12]를 아래 조건에 맞게 고급 필터를 사용하여 작성하시오.
  - '강의실'이 "조리실C"이고 '수강료'가 80000 이상인 데이터를 '프로그램', '강의실', '모집정원', '모집인원'의 데이터만 필터링 하시오.
  - 조건 위치 : 조건 함수는 [A15] 한 셀에 작성(AND 함수 이용)
  - 결과 위치 : [A18]부터 출력

▶ 지시사항이 없는 경우는 ≪출력형태 – 필터≫와 동일하게 작성하시오.

(2) **시나리오**

≪출력형태 – 시나리오≫

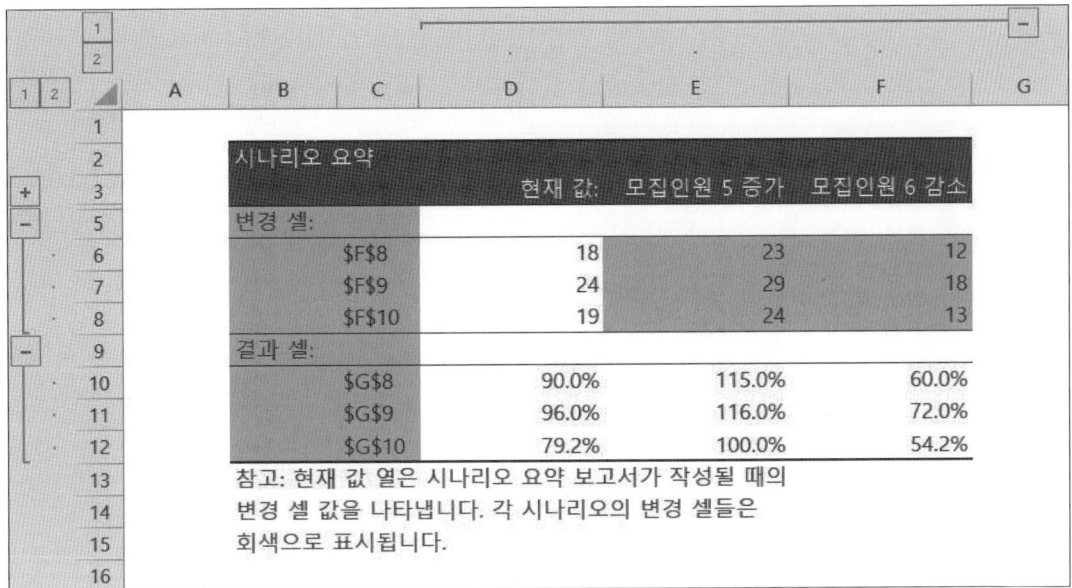

≪처리조건≫

▶ "시나리오" 시트의 [A2:G12]를 이용하여 '강의실'이 "조리실C" 인 경우 '모집인원'이 변동할 때 '모집률'이 변동하는 가상 분석(시나리오)을 작성하시오.
 – 시나리오1 : 시나리오 이름은 "모집인원 5 증가", '모집인원'에 5를 증가시킨 값 설정.
 – 시나리오2 : 시나리오 이름은 "모집인원 6 감소", '모집인원'에 6을 감소시킨 값 설정.
 – "시나리오 요약" 시트를 작성하시오.

▶ 지시사항이 없는 경우는 ≪출력형태 – 시나리오≫와 동일하게 작성하시오.

[문제 4] "피벗테이블" 시트를 참조하여 다음 ≪처리조건≫에 맞도록 작업하시오. (30점)

≪출력형태≫

	A	B	C	D
1				
2				
3			강의실	
4	주당 교육시간	값	조리실A	조리실C
5	6	평균 : 모집정원	24명	***
6		평균 : 모집인원	22명	***
7	8	평균 : 모집정원	***	25명
8		평균 : 모집인원	***	22명
9	전체 평균 : 모집정원		24명	25명
10	전체 평균 : 모집인원		22명	22명
11				

≪처리조건≫

▶ "피벗테이블" 시트의 [A2:G12]를 이용하여 새로운 시트에 ≪출력형태≫와 같이 피벗 테이블을 작성 후 시트명을 "피벗테이블 정답"으로 수정하시오.

▶ 주당 교육시간(행)과 강의실(열)을 기준으로 하여 출력형태와 같이 구하시오.
- '모집정원', '모집인원'의 평균을 구하시오.
- 피벗테이블 옵션을 이용하여 레이블이 있는 셀 병합 및 가운데 맞춤하고, 빈 셀을 "***"로 표시한 후, 행의 총합계를 감추기 하시오.
- 피벗테이블 디자인에서 보고서 레이아웃은 '테이블 형식으로 표시', 피벗테이블 스타일은 '피벗 스타일 보통 5'로 표시하시오.
- 주당 교육시간(행)은 "6", "8"만 출력되도록 표시하시오.
- [C5:D10] 데이터는 셀 서식의 표시 형식-사용자 지정을 이용하여 #"명"자를 추가하고, 가운데 맞춤하시오.

▶ 주당 교육시간의 순서는 ≪출력형태≫와 다를 수 있음

▶ 지시사항이 없는 경우는 ≪출력형태≫와 동일하게 작성하시오.

[문제 5] "차트" 시트를 참조하여 다음 ≪처리조건≫에 맞도록 작업하시오. (30점)

≪출력형태≫

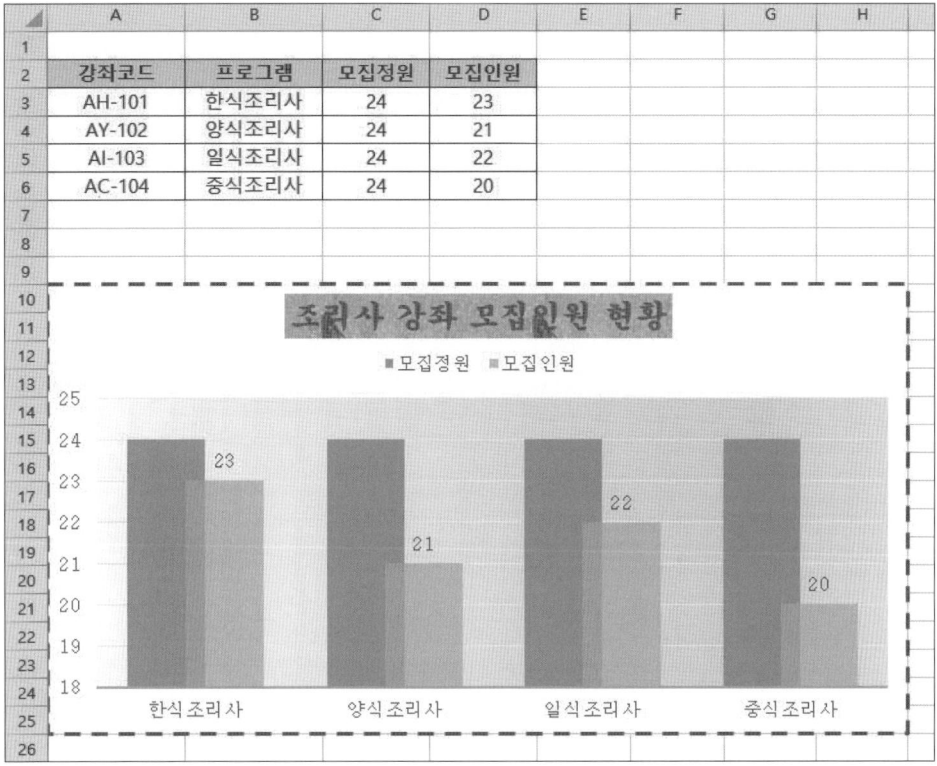

≪처리조건≫

▶ "차트" 시트에 주어진 표를 이용하여 '묶은 세로 막대형' 차트를 작성하시오.
  - 데이터 범위 : 현재 시트 [B2:D6]의 데이터를 이용하여 작성하고, 행/열 전환은 '열'로 지정
  - 차트 제목("조리사 강좌 모집인원 현황")
  - 범례 위치 : 위쪽
  - 차트 스타일 : 색 변경(색상형 - 색 3, 스타일 13)
  - 차트 위치 : 현재 시트에 [A10:H25] 크기에 정확하게 맞추시오.
  - 차트 영역 서식 : 글꼴(바탕, 11pt), 테두리 색(실선, 색 : 자주), 테두리 스타일(너비 : 2.5pt,
                겹선 종류 : 단순형, 대시 종류 : 파선)
  - 차트 제목 서식 : 글꼴(궁서, 18pt, 굵게), 채우기(그림 또는 질감 채우기, 질감 : 물고기 화석)
  - 그림 영역 서식 : 채우기(그라데이션 채우기, 그라데이션 미리 설정 : 밝은 그라데이션 - 강조 4, 종류 : 선형,
                방향 : 선형 오른쪽)
  - 데이터 레이블 추가 : '모집인원' 계열에 "값" 표시

▶ 지시사항이 없는 경우는 ≪출력형태≫와 동일하게 작성하시오.

제 01 회 ▶ 디지털정보활용능력 최신유형 기출문제

- ☑ 시험과목 : 스프레드시트(엑셀)
- ☑ 시험일자 : 20XX. XX. XX. (X)
- ☑ 응시자 기재사항 및 감독위원 확인

MS Office 2016 버전용

수 검 번 호	DIS - XXXX -	감독위원 확인
성 명		

응시자 유의사항

1. 응시자는 신분증을 지참하여야 시험에 응시할 수 있으며, 시험이 종료될 때까지 신분증을 제시하지 못 할 경우 해당 시험은 0점 처리됩니다.
2. 시스템(PC작동여부, 네트워크 상태 등)의 이상여부를 반드시 확인하여야 하며, 시스템 이상이 있을시 감독위원에게 조치를 받으셔야 합니다.
3. 시험 중 부주의 또는 고의로 시스템을 파손한 경우는 응시자 부담으로 합니다.
4. 답안 전송 프로그램을 통해 다운로드 받은 파일을 이용하여 답안 파일을 작성하시기 바랍니다.
5. 작성한 답안 파일은 답안 전송 프로그램을 통하여 전송됩니다. 감독위원의 지시에 따라 주시기 바랍니다.
6. 다음 사항의 경우 실격(0점) 혹은 부정행위 처리됩니다.
    1) 답안 파일을 저장하지 않았거나, 저장한 파일이 손상되었을 경우
    2) 답안 파일을 지정된 폴더(바탕화면 - "KAIT" 폴더)에 저장하지 않았을 경우
        ※ 답안 전송 프로그램 로그인 시 바탕화면에 자동 생성됨
    3) 답안 파일을 다른 보조 기억장치(USB) 혹은 네트워크(메신저, 게시판 등)로 전송할 경우
    4) 휴대용 전화기 등 통신기기를 사용할 경우
7. 시험지에 제시된 글꼴이 응시 프로그램에 없는 경우, 반드시 감독위원에게 해당 내용을 통보한 뒤 조치를 받아야 합니다.
8. 시험의 완료는 작성이 완료된 답안을 저장하고, 답안 전송이 완료된 상태를 확인한 것으로 합니다. 답안 전송 확인 후 문제지는 감독위원에게 제출한 후 퇴실하여야 합니다.
9. 답안 전송이 완료된 경우에는 수정 또는 정정이 불가능합니다.
10. 시험 시행 후 결과는 홈페이지(www.ihd.or.kr)에서 확인하시기 바랍니다.
    1) 문제 및 정답 공개 : 20XX. XX. XX.(X)
    2) 합격자 발표 : 20XX. XX. XX.(X)

한국정보통신진흥협회 KAIT

디지털정보활용능력 – 스프레드시트[엑셀] (시험시간 : 40분)

[문제 1] "근무성적 현황" 시트를 참조하여 다음 《처리조건》에 맞도록 작업하시오. (50점)

《출력형태》

	A	B	C	D	E	F	G	H	I
1		\multicolumn{7}{c}{사원별 근무성적 현황}	
2	사원번호	이름	부서	봉사점수	근태점수	기여점수	총계	순위	비고
3	K01	김수인사원	판촉부	17점	20점	30점	67점	5위	
4	K02	박기범사원	회계부	20점	28점	50점	98점	1위	평점 우수
5	K03	나근숙사원	관리부	18점	23점	21점	62점	6위	
6	K04	이미영사원	판촉부	12점	17점	26점	55점	7위	
7	K05	신나라사원	관리부	10점	24점	19점	53점	8위	
8	K06	김상수사원	인사부	11점	14점	20점	45점	9위	
9	K07	김용대사원	인사부	15점	35점	28점	78점	4위	평점 우수
10	K08	정찬용사원	판촉부	27점	30점	33점	90점	3위	평점 우수
11	K09	김진근사원	인사부	13점	19점	10점	42점	10위	
12	K10	홍진경사원	관리부	27점	40점	29점	96점	2위	평점 우수
13	'기여점수' 중 첫 번째로 큰 값				50점				
14	'부서'가 "판촉부"인 '기여점수'의 평균				30점				
15	'총계'의 최대값-최소값 차이				56점				

《처리조건》

▶ 1행의 행 높이를 '80'으로 설정하고, 2행~15행의 행 높이를 '18'로 설정하시오.

▶ 제목("사원별 근무성적 현황") : 사각형의 '양쪽 모서리가 둥근 사각형'을 이용하여 입력하시오.
  – 도형 : 위치([B1:H1]), 도형 스타일(테마 스타일 – 미세 효과 – '주황, 강조 2')
  – 글꼴 : 궁서체, 30pt, 기울임꼴
  – 도형 서식 : 도형 옵션 – 크기 및 속성(텍스트 상자(세로 맞춤 : 정가운데, 텍스트 방향 : 가로))

▶ 셀 서식을 아래 조건에 맞게 작성하시오.
  – [A2:I15] : 테두리(안쪽, 윤곽선 모두 실선, '검정, 텍스트 1'), 전체 가운데 맞춤
  – [A13:D13], [A14:D14], [A15:D15] : 각각 병합하고 가운데 맞춤
  – [A2:I2], [A13:D15] : 채우기 색('주황, 강조 2, 80% 더 밝게'), 글꼴(굵게)
  – [B3:B12] : 셀 서식의 표시 형식–사용자 지정을 이용하여 @"사원"자 추가
  – [D3:G12], [E13:G15] : 셀 서식의 표시 형식–사용자 지정을 이용하여 #"점"자 추가
  – [H3:H12] : 셀 서식의 표시 형식–사용자 지정을 이용하여 #"위"자 추가
  – 조건부 서식[A3:I12] : '봉사점수'가 20 이상인 경우 레코드 전체에 글꼴(녹색, 굵은 기울임꼴) 적용
  – 지시사항이 없는 경우는 주어진 문제 파일의 서식을 그대로 사용하시오.

▶ ① 순위[H3:H12] : '총계'를 기준으로 큰 순으로 순위를 구하시오. **(RANK.EQ 함수)**
▶ ② 비고[I3:I12] : '근태점수'가 25점 이상이면 "평점 우수", 그렇지 않으면 공백으로 구하시오. **(IF 함수)**
▶ ③ 순위[E13:G13] : '기여점수' 중 첫 번째로 큰 값을 구하시오. **(LARGE 함수)**
▶ ④ 평균[E14:G14] : '부서'가 "판촉부"인 '기여점수'의 평균을 구하시오. **(DAVERAGE 함수)**
▶ ⑤ 최대값-최소값[E15:G15] : '총계'의 최대값과 최소값의 차이를 구하시오. **(MAX, MIN 함수)**

[문제 2] "부분합" 시트를 참조하여 다음 ≪처리조건≫에 맞도록 작업하시오. (30점)

≪출력형태≫

	사원번호	이름	부서	봉사점수	근태점수	기여점수	총계
3	K03	나근숙	관리부	18점	23점	21점	62점
4	K05	신나라	관리부	10점	24점	19점	53점
5	K10	홍진경	관리부	27점	40점	29점	96점
6			관리부 최대값				96점
7			관리부 평균	18점	29점	23점	
8	K06	김상수	인사부	11점	14점	20점	45점
9	K07	김용대	인사부	15점	35점	28점	78점
10	K09	김진근	인사부	13점	19점	10점	42점
11			인사부 최대값				78점
12			인사부 평균	13점	23점	19점	
13	K01	김수인	판촉부	17점	20점	30점	67점
14	K04	이미영	판촉부	12점	17점	26점	55점
15	K08	정찬용	판촉부	27점	30점	33점	90점
16			판촉부 최대값				90점
17			판촉부 평균	19점	22점	30점	
18	K02	박기범	회계부	20점	28점	50점	98점
19			회계부 최대값				98점
20			회계부 평균	20점	28점	50점	
21			전체 최대값				98점
22			전체 평균	17점	25점	27점	

≪처리조건≫

▶ 데이터를 '부서' 기준으로 오름차순 정렬하시오.

▶ 아래 조건에 맞는 부분합을 작성하시오.
  - '부서'로 그룹화 하여 '봉사점수', '근태점수', '기여점수'의 평균을 구하는 부분합을 만드시오.
  - '부서'로 그룹화 하여 '총계'의 최대값을 구하는 부분합을 만드시오. (새로운 값으로 대치하지 말 것)
  - [D3:G22] 영역에 셀 서식의 표시 형식-사용자 지정을 이용하여 #"점"자를 추가하시오.

▶ D~F열을 선택하여 그룹을 설정하시오.

▶ 평균과 최대값의 부분합 순서는 ≪출력형태≫와 다를 수 있음

▶ 지시사항이 없는 경우는 기본 값을 적용하시오.

[문제 3] "필터"와 "시나리오" 시트를 참조하여 다음 ≪처리조건≫에 맞도록 작업하시오. (60점)

(1) 필터

≪출력형태 - 필터≫

	A	B	C	D	E	F	G
1							
2	사원번호	이름	부서	봉사점수	근태점수	기여점수	총계
3	K01	김수인	판촉부	17	20	30	67
4	K02	박기범	회계부	20	28	50	98
5	K03	나근숙	관리부	18	23	21	62
6	K04	이미영	판촉부	12	17	26	55
7	K05	신나라	관리부	10	24	19	53
8	K06	김상수	인사부	11	14	20	45
9	K07	김용대	인사부	15	35	28	78
10	K08	정찬용	판촉부	27	30	33	90
11	K09	김진근	인사부	13	19	10	42
12	K10	홍진경	관리부	27	40	29	96
13							
14	조건						
15	TRUE						
16							
17							
18	사원번호	이름	봉사점수	근태점수	기여점수		
19	K01	김수인	17	20	30		
20	K02	박기범	20	28	50		
21	K03	나근숙	18	23	21		
22	K07	김용대	15	35	28		
23	K08	정찬용	27	30	33		
24	K10	홍진경	27	40	29		

≪처리조건≫

▶ "필터" 시트의 [A2:G12]를 아래 조건에 맞게 고급 필터를 사용하여 작성하시오.
  - '부서'가 "회계부"이거나 '총계'가 60 이상인 데이터를 '사원번호', '이름', '봉사점수', '근태점수', '기여점수'의 데이터만 필터링 하시오.
  - 조건 위치 : 조건 함수는 [A15] 한 셀에 작성(OR 함수 이용)
  - 결과 위치 : [A18]부터 출력

▶ 지시사항이 없는 경우는 ≪출력형태 - 필터≫와 동일하게 작성하시오.

(2) 시나리오

≪출력형태 - 시나리오≫

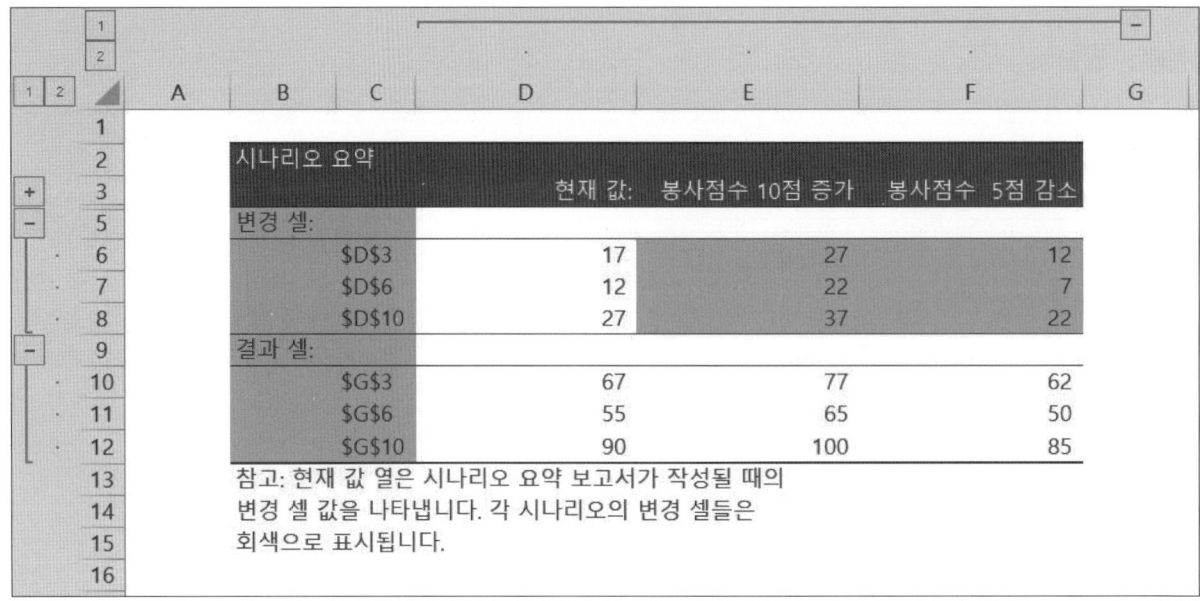

≪처리조건≫

▶ "시나리오" 시트의 [A2:G12]를 이용하여 '부서'가 "판촉부"인 경우, '봉사점수'가 변동할 때 '총계'가 변동하는 가상 분석(시나리오)을 작성하시오.
  - 시나리오1 : 시나리오 이름은 "봉사점수 10점 증가", '봉사점수'에 10을 증가시킨 값 설정.
  - 시나리오2 : 시나리오 이름은 "봉사점수 5점 감소", '봉사점수'에 5를 감소시킨 값 설정.
  - "시나리오 요약" 시트를 작성하시오.

▶ 지시사항이 없는 경우는 ≪출력형태 - 시나리오≫와 동일하게 작성하시오.

[문제 4] "피벗테이블" 시트를 참조하여 다음 ≪처리조건≫에 맞도록 작업하시오. (30점)

≪출력형태≫

	A	B	C	D	E	F
1						
2						
3	이름	값	부서			
4			관리부	인사부	판촉부	회계부
5	김용대	평균 : 봉사점수	***	15점	***	***
6		평균 : 근태점수	***	35점	***	***
7	나근숙	평균 : 봉사점수	18점	***	***	***
8		평균 : 근태점수	23점	***	***	***
9	박기범	평균 : 봉사점수	***	***	***	20점
10		평균 : 근태점수	***	***	***	28점
11	정찬용	평균 : 봉사점수	***	***	27점	***
12		평균 : 근태점수	***	***	30점	***
13	전체 평균 : 봉사점수		18점	15점	27점	20점
14	전체 평균 : 근태점수		23점	35점	30점	28점

≪처리조건≫

▶ "피벗테이블" 시트의 [A2:G12]를 이용하여 새로운 시트에 ≪출력형태≫와 같이 피벗 테이블을 작성 후 시트명을 "피벗테이블 정답"으로 수정하시오.

▶ 이름(행)과 부서(열)을 기준으로 하여 출력형태와 같이 구하시오.
 – '봉사점수', '근태점수'의 평균을 구하시오.
 – 피벗 테이블 옵션을 이용하여 레이블이 있는 셀 병합 및 가운데 맞춤하고 빈 셀을 "***"로 표시한 후, 행의 총합계를 감추기 하시오.
 – 피벗 테이블 디자인에서 보고서 레이아웃은 '테이블 형식으로 표시', 피벗 테이블 스타일은 '피벗 스타일 보통 14'로 표시하시오.
 – 이름(행)은 "김용대", "나근숙", "박기범", "정찬용"만 출력되도록 표시하시오.
 – [C5:F14] 데이터는 셀 서식의 표시 형식–사용자 지정을 이용하여 #"점"자 추가 표시하고, 가운데 맞춤하시오.

▶ 이름의 순서는 ≪출력형태≫와 다를 수 있음

▶ 지시사항이 없는 경우는 ≪출력형태≫와 동일하게 작성하시오.

[문제 5] "차트" 시트를 참조하여 다음 ≪처리조건≫에 맞도록 작업하시오. (30점)

≪출력형태≫

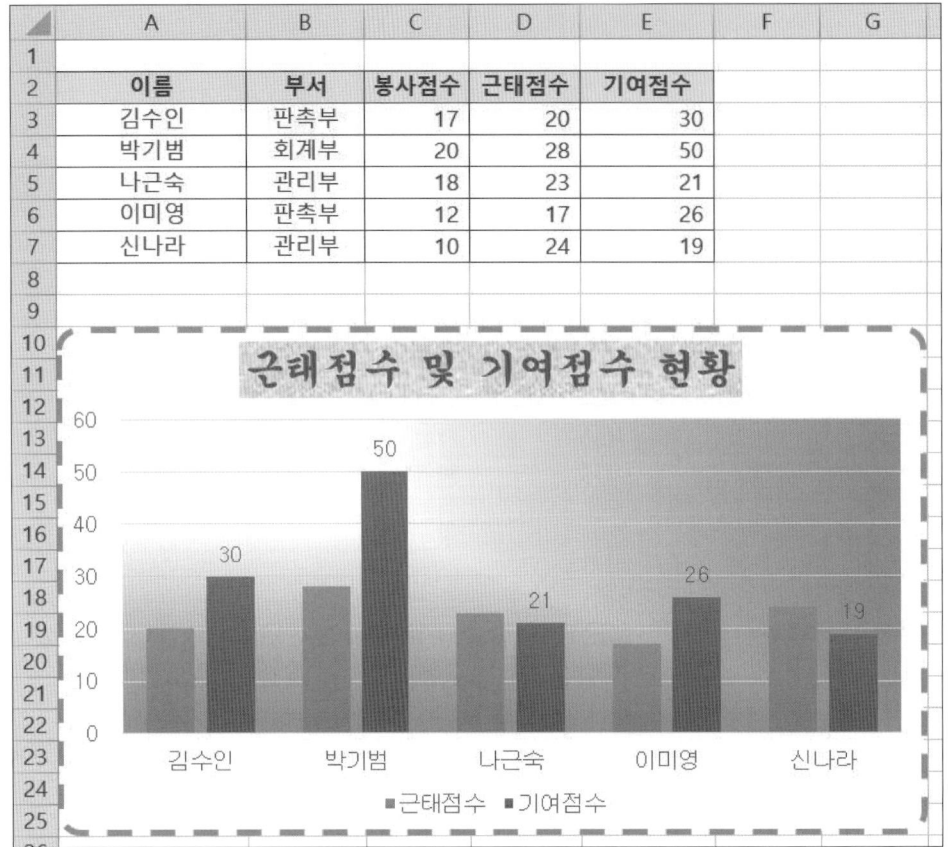

≪처리조건≫

▶ "차트" 시트에 주어진 표를 이용하여 '묶은 세로 막대형' 차트를 작성하시오.
　- 데이터 범위 : 현재 시트 [A2:A7], [D2:E7]의 데이터를 이용하여 작성하고, 행/열 전환은 '열'로 지정
　- 차트 제목("근태점수 및 기여점수 현황")
　- 범례 위치 : 아래쪽
　- 차트 스타일 : 색 변경(색상형 - 색 4, 스타일 6)
　- 차트 위치 : 현재 시트에 [A10:G25] 크기에 정확하게 맞추시오.
　- 차트 영역 서식 : 글꼴(굴림, 11pt), 테두리 색(실선, 색 : 연한 파랑), 테두리 스타일(너비 : 3pt,
　　　　　　　　　겹선 종류 : 단순형, 대시 종류 : 파선, 둥근 모서리)
　- 차트 제목 서식 : 글꼴(궁서체, 20pt, 굵게), 채우기(그림 또는 질감 채우기, 질감 : 파랑 박엽지)
　- 그림 영역 서식 : 채우기(그라데이션 채우기, 그라데이션 미리 설정 : 위쪽 스포트라이트 - 강조 3, 종류 : 사각형,
　　　　　　　　　방향 : 왼쪽 위 모서리에서)
　- 데이터 레이블 추가 : '기여점수' 계열에 "값" 표시

▶ 지시사항이 없는 경우는 ≪출력형태≫와 동일하게 작성하시오.

제02회 디지털정보활용능력 최신유형 기출문제

- ☑ 시험과목 : 스프레드시트(엑셀)
- ☑ 시험일자 : 20XX. XX. XX. (X)
- ☑ 응시자 기재사항 및 감독위원 확인

MS Office 2016 버전용

수 검 번 호	DIS - XXXX -	감독위원 확인
성 명		

응시자 유의사항

1. 응시자는 신분증을 지참하여야 시험에 응시할 수 있으며, 시험이 종료될 때까지 신분증을 제시하지 못 할 경우 해당 시험은 0점 처리됩니다.
2. 시스템(PC작동여부, 네트워크 상태 등)의 이상여부를 반드시 확인하여야 하며, 시스템 이상이 있을시 감독위원에게 조치를 받으셔야 합니다.
3. 시험 중 부주의 또는 고의로 시스템을 파손한 경우는 응시자 부담으로 합니다.
4. 답안 전송 프로그램을 통해 다운로드 받은 파일을 이용하여 답안 파일을 작성하시기 바랍니다.
5. 작성한 답안 파일은 답안 전송 프로그램을 통하여 전송됩니다. 감독위원의 지시에 따라 주시기 바랍니다.
6. 다음 사항의 경우 실격(0점) 혹은 부정행위 처리됩니다.
    1) 답안 파일을 저장하지 않았거나, 저장한 파일이 손상되었을 경우
    2) 답안 파일을 지정된 폴더(바탕화면 – "KAIT" 폴더)에 저장하지 않았을 경우
        ※ 답안 전송 프로그램 로그인 시 바탕화면에 자동 생성됨
    3) 답안 파일을 다른 보조 기억장치(USB) 혹은 네트워크(메신저, 게시판 등)로 전송할 경우
    4) 휴대용 전화기 등 통신기기를 사용할 경우
7. 시험지에 제시된 글꼴이 응시 프로그램에 없는 경우, 반드시 감독위원에게 해당 내용을 통보한 뒤 조치를 받아야 합니다.
8. 시험의 완료는 작성이 완료된 답안을 저장하고, 답안 전송이 완료된 상태를 확인한 것으로 합니다. 답안 전송 확인 후 문제지는 감독위원에게 제출한 후 퇴실하여야 합니다.
9. 답안 전송이 완료된 경우에는 수정 또는 정정이 불가능합니다.
10. 시험 시행 후 결과는 홈페이지(www.ihd.or.kr)에서 확인하시기 바랍니다.
    1) 문제 및 정답 공개 : 20XX. XX. XX.(X)
    2) 합격자 발표 : 20XX. XX. XX.(X)

디지털정보활용능력 – 스프레드시트[엑셀] (시험시간 : 40분)

[문제 1] "근로소득 현황" 시트를 참조하여 다음 《처리조건》에 맞도록 작업하시오. (50점)

≪출력형태≫

	A	B	C	D	E	F	G	H	I
1				부서별 근로소득 현황					
2	부서명	성명	직급	기본급	제수당	공제액	소득총액	순위	비고
3	관리부	이영표	사원	800,000	520,000	13,000	1,307,000	9위	
4	기술부	홍명보	사원	800,000	650,000	10,000	1,440,000	8위	세금감면
5	영업부	서희종	부장	1,900,000	1,580,000	25,000	3,455,000	3위	
6	관리부	김영란	사원	800,000	345,000	8,000	1,137,000	10위	세금감면
7	관리부	사랑해	대리	1,200,000	870,000	28,000	2,042,000	6위	
8	기술부	나상도	과장	1,500,000	1,110,000	30,000	2,580,000	4위	
9	영업부	최현수	대리	1,200,000	890,000	2,800	2,087,200	5위	세금감면
10	영업부	정찬영	이사	2,300,000	1,620,000	49,000	3,871,000	2위	
11	영업부	유창열	이사	2,300,000	1,750,000	9,027	4,040,973	1위	세금감면
12	관리부	배복자	과장	1,500,000	132,000	39,800	1,592,200	7위	
13	'소득총액' 중 두 번째로 작은 값				1,307,000원				
14	'부서명'이 "관리부"인 '공제액'의 합계				88,800원				
15	'기본급'의 최대값-최소값 차이				1,500,000원				

≪처리조건≫

▶ 1행의 행 높이를 '80'으로 설정하고, 2행~15행의 행 높이를 '18'로 설정하시오.

▶ 제목("부서별 근로소득 현황") : 기본 도형의 '정육면체'를 이용하여 입력하시오.
  – 도형 : 위치([B1:H1]), 도형 스타일(테마 스타일 – 강한 효과 – '파랑, 강조 1')
  – 글꼴 : 궁서체, 30pt, 기울임꼴
  – 도형 서식 : 도형 옵션 – 크기 및 속성(텍스트 상자(세로 맞춤 : 정가운데, 텍스트 방향 : 가로))

▶ 셀 서식을 아래 조건에 맞게 작성하시오.
  – [A2:I15] : 테두리(안쪽, 윤곽선 모두 실선, '검정, 텍스트 1'), 전체 가운데 맞춤
  – [A13:D13], [A14:D14], [A15:D15] : 각각 병합하고 가운데 맞춤
  – [A2:I2], [A13:D15] : 채우기 색('파랑, 강조 1, 60% 더 밝게'), 글꼴(굵게)
  – [D3:G12] : 셀 서식의 표시 형식-숫자를 이용하여 1000단위 구분 기호 표시
  – [E13:G15] : 셀 서식의 표시 형식-사용자 지정을 이용하여 #,##0"원"자 추가
  – [H3:H12] : 셀 서식의 표시 형식-사용자 지정을 이용하여 #"위"자 추가
  – 조건부 서식[A3:I12] : '소득총액'이 3000000 이상인 경우 레코드 전체에 글꼴(파랑, 굵은 기울임꼴) 적용
  – 지시사항이 없는 경우는 주어진 문제 파일의 서식을 그대로 사용하시오.

▶ ① 순위[H3:H12] : '소득총액'을 기준으로 큰 순으로 순위를 구하시오. **(RANK.EQ 함수)**
▶ ② 비고[I3:I12] : '공제액'이 10000 이하이면 "세금감면", 그렇지 않으면 공백으로 구하시오. **(IF 함수)**
▶ ③ 순위[E13:G13] : '소득총액' 중, 두 번째로 작은 값을 구하시오. **(SMALL 함수)**
▶ ④ 합계[E14:G14] : '부서명'이 "관리부"인 '공제액'의 합계를 구하시오. **(DSUM 함수)**
▶ ⑤ 최대값-최소값[E15:G15] : '기본급'의 최대값과 최소값의 차이를 구하시오. **(MAX, MIN 함수)**

[문제 2] "부분합" 시트를 참조하여 다음 ≪처리조건≫에 맞도록 작업하시오. (30점)

≪출력형태≫

	A	B	C	D	E	F	G
2	부서명	성명	직급	기본급	제수당	공제액	소득총액
3	기술부	나상도	과장	1,500,000	1,110,000	30,000	2,580,000
4	관리부	배복자	과장	1,500,000	132,000	39,800	1,592,200
5			과장 최대값				2,580,000
6			과장 평균		621,000	34,900	
7	관리부	사랑해	대리	1,200,000	870,000	28,000	2,042,000
8	영업부	최현수	대리	1,200,000	890,000	2,800	2,087,200
9			대리 최대값				2,087,200
10			대리 평균		880,000	15,400	
11	영업부	서희종	부장	1,900,000	1,580,000	25,000	3,455,000
12			부장 최대값				3,455,000
13			부장 평균		1,580,000	25,000	
14	관리부	이영표	사원	800,000	520,000	13,000	1,307,000
15	기술부	홍명보	사원	800,000	650,000	10,000	1,440,000
16	관리부	김영란	사원	800,000	345,000	8,000	1,137,000
17			사원 최대값				1,440,000
18			사원 평균		505,000	10,333	
19	영업부	정찬영	이사	2,300,000	1,620,000	49,000	3,871,000
20	영업부	유창열	이사	2,300,000	1,750,000	9,027	4,040,973
21			이사 최대값				4,040,973
22			이사 평균		1,685,000	29,014	
23			전체 최대값				4,040,973
24			전체 평균		946,700	21,463	

≪처리조건≫

▶ 데이터를 '직급' 기준으로 오름차순 정렬하시오.

▶ 아래 조건에 맞는 부분합을 작성하시오.
  - '직급'으로 그룹화 하여 '제수당', '공제액'의 평균을 구하는 부분합을 만드시오.
  - '직급'으로 그룹화 하여 '소득총액'의 최대값을 구하는 부분합을 만드시오.
    (새로운 값으로 대치하지 말 것)
  - [D3:G24] 영역에 셀 서식의 표시 형식-숫자를 이용하여 1000단위 구분 기호를 표시하시오.

▶ D~F열을 선택하여 그룹을 설정하시오.

▶ 평균과 최대값의 부분합 순서는 ≪출력형태≫와 다를 수 있음

▶ 지시사항이 없는 경우는 기본 값을 적용하시오.

[문제 3] "필터"와 "시나리오" 시트를 참조하여 다음 ≪처리조건≫에 맞도록 작업하시오. (60점)

(1) 필터

≪출력형태 – 필터≫

	A	B	C	D	E	F	G
1							
2	부서명	성명	직급	기본급	제수당	공제액	소득총액
3	관리부	이영표	사원	800,000	520,000	13,000	1,307,000
4	기술부	홍명보	사원	800,000	650,000	10,000	1,440,000
5	영업부	서희종	부장	1,900,000	1,580,000	25,000	3,455,000
6	관리부	김영란	사원	800,000	345,000	8,000	1,137,000
7	관리부	사랑해	대리	1,200,000	870,000	28,000	2,042,000
8	기술부	나상도	과장	1,500,000	1,110,000	30,000	2,580,000
9	영업부	최현수	대리	1,200,000	890,000	2,800	2,087,200
10	영업부	정찬영	이사	2,300,000	1,620,000	49,000	3,871,000
11	영업부	유창열	이사	2,300,000	1,750,000	9,027	4,040,973
12	관리부	배복자	과장	1,500,000	132,000	39,800	1,592,200
13							
14	조건						
15	FALSE						
16							
17							
18	성명	기본급	제수당	공제액			
19	서희종	1,900,000	1,580,000	25,000			
20	정찬영	2,300,000	1,620,000	49,000			
21	유창열	2,300,000	1,750,000	9,027			

≪처리조건≫

▶ "필터" 시트의 [A2:G12]를 아래 조건에 맞게 고급 필터를 사용하여 작성하시오.
  - '부서명'이 "영업부"이면서 '소득총액'이 3000000 이상인 데이터를 '성명', '기본급', '제수당', '공제액'의 데이터만 필터링 하시오.
  - 조건 위치 : 조건 함수는 [A15] 한 셀에 작성(AND 함수 이용)
  - 결과 위치 : [A18]부터 출력

▶ 지시사항이 없는 경우는 ≪출력형태 – 필터≫와 동일하게 작성하시오.

(2) 시나리오

≪출력형태 - 시나리오≫

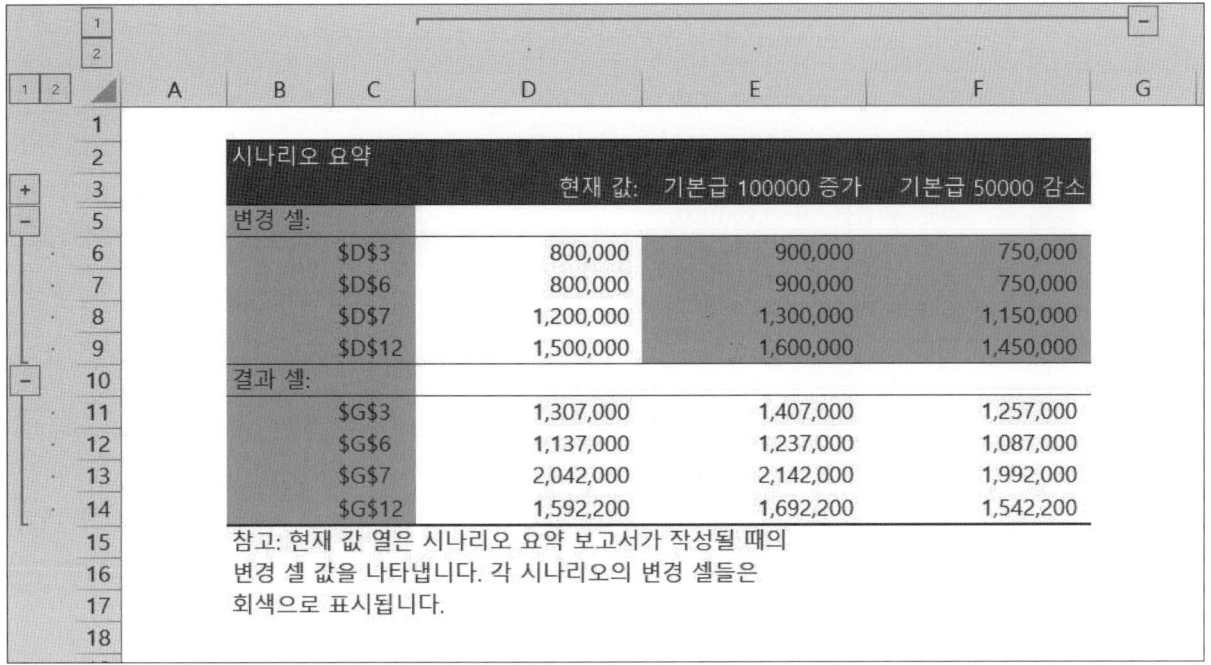

≪처리조건≫

▶ "시나리오" 시트의 [A2:G12]를 이용하여 '부서'가 "관리부"인 경우, '기본급'이 변동할 때 '소득총액'이 변동하는 가상 분석(시나리오)을 작성하시오.
  - 시나리오1 : 시나리오 이름은 "기본급 100000 증가", '기본급'에 100000을 증가시킨 값 설정.
  - 시나리오2 : 시나리오 이름은 "기본급 50000 감소", '기본급'에 50000을 감소시킨 값 설정.
  - "시나리오 요약" 시트를 작성하시오.

▶ 지시사항이 없는 경우는 ≪출력형태 - 시나리오≫와 동일하게 작성하시오.

[문제 4] "피벗테이블" 시트를 참조하여 다음 ≪처리조건≫에 맞도록 작업하시오. (30점)

≪출력형태≫

	A	B	C	D	E
1					
2					
3			직급 ▼		
4	부서명 ▼	값	대리	부장	사원
5	관리부	평균 : 기본급	1,200,000	**	800,000
6		평균 : 제수당	870,000	**	432,500
7		평균 : 공제액	28,000	**	10,500
8	기술부	평균 : 기본급	**	**	800,000
9		평균 : 제수당	**	**	650,000
10		평균 : 공제액	**	**	10,000
11	영업부	평균 : 기본급	1,200,000	1,900,000	**
12		평균 : 제수당	890,000	1,580,000	**
13		평균 : 공제액	2,800	25,000	**
14	전체 평균 : 기본급		1,200,000	1,900,000	800,000
15	전체 평균 : 제수당		880,000	1,580,000	505,000
16	전체 평균 : 공제액		15,400	25,000	10,333

≪처리조건≫

▶ "피벗테이블" 시트의 [A2:G12]를 이용하여 새로운 시트에 ≪출력형태≫와 같이 피벗 테이블을 작성 후 시트명을 "피벗테이블 정답"으로 수정하시오.

▶ 부서명(행)과 직급(열)을 기준으로 하여 출력형태와 같이 구하시오.
  - '기본급', '제수당', '공제액'의 평균을 구하시오.
  - 피벗 테이블 옵션을 이용하여 레이블이 있는 셀 병합 및 가운데 맞춤하고 빈 셀을 "**"로 표시한 후, 행의 총합계를 감추기 하시오.
  - 피벗 테이블 디자인에서 보고서 레이아웃은 '테이블 형식으로 표시', 피벗 테이블 스타일은 '피벗 스타일 보통 9'로 표시하시오.
  - 직급(열)은 "대리", "부장", "사원"만 출력되도록 표시하시오.
  - [C5:E16] 데이터는 셀 서식의 표시 형식-숫자를 이용하여 1000단위 구분 기호를 표시하고, 가운데 맞춤하시오.

▶ 부서명의 순서는 ≪출력형태≫와 다를 수 있음

▶ 지시사항이 없는 경우는 ≪출력형태≫와 동일하게 작성하시오.

[문제 5] "차트" 시트를 참조하여 다음 ≪처리조건≫에 맞도록 작업하시오. (30점)

≪출력형태≫

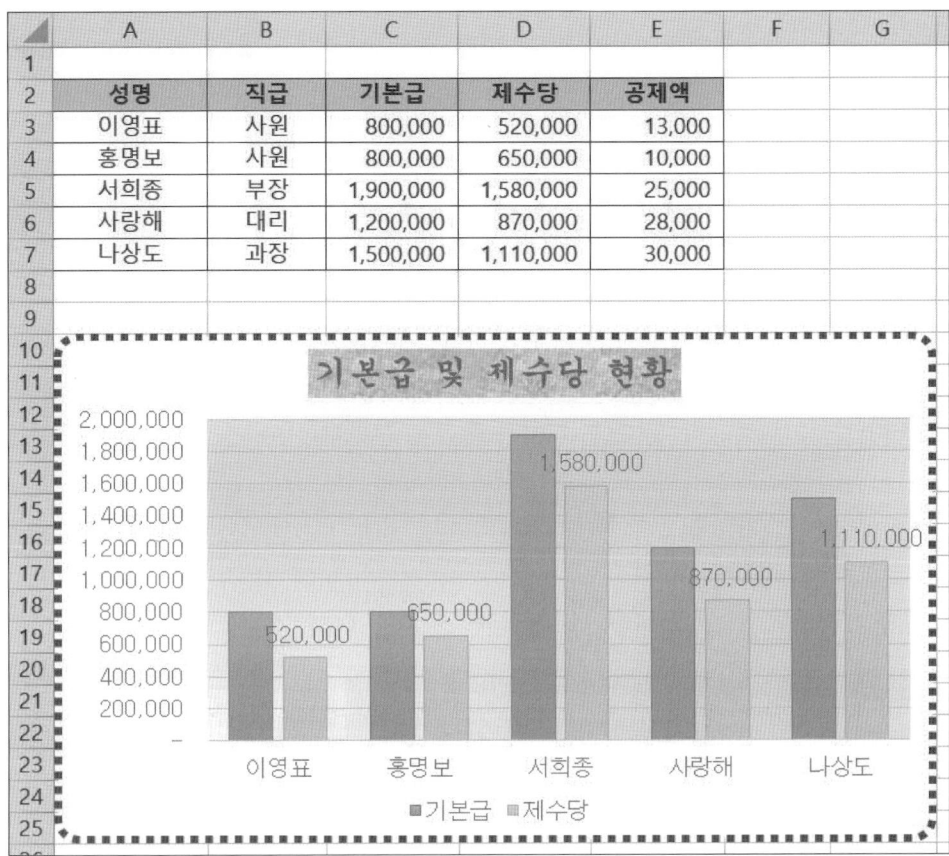

≪처리조건≫

▶ "차트" 시트에 주어진 표를 이용하여 '묶은 세로 막대형' 차트를 작성하시오.
 - 데이터 범위 : 현재 시트 [A2:A7], [C2:D7]의 데이터를 이용하여 작성하고, 행/열 전환은 '열'로 지정
 - 차트 제목("기본급 및 제수당 현황")
 - 범례 위치 : 아래쪽
 - 차트 스타일 : 색 변경(색상형 - 색 3, 스타일 5)
 - 차트 위치 : 현재 시트에 [A10:G25] 크기에 정확하게 맞추시오.
 - 차트 영역 서식 : 글꼴(돋움, 11pt), 테두리 색(실선, 색 : 자주), 테두리 스타일(너비 : 3.5pt, 겹선 종류 : 단순형, 대시 종류 : 둥근 점선, 둥근 모서리)
 - 차트 제목 서식 : 글꼴(궁서체, 17pt, 굵게), 채우기(그림 또는 질감 채우기, 질감 : 편지지)
 - 그림 영역 서식 : 채우기(그라데이션 채우기, 그라데이션 미리 설정 : 밝은 그라데이션 - 강조 4, 종류 : 사각형, 방향 : 왼쪽 아래 모서리에서)
 - 데이터 레이블 추가 : '제수당' 계열에 "값" 표시

▶ 지시사항이 없는 경우는 ≪출력형태≫와 동일하게 작성하시오.

제03회 디지털정보활용능력 최신유형 기출문제

- ☑ 시험과목 : 스프레드시트(엑셀)
- ☑ 시험일자 : 20XX. XX. XX. (X)
- ☑ 응시자 기재사항 및 감독위원 확인

MS Office 2016 버전용

수검번호	DIS - XXXX -	감독위원 확인
성 명		

응시자 유의사항

1. 응시자는 신분증을 지참하여야 시험에 응시할 수 있으며, 시험이 종료될 때까지 신분증을 제시하지 못 할 경우 해당 시험은 0점 처리됩니다.
2. 시스템(PC작동여부, 네트워크 상태 등)의 이상여부를 반드시 확인하여야 하며, 시스템 이상이 있을시 감독위원에게 조치를 받으셔야 합니다.
3. 시험 중 부주의 또는 고의로 시스템을 파손한 경우는 응시자 부담으로 합니다.
4. 답안 전송 프로그램을 통해 다운로드 받은 파일을 이용하여 답안 파일을 작성하시기 바랍니다.
5. 작성한 답안 파일은 답안 전송 프로그램을 통하여 전송됩니다. 감독위원의 지시에 따라 주시기 바랍니다.
6. 다음 사항의 경우 실격(0점) 혹은 부정행위 처리됩니다.
    1) 답안 파일을 저장하지 않았거나, 저장한 파일이 손상되었을 경우
    2) 답안 파일을 지정된 폴더(바탕화면 – "KAIT" 폴더)에 저장하지 않았을 경우
        ※ 답안 전송 프로그램 로그인 시 바탕화면에 자동 생성됨
    3) 답안 파일을 다른 보조 기억장치(USB) 혹은 네트워크(메신저, 게시판 등)로 전송할 경우
    4) 휴대용 전화기 등 통신기기를 사용할 경우
7. 시험지에 제시된 글꼴이 응시 프로그램에 없는 경우, 반드시 감독위원에게 해당 내용을 통보한 뒤 조치를 받아야 합니다.
8. 시험의 완료는 작성이 완료된 답안을 저장하고, 답안 전송이 완료된 상태를 확인한 것으로 합니다. 답안 전송 확인 후 문제지는 감독위원에게 제출한 후 퇴실하여야 합니다.
9. 답안 전송이 완료된 경우에는 수정 또는 정정이 불가능합니다.
10. 시험 시행 후 결과는 홈페이지(www.ihd.or.kr)에서 확인하시기 바랍니다.
    1) 문제 및 정답 공개 : 20XX. XX. XX.(X)
    2) 합격자 발표 : 20XX. XX. XX.(X)

디지털정보활용능력 – 스프레드시트[엑셀] (시험시간 : 40분)

[문제 1] "주문 현황" 시트를 참조하여 다음 《처리조건》에 맞도록 작업하시오. (50점)

≪출력형태≫

	A	B	C	D	E	F	G	H	I
1				야생화 꽃배달 판매현황					
2	계절	제품명	판매수량	판매금액	할인액	적립금	판매 수익금	순위	비고
3	봄	제비꽃	2,890	2,890,000	35,000	2,890	2,852,110	8위	
4	*여름*	*원추리*	*5,340*	*4,272,000*	*42,750*	*5,340*	*4,223,910*	*5위*	
5	*봄*	*은방울꽃*	*7,830*	*5,872,500*	*59,200*	*7,830*	*5,805,470*	*1위*	
6	가을	큰용담	600	2,400,000	24,000	600	2,375,400	9위	판매중지
7	겨울	수선화	1,200	3,000,000	30,000	1,200	2,968,800	7위	
8	가을	물매화	3,200	5,440,000	54,300	3,200	5,382,500	2위	
9	여름	구름체꽃	2,200	5,060,000	40,200	2,200	5,017,600	3위	
10	겨울	노랑꽃창포	3,400	4,080,000	50,200	3,400	4,026,400	6위	
11	봄	동자꽃	2,840	4,544,000	23,500	2,840	4,517,660	4위	
12	*가을*	*자주쟁의비름*	*4,900*	*1,274,000*	*12,800*	*4,900*	*1,256,300*	*10위*	
13	'적립금' 중 두 번째로 큰 값				5,340원				
14	'계절'이 "봄"인 '판매수량'의 평균				4,520원				
15	'판매금액'의 최대값-최소값 차이				4,598,500원				

≪처리조건≫

▶ 1행의 행 높이를 '80'으로 설정하고, 2행~15행의 행 높이를 '18'로 설정하시오.

▶ 제목("야생화 꽃배달 판매현황") : 사각형의 '양쪽 모서리가 둥근 사각형'을 이용하여 입력하시오.
- 도형 : 위치([B1:H1]), 도형 스타일(테마 스타일 – 보통 효과 – '녹색, 강조 6')
- 글꼴 : 궁서체, 30pt, 기울임꼴
- 도형 서식 : 도형 옵션 – 크기 및 속성(텍스트 상자(세로 맞춤 : 정가운데, 텍스트 방향 : 가로))

▶ 셀 서식을 아래 조건에 맞게 작성하시오.
- [A2:I15] : 테두리(안쪽, 윤곽선 모두 실선, '검정, 텍스트 1'), 전체 가운데 맞춤
- [A13:D13], [A14:D14], [A15:D15] : 각각 병합하고 가운데 맞춤
- [A2:I2], [A13:D15] : 채우기 색('황금색, 강조 4'), 글꼴(굵게)
- [C3:G12] : 셀 서식의 표시 형식–숫자를 이용하여 1000단위 구분 기호 표시
- [E13:G15] : 셀 서식의 표시 형식–사용자 지정을 이용하여 #,##0"원"자 추가
- [H3:H12] : 셀 서식의 표시 형식–사용자 지정을 이용하여 #"위"자 추가
- 조건부 서식[A3:I12] : '판매수량'이 3500 이상인 경우 레코드 전체에 글꼴(자주, 굵은 기울임꼴) 적용
- 지시사항이 없는 경우는 주어진 문제 파일의 서식을 그대로 사용하시오.

▶ ① 순위[H3:H12] : '판매 수익금'을 기준으로 큰 순으로 순위를 구하시오. **(RANK.EQ 함수)**
▶ ② 비고[I3:I12] : '판매수량'이 1000 이하이면 "판매중지", 그렇지 않으면 공백으로 구하시오. **(IF 함수)**
▶ ③ 순위[E13:G13] : '적립금' 중, 두 번째로 큰 값을 구하시오. **(LARGE 함수)**
▶ ④ 평균[E14:G14] : '계절'이 "봄"인 '판매수량'의 평균을 구하시오. **(DAVERAGE 함수)**
▶ ⑤ 최대값-최소값[E15:G15] : '판매금액'의 최대값과 최소값의 차이를 구하시오. **(MAX, MIN 함수)**

[문제 2] "부분합" 시트를 참조하여 다음 ≪처리조건≫에 맞도록 작업하시오. (30점)

≪출력형태≫

	A	B	C	D	E	F	G
1							
2	계절	제품명	판매수량	판매금액	할인액	적립금	판매 수익금
3	가을	큰용담	600	2,400,000	24,000	600	2,375,400
4	가을	물매화	3,200	5,440,000	54,300	3,200	5,382,500
5	가을	자주꿩의비름	4,900	1,274,000	12,800	4,900	1,256,300
6	가을 최대값					4,900	
7	가을 평균			3,038,000			3,004,733
8	겨울	수선화	1,200	3,000,000	30,000	1,200	2,968,800
9	겨울	노랑꽃창포	3,400	4,080,000	50,200	3,400	4,026,400
10	겨울 최대값					3,400	
11	겨울 평균			3,540,000			3,497,600
12	봄	제비꽃	2,890	2,890,000	35,000	2,890	2,852,110
13	봄	은방울꽃	7,830	5,872,500	59,200	7,830	5,805,470
14	봄	동자꽃	2,840	4,544,000	23,500	2,840	4,517,660
15	봄 최대값					7,830	
16	봄 평균			4,435,500			4,391,747
17	여름	원추리	5,340	4,272,000	42,750	5,340	4,223,910
18	여름	구름체꽃	2,200	5,060,000	40,200	2,200	5,017,600
19	여름 최대값					5,340	
20	여름 평균			4,666,000			4,620,755
21	전체 최대값					7,830	
22	전체 평균			3,883,250			3,842,615

≪처리조건≫

▶ 데이터를 '계절' 기준으로 오름차순 정렬하시오.

▶ 아래 조건에 맞는 부분합을 작성하시오.
 - '계절'로 그룹화 하여 '판매금액', '판매 수익금'의 평균을 구하는 부분합을 만드시오.
 - '계절'로 그룹화 하여 '적립금'의 최대값을 구하는 부분합을 만드시오.
  (새로운 값으로 대치하지 말 것)
 - [C3:G22] 영역에 셀 서식의 표시 형식-숫자를 이용하여 1000단위 구분 기호를 표시하시오.

▶ E~G열을 선택하여 그룹을 설정하시오.

▶ 평균과 최대값의 부분합 순서는 ≪출력형태≫와 다를 수 있음

▶ 지시사항이 없는 경우는 기본 값을 적용하시오.

디지털정보활용능력-스프레드시트[엑셀] (시험시간 : 40분)

[문제 3] "필터"와 "시나리오" 시트를 참조하여 다음 ≪처리조건≫에 맞도록 작업하시오. (60점)

(1) 필터

≪출력형태 - 필터≫

	A	B	C	D	E	F	G
1							
2	계절	제품명	판매수량	판매금액	할인액	적립금	판매 수익금
3	봄	제비꽃	2,890	2,890,000	35,000	2,890	2,852,110
4	여름	원추리	5,340	4,272,000	42,750	5,340	4,223,910
5	봄	은방울꽃	7,830	5,872,500	59,200	7,830	5,805,470
6	가을	큰용담	600	2,400,000	24,000	600	2,375,400
7	겨울	수선화	1,200	3,000,000	30,000	1,200	2,968,800
8	가을	물매화	3,200	5,440,000	54,300	3,200	5,382,500
9	여름	구름체꽃	2,200	5,060,000	40,200	2,200	5,017,600
10	겨울	노랑꽃창포	3,400	4,080,000	50,200	3,400	4,026,400
11	봄	동자꽃	2,840	4,544,000	23,500	2,840	4,517,660
12	가을	자주꿩의비름	4,900	1,274,000	12,800	4,900	1,256,300
13							
14	조건						
15	TRUE						
16							
17							
18	제품명	판매수량	할인액	적립금			
19	제비꽃	2,890	35,000	2,890			
20	은방울꽃	7,830	59,200	7,830			
21	동자꽃	2,840	23,500	2,840			
22	자주꿩의비름	4,900	12,800	4,900			

≪처리조건≫

▶ "필터" 시트의 [A2:G12]를 아래 조건에 맞게 고급 필터를 사용하여 작성하시오.
  - '계절'이 "봄"이거나 '할인액'이 20000 이하인 데이터를 '제품명', '판매수량', '할인액', '적립금'의 데이터만 필터링 하시오.
  - 조건 위치 : 조건 함수는 [A15] 한 셀에 작성(OR 함수 이용)
  - 결과 위치 : [A18]부터 출력

▶ 지시사항이 없는 경우는 ≪출력형태 - 필터≫와 동일하게 작성하시오.

디지털정보활용능력-스프레드시트[엑셀] (시험시간 : 40분)

(2) **시나리오**

≪출력형태 - 시나리오≫

		현재 값	이벤트 적립금 100 증가	이벤트 적립금 50 감소
시나리오 요약				
변경 셀:				
	$F$6	600	700	550
	$F$8	3,200	3,300	3,150
	$F$12	4,900	5,000	4,850
결과 셀:				
	$G$6	2,375,400	2,375,300	2,375,450
	$G$8	5,382,500	5,382,400	5,382,550
	$G$12	1,256,300	1,256,200	1,256,350

참고: 현재 값 열은 시나리오 요약 보고서가 작성될 때의 변경 셀 값을 나타냅니다. 각 시나리오의 변경 셀들은 회색으로 표시됩니다.

≪처리조건≫

▶ "시나리오" 시트의 [A2:G12]를 이용하여 '계절'이 "가을"인 경우, '적립금'이 변동할 때 '판매 수익금'이 변동하는 가상 분석(시나리오)을 작성하시오.
  - 시나리오1 : 시나리오 이름은 "이벤트 적립금 100 증가", '적립금'에 100을 증가시킨 값 설정.
  - 시나리오2 : 시나리오 이름은 "이벤트 적립금 50 감소", '적립금'에 50을 감소시킨 값 설정.
  - "시나리오 요약" 시트를 작성하시오.

▶ 지시사항이 없는 경우는 ≪출력형태 - 시나리오≫와 동일하게 작성하시오.

[문제 4] "피벗테이블" 시트를 참조하여 다음 ≪처리조건≫에 맞도록 작업하시오. (30점)

≪출력형태≫

	A	B	C	D	E	F
1						
2						
3				제품명 ☑		
4	계절 ☑	값	구름체꽃	물매화	수선화	은방울꽃
5	가을	평균 : 할인액	**	54,300	**	**
6		평균 : 적립금	**	3,200	**	**
7	겨울	평균 : 할인액	**	**	30,000	**
8		평균 : 적립금	**	**	1,200	**
9	봄	평균 : 할인액	**	**	**	59,200
10		평균 : 적립금	**	**	**	7,830
11	여름	평균 : 할인액	40,200	**	**	**
12		평균 : 적립금	2,200	**	**	**
13	전체 평균 : 할인액		40,200	54,300	30,000	59,200
14	전체 평균 : 적립금		2,200	3,200	1,200	7,830

≪처리조건≫

▶ "피벗테이블" 시트의 [A2:G12]를 이용하여 새로운 시트에 ≪출력형태≫와 같이 피벗 테이블을 작성 후 시트명을 "피벗테이블 정답"으로 수정하시오.

▶ 계절(행)과 제품명(열)을 기준으로 하여 출력형태와 같이 구하시오.
  − '할인액', '적립금'의 평균을 구하시오.
  − 피벗 테이블 옵션을 이용하여 레이블이 있는 셀 병합 및 가운데 맞춤하고 빈 셀을 "**"로 표시한 후, 행의 총합계를 감추기 하시오.
  − 피벗 테이블 디자인에서 보고서 레이아웃은 '테이블 형식으로 표시', 피벗 테이블 스타일은 '피벗 스타일 보통 5'로 표시하시오.
  − 제품명(열)은 "구름체꽃", "물매화", "수선화", "은방울꽃"만 출력되도록 표시하시오.
  − [C5:F14] 데이터는 셀 서식의 표시 형식−숫자를 이용하여 1000단위 구분 기호를 표시하고, 가운데 맞춤하시오.

▶ 계절의 순서는 ≪출력형태≫와 다를 수 있음

▶ 지시사항이 없는 경우는 ≪출력형태≫와 동일하게 작성하시오.

[문제 5] "차트" 시트를 참조하여 다음 ≪처리조건≫에 맞도록 작업하시오. (30점)

≪출력형태≫

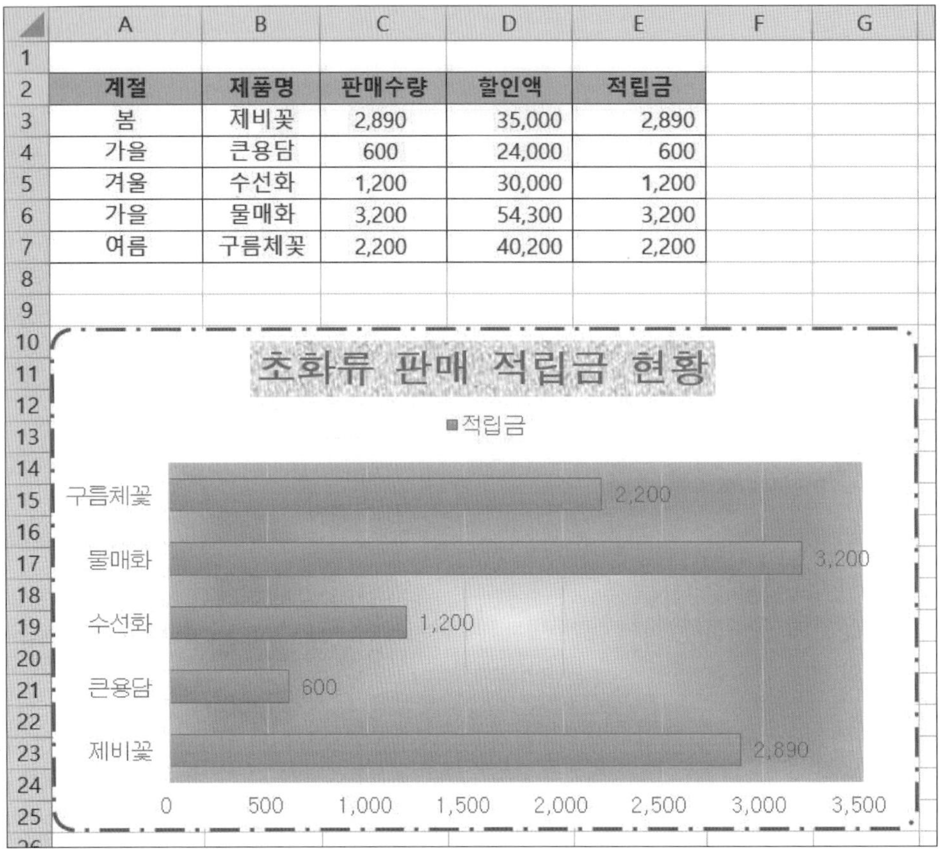

	A	B	C	D	E
2	계절	제품명	판매수량	할인액	적립금
3	봄	제비꽃	2,890	35,000	2,890
4	가을	큰용담	600	24,000	600
5	겨울	수선화	1,200	30,000	1,200
6	가을	물매화	3,200	54,300	3,200
7	여름	구름체꽃	2,200	40,200	2,200

초화류 판매 적립금 현황

≪처리조건≫

▶ "차트" 시트에 주어진 표를 이용하여 '묶은 가로 막대형' 차트를 작성하시오.
 - 데이터 범위 : 현재 시트 [B2:B7], [E2:E7]의 데이터를 이용하여 작성하고, 행/열 전환은 '열'로 지정
 - 차트 제목("초화류 판매 적립금 현황")
 - 범례 위치 : 위쪽
 - 차트 스타일 : 색 변경(색상형 – 색 1, 스타일 4)
 - 차트 위치 : 현재 시트에 [A10:G25] 크기에 정확하게 맞추시오.
 - 차트 영역 서식 : 글꼴(굴림, 11pt), 테두리 색(실선, 색 : 파랑), 테두리 스타일(너비 : 2pt, 겹선 종류 : 단순형, 대시 종류 : 긴 파선-점선, 둥근 모서리)
 - 차트 제목 서식 : 글꼴(돋움체, 20pt, 굵게), 채우기(그림 또는 질감 채우기, 질감 : 신문 용지)
 - 그림 영역 서식 : 채우기(그라데이션 채우기, 그라데이션 미리 설정 : 밝은 그라데이션 – 강조 5, 종류 : 사각형, 방향 : 가운데에서)
 - 데이터 레이블 추가 : '적립금' 계열에 "값" 표시

▶ 지시사항이 없는 경우는 ≪출력형태≫와 동일하게 작성하시오.

제 04 회 디지털정보활용능력 최신유형 기출문제

☑ 시험과목 : 스프레드시트(엑셀)
☑ 시험일자 : 20XX. XX. XX. (X)
☑ 응시자 기재사항 및 감독위원 확인

MS Office 2016 버전용

수 검 번 호	DIS - XXXX -	감독위원 확인
성 명		

응시자 유의사항

1. 응시자는 신분증을 지참하여야 시험에 응시할 수 있으며, 시험이 종료될 때까지 신분증을 제시하지 못 할 경우 해당 시험은 0점 처리됩니다.
2. 시스템(PC작동여부, 네트워크 상태 등)의 이상여부를 반드시 확인하여야 하며, 시스템 이상이 있을시 감독위원에게 조치를 받으셔야 합니다.
3. 시험 중 부주의 또는 고의로 시스템을 파손한 경우는 응시자 부담으로 합니다.
4. 답안 전송 프로그램을 통해 다운로드 받은 파일을 이용하여 답안 파일을 작성하시기 바랍니다.
5. 작성한 답안 파일은 답안 전송 프로그램을 통하여 전송됩니다. 감독위원의 지시에 따라 주시기 바랍니다.
6. 다음 사항의 경우 실격(0점) 혹은 부정행위 처리됩니다.
    1) 답안 파일을 저장하지 않았거나, 저장한 파일이 손상되었을 경우
    2) 답안 파일을 지정된 폴더(바탕화면 – "KAIT" 폴더)에 저장하지 않았을 경우
        ※ 답안 전송 프로그램 로그인 시 바탕화면에 자동 생성됨
    3) 답안 파일을 다른 보조 기억장치(USB) 혹은 네트워크(메신저, 게시판 등)로 전송할 경우
    4) 휴대용 전화기 등 통신기기를 사용할 경우
7. 시험지에 제시된 글꼴이 응시 프로그램에 없는 경우, 반드시 감독위원에게 해당 내용을 통보한 뒤 조치를 받아야 합니다.
8. 시험의 완료는 작성이 완료된 답안을 저장하고, 답안 전송이 완료된 상태를 확인한 것으로 합니다. 답안 전송 확인 후 문제지는 감독위원에게 제출한 후 퇴실하여야 합니다.
9. 답안 전송이 완료된 경우에는 수정 또는 정정이 불가능합니다.
10. 시험 시행 후 결과는 홈페이지(www.ihd.or.kr)에서 확인하시기 바랍니다.
    1) 문제 및 정답 공개 : 20XX. XX. XX.(X)
    2) 합격자 발표 : 20XX. XX. XX.(X)

디지털정보활용능력 - 스프레드시트[엑셀] (시험시간 : 40분)

[문제 1] "농산물생산실적" 시트를 참조하여 다음 ≪처리조건≫에 맞도록 작업하시오. (50점)

≪출력형태≫

	A	B	C	D	E	F	G	H	I
1				농산물 생산실적 현황					
2	도매법인	부류	품목	최저가(원)	최고가(원)	금일평균가	전일평균가	순위	비고
3	우수청과	과일류	샤인마스캇	24,000	26,000	25,000원	25,260원	5위	
4	최고야청과	채소류	파프리카	22,200	26,300	24,250원	24,500원	6위	
5	넘버원청과	특용작물	팽이버섯	15,000	18,000	16,500원	16,220원	8위	저가상품
6	우수청과	채소류	방울토마토	18,700	19,000	18,850원	18,950원	7위	저가상품
7	최고야청과	과일류	단감	27,000	31,600	29,300원	29,660원	4위	
8	넘버원청과	과일류	사과	33,700	42,200	37,950원	41,560원	1위	
9	최고야청과	특용작물	새송이버섯	9,000	10,300	9,650원	9,130원	9위	저가상품
10	우수청과	채소류	깻잎	33,500	42,300	37,900원	41,000원	2위	
11	최고야청과	특용작물	느타리버섯	8,100	9,200	8,650원	9,750원	10위	저가상품
12	넘버원청과	과일류	파인애플	31,000	35,000	33,000원	32,580원	3위	
13	'부류'가 "과일류"인 '금일평균가'의 평균					31,313원			
14	'최고가(원)' 중 두 번째로 작은 값					10,300원			
15	'전일평균가'의 최대값-최소값 차이					32,430원			

≪처리조건≫

▶ 1행의 행 높이를 '80'으로 설정하고, 2행~15행의 행 높이를 '18'로 설정하시오.

▶ 제목("농산물 생산실적 현황") : 기본 도형의 '빗면'을 이용하여 입력하시오.
 - 도형 : 위치([B1:H1]), 도형 스타일(테마 스타일 - 보통 효과 - '녹색, 강조 6')
 - 글꼴 : 돋움체, 28pt, 굵게
 - 도형 서식 : 도형 옵션 - 크기 및 속성(텍스트 상자(세로 맞춤 : 정가운데, 텍스트 방향 : 가로))

▶ 셀 서식을 아래 조건에 맞게 작성하시오.
 - [A2:I15] : 테두리(안쪽, 윤곽선 모두 실선, '검정, 텍스트 1'), 전체 가운데 맞춤
 - [A13:D13], [A14:D14], [A15:D15] : 각각 병합하고 가운데 맞춤
 - [A2:I2], [A13:D15] : 채우기 색('녹색, 강조 6, 60% 더 밝게'), 글꼴(굵게)
 - [D3:E12] : 셀 서식의 표시 형식-숫자를 이용하여 1000단위 구분 기호 표시
 - [F3:G12], [E13:G15] : 셀 서식의 표시 형식-사용자 지정을 이용하여 #,##0"원" 추가
 - [H3:H12] : 셀 서식의 표시 형식-사용자 지정을 이용하여 #"위" 추가
 - 조건부 서식[A3:I12] : '최고가'가 30000 이상인 경우 레코드 전체에 글꼴(녹색, 굵은 기울임꼴) 적용
 - 지시사항이 없는 경우는 주어진 문제 파일의 서식을 그대로 사용하시오.

▶ ① 순위[H3:H12] : '금일평균가'를 기준으로 큰 순으로 순위를 구하시오. **(RANK.EQ 함수)**
▶ ② 비고[I3:I12] : '최저가'가 20000 이하이면 "저가상품", 그렇지 않으면 공백으로 구하시오. **(IF 함수)**
▶ ③ 평균[E13:G13] : '부류'가 "과일류"인 '금일평균가'의 평균을 구하시오. **(DAVERAGE 함수)**
▶ ④ 순위[E14:G14] : '최고가(원)' 중, 두 번째로 작은 값을 구하시오. **(SMALL 함수)**
▶ ⑤ 최대값-최소값[E15:G15] : '전일평균가'의 최대값-최소값의 차이를 구하시오. **(MAX, MIN 함수)**

[문제 2] "부분합" 시트를 참조하여 다음 ≪처리조건≫에 맞도록 작업하시오. (30점)

≪출력형태≫

	A	B	C	D	E	F	G
1							
2	도매법인	부류	품목	최저가(원)	최고가(원)	금일평균가	전일평균가
3	넘버원청과	특용작물	팽이버섯	15,000	18,000	16,500	16,220
4	최고야청과	특용작물	새송이버섯	9,000	10,300	9,650	9,130
5	최고야청과	특용작물	느타리버섯	8,100	9,200	8,650	9,750
6		특용작물 최대값				16,500	16,220
7		특용작물 평균		10,700	12,500	11,600	
8	최고야청과	채소류	파프리카	22,200	26,300	24,250	24,500
9	우수청과	채소류	방울토마토	18,700	19,000	18,850	18,950
10	우수청과	채소류	깻잎	33,500	42,300	37,900	41,000
11		채소류 최대값				37,900	41,000
12		채소류 평균		24,800	29,200	27,000	
13	우수청과	과일류	샤인마스캇	24,000	26,000	25,000	25,260
14	최고야청과	과일류	단감	27,000	31,600	29,300	29,660
15	넘버원청과	과일류	사과	33,700	42,200	37,950	41,560
16	넘버원청과	과일류	파인애플	31,000	35,000	33,000	32,580
17		과일류 최대값				37,950	41,560
18		과일류 평균		28,925	33,700	31,313	
19		전체 최대값				37,950	41,560
20		전체 평균		22,220	25,990	24,105	

≪처리조건≫

▶ 데이터를 '부류' 기준으로 내림차순 정렬하시오.

▶ 아래 조건에 맞는 부분합을 작성하시오.
  - '부류'로 그룹화 하여 '최저가(원)', '최고가(원)', '금일평균가'의 평균을 구하는 부분합을 만드시오.
  - '부류'로 그룹화 하여 '금일평균가', '전일평균가'의 최대값을 구하는 부분합을 만드시오.
    (새로운 값으로 대치하지 말 것)
  - [D3:G20] 영역에 셀 서식의 표시 형식-숫자를 이용하여 1000단위 구분 기호를 표시하시오.

▶ D~E열을 선택하여 그룹을 설정하시오.

▶ 평균과 최대값의 부분합 순서는 ≪출력형태≫와 다를 수 있음

▶ 지시사항이 없는 경우는 기본 값을 적용하시오.

디지털정보활용능력-스프레드시트[엑셀] (시험시간 : 40분)

[문제 3] "필터"와 "시나리오" 시트를 참조하여 다음 ≪처리조건≫에 맞도록 작업하시오. (60점)

(1) 필터

≪출력형태 - 필터≫

	A	B	C	D	E	F	G
1							
2	도매법인	부류	품목	최저가(원)	최고가(원)	금일평균가	전일평균가
3	우수청과	과일류	샤인마스캇	24,000	26,000	25,000	25,260
4	최고야청과	채소류	파프리카	22,200	26,300	24,250	24,500
5	넘버원청과	특용작물	팽이버섯	15,000	18,000	16,500	16,220
6	우수청과	채소류	방울토마토	18,700	19,000	18,850	18,950
7	최고야청과	과일류	단감	27,000	31,600	29,300	29,660
8	넘버원청과	과일류	사과	33,700	42,200	37,950	41,560
9	최고야청과	특용작물	새송이버섯	9,000	10,300	9,650	9,130
10	우수청과	채소류	깻잎	33,500	42,300	37,900	41,000
11	최고야청과	특용작물	느타리버섯	8,100	9,200	8,650	9,750
12	넘버원청과	과일류	파인애플	31,000	35,000	33,000	32,580
13							
14	조건						
15	FALSE						
16							
17	도매법인	품목	금일평균가	전일평균가			
18	최고야청과	단감	29,300	29,660			
19	넘버원청과	사과	37,950	41,560			
20	넘버원청과	파인애플	33,000	32,580			

≪처리조건≫

▶ "필터" 시트의 [A2:G12]를 아래 조건에 맞게 고급 필터를 사용하여 작성하시오.
  - '부류'가 "과일류"이고 '최고가(원)'가 30000 이상인 데이터를 '도매법인', '품목', '금일평균가', '전일평균가'의 데이터만 필터링 하시오.
  - 조건 위치 : 조건 함수는 [A15] 한 셀에 작성(AND 함수 이용)
  - 결과 위치 : [A17]부터 출력

▶ 지시사항이 없는 경우는 ≪출력형태 - 필터≫와 동일하게 작성하시오.

(2) 시나리오

≪출력형태 - 시나리오≫

		현재 값:	최저가(원) 200 증가	최저가(원) 150 감소
시나리오 요약				
변경 셀:				
	$D$4	22,200	22,400	22,050
	$D$6	18,700	18,900	18,550
	$D$10	33,500	33,700	33,350
결과 셀:				
	$F$4	24,250	24,350	24,175
	$F$6	18,850	18,950	18,775
	$F$10	37,900	38,000	37,825

참고: 현재 값 열은 시나리오 요약 보고서가 작성될 때의 변경 셀 값을 나타냅니다. 각 시나리오의 변경 셀들은 회색으로 표시됩니다.

≪처리조건≫

▶ "시나리오" 시트의 [A2:G12]를 이용하여 '부류'가 "채소류"인 경우, '최저가(원)'가 변동할 때 '금일평균가'가 변동하는 가상 분석(시나리오)을 작성하시오.
  - 시나리오1 : 시나리오 이름은 "최저가(원) 200 증가", '최저가(원)'에 200을 증가시킨 값 설정.
  - 시나리오2 : 시나리오 이름은 "최저가(원) 150 감소", '최저가(원)'에 150을 감소시킨 값 설정.
  - "시나리오 요약" 시트를 작성하시오.

▶ 지시사항이 없는 경우는 ≪출력형태 - 시나리오≫와 동일하게 작성하시오.

[문제 4] "피벗테이블" 시트를 참조하여 다음 ≪처리조건≫에 맞도록 작업하시오. (30점)

≪출력형태≫

	A	B	C	D	E
1					
2					
3	부류	값	도매법인		
4			넘버원청과	우수청과	최고야청과
5	채소류	최대값 : 금일평균가	***	37,900	24,250
6		최대값 : 전일평균가	***	41,000	24,500
7	특용작물	최대값 : 금일평균가	16,500	***	9,650
8		최대값 : 전일평균가	16,220	***	9,750
9	전체 최대값 : 금일평균가		16,500	37,900	24,250
10	전체 최대값 : 전일평균가		16,220	41,000	24,500

≪처리조건≫

▶ "피벗테이블" 시트의 [A2:G12]를 이용하여 새로운 시트에 ≪출력형태≫와 같이 피벗 테이블을 작성 후 시트명을 "피벗테이블 정답"으로 수정하시오.

▶ 부류(행)와 도매법인(열)을 기준으로 하여 출력형태와 같이 구하시오.
  – '금일평균가', '전일평균가'의 최대값을 구하시오.
  – 피벗 테이블 옵션을 이용하여 레이블이 있는 셀 병합 및 가운데 맞춤하고 빈 셀을 "***"로 표시한 후, 행의 총합계를 감추기 하시오.
  – 피벗 테이블 디자인에서 보고서 레이아웃은 '테이블 형식으로 표시', 피벗 테이블 스타일은 '피벗 스타일 보통 14'로 표시하시오.
  – 부류(행)는 "채소류", "특용작물"만 출력되도록 표시하시오.
  – [C5:E10] 데이터는 셀 서식의 표시 형식–숫자를 이용하여 1000단위 구분 기호를 표시하고, 오른쪽 맞춤하시오.

▶ 부류의 순서는 ≪출력형태≫와 다를 수 있음

▶ 지시사항이 없는 경우는 ≪출력형태≫와 동일하게 작성하시오.

[문제 5] "차트" 시트를 참조하여 다음 ≪처리조건≫에 맞도록 작업하시오. (30점)

≪출력형태≫

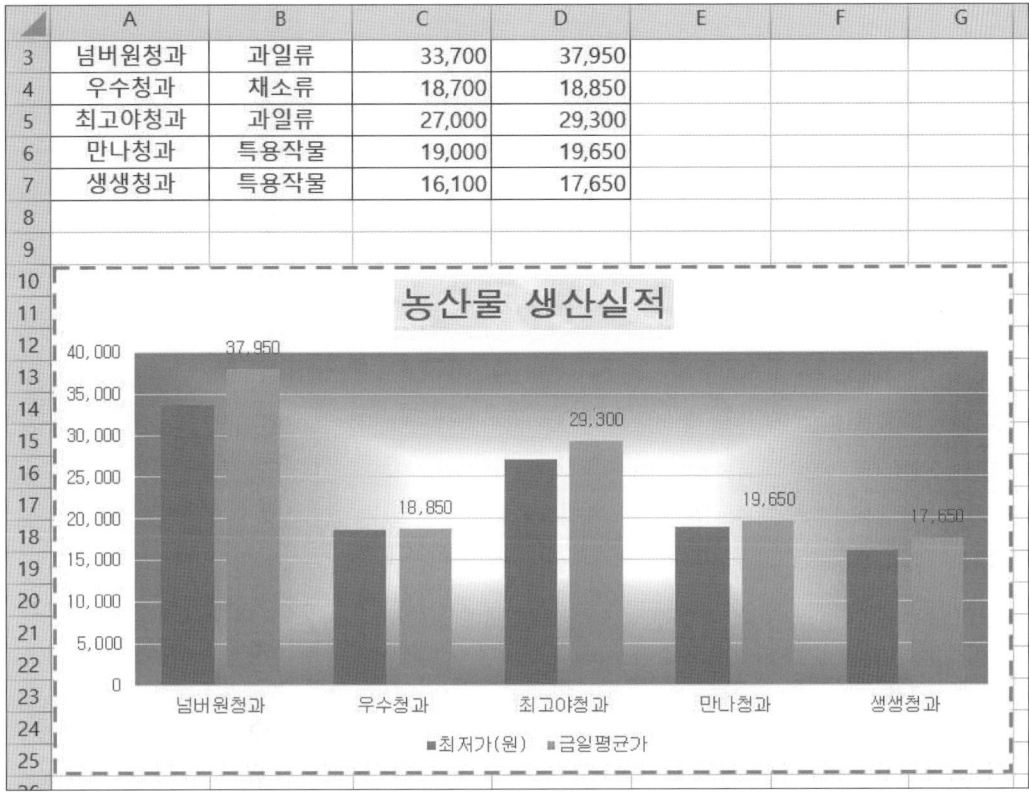

≪처리조건≫

▶ "차트" 시트에 주어진 표를 이용하여 '묶은 세로 막대형' 차트를 작성하시오.
  - 데이터 범위 : 현재 시트 [A2:A7], [C2:D7]의 데이터를 이용하여 작성하고, 행/열 전환은 '열'로 지정
  - 차트 제목("농산물 생산실적")
  - 범례 위치 : 아래쪽
  - 차트 스타일 : 색 변경(단색형 – 색 6, 스타일 7)
  - 차트 위치 : 현재 시트에 [A10:G25] 크기에 정확하게 맞추시오.
  - 차트 영역 서식 : 글꼴(굴림체, 9pt), 테두리 색(실선, 색 : 녹색), 테두리 스타일(너비 : 1.75pt,
                    겹선 종류 : 단순형, 대시 종류 : 파선)
  - 차트 제목 서식 : 글꼴(돋움체, 18pt, 굵게), 채우기(그림 또는 질감 채우기, 질감 : 양피지)
  - 그림 영역 서식 : 채우기(그라데이션 채우기, 그라데이션 미리 설정 : 위쪽 스포트라이트 강조 6, 종류 : 사각형,
                    방향 : 가운데에서)
  - 데이터 레이블 추가 : '금일평균가' 계열에 "값" 표시

▶ 지시사항이 없는 경우는 ≪출력형태≫와 동일하게 작성하시오.

제 05 회 디지털정보활용능력 최신유형 기출문제

- ☑ 시험과목 : 스프레드시트(엑셀)
- ☑ 시험일자 : 20XX. XX. XX. (X)
- ☑ 응시자 기재사항 및 감독위원 확인

MS Office 2016 버전용

수 검 번 호	DIS - XXXX -	감독위원 확인
성 명		

응시자 유의사항

1. 응시자는 신분증을 지참하여야 시험에 응시할 수 있으며, 시험이 종료될 때까지 신분증을 제시하지 못 할 경우 해당 시험은 0점 처리됩니다.
2. 시스템(PC작동여부, 네트워크 상태 등)의 이상여부를 반드시 확인하여야 하며, 시스템 이상이 있을시 감독위원에게 조치를 받으셔야 합니다.
3. 시험 중 부주의 또는 고의로 시스템을 파손한 경우는 응시자 부담으로 합니다.
4. 답안 전송 프로그램을 통해 다운로드 받은 파일을 이용하여 답안 파일을 작성하시기 바랍니다.
5. 작성한 답안 파일은 답안 전송 프로그램을 통하여 전송됩니다. 감독위원의 지시에 따라 주시기 바랍니다.
6. 다음 사항의 경우 실격(0점) 혹은 부정행위 처리됩니다.
    1) 답안 파일을 저장하지 않았거나, 저장한 파일이 손상되었을 경우
    2) 답안 파일을 지정된 폴더(바탕화면 – "KAIT" 폴더)에 저장하지 않았을 경우
        ※ 답안 전송 프로그램 로그인 시 바탕화면에 자동 생성됨
    3) 답안 파일을 다른 보조 기억장치(USB) 혹은 네트워크(메신저, 게시판 등)로 전송할 경우
    4) 휴대용 전화기 등 통신기기를 사용할 경우
7. 시험지에 제시된 글꼴이 응시 프로그램에 없는 경우, 반드시 감독위원에게 해당 내용을 통보한 뒤 조치를 받아야 합니다.
8. 시험의 완료는 작성이 완료된 답안을 저장하고, 답안 전송이 완료된 상태를 확인한 것으로 합니다. 답안 전송 확인 후 문제지는 감독위원에게 제출한 후 퇴실하여야 합니다.
9. 답안 전송이 완료된 경우에는 수정 또는 정정이 불가능합니다.
10. 시험 시행 후 결과는 홈페이지(www.ihd.or.kr)에서 확인하시기 바랍니다.
    1) 문제 및 정답 공개 : 20XX. XX. XX.(X)
    2) 합격자 발표 : 20XX. XX. XX.(X)

디지털정보활용능력 – 스프레드시트[엑셀] (시험시간 : 40분)

[문제 1] "복지관운영현황" 시트를 참조하여 다음 ≪처리조건≫에 맞도록 작업하시오. (50점)

≪출력형태≫

	A	B	C	D	E	F	G	H	I
1				2사분기 복지관 운영 현황					
2	지역명	상세구분	프로그램명	4월	5월	6월	2사분기	순위	비고
3	부산광역시	재활운동	체력단련	835원	1,147원	829원	2,811원	10위	
4	서울특별시	물리치료	성인재활운동	1,285원	1,042원	939원	3,266원	4위	
5	인천광역시	평생교육	사진교실	1,281원	819원	1,282원	3,382원	3위	6월우수
6	서울특별시	재활운동	체성분측정	954원	1,197원	966원	3,117원	6위	
7	부산광역시	평생교육	탁구교실	991원	781원	1,339원	3,111원	7위	6월우수
8	서울특별시	재활운동	운동상담	1,104원	819원	1,239원	3,162원	5위	6월우수
9	인천광역시	평생교육	농구교실	1,050원	1,318원	1,195원	3,563원	1위	
10	서울특별시	물리치료	소아재활운동	1,267원	795원	787원	2,849원	9위	
11	인천광역시	재활운동	스트레칭	945원	1,213원	1,233원	3,391원	2위	6월우수
12	부산광역시	물리치료	수중재활운동	1,228원	847원	1,003원	3,078원	8위	
13	'6월'의 최대값-최소값 차이				552				
14	'상세구분'이 "재활운동"인 '5월'의 합계				4,376				
15	'4월' 중 두 번째로 큰 값				1,281				

≪처리조건≫

▶ 1행의 행 높이를 '80'으로 설정하고, 2행~15행의 행 높이를 '18'로 설정하시오.

▶ 제목("2사분기 복지관 운영 현황") : 기본 도형의 '정육면체'를 이용하여 입력하시오.
  - 도형 : 위치([B1:H1]), 도형 스타일(테마 스타일 – 보통 효과 – '주황, 강조 2')
  - 글꼴 : 궁서체, 28pt, 기울임꼴
  - 도형 서식 : 도형 옵션 – 크기 및 속성(텍스트 상자(세로 맞춤 : 정가운데, 텍스트 방향 : 가로))

▶ 셀 서식을 아래 조건에 맞게 작성하시오.
  - [A2:I15] : 테두리(안쪽, 윤곽선 모두 실선, '검정, 텍스트 1'), 전체 가운데 맞춤
  - [A13:D13], [A14:D14], [A15:D15] : 각각 병합하고 가운데 맞춤
  - [A2:I2], [A13:D15] : 채우기 색('주황, 강조 2, 80% 더 밝게'), 글꼴(굵게)
  - [D3:G12] : 셀 서식의 표시 형식-사용자 지정을 이용하여 #,##0"원" 추가
  - [E13:G15] : 셀 서식의 표시 형식-숫자를 이용하여 1000단위 구분 기호 표시
  - [H3:H12] : 셀 서식의 표시 형식-사용자 지정을 이용하여 #"위" 추가
  - 조건부 서식[A3:I12] : '4월'이 1000 이하인 경우 레코드 전체에 글꼴(진한 파랑, 굵게) 적용
  - 지시사항이 없는 경우는 주어진 문제 파일의 서식을 그대로 사용하시오.

▶ ① 순위[H3:H12] : '2사분기'를 기준으로 큰 순으로 순위를 구하시오. **(RANK.EQ 함수)**
▶ ② 비고[I3:I12] : '6월'이 1200 이상이면 "6월우수", 그렇지 않으면 공백으로 구하시오. **(IF 함수)**
▶ ③ 최대값-최소값[E13:G13] : '6월'의 최대값-최소값의 차이를 구하시오. **(MAX, MIN 함수)**
▶ ④ 합계[E14:G14] : '상세구분'이 "재활운동"인 '5월'의 합계를 구하시오. **(DSUM 함수)**
▶ ⑤ 순위[E15:G15] : '4월' 중, 두 번째로 큰 값을 구하시오. **(LARGE 함수)**

디지털정보활용능력-스프레드시트[엑셀] (시험시간 : 40분)

[문제 2] "부분합" 시트를 참조하여 다음 ≪처리조건≫에 맞도록 작업하시오. (30점)

≪출력형태≫

	A	B	C	D	E	F	G
1							
2	지역명	상세구분	프로그램명	4월	5월	6월	2사분기
3	서울특별시	물리치료	성인재활운동	1,285	1,042	939	3,266
4	서울특별시	물리치료	소아재활운동	1,267	795	787	2,849
5	부산광역시	물리치료	수중재활운동	1,228	847	1,003	3,078
6		물리치료 최소값		1,228	795	787	2,849
7		물리치료 최대값		1,285	1,042	1,003	
8	부산광역시	재활운동	체력단련	835	1,147	829	2,811
9	서울특별시	재활운동	체성분측정	954	1,197	966	3,117
10	서울특별시	재활운동	운동상담	1,104	819	1,239	3,162
11	인천광역시	재활운동	스트레칭	945	1,213	1,233	3,391
12		재활운동 최소값		835	819	829	2,811
13		재활운동 최대값		1,104	1,213	1,239	
14	인천광역시	평생교육	사진교실	1,281	819	1,282	3,382
15	부산광역시	평생교육	탁구교실	991	781	1,339	3,111
16	인천광역시	평생교육	농구교실	1,050	1,318	1,195	3,563
17		평생교육 최소값		991	781	1,195	3,111
18		평생교육 최대값		1,281	1,318	1,339	
19		전체 최소값		835	781	787	2,811
20		전체 최대값		1,285	1,318	1,339	

≪처리조건≫

▶ 데이터를 '상세구분' 기준으로 오름차순 정렬하시오.

▶ 아래 조건에 맞는 부분합을 작성하시오.
 - '상세구분'으로 그룹화 하여 '4월', '5월', '6월'의 최대값을 구하는 부분합을 만드시오.
 - '상세구분'으로 그룹화 하여 '4월', '5월', '6월', '2사분기'의 최소값을 구하는 부분합을 만드시오.
   (새로운 값으로 대치하지 말 것)
 - [D3:G20] 영역에 셀 서식의 표시 형식-숫자를 이용하여 1000단위 구분 기호를 표시하시오.

▶ D~F열을 선택하여 그룹을 설정하시오.

▶ 최대값과 최소값의 부분합 순서는 ≪출력형태≫와 다를 수 있음

▶ 지시사항이 없는 경우는 기본 값을 적용하시오.

디지털정보활용능력-스프레드시트[엑셀] (시험시간 : 40분)

[문제 3] "필터"와 "시나리오" 시트를 참조하여 다음 ≪처리조건≫에 맞도록 작업하시오. (60점)

(1) 필터

≪출력형태 – 필터≫

	A	B	C	D	E	F	G
1							
2	지역명	상세구분	프로그램명	4월	5월	6월	2사분기
3	부산광역시	재활운동	체력단련	835	1,147	829	2,811
4	서울특별시	물리치료	성인재활운동	1,285	1,042	939	3,266
5	인천광역시	평생교육	사진교실	1,281	819	1,282	3,382
6	서울특별시	재활운동	체성분측정	954	1,197	966	3,117
7	부산광역시	평생교육	탁구교실	991	781	1,339	3,111
8	서울특별시	재활운동	운동상담	1,104	819	1,239	3,162
9	인천광역시	평생교육	농구교실	1,050	1,318	1,195	3,563
10	서울특별시	물리치료	소아재활운동	1,267	795	787	2,849
11	인천광역시	재활운동	스트레칭	945	1,213	1,233	3,391
12	부산광역시	물리치료	수중재활운동	1,228	847	1,003	3,078
13							
14		조건					
15		TRUE					
16							
17	프로그램명	4월	5월	6월			
18	체력단련	835	1,147	829			
19	성인재활운동	1,285	1,042	939			
20	소아재활운동	1,267	795	787			
21	수중재활운동	1,228	847	1,003			

≪처리조건≫

▶ "필터" 시트의 [A2:G12]를 아래 조건에 맞게 고급 필터를 사용하여 작성하시오.
  - '상세구분'이 "물리치료"이거나 '2사분기'가 3000 이하인 데이터를 '프로그래밍', '4월', '5월', '6월'의 데이터만 필터링 하시오.
  - 조건 위치 : 조건 함수는 [A15] 한 셀에 작성(OR 함수 이용)
  - 결과 위치 : [A17]부터 출력

▶ 지시사항이 없는 경우는 ≪출력형태 – 필터≫와 동일하게 작성하시오.

(2) 시나리오

≪출력형태 – 시나리오≫

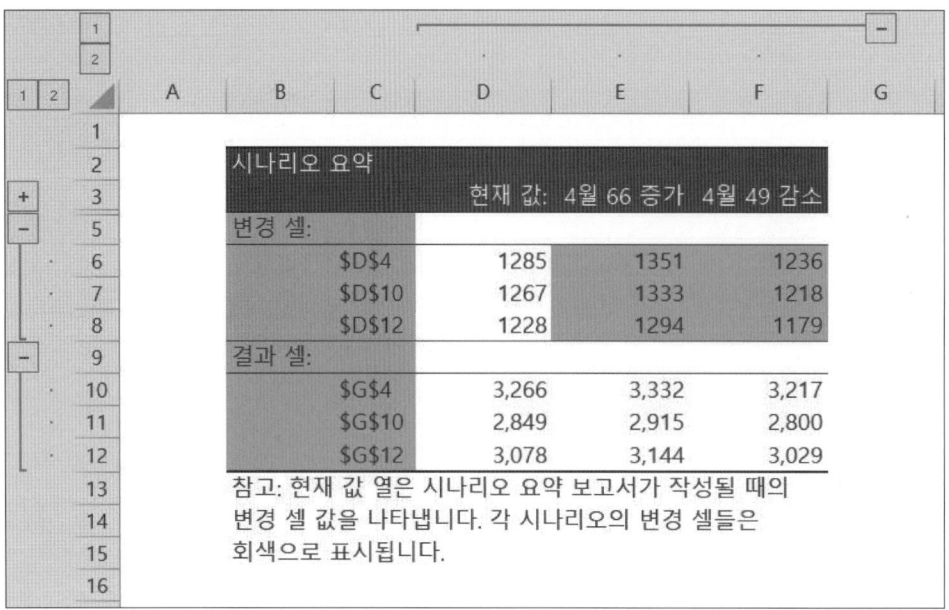

≪처리조건≫

▶ "시나리오" 시트의 [A2:G12]를 이용하여 '상세구분'이 "물리치료"인 경우, '4월'이 변동할 때 '2사분기'가 변동하는 가상 분석(시나리오)을 작성하시오.
   - 시나리오1 : 시나리오 이름은 "4월 66 증가", '4월'에 66을 증가시킨 값 설정.
   - 시나리오2 : 시나리오 이름은 "4월 49 감소", '4월'에 49를 감소시킨 값 설정.
   - "시나리오 요약" 시트를 작성하시오.

▶ 지시사항이 없는 경우는 ≪출력형태 – 시나리오≫와 동일하게 작성하시오.

[문제 4] "피벗테이블" 시트를 참조하여 다음 ≪처리조건≫에 맞도록 작업하시오. (30점)

≪출력형태≫

	A	B	C	D	E
1					
2					
3	상세구분	값	지역명		
4			부산광역시	서울특별시	인천광역시
5	물리치료	평균 : 5월	847	919	*
6		평균 : 6월	1,003	863	*
7	재활운동	평균 : 5월	1,147	1,008	1,213
8		평균 : 6월	829	1,103	1,233
9	전체 평균 : 5월		997	963	1,213
10	전체 평균 : 6월		916	983	1,233

≪처리조건≫

▶ "피벗테이블" 시트의 [A2:G12]를 이용하여 새로운 시트에 ≪출력형태≫와 같이 피벗 테이블을 작성 후 시트명을 "피벗테이블 정답"으로 수정하시오.

▶ 상세구분(행)과 지역명(열)을 기준으로 하여 출력형태와 같이 구하시오.
- '5월', '6월'의 평균을 구하시오.
- 피벗 테이블 옵션을 이용하여 레이블이 있는 셀 병합 및 가운데 맞춤하고 빈 셀을 "*"로 표시한 후, 행의 총합계를 감추기 하시오.
- 피벗 테이블 디자인에서 보고서 레이아웃은 '테이블 형식으로 표시', 피벗 테이블 스타일은 '피벗 스타일 보통 10' 으로 표시하시오.
- 상세구분(행)은 "물리치료", "재활운동"만 출력되도록 표시하시오.
- [C5:E10] 데이터는 셀 서식의 표시 형식-숫자를 이용하여 1000단위 구분 기호를 표시하고, 오른쪽 맞춤하시오.

▶ 상세구분의 순서는 ≪출력형태≫와 다를 수 있음

▶ 지시사항이 없는 경우는 ≪출력형태≫와 동일하게 작성하시오.

[문제 5] "차트" 시트를 참조하여 다음 ≪처리조건≫에 맞도록 작업하시오. (30점)

≪출력형태≫

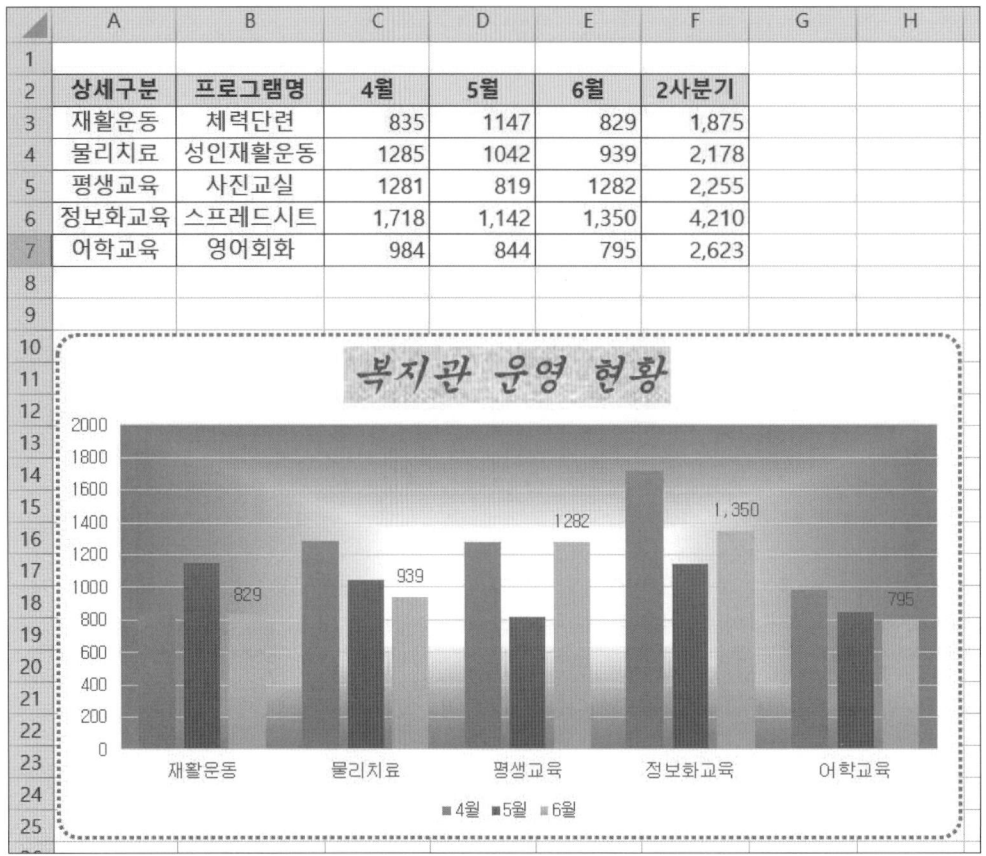

≪처리조건≫

▶ "차트" 시트에 주어진 표를 이용하여 '묶은 세로 막대형' 차트를 작성하시오.
- 데이터 범위 : 현재 시트 [A2:A7], [C2:E7]의 데이터를 이용하여 작성하고, 행/열 전환은 '열'로 지정
- 차트 제목("복지관 운영 현황")
- 범례 위치 : 아래쪽
- 차트 스타일 : 색 변경(색상형 – 색 4, 스타일 6)
- 차트 위치 : 현재 시트에 [A10:H25] 크기에 정확하게 맞추시오.
- 차트 영역 서식 : 글꼴(굴림체, 9pt), 테두리 색(실선, 색 : 빨강), 테두리 스타일(너비 : 2pt, 겹선 종류 : 단순형, 대시 종류 : 둥근 점선, 둥근 모서리)
- 차트 제목 서식 : 글꼴(궁서체, 20pt, 기울임꼴), 채우기(그림 또는 질감 채우기, 질감 : 파랑 박엽지)
- 그림 영역 서식 : 채우기(그라데이션 채우기, 그라데이션 미리 설정 : 위쪽 스포트라이트 강조 2, 종류 : 사각형, 방향 : 가운데에서)
- 데이터 레이블 추가 : '6월' 계열에 "값" 표시

▶ 지시사항이 없는 경우는 ≪출력형태≫와 동일하게 작성하시오.

제06회 디지털정보활용능력 최신유형 기출문제

☑ 시험과목 : 스프레드시트(엑셀)
☑ 시험일자 : 20XX. XX. XX. (X)
☑ 응시자 기재사항 및 감독위원 확인

MS Office 2016 버전용

수 검 번 호	DIS - XXXX -	감독위원 확인
성 명		

응시자 유의사항

1. 응시자는 신분증을 지참하여야 시험에 응시할 수 있으며, 시험이 종료될 때까지 신분증을 제시하지 못 할 경우 해당 시험은 0점 처리됩니다.
2. 시스템(PC작동여부, 네트워크 상태 등)의 이상여부를 반드시 확인하여야 하며, 시스템 이상이 있을시 감독위원에게 조치를 받으셔야 합니다.
3. 시험 중 부주의 또는 고의로 시스템을 파손한 경우는 응시자 부담으로 합니다.
4. 답안 전송 프로그램을 통해 다운로드 받은 파일을 이용하여 답안 파일을 작성하시기 바랍니다.
5. 작성한 답안 파일은 답안 전송 프로그램을 통하여 전송됩니다. 감독위원의 지시에 따라 주시기 바랍니다.
6. 다음 사항의 경우 실격(0점) 혹은 부정행위 처리됩니다.
   1) 답안 파일을 저장하지 않았거나, 저장한 파일이 손상되었을 경우
   2) 답안 파일을 지정된 폴더(바탕화면 – "KAIT" 폴더)에 저장하지 않았을 경우
      ※ 답안 전송 프로그램 로그인 시 바탕화면에 자동 생성됨
   3) 답안 파일을 다른 보조 기억장치(USB) 혹은 네트워크(메신저, 게시판 등)로 전송할 경우
   4) 휴대용 전화기 등 통신기기를 사용할 경우
7. 시험지에 제시된 글꼴이 응시 프로그램에 없는 경우, 반드시 감독위원에게 해당 내용을 통보한 뒤 조치를 받아야 합니다.
8. 시험의 완료는 작성이 완료된 답안을 저장하고, 답안 전송이 완료된 상태를 확인한 것으로 합니다. 답안 전송 확인 후 문제지는 감독위원에게 제출한 후 퇴실하여야 합니다.
9. 답안 전송이 완료된 경우에는 수정 또는 정정이 불가능합니다.
10. 시험 시행 후 결과는 홈페이지(www.ihd.or.kr)에서 확인하시기 바랍니다.
    1) 문제 및 정답 공개 : 20XX. XX. XX.(X)
    2) 합격자 발표 : 20XX. XX. XX.(X)

[문제 1] "교육수료현황" 시트를 참조하여 다음 ≪처리조건≫에 맞도록 작업하시오. (50점)

≪출력형태≫

과정구분	교육명	교육형태	상반기	하반기	금년도 합	전년도 합	금년도 순위	비고
기본과정	마케팅스킬	온라인교육	998	560	1,558	1,369	7등	전년부진
실무과정	마케팅전략	집합교육	507	1,012	1,519	1,790	9등	
실무과정	유통품질관리	온라인교육	864	1,128	1,992	1,715	1등	
기본과정	물품관리기초	혼합교육	896	1,040	1,936	1,814	2등	
심화과정	물품관리심화	집합교육	869	534	1,403	1,411	10등	전년부진
기본과정	수출무역기초	온라인교육	583	960	1,543	1,897	8등	
실무과정	수출무역실무	혼합교육	675	988	1,663	1,625	6등	
심화과정	데이터분석	집합교육	679	1,151	1,830	1,547	3등	
실무과정	일반행정	온라인교육	516	1,197	1,713	1,483	4등	전년부진
심화과정	온라인마케팅	혼합교육	506	1,190	1,696	1,865	5등	
'상반기' 중 세 번째로 큰 값				869				
'전년도 합'의 최대값-최소값 차이				528				
'교육형태'가 "온라인교육"인 '하반기'의 합계				3,845				

제목: 금년도 교육수료 현황

≪처리조건≫

▶ 1행의 행 높이를 '78'로 설정하고, 2행~15행의 행 높이를 '18'로 설정하시오.

▶ 제목("금년도 교육수료 현황") : 기본 도형의 '평행 사변형'을 이용하여 입력하시오.
  - 도형 : 위치([B1:H1]), 도형 스타일(테마 스타일 – 보통 효과 – '파랑, 강조 1')
  - 글꼴 : 궁서체, 30pt, 기울임꼴
  - 도형 서식 : 도형 옵션 – 크기 및 속성(텍스트 상자(세로 맞춤 : 정가운데, 텍스트 방향 : 가로))

▶ 셀 서식을 아래 조건에 맞게 작성하시오.
  - [A2:I15] : 테두리(안쪽, 윤곽선 모두 실선, '검정, 텍스트 1'), 전체 가운데 맞춤
  - [A13:D13], [A14:D14], [A15:D15] : 각각 병합하고 가운데 맞춤
  - [A2:I2], [A13:D15] : 채우기 색('파랑, 강조 5, 60% 더 밝게'), 글꼴(굵게)
  - [D3:G12], [E13:G15] : 셀 서식의 표시 형식-숫자를 이용하여 1000단위 구분 기호 표시
  - [A3:A12] : 셀 서식의 표시 형식-사용자 지정을 이용하여 @"과정" 추가
  - [H3:H12] : 셀 서식의 표시 형식-사용자 지정을 이용하여 #"등" 추가
  - 조건부 서식[A3:I12] : '하반기'가 1100 이상인 경우 레코드 전체에 글꼴(파랑, 굵은 기울임꼴) 적용
  - 지시사항이 없는 경우는 주어진 문제 파일의 서식을 그대로 사용하시오.

▶ ① 금년도 순위[H3:H12] : '금년도 합'을 기준으로 큰 순으로 순위를 구하시오. (RANK.EQ 함수)
▶ ② 비고[I3:I12] : '전년도 합'이 1500 이하이면 "전년부진", 그렇지 않으면 공백으로 구하시오. (IF 함수)
▶ ③ 순위[E13:G13] : '상반기' 중, 세 번째로 큰 값을 구하시오. (LARGE 함수)
▶ ④ 최대값-최소값[E14:G14] : '전년도 합'의 최대값-최소값의 차이를 구하시오. (MAX, MIN 함수)
▶ ⑤ 합계[E15:G15] : '교육형태'가 "온라인교육"인 '하반기'의 합계를 구하시오. (DSUM 함수)

[문제 2] "부분합" 시트를 참조하여 다음 ≪처리조건≫에 맞도록 작업하시오. (30점)

≪출력형태≫

	A	B	C	D	E	F	G
1							
2	과정구분	교육명	교육형태	상반기	하반기	금년도 합	전년도 합
3	기본과정	물품관리기초	혼합교육	896	1,040	1,936	1,814
4	실무과정	수출무역실무	혼합교육	675	988	1,663	1,625
5	심화과정	온라인마케팅	혼합교육	506	1,190	1,696	1,865
6			혼합교육 요약	2,077	3,218	5,295	5,304
7			혼합교육 최대값	896	1,190	1,936	
8	실무과정	마케팅전략	집합교육	507	1,012	1,519	1,790
9	심화과정	물품관리심화	집합교육	869	534	1,403	1,411
10	심화과정	데이터분석	집합교육	679	1,151	1,830	1,547
11			집합교육 요약	2,055	2,697	4,752	4,748
12			집합교육 최대값	869	1,151	1,830	
13	기본과정	마케팅스킬	온라인교육	998	560	1,558	1,369
14	실무과정	유통품질관리	온라인교육	864	1,128	1,992	1,715
15	기본과정	수출무역기초	온라인교육	583	960	1,543	1,897
16	실무과정	일반행정	온라인교육	516	1,197	1,713	1,483
17			온라인교육 요약	2,961	3,845	6,806	6,464
18			온라인교육 최대값	998	1,197	1,992	
19			총합계	7,093	9,760	16,853	16,516
20			전체 최대값	998	1,197	1,992	

≪처리조건≫

▶ 데이터를 '교육형태' 기준으로 내림차순 정렬하시오.

▶ 아래 조건에 맞는 부분합을 작성하시오.
- '교육형태'로 그룹화 하여 '상반기', '하반기', '금년도 합'의 최대값을 구하는 부분합을 만드시오.
- '교육형태'로 그룹화 하여 '상반기', '하반기', '금년도 합', '전년도 합'의 합계를 구하는 부분합을 만드시오.
  (새로운 값으로 대치하지 말 것)
- [D3:G20] 영역에 셀 서식의 표시 형식-숫자를 이용하여 1000단위 구분 기호를 표시하시오.

▶ D~E열을 선택하여 그룹을 설정하시오.

▶ 최대값과 합계의 부분합 순서는 ≪출력형태≫와 다를 수 있음

▶ 지시사항이 없는 경우는 기본 값을 적용하시오.

디지털정보활용능력-스프레드시트[엑셀] (시험시간 : 40분)

[문제 3] "필터"와 "시나리오" 시트를 참조하여 다음 ≪처리조건≫에 맞도록 작업하시오. (60점)

(1) 필터

≪출력형태 - 필터≫

	A	B	C	D	E	F	G
1							
2	과정구분	교육명	교육형태	상반기	하반기	금년도 합	전년도 합
3	기본과정	마케팅스킬	온라인교육	998	560	1,558	1,369
4	실무과정	마케팅전략	집합교육	507	1,012	1,519	1,790
5	실무과정	유통품질관리	온라인교육	864	1,128	1,992	1,715
6	기본과정	물품관리기초	혼합교육	896	1,040	1,936	1,814
7	심화과정	물품관리심화	집합교육	869	534	1,403	1,411
8	기본과정	수출무역기초	온라인교육	583	960	1,543	1,897
9	실무과정	수출무역실무	혼합교육	675	988	1,663	1,625
10	심화과정	데이터분석	집합교육	679	1,151	1,830	1,547
11	실무과정	일반행정	온라인교육	516	1,197	1,713	1,483
12	심화과정	온라인마케팅	혼합교육	506	1,190	1,696	1,865
13							
14	조건						
15	TRUE						
16							
17							
18	교육명	교육형태	상반기	하반기			
19	마케팅스킬	온라인교육	998	560			
20	유통품질관리	온라인교육	864	1,128			
21	물품관리기초	혼합교육	896	1,040			
22	수출무역기초	온라인교육	583	960			

≪처리조건≫

▶ "필터" 시트의 [A2:G12]를 아래 조건에 맞게 고급 필터를 사용하여 작성하시오.
   - '과정구분'이 "기본과정"이거나 '금년도 합'이 1900 이상인 데이터를 '교육명', '교육형태', '상반기', '하반기'의 데이터만 필터링 하시오.
   - 조건 위치 : 조건 함수는 [A15] 한 셀에 작성(OR 함수 이용)
   - 결과 위치 : [A18]부터 출력

▶ 지시사항이 없는 경우는 ≪출력형태 - 필터≫와 동일하게 작성하시오.

(2) **시나리오**

≪출력형태 - 시나리오≫

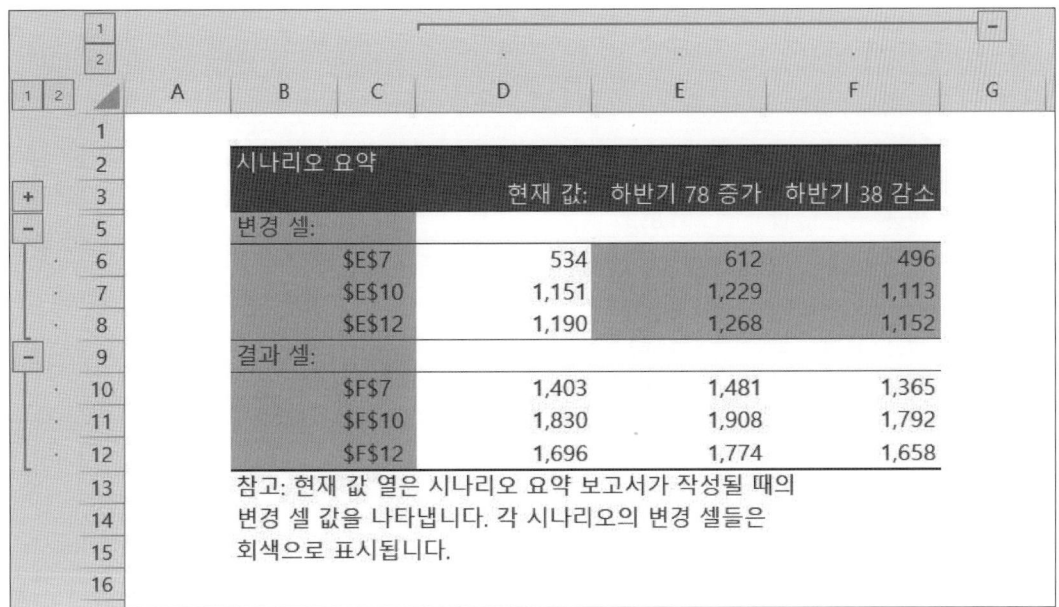

≪처리조건≫

▶ "시나리오" 시트의 [A2:G12]를 이용하여 '과정구분'이 "심화과정"인 경우, '하반기'가 변동할 때 '금년도 합'이 변동하는 가상 분석(시나리오)을 작성하시오.
 - 시나리오1 : 시나리오 이름은 "하반기 78 증가", '하반기'에 78을 증가시킨 값 설정.
 - 시나리오2 : 시나리오 이름은 "하반기 38 감소", '하반기'에 38을 감소시킨 값 설정.
 - "시나리오 요약" 시트를 작성하시오.

▶ 지시사항이 없는 경우는 ≪출력형태 - 시나리오≫와 동일하게 작성하시오.

디지털정보활용능력-스프레드시트[엑셀] (시험시간 : 40분)

[문제 4] "피벗테이블" 시트를 참조하여 다음 ≪처리조건≫에 맞도록 작업하시오. (30점)

≪출력형태≫

	A	B	C	D	E
1					
2					
3	교육형태	값	과정구분		총합계
4			실무과정	심화과정	
5	온라인교육	평균 : 금년도 합	1,853	**	1,853
6		평균 : 전년도 합	1,599	**	1,599
7	집합교육	평균 : 금년도 합	1,519	1,617	1,584
8		평균 : 전년도 합	1,790	1,479	1,583
9	혼합교육	평균 : 금년도 합	1,663	1,696	1,680
10		평균 : 전년도 합	1,625	1,865	1,745

≪처리조건≫

▶ "피벗테이블" 시트의 [A2:G12]를 이용하여 새로운 시트에 ≪출력형태≫와 같이 피벗 테이블을 작성 후 시트명을 "피벗테이블 정답"으로 수정하시오.

▶ 교육형태(행)와 과정구분(열)을 기준으로 하여 출력형태와 같이 구하시오.
- '금년도 합', '전년도 합'의 평균을 구하시오.
- 피벗 테이블 옵션을 이용하여 레이블이 있는 셀 병합 및 가운데 맞춤하고 빈 셀을 "**"로 표시한 후, 열의 총합계를 감추기 하시오.
- 피벗 테이블 디자인에서 보고서 레이아웃은 '테이블 형식으로 표시', 피벗 테이블 스타일은 '피벗 스타일 보통 13'으로 표시하시오.
- 과정구분(열)은 "실무과정", "심화과정"만 출력되도록 표시하시오.
- [C5:E10] 데이터는 셀 서식의 표시 형식-숫자를 이용하여 1000단위 구분 기호를 표시하고, 가운데 맞춤하시오.

▶ 교육형태의 순서는 ≪출력형태≫와 다를 수 있음

▶ 지시사항이 없는 경우는 ≪출력형태≫와 동일하게 작성하시오.

[문제 5] "차트" 시트를 참조하여 다음 ≪처리조건≫에 맞도록 작업하시오. (30점)

≪출력형태≫

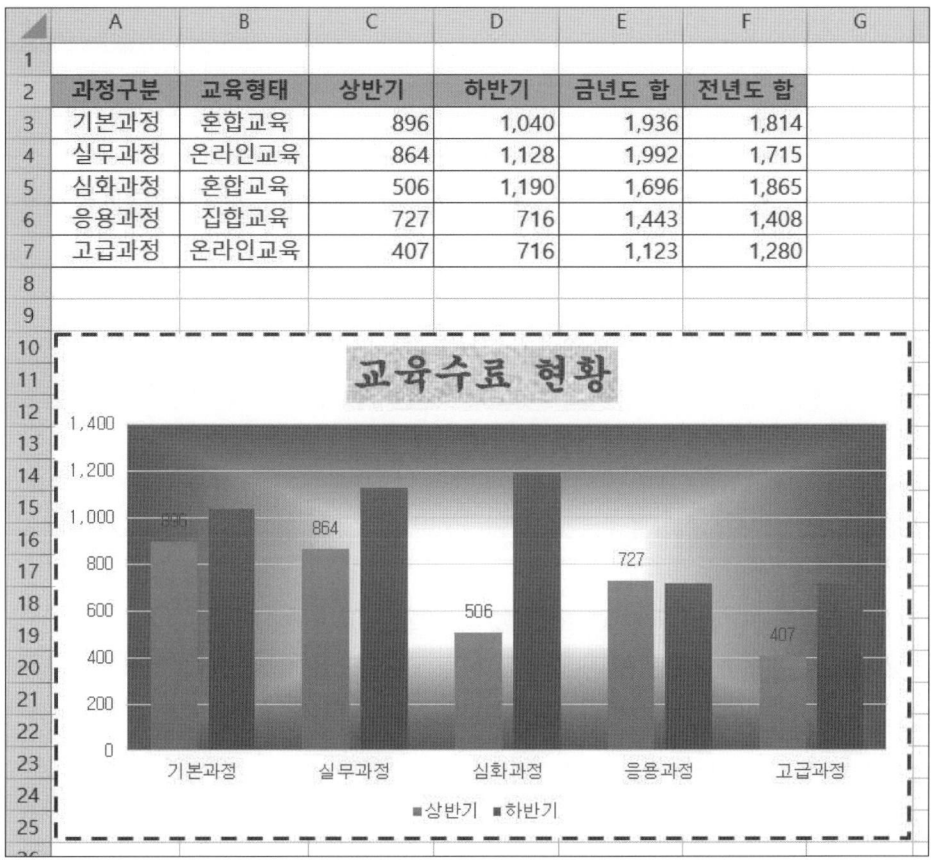

≪처리조건≫

▶ "차트" 시트에 주어진 표를 이용하여 '묶은 세로 막대형' 차트를 작성하시오.
  - 데이터 범위 : 현재 시트 [A2:A7], [C2:D7]의 데이터를 이용하여 작성하고, 행/열 전환은 '열'로 지정
  - 차트 제목("교육수료 현황")
  - 범례 위치 : 아래쪽
  - 차트 스타일 : 색 변경(색상형 - 색 4, 스타일 6)
  - 차트 위치 : 현재 시트에 [A10:G25] 크기에 정확하게 맞추시오.
  - 차트 영역 서식 : 글꼴(돋움체, 9pt), 테두리 색(실선, 색 : 진한 파랑), 테두리 스타일(너비 : 1.75pt,
                  겹선 종류 : 단순형, 대시 종류 : 파선)
  - 차트 제목 서식 : 글꼴(궁서체, 20pt, 굵게), 채우기(그림 또는 질감 채우기, 질감 : 파랑 박엽지)
  - 그림 영역 서식 : 채우기(그라데이션 채우기, 그라데이션 미리 설정 : 위쪽 스포트라이트 강조 5, 종류 : 사각형,
                  방향 : 가운데에서)
  - 데이터 레이블 추가 : '상반기' 계열에 "값" 표시

▶ 지시사항이 없는 경우는 ≪출력형태≫와 동일하게 작성하시오.

디지털정보활용능력 최신유형 기출문제

- ☑ 시험과목 : 스프레드시트(엑셀)
- ☑ 시험일자 : 20XX. XX. XX. (X)
- ☑ 응시자 기재사항 및 감독위원 확인

MS Office 2016 버전용

수 검 번 호	DIS - XXXX -	감독위원 확인
성 명		

응시자 유의사항

1. 응시자는 신분증을 지참하여야 시험에 응시할 수 있으며, 시험이 종료될 때까지 신분증을 제시하지 못 할 경우 해당 시험은 0점 처리됩니다.
2. 시스템(PC작동여부, 네트워크 상태 등)의 이상여부를 반드시 확인하여야 하며, 시스템 이상이 있을시 감독위원에게 조치를 받으셔야 합니다.
3. 시험 중 부주의 또는 고의로 시스템을 파손한 경우는 응시자 부담으로 합니다.
4. 답안 전송 프로그램을 통해 다운로드 받은 파일을 이용하여 답안 파일을 작성하시기 바랍니다.
5. 작성한 답안 파일은 답안 전송 프로그램을 통하여 전송됩니다. 감독위원의 지시에 따라 주시기 바랍니다.
6. 다음 사항의 경우 실격(0점) 혹은 부정행위 처리됩니다.
    1) 답안 파일을 저장하지 않았거나, 저장한 파일이 손상되었을 경우
    2) 답안 파일을 지정된 폴더(바탕화면 – "KAIT" 폴더)에 저장하지 않았을 경우
        ※ 답안 전송 프로그램 로그인 시 바탕화면에 자동 생성됨
    3) 답안 파일을 다른 보조 기억장치(USB) 혹은 네트워크(메신저, 게시판 등)로 전송할 경우
    4) 휴대용 전화기 등 통신기기를 사용할 경우
7. 시험지에 제시된 글꼴이 응시 프로그램에 없는 경우, 반드시 감독위원에게 해당 내용을 통보한 뒤 조치를 받아야 합니다.
8. 시험의 완료는 작성이 완료된 답안을 저장하고, 답안 전송이 완료된 상태를 확인한 것으로 합니다. 답안 전송 확인 후 문제지는 감독위원에게 제출한 후 퇴실하여야 합니다.
9. 답안 전송이 완료된 경우에는 수정 또는 정정이 불가능합니다.
10. 시험 시행 후 결과는 홈페이지(www.ihd.or.kr)에서 확인하시기 바랍니다.
    1) 문제 및 정답 공개 : 20XX. XX. XX.(X)
    2) 합격자 발표 : 20XX. XX. XX.(X)

디지털정보활용능력 – 스프레드시트[엑셀] (시험시간 : 40분)

[문제 1] "마을기업매출현황" 시트를 참조하여 다음 ≪처리조건≫에 맞도록 작업하시오. (50점)

≪출력형태≫

	A	B	C	D	E	F	G	H	I
1				마을기업 매출 현황					
2	지역명	기업유형	주생산품	10월	11월	12월	4사분기	순위	비고
3	포항시	일반식품	돌문어, 대게	5,130	6,820	6,940	18,890원	2등	
4	전주시	전통식품	막걸리술빵	4,310	6,230	4,800	15,340원	7등	10월부진
5	동해시	공예품	액세서리 제조	4,070	6,990	4,200	15,260원	8등	10월부진
6	포항시	전통식품	볶음통깨	6,360	5,310	5,360	17,030원	5등	
7	동해시	공예품	퀼트, 수공예	4,100	6,830	5,460	16,390원	6등	10월부진
8	전주시	전통식품	청국장, 두부	5,180	5,500	6,700	17,380원	4등	
9	포항시	일반식품	감자, 옥수수	6,080	6,930	6,340	19,350원	1등	
10	전주시	일반식품	농산물	4,810	4,100	6,280	15,130원	10등	10월부진
11	동해시	전통식품	도라지 가공	6,170	5,100	6,800	18,090원	3등	
12	전주시	공예품	염색공예품	6,410	4,210	4,590	15,210원	9등	
13	'기업유형'이 "일반식품"인 '4사분기'의 합계				53,370원				
14	'11월'의 최대값-최소값 차이				2,890원				
15	'12월' 중 두 번째로 큰 값				6,800원				

≪처리조건≫

▶ 1행의 행 높이를 '78'로 설정하고, 2행~15행의 행 높이를 '18'로 설정하시오.

▶ 제목("마을기업 매출 현황") : 기본 도형의 '배지'를 이용하여 입력하시오.
 – 도형 : 위치([B1:H1]), 도형 스타일(테마 스타일 – 보통 효과 – '녹색, 강조 6')
 – 글꼴 : 궁서체, 30pt, 기울임꼴
 – 도형 서식 : 도형 옵션 – 크기 및 속성(텍스트 상자(세로 맞춤 : 정가운데, 텍스트 방향 : 가로))

▶ 셀 서식을 아래 조건에 맞게 작성하시오.
 – [A2:I15] : 테두리(안쪽, 윤곽선 모두 실선, '검정, 텍스트 1'), 전체 가운데 맞춤
 – [A13:D13], [A14:D14], [A15:D15] : 각각 병합하고 가운데 맞춤
 – [A2:I2], [A13:D15] : 채우기 색('녹색, 강조 6, 60% 더 밝게'), 글꼴(굵게)
 – [D3:F12] : 셀 서식의 표시 형식–숫자를 이용하여 1000단위 구분 기호 표시
 – [G3:G12], [E13:G15] : 셀 서식의 표시 형식–사용자 지정을 이용하여 #,##0"원" 추가
 – [H3:H12] : 셀 서식의 표시 형식–사용자 지정을 이용하여 #"등" 추가
 – 조건부 서식[A3:I12] : '12월'이 6000 이상인 경우 레코드 전체에 글꼴(녹색, 굵은 기울임꼴) 적용
 – 지시사항이 없는 경우는 주어진 문제 파일의 서식을 그대로 사용하시오.

▶ ① 순위[H3:H12] : '4사분기'를 기준으로 큰 순으로 순위를 구하시오. **(RANK.EQ 함수)**
▶ ② 비고[I3:I12] : '10월'이 5000 이하이면 "10월부진", 그렇지 않으면 공백으로 구하시오. **(IF 함수)**
▶ ③ 합계[E13:G13] : '기업유형'이 "일반식품"인 '4사분기'의 합계를 구하시오. **(DSUM 함수)**
▶ ④ 최대값-최소값[E14:G14] : '11월'의 최대값-최소값의 차이를 구하시오. **(MAX, MIN 함수)**
▶ ⑤ 순위[E15:G15] : '12월' 중, 두 번째로 큰 값을 구하시오. **(LARGE 함수)**

[문제 2] "부분합" 시트를 참조하여 다음 ≪처리조건≫에 맞도록 작업하시오. (30점)

≪출력형태≫

	A	B	C	D	E	F	G
1							
2	지역명	기업유형	주생산품	10월	11월	12월	4사분기
3	동해시	공예품	액세서리 제조	4,070	6,990	4,200	15,260
4	동해시	공예품	퀼트, 수공예	4,100	6,830	5,460	16,390
5	전주시	공예품	염색공예품	6,410	4,210	4,590	15,210
6		공예품 최소값		4,070	4,210	4,200	
7		공예품 평균		4,860	6,010	4,750	15,620
8	포항시	일반식품	돌문어, 대게	5,130	6,820	6,940	18,890
9	포항시	일반식품	감자, 옥수수	6,080	6,930	6,340	19,350
10	전주시	일반식품	농산물	4,810	4,100	6,280	15,130
11		일반식품 최소값		4,810	4,100	6,280	
12		일반식품 평균		5,340	5,950	6,520	17,790
13	전주시	전통식품	막걸리술빵	4,310	6,230	4,800	15,340
14	포항시	전통식품	볶음통깨	6,360	5,310	5,360	17,030
15	전주시	전통식품	청국장, 두부	5,180	5,500	6,700	17,380
16	동해시	전통식품	도라기 가공	6,170	5,100	6,800	18,090
17		전통식품 최소값		4,310	5,100	4,800	
18		전통식품 평균		5,505	5,535	5,915	16,960
19		전체 최소값		4,070	4,100	4,200	
20		전체 평균		5,262	5,802	5,747	16,807

≪처리조건≫

▶ 데이터를 '기업유형' 기준으로 오름차순 정렬하시오.

▶ 아래 조건에 맞는 부분합을 작성하시오.
　- '기업유형'으로 그룹화 하여 '10월', '11월', '12월', '4사분기'의 평균을 구하는 부분합을 만드시오.
　- '기업유형'으로 그룹화 하여 '10월', '11월', '12월'의 최소값을 구하는 부분합을 만드시오.
　　(새로운 값으로 대치하지 말 것)
　- [D3:G20] 영역에 셀 서식의 표시 형식-숫자를 이용하여 1000단위 구분 기호를 표시하시오.

▶ D~F열을 선택하여 그룹을 설정하시오.

▶ 평균과 최소값의 부분합 순서는 ≪출력형태≫와 다를 수 있음

▶ 지시사항이 없는 경우는 기본 값을 적용하시오.

[문제 3] "필터"와 "시나리오" 시트를 참조하여 다음 ≪처리조건≫에 맞도록 작업하시오. (60점)

(1) 필터

≪출력형태 - 필터≫

	A	B	C	D	E	F	G
1							
2	지역명	기업유형	주생산품	10월	11월	12월	4사분기
3	포항시	일반식품	돌문어, 대게	5,130	6,820	6,940	18,890
4	전주시	전통식품	막걸리술빵	4,310	6,230	4,800	15,340
5	동해시	공예품	액세서리 제조	4,070	6,990	4,200	15,260
6	포항시	전통식품	볶음통깨	6,360	5,310	5,360	17,030
7	동해시	공예품	퀼트, 수공예	4,100	6,830	5,460	16,390
8	전주시	전통식품	청국장, 두부	5,180	5,500	6,700	17,380
9	포항시	일반식품	감자, 옥수수	6,080	6,930	6,340	19,350
10	전주시	일반식품	농산물	4,810	4,100	6,280	15,130
11	동해시	전통식품	도라기 가공	6,170	5,100	6,800	18,090
12	전주시	공예품	염색공예품	6,410	4,210	4,590	15,210
13							
14	조건						
15	FALSE						
16							
17							
18	지역명	주생산품	10월	11월	12월		
19	포항시	볶음통깨	6,360	5,310	5,360		
20	전주시	청국장, 두부	5,180	5,500	6,700		
21	동해시	도라기 가공	6,170	5,100	6,800		

≪처리조건≫

▶ "필터" 시트의 [A2:G12]를 아래 조건에 맞게 고급 필터를 사용하여 작성하시오.
  - '기업유형'이 "전통식품"이고 '4사분기'가 17000 이상인 데이터를 '지역명', '주생산품', '10월', '11월', '12월'의 데이터만 필터링 하시오.
  - 조건 위치 : 조건 함수는 [A15] 한 셀에 작성(AND 함수 이용)
  - 결과 위치 : [A18]부터 출력

▶ 지시사항이 없는 경우는 ≪출력형태 - 필터≫와 동일하게 작성하시오.

(2) 시나리오

≪출력형태 - 시나리오≫

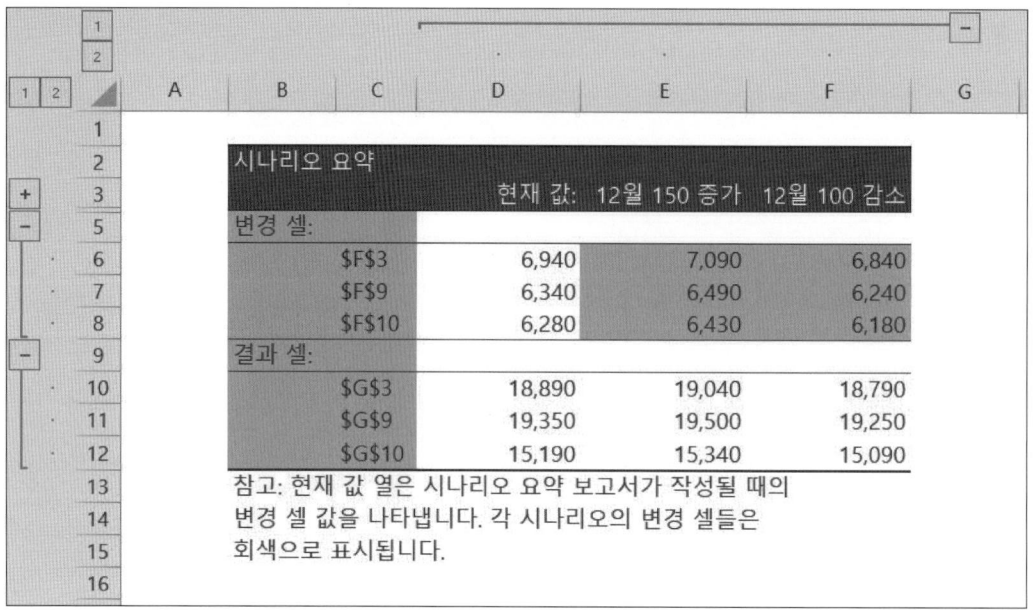

≪처리조건≫

▶ "시나리오" 시트의 [A2:G12]를 이용하여 '기업유형'이 "일반식품"인 경우, '12월'이 변동할 때 '4사분기'가 변동하는 가상 분석(시나리오)을 작성하시오.
　- 시나리오1 : 시나리오 이름은 "12월 150 증가", '12월'에 150을 증가시킨 값 설정.
　- 시나리오2 : 시나리오 이름은 "12월 100 감소", '12월'에 100을 감소시킨 값 설정.
　- "시나리오 요약" 시트를 작성하시오.

▶ 지시사항이 없는 경우는 ≪출력형태 - 시나리오≫와 동일하게 작성하시오.

[문제 4] "피벗테이블" 시트를 참조하여 다음 ≪처리조건≫에 맞도록 작업하시오. (30점)

≪출력형태≫

기업유형	값	지역명 동해시	전주시	포항시
일반식품	최소값 : 11월	****	4,100	6,820
	최소값 : 12월	****	6,280	6,340
전통식품	최소값 : 11월	5,100	5,500	5,310
	최소값 : 12월	6,800	4,800	5,360
전체 최소값 : 11월		5,100	4,100	5,310
전체 최소값 : 12월		6,800	4,800	5,360

≪처리조건≫

▶ "피벗테이블" 시트의 [A2:G12]를 이용하여 새로운 시트에 ≪출력형태≫와 같이 피벗 테이블을 작성 후 시트명을 "피벗테이블 정답"으로 수정하시오.

▶ 기업유형(행)과 지역명(열)을 기준으로 하여 출력형태와 같이 구하시오.
 - '11월', '12월'의 최소값을 구하시오.
 - 피벗 테이블 옵션을 이용하여 레이블이 있는 셀 병합 및 가운데 맞춤하고 빈 셀을 "****"로 표시한 후, 행의 총합계를 감추기 하시오.
 - 피벗 테이블 디자인에서 보고서 레이아웃은 '테이블 형식으로 표시', 피벗 테이블 스타일은 '피벗 스타일 보통 14'로 표시하시오.
 - 기업유형(행)은 "일반식품", "전통식품"만 출력되도록 표시하시오.
 - [C5:E10] 데이터는 셀 서식의 표시 형식-숫자를 이용하여 1000단위 구분 기호를 표시하고, 가운데 맞춤하시오.

▶ 기업유형의 순서는 ≪출력형태≫와 다를 수 있음

▶ 지시사항이 없는 경우는 ≪출력형태≫와 동일하게 작성하시오.

[문제 5] "차트" 시트를 참조하여 다음 ≪처리조건≫에 맞도록 작업하시오. (30점)

≪출력형태≫

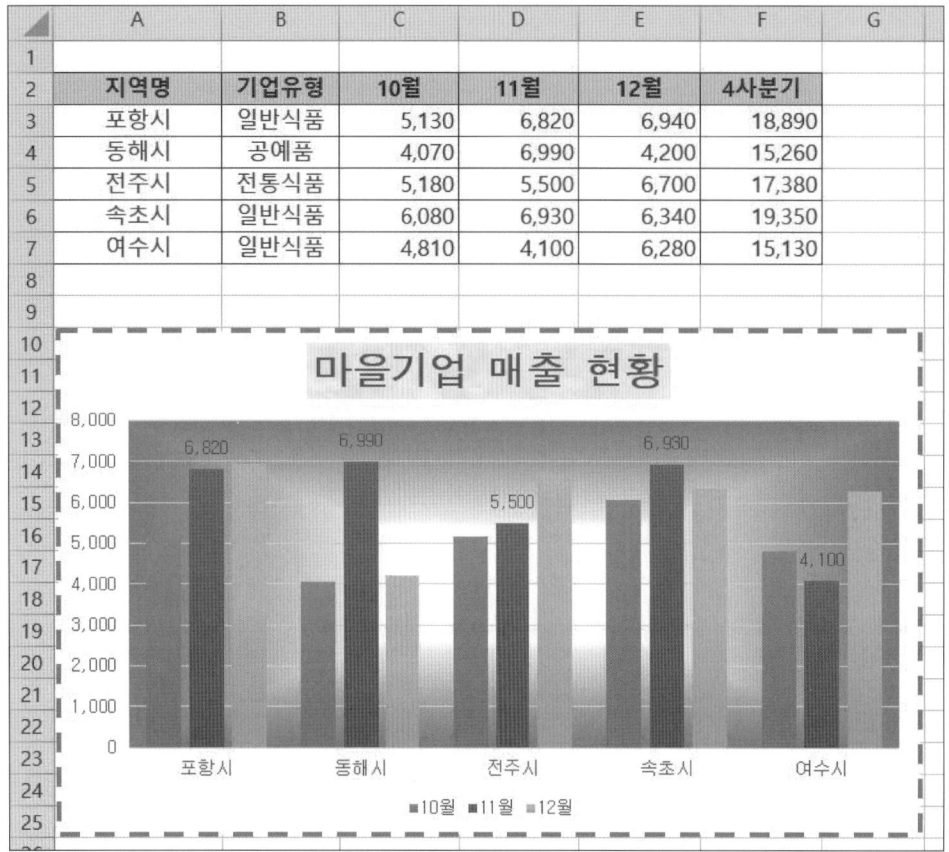

≪처리조건≫

▶ "차트" 시트에 주어진 표를 이용하여 '묶은 세로 막대형' 차트를 작성하시오.
- 데이터 범위 : 현재 시트 [A2:A7], [C2:E7]의 데이터를 이용하여 작성하고, 행/열 전환은 '열'로 지정
- 차트 제목("마을기업 매출 현황")
- 범례 위치 : 아래쪽
- 차트 스타일 : 색 변경(색상형 – 색 4, 스타일 6)
- 차트 위치 : 현재 시트에 [A10:G25] 크기에 정확하게 맞추시오.
- 차트 영역 서식 : 글꼴(굴림체, 9pt), 테두리 색(실선, 색 : 녹색), 테두리 스타일(너비 : 2.5pt,
  겹선 종류 : 단순형, 대시 종류 : 파선)
- 차트 제목 서식 : 글꼴(돋움체, 20pt, 굵게), 채우기(그림 또는 질감 채우기, 질감 : 양피지)
- 그림 영역 서식 : 채우기(그라데이션 채우기, 그라데이션 미리 설정 : 위쪽 스포트라이트 강조 6, 종류 : 사각형,
  방향 : 가운데에서)
- 데이터 레이블 추가 : '11월' 계열에 "값" 표시

▶ 지시사항이 없는 경우는 ≪출력형태≫와 동일하게 작성하시오.

제08회 디지털정보활용능력 최신유형 기출문제

- ☑ 시험과목 : 스프레드시트(엑셀)
- ☑ 시험일자 : 20XX. XX. XX. (X)
- ☑ 응시자 기재사항 및 감독위원 확인

MS Office 2016 버전용

수 검 번 호	DIS - XXXX -	감독위원 확인
성 명		

응시자 유의사항

1. 응시자는 신분증을 지참하여야 시험에 응시할 수 있으며, 시험이 종료될 때까지 신분증을 제시하지 못 할 경우 해당 시험은 0점 처리됩니다.
2. 시스템(PC작동여부, 네트워크 상태 등)의 이상여부를 반드시 확인하여야 하며, 시스템 이상이 있을시 감독위원에게 조치를 받으셔야 합니다.
3. 시험 중 부주의 또는 고의로 시스템을 파손한 경우는 응시자 부담으로 합니다.
4. 답안 전송 프로그램을 통해 다운로드 받은 파일을 이용하여 답안 파일을 작성하시기 바랍니다.
5. 작성한 답안 파일은 답안 전송 프로그램을 통하여 전송됩니다. 감독위원의 지시에 따라 주시기 바랍니다.
6. 다음 사항의 경우 실격(0점) 혹은 부정행위 처리됩니다.
    1) 답안 파일을 저장하지 않았거나, 저장한 파일이 손상되었을 경우
    2) 답안 파일을 지정된 폴더(바탕화면 – "KAIT" 폴더)에 저장하지 않았을 경우
        ※ 답안 전송 프로그램 로그인 시 바탕화면에 자동 생성됨
    3) 답안 파일을 다른 보조 기억장치(USB) 혹은 네트워크(메신저, 게시판 등)로 전송할 경우
    4) 휴대용 전화기 등 통신기기를 사용할 경우
7. 시험지에 제시된 글꼴이 응시 프로그램에 없는 경우, 반드시 감독위원에게 해당 내용을 통보한 뒤 조치를 받아야 합니다.
8. 시험의 완료는 작성이 완료된 답안을 저장하고, 답안 전송이 완료된 상태를 확인한 것으로 합니다. 답안 전송 확인 후 문제지는 감독위원에게 제출한 후 퇴실하여야 합니다.
9. 답안 전송이 완료된 경우에는 수정 또는 정정이 불가능합니다.
10. 시험 시행 후 결과는 홈페이지(www.ihd.or.kr)에서 확인하시기 바랍니다.
    1) 문제 및 정답 공개 : 20XX. XX. XX.(X)
    2) 합격자 발표 : 20XX. XX. XX.(X)

디지털정보활용능력 – 스프레드시트[엑셀] (시험시간 : 40분)

[문제 1] "업체지원현황" 시트를 참조하여 다음 ≪처리조건≫에 맞도록 작업하시오. (50점)

≪출력형태≫

	A	B	C	D	E	F	G	H	I
1				최근 3년 업체지원 현황					
2	업체명	지원지역	기술분류	2018년	2019년	2020년	계	순위	비고
3	삼심전자	수원시	전기전자	662원	647원	353원	1,662원	3	2020년 부진
4	누리안기계	안양시	기계재료	638원	624원	415원	1,677원	2	
5	커넥트통신	수원시	정보통신	471원	650원	660원	1,781원	1	
6	수연전자	남양주시	전기전자	364원	334원	535원	1,233원	10	
7	로그인통신	안양시	정보통신	307원	631원	500원	1,438원	7	
8	소유기계	남양주시	기계재료	337원	453원	646원	1,436원	8	
9	티앤씨정보	수원시	정보통신	416원	600원	540원	1,556원	5	
10	효인전기	안양시	전기전자	576원	336원	381원	1,293원	9	2020년 부진
11	양주기계	남양주시	기계재료	639원	345원	503원	1,487원	6	
12	하이텔전기	수원시	전기전자	610원	603원	354원	1,567원	4	2020년 부진
13	'2018년' 중 세 번째로 작은 값				364				
14	'기술분류'가 "전기전자"인 '2020년'의 합계				1,623				
15	'계'의 최대값-최소값 차이				548				

≪처리조건≫

▶ 1행의 행 높이를 '80'으로 설정하고, 2행~15행의 행 높이를 '18'로 설정하시오.

▶ 제목("최근 3년 업체지원 현황") : 순서도의 '순서도: 문서'를 이용하여 입력하시오.
 – 도형 : 위치([B1:H1]), 도형 스타일(테마 스타일 – 보통 효과 – '녹색, 강조 6')
 – 글꼴 : 궁서체, 28pt, 기울임꼴
 – 도형 서식 : 도형 옵션 – 크기 및 속성(텍스트 상자(세로 맞춤 : 정가운데, 텍스트 방향 : 가로))

▶ 셀 서식을 아래 조건에 맞게 작성하시오.
 – [A2:I15] : 테두리(안쪽, 윤곽선 모두 실선, '검정, 텍스트 1'), 전체 가운데 맞춤
 – [A13:D13], [A14:D14], [A15:D15] : 각각 병합하고 가운데 맞춤
 – [A2:I2], [A13:D15] : 채우기 색('녹색, 강조 6, 80% 더 밝게'), 글꼴(굵게)
 – [B3:B12] : 셀 서식의 표시 형식-사용자 지정을 이용하여 @"시" 추가
 – [D3:G12] : 셀 서식의 표시 형식-사용자 지정을 이용하여 #,##0"원" 추가
 – [E13:G15] : 셀 서식의 표시 형식-숫자를 이용하여 1000단위 구분 기호 표시
 – 조건부 서식[A3:I12] : '2019년'이 500 이하인 경우 레코드 전체에 글꼴(녹색, 굵게) 적용
 – 지시사항이 없는 경우는 주어진 문제 파일의 서식을 그대로 사용하시오.

▶ ① 순위[H3:H12] : '계'를 기준으로 큰 순으로 순위를 구하시오. **(RANK.EQ 함수)**
▶ ② 비고[I3:I12] : '2020년'이 400 이하이면 "2020년 부진", 그렇지 않으면 공백으로 구하시오. **(IF 함수)**
▶ ③ 순위[E13:G13] : '2018년' 중, 세 번째로 작은 값을 구하시오. **(SMALL 함수)**
▶ ④ 합계[E14:G14] : '기술분류'가 "전기전자"인 '2020년'의 합계를 구하시오. **(DSUM 함수)**
▶ ⑤ 최대값-최소값[E15:G15] : '계'의 최대값-최소값의 차이를 구하시오. **(MAX, MIN 함수)**

[문제 2] "부분합" 시트를 참조하여 다음 ≪처리조건≫에 맞도록 작업하시오. (30점)

≪출력형태≫

	업체명	지원지역	기술분류	2018년	2019년	2020년	계
3	누리안기계	안양시	기계재료	638	624	415	1,677
4	로그인통신	안양시	정보통신	307	631	500	1,438
5	효인전기	안양시	전기전자	576	336	381	1,293
6		안양시 평균		507	530	432	1,469
7		안양시 최대값		638	631	500	
8	삼심전자	수원시	전기전자	662	647	353	1,662
9	커넥트통신	수원시	정보통신	471	650	660	1,781
10	티앤씨정보	수원시	정보통신	416	600	540	1,556
11	하이텔전기	수원시	전기전자	610	603	354	1,567
12		수원시 평균		540	625	477	1,642
13		수원시 최대값		662	650	660	
14	수연전자	남양주시	전기전자	364	334	535	1,233
15	소유기계	남양주시	기계재료	337	453	646	1,436
16	양주기계	남양주시	기계재료	639	345	503	1,487
17		남양주시 평균		447	377	561	1,385
18		남양주시 최대값		639	453	646	
19		전체 평균		502	522	489	1,513
20		전체 최대값		662	650	660	

≪처리조건≫

▶ 데이터를 '지원지역' 기준으로 내림차순 정렬하시오.

▶ 아래 조건에 맞는 부분합을 작성하시오.
  – '지원지역'으로 그룹화 하여 '2018년', '2019년', '2020년'의 최대값을 구하는 부분합을 만드시오.
  – '지원지역'으로 그룹화 하여 '2018년', '2019년', '2020년', '계'의 평균을 구하는 부분합을 만드시오.
    (새로운 값으로 대치하지 말 것)
  – [D3:G20] 영역에 셀 서식의 표시 형식-숫자를 이용하여 1000단위 구분 기호를 표시하시오.

▶ D~F열을 선택하여 그룹을 설정하시오.

▶ 최대값과 평균의 부분합 순서는 ≪출력형태≫와 다를 수 있음

▶ 지시사항이 없는 경우는 기본 값을 적용하시오.

디지털정보활용능력-스프레드시트[엑셀] (시험시간 : 40분)

[문제 3] "필터"와 "시나리오" 시트를 참조하여 다음 ≪처리조건≫에 맞도록 작업하시오. (60점)

(1) 필터

≪출력형태 - 필터≫

	A	B	C	D	E	F	G
1							
2	업체명	지원지역	기술분류	2018년	2019년	2020년	계
3	삼심전자	수원시	전기전자	662	647	353	1,662
4	누리안기계	안양시	기계재료	638	624	415	1,677
5	커넥트통신	수원시	정보통신	471	650	660	1,781
6	수연전자	남양주시	전기전자	364	334	535	1,233
7	로그인통신	안양시	정보통신	307	631	500	1,438
8	소유기계	남양주시	기계재료	337	453	646	1,436
9	티앤씨정보	수원시	정보통신	416	600	540	1,556
10	효인전기	안양시	전기전자	576	336	381	1,293
11	양주기계	남양주시	기계재료	639	345	503	1,487
12	하이텔전기	수원시	전기전자	610	603	354	1,567
13							
14	조건						
15	FALSE						
16							
17							
18	업체명	2018년	2019년	2020년			
19	누리안기계	638	624	415			
20	커넥트통신	471	650	660			
21	소유기계	337	453	646			
22	양주기계	639	345	503			

≪처리조건≫

▶ "필터" 시트의 [A2:G12]를 아래 조건에 맞게 고급 필터를 사용하여 작성하시오.
- '기술분류'가 "기계재료"이거나 '계'가 1700 이상인 데이터를 '업체명', '2018년', '2019년', '2020년'의 데이터만 필터링 하시오.
- 조건 위치 : 조건 함수는 [A15] 한 셀에 작성(OR 함수 이용)
- 결과 위치 : [A18]부터 출력

▶ 지시사항이 없는 경우는 ≪출력형태 - 필터≫와 동일하게 작성하시오.

디지털정보활용능력-스프레드시트[엑셀] (시험시간 : 40분)

(2) **시나리오**

 ≪출력형태 - 시나리오≫

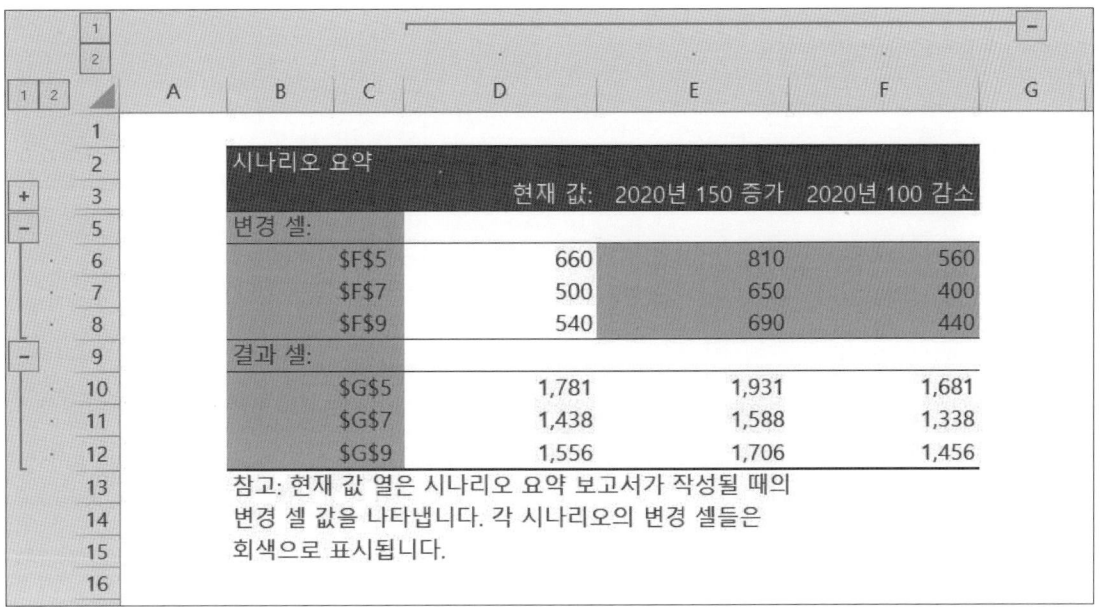

≪처리조건≫

▶ "시나리오" 시트의 [A2:G12]를 이용하여 '기술분류'가 "정보통신"인 경우, '2020년'이 변동할 때 '계'가 변동하는 가상 분석(시나리오)을 작성하시오.
- 시나리오1 : 시나리오 이름은 "2020년 150 증가", '2020년'에 150을 증가시킨 값 설정.
- 시나리오2 : 시나리오 이름은 "2020년 100 감소", '2020년'에 100을 감소시킨 값 설정.
- "시나리오 요약" 시트를 작성하시오.

▶ 지시사항이 없는 경우는 ≪출력형태 - 시나리오≫와 동일하게 작성하시오.

[문제 4] "피벗테이블" 시트를 참조하여 다음 ≪처리조건≫에 맞도록 작업하시오. (30점)

≪출력형태≫

기술분류	값	지원지역 수원시	안양시
기계재료	평균 : 2019년	*	624
	평균 : 2020년	*	415
전기전자	평균 : 2019년	625	336
	평균 : 2020년	354	381
정보통신	평균 : 2019년	625	631
	평균 : 2020년	600	500
전체 평균 : 2019년		625	530
전체 평균 : 2020년		477	432

≪처리조건≫

▶ "피벗테이블" 시트의 [A2:G12]를 이용하여 새로운 시트에 ≪출력형태≫와 같이 피벗 테이블을 작성 후 시트명을 "피벗테이블 정답"으로 수정하시오.

▶ 기술분류(행)와 지원지역(열)을 기준으로 하여 출력형태와 같이 구하시오.
  - '2019년', '2020년'의 평균을 구하시오.
  - 피벗 테이블 옵션을 이용하여 레이블이 있는 셀 병합 및 가운데 맞춤하고 빈 셀을 "*"로 표시한 후, 행의 총합계를 감추기 하시오.
  - 피벗 테이블 디자인에서 보고서 레이아웃은 '테이블 형식으로 표시', 피벗 테이블 스타일은 '피벗 스타일 어둡게 7'로 표시하시오.
  - 지원지역(열)은 "수원시", "안양시"만 출력되도록 표시하시오.
  - [C5:D12] 데이터는 셀 서식의 표시 형식-숫자를 이용하여 1000단위 구분 기호를 표시하고, 가운데 맞춤하시오.

▶ 기술분류의 순서는 ≪출력형태≫와 다를 수 있음

▶ 지시사항이 없는 경우는 ≪출력형태≫와 동일하게 작성하시오.

[문제 5] "차트" 시트를 참조하여 다음 ≪처리조건≫에 맞도록 작업하시오. (30점)

≪출력형태≫

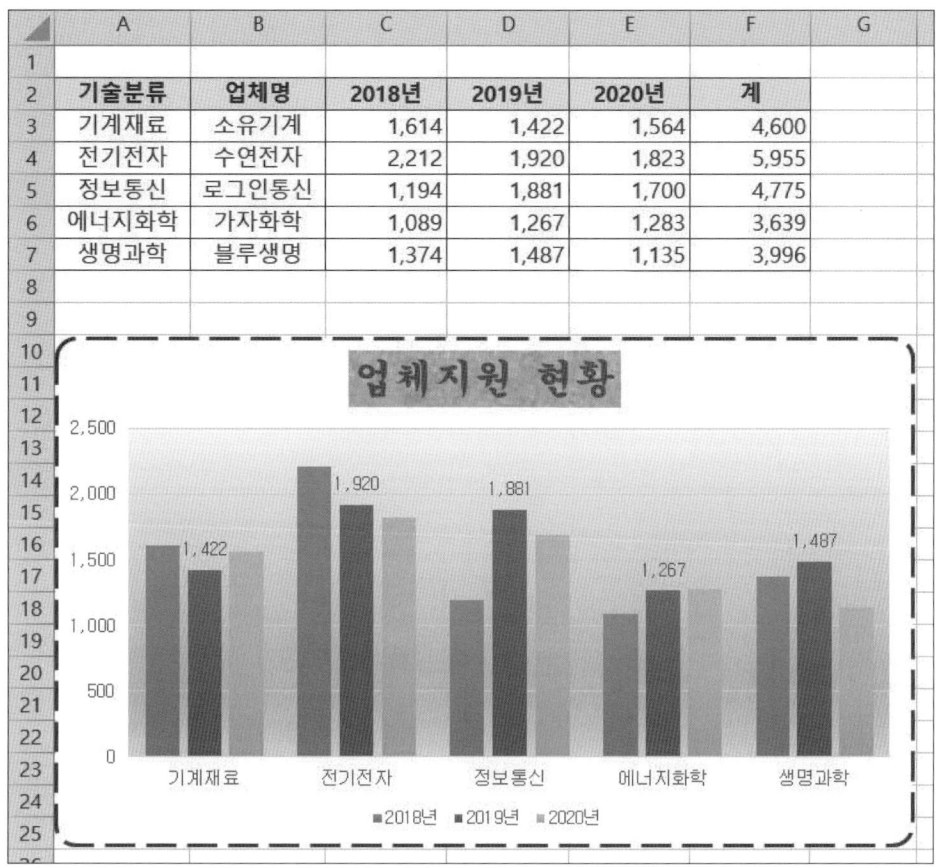

≪처리조건≫

▶ "차트" 시트에 주어진 표를 이용하여 '묶은 세로 막대형' 차트를 작성하시오.
  - 데이터 범위 : 현재 시트 [A2:A7], [C2:E7]의 데이터를 이용하여 작성하고, 행/열 전환은 '열'로 지정
  - 차트 제목("업체지원 현황")
  - 범례 위치 : 아래쪽
  - 차트 스타일 : 색 변경(색상형 - 색 4, 스타일 6)
  - 차트 위치 : 현재 시트에 [A10:G25] 크기에 정확하게 맞추시오.
  - 차트 영역 서식 : 글꼴(굴림체, 9pt), 테두리 색(실선, 색 : 진한 파랑), 테두리 스타일(너비 : 2pt,
                겹선 종류 : 단순형, 대시 종류 : 긴 파선, 둥근 모서리)
  - 차트 제목 서식 : 글꼴(궁서체, 20pt, 굵게), 채우기(그림 또는 질감 채우기, 질감 : 분홍 박엽지)
  - 그림 영역 서식 : 채우기(그라데이션 채우기, 그라데이션 미리 설정 : 밝은 그라데이션 - 강조 6, 종류 : 선형,
                방향 : 선형 아래쪽)
  - 데이터 레이블 추가 : '2019년' 계열에 "값" 표시

▶ 지시사항이 없는 경우는 ≪출력형태≫와 동일하게 작성하시오.

MEMO

MEMO

| 디지털정보활용능력 | 스프레드시트(엑셀) | (시험시간 : 40분) |

【문제 4】 "피벗테이블" 시트를 참조하여 다음 ≪처리조건≫에 맞도록 작업하시오. **(30점)**

≪출력형태≫

	A	B	C	D	E
1					
2					
3			구분 ▼		
4	교육대상 ▼	값	기후변화	지속가능발전	환경보건
5	고등학교	최대값 : 계획인원	3,480	*****	4,470
6		최대값 : 실적인원	3,210	*****	4,020
7	중학교	최대값 : 계획인원	*****	2,580	4,200
8		최대값 : 실적인원	*****	4,200	4,800
9	전체 최대값 : 계획인원		3,480	2,580	4,470
10	전체 최대값 : 실적인원		3,210	4,200	4,800

≪처리조건≫

▶ "피벗테이블" 시트의 [A2:G12]를 이용하여 새로운 시트에 ≪출력형태≫와 같이 피벗 테이블을 작성 후 시트명을 "피벗테이블 정답"으로 수정하시오.

▶ 교육대상(행)과 구분(열)을 기준으로 하여 출력형태와 같이 구하시오.
- '계획인원', '실적인원'의 최대값을 구하시오.
- 피벗 테이블 옵션을 이용하여 레이블이 있는 셀 병합 및 가운데 맞춤하고 빈 셀을 "*****"로 표시 한 후, 행의 총합계를 감추기 하시오.
- 피벗 테이블 디자인에서 보고서 레이아웃은 '테이블 형식으로 표시', 피벗 테이블 스타일은 '피벗 스타일 어둡게 5'로 표시하시오.
- 교육대상(행)은 "고등학교", "중학교"만 출력되도록 표시하시오.
- [C5:E10] 데이터는 셀 서식의 표시 형식-숫자를 이용하여 1000단위 구분 기호를 표시하고, 가운데 맞춤하시오.

▶ 교육대상의 순서는 ≪출력형태≫와 다를 수 있음

▶ 지시사항이 없는 경우는 ≪출력형태≫와 동일하게 작성하시오.

디지털정보활용능력 | 스프레드시트(엑셀) (시험시간 : 40분)

(2) 시나리오

≪출력형태 - 시나리오≫

	현재 값:	실적횟수 15 증가	실적횟수 10 감소
시나리오 요약			
변경 셀:			
$F$3	160	175	150
$F$7	140	155	130
$F$10	60	75	50
결과 셀:			
$G$3	4,800	5,250	4,500
$G$7	4,200	4,650	3,900
$G$10	1,800	2,250	1,500

참고: 현재 값 열은 시나리오 요약 보고서가 작성될 때의 변경 셀 값을 나타냅니다. 각 시나리오의 변경 셀들은 회색으로 표시됩니다.

≪처리조건≫

▶ "시나리오" 시트의 [A2:G12]를 이용하여 '교육대상'이 "중학교"인 경우, '실적횟수'가 변동할 때 '실적인원'이 변동하는 가상 분석(시나리오)을 작성하시오.
 - 시나리오1 : 시나리오 이름은 "실적횟수 15 증가", '실적횟수'에 15를 증가시킨 값 설정.
 - 시나리오2 : 시나리오 이름은 "실적횟수 10 감소", '실적횟수'에 10을 감소시킨 값 설정.
 - "시나리오 요약" 시트를 작성하시오.

▶ 지시사항이 없는 경우는 ≪출력형태 - 시나리오≫와 동일하게 작성하시오.

디지털정보활용능력 스프레드시트(엑셀) — (시험시간 : 40분)

【문제 3】 "필터"와 "시나리오" 시트를 참조하여 다음 ≪처리조건≫에 맞도록 작업하시오. **(60점)**

(1) 필터

≪출력형태 – 필터≫

	A	B	C	D	E	F	G
1							
2	교육대상	교육명	구분	계획횟수	계획인원	실적횟수	실적인원
3	중학교	미세먼지 예방	환경보건	140	4,200	160	4,800
4	초등학교	위기의 지구	기후변화	72	2,160	50	1,500
5	초등학교	환경안전교육	환경보건	113	3,390	117	3,510
6	고등학교	탄소중립	기후변화	116	3,480	44	1,320
7	중학교	소비와 생산	지속가능발전	75	2,250	140	4,200
8	초등학교	지구온난화	기후변화	123	3,690	93	2,790
9	고등학교	적정기술	환경보건	149	4,470	134	4,020
10	중학교	생물의 다양성	지속가능발전	86	2,580	60	1,800
11	초등학교	자연자원	지속가능발전	125	3,750	108	3,240
12	고등학교	신재생에너지	기후변화	73	2,190	107	3,210
13							
14	조건						
15	FALSE						
16							
17							
18	교육대상	교육명	계획인원	실적인원			
19	초등학교	위기의 지구	2,160	1,500			
20	초등학교	지구온난화	3,690	2,790			
21	고등학교	신재생에너지	2,190	3,210			

≪처리조건≫

▶ "필터" 시트의 [A2:G12]를 아래 조건에 맞게 고급 필터를 사용하여 작성하시오.
- '구분'이 "기후변화"이고 '실적인원'이 1500 이상인 데이터를 '교육대상', '교육명', '계획인원', '실적인원'의 데이터만 필터링 하시오.
- 조건 위치 : 조건 함수는 [A15] 한 셀에 작성(AND 함수 이용)
- 결과 위치 : [A18]부터 출력

▶ 지시사항이 없는 경우는 ≪출력형태 - 필터≫와 동일하게 작성하시오.

디지털정보활용능력 　스프레드시트(엑셀)　　　　　　　　　　　　　　　(시험시간 : 40분)

【문제 2】 "부분합" 시트를 참조하여 다음 ≪처리조건≫에 맞도록 작업하시오. (30점)

≪출력형태≫

	A	B	C	D	E	F	G
2	교육대상	교육명	구분	계획횟수	계획인원	실적횟수	실적인원
3	초등학교	위기의 지구	기후변화	72	2,160	50	1,500
4	고등학교	탄소중립	기후변화	116	3,480	44	1,320
5	초등학교	지구온난화	기후변화	123	3,690	93	2,790
6	고등학교	신재생에너지	기후변화	73	2,190	107	3,210
7			기후변화 평균		2,880	74	2,205
8			기후변화 최대값		3,690		3,210
9	중학교	소비와 생산	지속가능발전	75	2,250	140	4,200
10	중학교	생물의 다양성	지속가능발전	86	2,580	60	1,800
11	초등학교	자연자원	지속가능발전	125	3,750	108	3,240
12			지속가능발전 평균		2,860	103	3,080
13			지속가능발전 최대값		3,750		4,200
14	중학교	미세먼지 예방	환경보건	140	4,200	160	4,800
15	초등학교	환경안전교육	환경보건	113	3,390	117	3,510
16	고등학교	적정기술	환경보건	149	4,470	134	4,020
17			환경보건 평균		4,020	137	4,110
18			환경보건 최대값		4,470		4,800
19			전체 평균		3,216	101	3,039
20			전체 최대값		4,470		4,800

≪처리조건≫

▶ 데이터를 '구분' 기준으로 오름차순 정렬하시오.

▶ 아래 조건에 맞는 부분합을 작성하시오.
  - '구분'으로 그룹화 하여 '계획인원', '실적인원'의 최대값을 구하는 부분합을 만드시오.
  - '구분'으로 그룹화 하여 '계획인원', '실적횟수', '실적인원'의 평균을 구하는 부분합을 만드시오. (새로운 값으로 대치하지 말 것)
  - [D3:G20] 영역에 셀 서식의 표시 형식-숫자를 이용하여 1000단위 구분 기호를 표시하시오.

▶ D~F열을 선택하여 그룹을 설정하시오.

▶ 최대값과 평균의 부분합 순서는 ≪출력형태≫와 다를 수 있음

▶ 지시사항이 없는 경우는 기본 값을 적용하시오.

academy *soft* Ⓢ

| 디지털정보활용능력 | 스프레드시트(엑셀) | (시험시간 : 40분) |

【문제 5】 "차트" 시트를 참조하여 다음 ≪처리조건≫에 맞도록 작업하시오. **(30점)**

≪출력형태≫

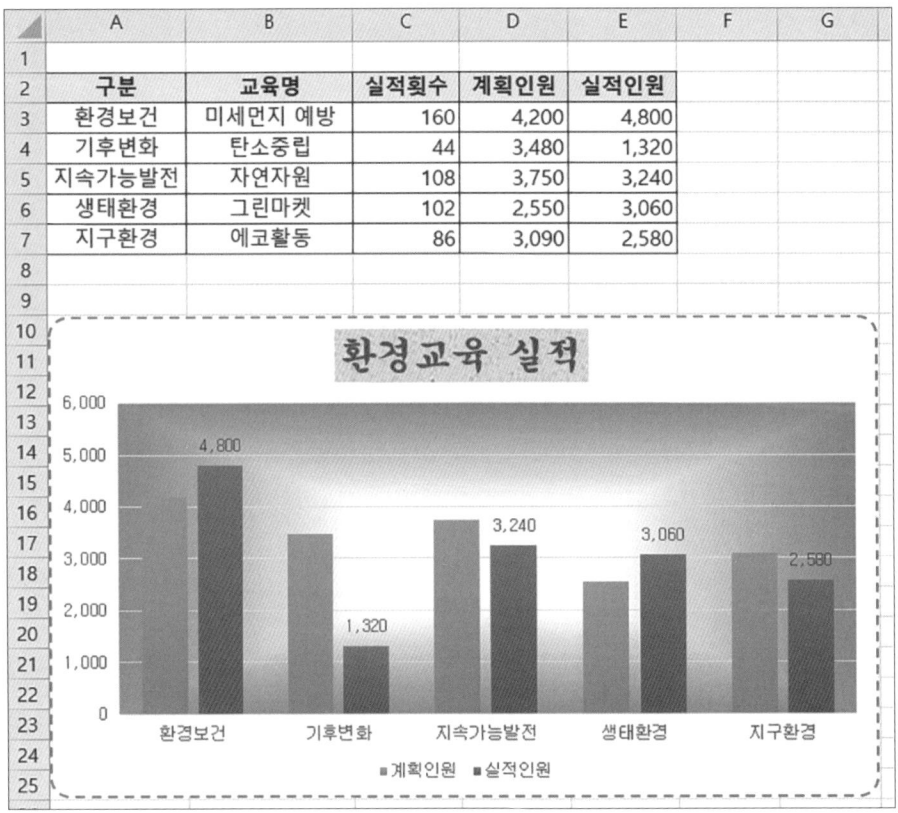

≪처리조건≫

▶ "차트" 시트에 주어진 표를 이용하여 '묶은 세로 막대형' 차트를 작성하시오.
- 데이터 범위 : 현재 시트 [A2:A7], [D2:E7]의 데이터를 이용하여 작성하고, 행/열 전환은 '열'로 지정
- 차트 제목("환경교육 실적")
- 범례 위치 : 아래쪽
- 차트 스타일 : 색 변경(색상형 - 색 4, 스타일 6)
- 차트 위치 : 현재 시트에 [A10:G25] 크기에 정확하게 맞추시오.
- 차트 영역 서식 : 글꼴(굴림체, 9pt), 테두리 색(실선, 색 : 빨강), 테두리 스타일(너비 : 1.5pt, 겹선 종류 : 단순형, 대시 종류 : 파선, 둥근 모서리)
- 차트 제목 서식 : 글꼴(궁서체, 20pt, 굵게), 채우기(그림 또는 질감 채우기, 질감 : 재생지)
- 그림 영역 서식 : 채우기(그라데이션 채우기, 그라데이션 미리 설정 : 위쪽 스포트라이트 강조 6, 종류 : 사각형, 방향 : 가운데에서)
- 데이터 레이블 추가 : '실적인원' 계열에 "값" 표시

▶ 지시사항이 없는 경우는 ≪출력형태≫와 동일하게 작성하시오.

디지털정보활용능력 **스프레드시트(엑셀)** ─────── **(시험시간 : 40분)**

【문제 1】 "환경교육실적"시트를 참조하여 다음 ≪처리조건≫에 맞도록 작업하시오. (50점)

≪출력형태≫

교육대상	교육명	구분	계획횟수	계획인원	실적횟수	실적인원	순위	비고
중학교	미세먼지 예방	환경보건	140	4,200명	160	4,800명	1위	계획많음
초등학교	위기의 지구	기후변화	72	2,160명	50	1,500명	9위	
초등학교	환경안전교육	환경보건	113	3,390명	117	3,510명	4위	
고등학교	탄소중립	기후변화	116	3,480명	44	1,320명	10위	
중학교	소비와 생산	지속가능발전	75	2,250명	140	4,200명	2위	
초등학교	지구온난화	기후변화	123	3,690명	93	2,790명	7위	계획많음
고등학교	적정기술	환경보건	149	4,470명	134	4,020명	3위	계획많음
중학교	생물의 다양성	지속가능발전	86	2,580명	60	1,800명	8위	
초등학교	자연자원	지속가능발전	125	3,750명	108	3,240명	5위	계획많음
고등학교	신재생에너지	기후변화	73	2,190명	107	3,210명	6위	
'계획인원'의 최대값-최소값 차이				2,310				
'구분'이 "환경보건"인 '실적인원'의 합계				12,330				
'실적횟수' 중 세 번째로 작은 값				60				

≪처리조건≫

▶ 1행의 행 높이를 '78'로 설정하고, 2행~15행의 행 높이를 '18'로 설정하시오.

▶ 제목("환경교육실적 현황") : 기본 도형의 '평행 사변형'을 이용하여 입력하시오.
  - 도형 : 위치([B1:H1]), 도형 스타일(테마 스타일 - 보통 효과 - '녹색, 강조 6')
  - 글꼴 : 궁서체, 32pt, 기울임꼴
  - 도형 서식 : 도형 옵션 - 크기 및 속성(텍스트 상자(세로 맞춤 : 정가운데, 텍스트 방향 : 가로)

▶ 셀 서식을 아래 조건에 맞게 작성하시오.
  - [A2:I15] : 테두리(안쪽, 윤곽선 모두 실선, '검정, 텍스트 1'), 전체 가운데 맞춤
  - [A13:D13], [A14:D14], [A15:D15] : 각각 병합하고 가운데 맞춤
  - [A2:I2], [A13:D15] : 채우기 색('황금색, 강조 4, 60% 더 밝게'), 글꼴(굵게)
  - [E3:E12], [G3:G12] : 셀 서식의 표시 형식-사용자 지정을 이용하여 #,##0"명" 추가
  - [E13:G15] : 셀 서식의 표시 형식-숫자를 이용하여 1000단위 구분 기호 표시
  - [H3:H12] : 셀 서식의 표시 형식-사용자 지정을 이용하여 #"위" 추가
  - 조건부 서식[A3:I12] : '실적횟수'가 70 이하인 경우 레코드 전체에 글꼴(녹색, 굵게) 적용
  - 지시사항이 없는 경우는 주어진 문제 파일의 서식을 그대로 사용하시오.

▶ ① 순위[H3:H12] : '실적인원'을 기준으로 큰 순으로 순위를 구하시오. (RANK.EQ 함수)

▶ ② 비고[I3:I12] : '계획횟수'가 120 이상이면 "계획많음", 그렇지 않으면 공백으로 구하시오. (IF 함수)

▶ ③ 최대값-최소값[E13:G13] : '계획인원'의 최대값-최소값의 차이를 구하시오. (MAX, MIN 함수)

▶ ④ 합계[E14:G14] : '구분'이 "환경보건"인 '실적인원'의 합계를 구하시오. (DSUM 함수)

▶ ⑤ 순위[E15:G15] : '실적횟수' 중 세 번째로 작은 값을 구하시오. (SMALL 함수)

MS Office 2016 버전용

디지털정보활용능력
(DIAT; Digital Information Ability Test)

- 시험과목 : 스프레드시트(엑셀)
- 시험일자 : 20XX. XX. XX.(X)
- 응시자 기재사항 및 감독위원 확인

수검번호	DIS - XXXX -	감독위원 확인
성 명		

응시자 유의사항

1. 응시자는 신분증을 지참하여야 시험에 응시할 수 있으며, 시험이 종료될 때까지 신분증을 제시하지 못 할 경우 해당 시험은 0점 처리됩니다.
2. 시스템(PC작동여부, 네트워크 상태 등)의 이상여부를 반드시 확인하여야 하며, 시스템 이상이 있을시 감독위원에게 조치를 받으셔야 합니다.
3. 시험 중 부주의 또는 고의로 시스템을 파손한 경우는 응시자 부담으로 합니다.
4. 답안 전송 프로그램을 통해 다운로드 받은 파일을 이용하여 답안 파일을 작성하시기 바랍니다.
5. 작성한 답안 파일은 답안 전송 프로그램을 통하여 전송됩니다. 감독위원의 지시에 따라 주시기 바랍니다.
6. 다음 사항의 경우 실격(0점) 혹은 부정행위 처리됩니다.
    1) 답안 파일을 저장하지 않았거나, 저장한 파일이 손상되었을 경우
    2) 답안 파일을 지정된 폴더(바탕화면 - "KAIT" 폴더)에 저장하지 않았을 경우
        ※ 답안 전송 프로그램 로그인 시 바탕화면에 자동 생성됨
    3) 답안 파일을 다른 보조 기억장치(USB) 혹은 네트워크(메신저, 게시판 등)로 전송할 경우
    4) 휴대용 전화기 등 통신기기를 사용할 경우
7. 시험지에 제시된 글꼴이 응시 프로그램에 없는 경우, 반드시 감독위원에게 해당 내용을 통보한 뒤 조치를 받아야 합니다.
8. 시험의 완료는 작성이 완료된 답안을 저장하고, 답안 전송이 완료된 상태를 확인한 것으로 합니다. 답안 전송 확인 후 문제지는 감독위원에게 제출한 후 퇴실하여야 합니다.
9. 답안 전송이 완료된 경우에는 수정 또는 정정이 불가능합니다.
10. 시험 시행 후 결과는 홈페이지(www.ihd.or.kr)에서 확인하시기 바랍니다.
    1) 문제 및 정답 공개 : 20XX. XX. XX.(X)
    2) 합격자 발표 : 20XX. XX. XX.(X)

디지털정보활용능력 **스프레드시트(엑셀)** ──────── **(시험시간 : 40분)**

【문제 2】 "부분합" 시트를 참조하여 다음 ≪처리조건≫에 맞도록 작업하시오. (30점)

≪출력형태≫

	A	B	C	D	E	F	G
2	대학구분	학과명	구분	전년도	상반기	하반기	금년도
3	사범대학	교육학과	졸업생	741	586	562	1,148
4	사범대학	영어교육과	학부생	815	583	552	1,135
5	사범대학	국어교육과	학부생	625	423	474	897
6	사범대학 요약			2,181	1,592	1,588	3,180
7	사범대학 평균			727			1,060
8	사회과학대학	심리학과	졸업생	867	564	393	957
9	사회과학대학	사회복지학과	대학원생	1,567	714	622	1,336
10	사회과학대학	사회학과	대학원생	582	706	576	1,282
11	사회과학대학	문헌정보학과	졸업생	836	421	526	947
12	사회과학대학 요약			3,852	2,405	2,117	4,522
13	사회과학대학 평균			963			1,131
14	인문대학	국어국문학과	학부생	1,561	517	741	1,258
15	인문대학	영어영문학과	대학원생	723	583	352	935
16	인문대학	역사학과	대학원생	1,603	690	540	1,230
17	인문대학 요약			3,887	1,790	1,633	3,423
18	인문대학 평균			1,296			1,141
19	총합계			9,920	5,787	5,338	11,125
20	전체 평균			992			1,113

≪처리조건≫

▶ 데이터를 '대학구분' 기준으로 오름차순 정렬하시오.

▶ 아래 조건에 맞는 부분합을 작성하시오.
  - '대학구분'으로 그룹화 하여 '전년도', '금년도'의 평균을 구하는 부분합을 만드시오.
  - '대학구분'으로 그룹화 하여 '전년도', '상반기', '하반기', '금년도'의 합계(요약)를 구하는 부분합을 만드시오. (새로운 값으로 대치하지 말 것)
  - [D3:G20] 영역에 셀 서식의 표시 형식-숫자를 이용하여 1000단위 구분 기호를 표시하시오.

▶ E~F열을 선택하여 그룹을 설정하시오.

▶ 평균과 합계의 부분합 순서는 ≪출력형태≫와 다를 수 있음

▶ 지시사항이 없는 경우는 기본 값을 적용하시오.

디지털정보활용능력 **스프레드시트(엑셀)** ・ **(시험시간 : 40분)**

【문제 3】 "필터"와 "시나리오" 시트를 참조하여 다음 ≪처리조건≫에 맞도록 작업하시오. (60점)

(1) 필터

≪출력형태 - 필터≫

	A	B	C	D	E	F	G
1							
2	대학구분	학과명	구분	전년도	상반기	하반기	금년도
3	인문대학	국어국문학과	학부생	1,561	517	741	1,258
4	사회과학대학	심리학과	졸업생	867	564	393	957
5	인문대학	영어영문학과	대학원생	723	583	352	935
6	사범대학	교육학과	졸업생	741	586	562	1,148
7	사회과학대학	사회복지학과	대학원생	1,567	714	622	1,336
8	사범대학	영어교육과	학부생	815	583	552	1,135
9	사회과학대학	사회학과	대학원생	582	706	576	1,282
10	사범대학	국어교육과	학부생	625	423	474	897
11	인문대학	역사학과	대학원생	1,603	690	540	1,230
12	사회과학대학	문헌정보학과	졸업생	836	421	526	947
13							
14	조건						
15	FALSE						
16							
17	학과명	구분	전년도	금년도			
18	사회복지학과	대학원생	1,567	1,336			
19	사회학과	대학원생	582	1,282			
20	문헌정보학과	졸업생	836	947			

≪처리조건≫

▶ "필터" 시트의 [A2:G12]를 아래 조건에 맞게 고급 필터를 사용하여 작성하시오.
  - '대학구분'이 "사회과학대학"이고 '하반기'가 500 이상인 데이터를 '학과명', '구분', '전년도', '금년도'의 데이터만 필터링 하시오.
  - 조건 위치 : 조건 함수는 [A15] 한 셀에 작성(AND 함수 이용)
  - 결과 위치 : [A17]부터 출력

▶ 지시사항이 없는 경우는 ≪출력형태 - 필터≫와 동일하게 작성하시오.

디지털정보활용능력 **스프레드시트(엑셀)** ― (시험시간 : 40분)

(2) 시나리오

≪출력형태 - 시나리오≫

	시나리오 요약			
		현재 값:	상반기 75 증가	상반기 87 감소
변경 셀:				
	$E$4	564	639	477
	$E$6	586	661	499
	$E$12	421	496	334
결과 셀:				
	$G$4	957	1,032	870
	$G$6	1,148	1,223	1,061
	$G$12	947	1,022	860
참고: 현재 값 열은 시나리오 요약 보고서가 작성될 때의 변경 셀 값을 나타냅니다. 각 시나리오의 변경 셀들은 회색으로 표시됩니다.				

≪처리조건≫

▶ "시나리오" 시트의 [A2:G12]를 이용하여 '구분'이 "졸업생"인 경우, '상반기'가 변동할 때 '금년도'가 변동하는 가상 분석(시나리오)을 작성하시오.
  - 시나리오1 : 시나리오 이름은 "상반기 75 증가", '상반기'에 75를 증가시킨 값 설정.
  - 시나리오2 : 시나리오 이름은 "상반기 87 감소", '상반기'에 87을 감소시킨 값 설정.
  - "시나리오 요약" 시트를 작성하시오.

▶ 지시사항이 없는 경우는 ≪출력형태 - 시나리오≫와 동일하게 작성하시오.

디지털정보활용능력 스프레드시트(엑셀) (시험시간 : 40분)

【문제 4】 "피벗테이블" 시트를 참조하여 다음 ≪처리조건≫에 맞도록 작업하시오. **(30점)**

≪출력형태≫

	A	B	C	D	E
1					
2					
3	구분	값	대학구분		
4			사범대학	사회과학대학	인문대학
5	대학원생	최대값 : 전년도	***	1,567	1,603
6		최대값 : 금년도	***	1,336	1,230
7	학부생	최대값 : 전년도	815	***	1,561
8		최대값 : 금년도	1,135	***	1,258
9	전체 최대값 : 전년도		815	1,567	1,603
10	전체 최대값 : 금년도		1,135	1,336	1,258

≪처리조건≫

▶ "피벗테이블" 시트의 [A2:G12]를 이용하여 새로운 시트에 ≪출력형태≫와 같이 피벗 테이블을 작성 후 시트명을 "피벗테이블 정답"으로 수정하시오.

▶ 구분(행)과 대학구분(열)을 기준으로 하여 출력형태와 같이 구하시오.
  - '전년도', '금년도'의 최대값을 구하시오.
  - 피벗 테이블 옵션을 이용하여 레이블이 있는 셀 병합 및 가운데 맞춤하고 빈 셀을 "***"로 표시한 후, 행의 총합계를 감추기 하시오.
  - 피벗 테이블 디자인에서 보고서 레이아웃은 '테이블 형식으로 표시', 피벗 테이블 스타일은 '피벗 스타일 어둡게 6'으로 표시하시오.
  - 구분(행)은 "대학원생", "학부생"만 출력되도록 표시하시오.
  - [C5:E10] 데이터는 셀 서식의 표시 형식-숫자를 이용하여 1000단위 구분 기호를 표시하고, 가운데 맞춤하시오.

▶ 구분의 순서는 ≪출력형태≫와 다를 수 있음

▶ 지시사항이 없는 경우는 ≪출력형태≫와 동일하게 작성하시오.

디지털정보활용능력 **스프레드시트(엑셀)** ────── **(시험시간 : 40분)**

【문제 4】 "피벗테이블" 시트를 참조하여 다음 ≪처리조건≫에 맞도록 작업하시오. **(30점)**

≪출력형태≫

	A	B	C	D	E
1					
2					
3			수입업체		
4	품목군	값	LC트레이드	경교상사	올인원무역
5	수산물	평균 : 수입총액	319,800	153,959	**
6		평균 : 전년도 수입총액	298,080	161,201	**
7	축산물	평균 : 수입총액	750,766	732,060	349,770
8		평균 : 전년도 수입총액	801,050	756,010	397,613
9	전체 평균 : 수입총액		535,283	346,659	349,770
10	전체 평균 : 전년도 수입총액		549,565	359,471	397,613

≪처리조건≫

▶ "피벗테이블" 시트의 [A2:G12]를 이용하여 새로운 시트에 ≪출력형태≫와 같이 피벗 테이블을 작성 후 시트명을 "피벗테이블 정답"으로 수정하시오.

▶ 품목군(행)과 수입업체(열)를 기준으로 하여 출력형태와 같이 구하시오.
  - '수입총액', '전년도 수입총액'의 평균을 구하시오.
  - 피벗 테이블 옵션을 이용하여 레이블이 있는 셀 병합 및 가운데 맞춤하고 빈 셀을 "**"로 표시한 후, 행의 총합계를 감추기 하시오.
  - 피벗 테이블 디자인에서 보고서 레이아웃은 '테이블 형식으로 표시', 피벗 테이블 스타일은 '피벗 스타일 어둡게 3'으로 표시하시오.
  - 품목군(행)은 "수산물", "축산물"만 출력되도록 표시하시오.
  - [C5:E10] 데이터는 셀 서식의 표시 형식-숫자를 이용하여 1000단위 구분 기호를 표시하고, 가운데 맞춤하시오.

▶ 품목군의 순서는 ≪출력형태≫와 다를 수 있음

▶ 지시사항이 없는 경우는 ≪출력형태≫와 동일하게 작성하시오.

(2) 시나리오

≪출력형태 - 시나리오≫

	시나리오 요약			
		현재 값:	수입액 148 증가	수입액 97 감소
변경 셀:				
	$E$4	3,486	3,634	3,389
	$E$6	2,670	2,818	2,573
	$E$10	859	1,007	762
결과 셀:				
	$F$4	732,060	763,140	711,690
	$F$6	349,770	369,158	337,063
	$F$10	750,766	880,118	665,988

참고: 현재 값 열은 시나리오 요약 보고서가 작성될 때의 변경 셀 값을 나타냅니다. 각 시나리오의 변경 셀들은 회색으로 표시됩니다.

≪처리조건≫

▶ "시나리오" 시트의 [A2:G12]를 이용하여 '품목군'이 "축산물"인 경우, '수입액'이 변동할 때 '수입총액'이 변동하는 가상 분석(시나리오)을 작성하시오.
　- 시나리오1 : 시나리오 이름은 "수입액 148 증가", '수입액'에 148을 증가시킨 값 설정.
　- 시나리오2 : 시나리오 이름은 "수입액 97 감소", '수입액'에 97을 감소시킨 값 설정.
　- "시나리오 요약" 시트를 작성하시오.

▶ 지시사항이 없는 경우는 ≪출력형태 - 시나리오≫와 동일하게 작성하시오.

디지털정보활용능력 스프레드시트(엑셀) (시험시간 : 40분)

【문제 3】 "필터"와 "시나리오" 시트를 참조하여 다음 ≪처리조건≫에 맞도록 작업하시오. **(60점)**

(1) 필터

≪출력형태 - 필터≫

	A	B	C	D	E	F	G
1							
2	품목군	수입업체	품목	건수(건)	수입액	수입총액	전년도 수입총액
3	가공식품	올인원무역	조미식품	291	1,520	442,320	398,308
4	축산물	경교상사	소고기	210	3,486	732,060	756,010
5	가공식품	LC트레이드	소스류	32	3,650	116,800	157,235
6	축산물	올인원무역	돼지고기	131	2,670	349,770	397,613
7	수산물	경교상사	해조류	69	1,003	69,207	65,308
8	가공식품	경교상사	과자, 빵류	152	207	31,464	29,840
9	수산물	경교상사	어류	109	2,190	238,710	257,094
10	축산물	LC트레이드	닭고기	874	859	750,766	801,050
11	가공식품	올인원무역	기타식품류	831	461	383,091	401,020
12	수산물	LC트레이드	갑각류	205	1,560	319,800	298,080
13							
14	조건						
15	FALSE						
16							
17							
18	수입업체	품목	건수(건)	수입총액			
19	경교상사	해조류	69	69,207			
20	경교상사	과자, 빵류	152	31,464			
21	경교상사	어류	109	238,710			
22	LC트레이드	갑각류	205	319,800			

≪처리조건≫

▶ "필터" 시트의 [A2:G12]를 아래 조건에 맞게 고급 필터를 사용하여 작성하시오.
  - '품목군'이 "수산물"이거나 '수입액'이 300 이하인 데이터를 '수입업체', '품목', '건수(건)', '수입총액'의 데이터만 필터링 하시오.
  - 조건 위치 : 조건 함수는 [A15] 한 셀에 작성(OR 함수 이용)
  - 결과 위치 : [A18]부터 출력

▶ 지시사항이 없는 경우는 ≪출력형태 - 필터≫와 동일하게 작성하시오.

【문제 2】 "부분합" 시트를 참조하여 다음 ≪처리조건≫에 맞도록 작업하시오. (30점)

≪출력형태≫

	A	B	C	D	E	F	G
2	품목군	수입업체	품목	건수(건)	수입액	수입총액	전년도 수입총액
3	가공식품	올인원무역	조미식품	291	1,520	442,320	398,308
4	축산물	올인원무역	돼지고기	131	2,670	349,770	397,613
5	가공식품	올인원무역	기타식품류	831	461	383,091	401,020
6		올인원무역 평균		418		391,727	398,980
7		올인원무역 최대값			2,670	442,320	401,020
8	축산물	경교상사	소고기	210	3,486	732,060	756,010
9	수산물	경교상사	해조류	69	1,003	69,207	65,308
10	가공식품	경교상사	과자, 빵류	152	207	31,464	29,840
11	수산물	경교상사	어류	109	2,190	238,710	257,094
12		경교상사 평균		135		267,860	277,063
13		경교상사 최대값			3,486	732,060	756,010
14	가공식품	LC트레이드	소스류	32	3,650	116,800	157,235
15	축산물	LC트레이드	닭고기	874	859	750,766	801,050
16	수산물	LC트레이드	갑각류	205	1,560	319,800	298,080
17		LC트레이드 평균		370		395,789	418,788
18		LC트레이드 최대값			3,650	750,766	801,050
19		전체 평균		290		343,399	356,156
20		전체 최대값			3,650	750,766	801,050

≪처리조건≫

▶ 데이터를 '수입업체' 기준으로 내림차순 정렬하시오.

▶ 아래 조건에 맞는 부분합을 작성하시오.
  - '수입업체'로 그룹화 하여 '수입액', '수입총액', '전년도 수입총액'의 최대값을 구하는 부분합을 만드시오.
  - '수입업체'로 그룹화 하여 '건수(건)', '수입총액', '전년도 수입총액'의 평균을 구하는 부분합을 만드시오. (새로운 값으로 대치하지 말 것)
  - [D3:G20] 영역에 셀 서식의 표시 형식-숫자를 이용하여 1000단위 구분 기호를 표시하시오.

▶ D~E열을 선택하여 그룹을 설정하시오.

▶ 최대값과 평균의 부분합 순서는 ≪출력형태≫와 다를 수 있음

▶ 지시사항이 없는 경우는 기본 값을 적용하시오.

academysoft Ⓢ

【문제 5】 "차트" 시트를 참조하여 다음 ≪처리조건≫에 맞도록 작업하시오. (30점)

≪출력형태≫

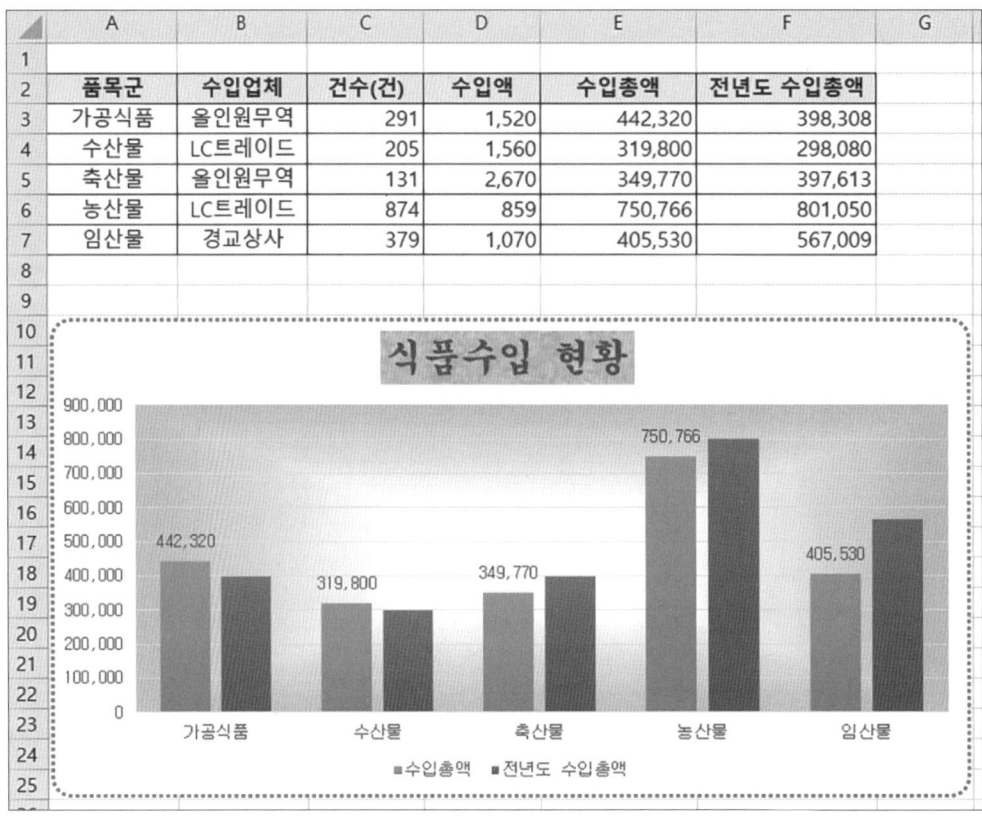

≪처리조건≫

▶ "차트" 시트에 주어진 표를 이용하여 '묶은 세로 막대형' 차트를 작성하시오.
- 데이터 범위 : 현재 시트 [A2:A7], [E2:F7]의 데이터를 이용하여 작성하고, 행/열 전환은 '열'로 지정
- 차트 제목("식품수입 현황")
- 범례 위치 : 아래쪽
- 차트 스타일 : 색 변경(색상형 - 색 4, 스타일 6)
- 차트 위치 : 현재 시트에 [A10:G25] 크기에 정확하게 맞추시오.
- 차트 영역 서식 : 글꼴(굴림체, 9pt), 테두리 색(실선, 색 : 빨강), 테두리 스타일(너비 : 2pt, 겹선 종류 : 단순형, 대시 종류 : 둥근 점선, 둥근 모서리)
- 차트 제목 서식 : 글꼴(궁서체, 20pt, 굵게), 채우기(그림 또는 질감 채우기, 질감 : 분홍 박엽지)
- 그림 영역 서식 : 채우기(그라데이션 채우기, 그라데이션 미리 설정 : 위쪽 스포트라이트 강조 4, 종류 : 사각형, 방향 : 가운데에서)
- 데이터 레이블 추가 : '수입총액' 계열에 "값" 표시

▶ 지시사항이 없는 경우는 ≪출력형태≫와 동일하게 작성하시오.

디지털정보활용능력 **스프레드시트(엑셀)** (시험시간 : 40분)

【문제 1】 "식품수입현황" 시트를 참조하여 다음 ≪처리조건≫에 맞도록 작업하시오. (50점)

≪출력형태≫

	A	B	C	D	E	F	G	H	I
1				업체별 식품 수입 현황					
2	품목군	수입업체	품목	건수(건)	수입액	수입총액	전년도 수입총액	순위	비고
3	가공식품	올인원무역	조미식품	291건	1,520	442,320	398,308	3	
4	축산물	경교상사	소고기	210건	3,486	732,060	756,010	2	
5	가공식품	LC트레이드	소스류	32건	3,650	116,800	157,235	8	소량수입
6	축산물	올인원무역	돼지고기	131건	2,670	349,770	397,613	5	
7	수산물	경교상사	해조류	69건	1,003	69,207	65,308	9	소량수입
8	가공식품	경교상사	과자, 빵류	152건	207	31,464	29,840	10	
9	수산물	경교상사	어류	109건	2,190	238,710	257,094	7	소량수입
10	축산물	LC트레이드	닭고기	874건	859	750,766	801,050	1	
11	가공식품	올인원무역	기타식품류	831건	461	383,091	401,020	4	
12	수산물	LC트레이드	갑각류	205건	1,560	319,800	298,080	6	
13	'품목군'이 "가공식품"인 '수입총액'의 평균					243,419원			
14	'수입총액'의 최대값-최소값 차이					719,302원			
15	'전년도 수입총액' 중 세 번째로 작은 값					157,235원			

≪처리조건≫

▶ 1행의 행 높이를 '78'로 설정하고, 2행~15행의 행 높이를 '18'로 설정하시오.

▶ 제목("업체별 식품 수입 현황") : 기본 도형의 '정육면체'를 이용하여 입력하시오.
  - 도형 : 위치([B1:H1]), 도형 스타일(테마 스타일 - 보통 효과 - '주황, 강조 2')
  - 글꼴 : 궁서체, 28pt, 기울임꼴
  - 도형 서식 : 도형 옵션 - 크기 및 속성(텍스트 상자(세로 맞춤 : 정가운데, 텍스트 방향 : 가로)

▶ 셀 서식을 아래 조건에 맞게 작성하시오.
  - [A2:I15] : 테두리(안쪽, 윤곽선 모두 실선, '검정, 텍스트 1'), 전체 가운데 맞춤
  - [A13:D13], [A14:D14], [A15:D15] : 각각 병합하고 가운데 맞춤
  - [A2:I2], [A13:D15] : 채우기 색('황금색, 강조 4, 60% 더 밝게'), 글꼴(굵게)
  - [D3:D12] : 셀 서식의 표시 형식-사용자 지정을 이용하여 #"건" 추가
  - [E3:G12] : 셀 서식의 표시 형식-숫자를 이용하여 1000단위 구분 기호 표시
  - [E13:G15] : 셀 서식의 표시 형식-사용자 지정을 이용하여 #,##0"원" 추가
  - 조건부 서식[A3:I12] : '수입액'이 2000 이상인 경우 레코드 전체에 글꼴(빨강, 굵은 기울임꼴) 적용
  - 지시사항이 없는 경우는 주어진 문제 파일의 서식을 그대로 사용하시오.

▶ ① 순위[H3:H12] : '수입총액'을 기준으로 큰 순으로 순위를 구하시오. (RANK.EQ 함수)

▶ ② 비고[I3:I12] : '건수(건)'이 110 이하이면 "소량수입", 그렇지 않으면 공백으로 구하시오. (IF 함수)

▶ ③ 평균[E13:G13] : '품목군'이 "가공식품"인 '수입총액'의 평균을 구하시오. (DAVERAGE 함수)

▶ ④ 최대값-최소값[E14:G14] : '수입총액'의 최대값-최소값의 차이를 구하시오. (MAX, MIN 함수)

▶ ⑤ 순위[E15:G15] : '전년도 수입총액' 중 세 번째로 작은 값을 구하시오. (SMALL 함수)

MS Office 2016 버전용

디지털정보활용능력
(DIAT; Digital Information Ability Test)

- **시험과목** : 스프레드시트(엑셀)
- **시험일자** : 20XX. XX. XX.(X)
- **응시자 기재사항 및 감독위원 확인**

수검번호	DIS - XXXX -	감독위원 확인
성 명		

응시자 유의사항

1. 응시자는 신분증을 지참하여야 시험에 응시할 수 있으며, 시험이 종료될 때까지 신분증을 제시하지 못 할 경우 해당 시험은 0점 처리됩니다.
2. 시스템(PC작동여부, 네트워크 상태 등)의 이상여부를 반드시 확인하여야 하며, 시스템 이상이 있을시 감독위원에게 조치를 받으셔야 합니다.
3. 시험 중 부주의 또는 고의로 시스템을 파손한 경우는 응시자 부담으로 합니다.
4. 답안 전송 프로그램을 통해 다운로드 받은 파일을 이용하여 답안 파일을 작성하시기 바랍니다.
5. 작성한 답안 파일은 답안 전송 프로그램을 통하여 전송됩니다. 감독위원의 지시에 따라 주시기 바랍니다.
6. 다음 사항의 경우 실격(0점) 혹은 부정행위 처리됩니다.
    1) 답안 파일을 저장하지 않았거나, 저장한 파일이 손상되었을 경우
    2) 답안 파일을 지정된 폴더(바탕화면 - "KAIT" 폴더)에 저장하지 않았을 경우
        ※ 답안 전송 프로그램 로그인 시 바탕화면에 자동 생성됨
    3) 답안 파일을 다른 보조 기억장치(USB) 혹은 네트워크(메신저, 게시판 등)로 전송할 경우
    4) 휴대용 전화기 등 통신기기를 사용할 경우
7. 시험지에 제시된 글꼴이 응시 프로그램에 없는 경우, 반드시 감독위원에게 해당 내용을 통보한 뒤 조치를 받아야 합니다.
8. 시험의 완료는 작성이 완료된 답안을 저장하고, 답안 전송이 완료된 상태를 확인한 것으로 합니다. 답안 전송 확인 후 문제지는 감독위원에게 제출한 후 퇴실하여야 합니다.
9. 답안 전송이 완료된 경우에는 수정 또는 정정이 불가능합니다.
10. 시험 시행 후 결과는 홈페이지(www.ihd.or.kr)에서 확인하시기 바랍니다.
    1) 문제 및 정답 공개 : 20XX. XX. XX.(X)
    2) 합격자 발표 : 20XX. XX. XX.(X)

academy*soft* Ⓢ

【문제 5】 "차트" 시트를 참조하여 다음 ≪처리조건≫에 맞도록 작업하시오. **(30점)**

≪출력형태≫

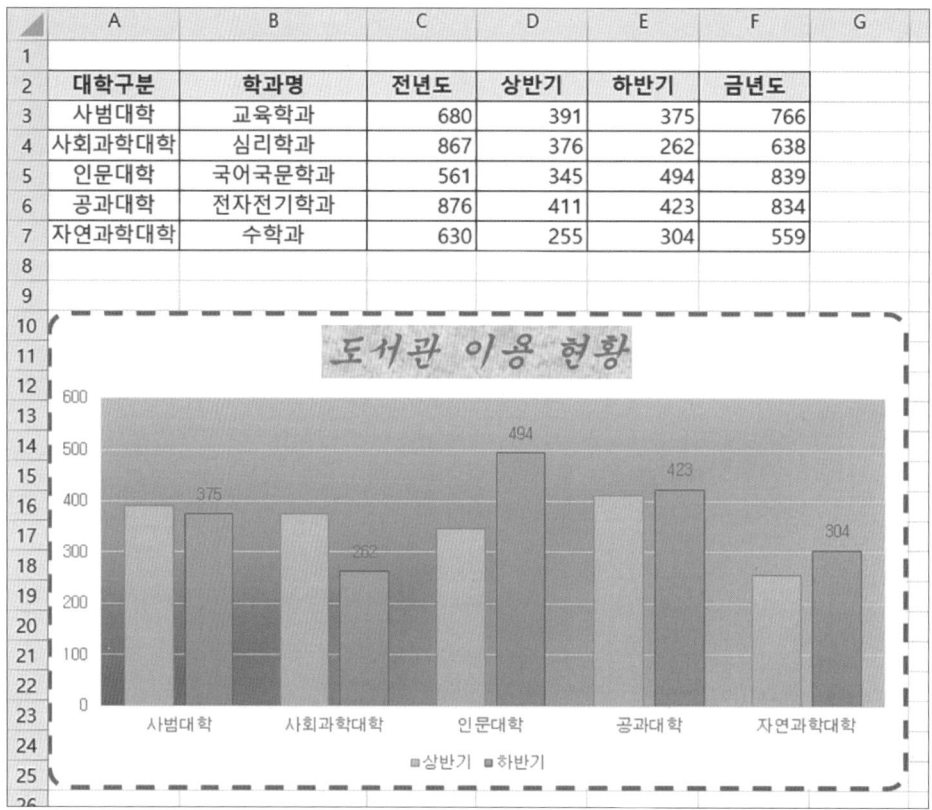

≪처리조건≫

▶ "차트" 시트에 주어진 표를 이용하여 '묶은 세로 막대형' 차트를 작성하시오.
  - 데이터 범위 : 현재 시트 [A2:A7], [D2:E7]의 데이터를 이용하여 작성하고, 행/열 전환은 '열'로 지정
  - 차트 제목("도서관 이용 현황")
  - 범례 위치 : 아래쪽
  - 차트 스타일 : 색 변경(색상형 - 색 4, 스타일 5)
  - 차트 위치 : 현재 시트에 [A10:G25] 크기에 정확하게 맞추시오.
  - 차트 영역 서식 : 글꼴(돋움체, 9pt), 테두리 색(실선, 색 : 파랑), 테두리 스타일(너비 : 2.5pt,
      겹선 종류 : 단순형, 대시 종류 : 파선, 둥근 모서리)
  - 차트 제목 서식 : 글꼴(궁서체, 20pt, 기울임꼴), 채우기(그림 또는 질감 채우기, 질감 : 꽃다발)
  - 그림 영역 서식 : 채우기(그라데이션 채우기, 그라데이션 미리 설정 : 가운데 그라데이션 - 강조 3,
      종류 : 사각형, 방향 : 왼쪽 아래 모서리에서)
  - 데이터 레이블 추가 : '하반기' 계열에 "값" 표시

▶ 지시사항이 없는 경우는 ≪출력형태≫와 동일하게 작성하시오.

| 디지털정보활용능력 | 스프레드시트(엑셀) | (시험시간 : 40분) |

【문제 1】 "도서관이용현황" 시트를 참조하여 다음 ≪처리조건≫에 맞도록 작업하시오. **(50점)**

≪출력형태≫

	A	B	C	D	E	F	G	H	I
1				금년도 도서관 이용 현황					
2	대학구분	학과명	구분	전년도	상반기	하반기	금년도	순위	비고
3	인문대학	국어국문학과	학부생	1,561명	517명	741명	1,258명	3	
4	사회과학대학	심리학과	졸업생	867명	564명	393명	957명	7	
5	인문대학	영어영문학과	대학원생	723명	583명	352명	935명	9	전년이용저조
6	사범대학	교육학과	졸업생	741명	586명	562명	1,148명	5	전년이용저조
7	사회과학대학	사회복지학과	대학원생	1,567명	714명	622명	1,336명	1	
8	사범대학	영어교육과	학부생	815명	583명	552명	1,135명	6	
9	사회과학대학	사회학과	대학원생	582명	706명	576명	1,282명	2	전년이용저조
10	사범대학	국어교육과	학부생	625명	423명	474명	897명	10	전년이용저조
11	인문대학	역사학과	대학원생	1,603명	690명	540명	1,230명	4	
12	사회과학대학	문헌정보학과	졸업생	836명	421명	526명	947명	8	
13	'구분'이 "학부생"인 '하반기'의 합계					1,767			
14	'전년도'의 최대값-최소값 차이					1,021			
15	'상반기' 중 세 번째로 큰 값					690			

≪처리조건≫

▶ 1행의 행 높이를 '80'으로 설정하고, 2행~15행의 행 높이를 '18'로 설정하시오.

▶ 제목("금년도 도서관 이용 현황") : 기본 도형의 '빗면'을 이용하여 입력하시오.
- 도형 : 위치([B1:H1]), 도형 스타일(테마 스타일 - 보통 효과 - '파랑, 강조 1')
- 글꼴 : 돋움체, 28pt, 굵게
- 도형 서식 : 도형 옵션 - 크기 및 속성(텍스트 상자(세로 맞춤 : 정가운데, 텍스트 방향 : 가로)

▶ 셀 서식을 아래 조건에 맞게 작성하시오.
- [A2:I15] : 테두리(안쪽, 윤곽선 모두 실선, '검정, 텍스트 1'), 전체 가운데 맞춤
- [A13:D13], [A14:D14], [A15:D15] : 각각 병합하고 가운데 맞춤
- [A2:I2], [A13:D15] : 채우기 색('파랑, 강조 1, 80% 더 밝게'), 글꼴(굵게)
- [A3:A12] : 셀 서식의 표시 형식-사용자 지정을 이용하여 @"대학" 추가
- [D3:G12] : 셀 서식의 표시 형식-사용자 지정을 이용하여 #,##0"명" 추가
- [E13:G15] : 셀 서식의 표시 형식-숫자를 이용하여 1000단위 구분 기호 표시
- 조건부 서식[A3:I12] : '하반기'가 550 이상인 경우 레코드 전체에 글꼴(파랑, 굵은 기울임꼴) 적용
- 지시사항이 없는 경우는 주어진 문제 파일의 서식을 그대로 사용하시오.

▶ ① 순위[H3:H12] : '금년도'를 기준으로 큰 순으로 순위를 구하시오. (RANK.EQ 함수)

▶ ② 비고[I3:I12] : '전년도'가 800 이하이면 "전년이용저조", 그렇지 않으면 공백으로 구하시오. (IF 함수)

▶ ③ 합계[E13:G13] : '구분'이 "학부생"인 '하반기'의 합계를 구하시오. (DSUM 함수)

▶ ④ 최대값-최소값[E14:G14] : '전년도'의 최대값-최소값의 차이를 구하시오. (MAX, MIN 함수)

▶ ⑤ 순위[E15:G15] : '상반기' 중 세 번째로 큰 값을 구하시오. (LARGE 함수)

MS Office 2016 버전용

디지털정보활용능력
(DIAT; Digital Information Ability Test)

- 시험과목 : 스프레드시트(엑셀)
- 시험일자 : 20XX. XX. XX.(X)
- 응시자 기재사항 및 감독위원 확인

수 검 번 호	DIS - XXXX -	감독위원 확인
성 명		

응시자 유의사항

1. 응시자는 신분증을 지참하여야 시험에 응시할 수 있으며, 시험이 종료될 때까지 신분증을 제시하지 못 할 경우 해당 시험은 0점 처리됩니다.
2. 시스템(PC작동여부, 네트워크 상태 등)의 이상여부를 반드시 확인하여야 하며, 시스템 이상이 있을시 감독위원에게 조치를 받으셔야 합니다.
3. 시험 중 부주의 또는 고의로 시스템을 파손한 경우는 응시자 부담으로 합니다.
4. 답안 전송 프로그램을 통해 다운로드 받은 파일을 이용하여 답안 파일을 작성하시기 바랍니다.
5. 작성한 답안 파일은 답안 전송 프로그램을 통하여 전송됩니다. 감독위원의 지시에 따라 주시기 바랍니다.
6. 다음 사항의 경우 실격(0점) 혹은 부정행위 처리됩니다.
    1) 답안 파일을 저장하지 않았거나, 저장한 파일이 손상되었을 경우
    2) 답안 파일을 지정된 폴더(바탕화면 – "KAIT" 폴더)에 저장하지 않았을 경우
       ※ 답안 전송 프로그램 로그인 시 바탕화면에 자동 생성됨
    3) 답안 파일을 다른 보조 기억장치(USB) 혹은 네트워크(메신저, 게시판 등)로 전송할 경우
    4) 휴대용 전화기 등 통신기기를 사용할 경우
7. 시험지에 제시된 글꼴이 응시 프로그램에 없는 경우, 반드시 감독위원에게 해당 내용을 통보한 뒤 조치를 받아야 합니다.
8. 시험의 완료는 작성이 완료된 답안을 저장하고, 답안 전송이 완료된 상태를 확인한 것으로 합니다. 답안 전송 확인 후 문제지는 감독위원에게 제출한 후 퇴실하여야 합니다.
9. 답안 전송이 완료된 경우에는 수정 또는 정정이 불가능합니다.
10. 시험 시행 후 결과는 홈페이지(www.ihd.or.kr)에서 확인하시기 바랍니다.
    1) 문제 및 정답 공개 : 20XX. XX. XX.(X)
    2) 합격자 발표 : 20XX. XX. XX.(X)